Mieder · Ver-kehrte Worte

Gesellschaft für deutsche Sprache (Hrsg.)

Ver-
kehrte Worte

Antizitate aus Literatur und Medien

gesammelt von Wolfgang Mieder

Quelle & Meyer

Die Deutsche Bibliothek - CIP-Einheitsaufnahme

Ver-kehrte Worte : Antizitate aus Literatur und Medien / ges. von Wolfgang Mieder. Gesellschaft für deutsche Sprache. – Wiesbaden : Quelle und Meyer, 1997
ISBN 3-494-01261-X
NE: Mieder, Wolfgang [Hrsg.]; Gesellschaft für deutsche Sprache <Wiesbaden>

Einbandgestaltung: Klaus Neumann, Wiesbaden
Druck und Bindung: Saarbrücker Druckerei und Verlag, Saarbrücken
Printed in Germany/Imprimé en Allemagne
ISBN 3-494-01261-X

Einleitung

Seit weit über hundert Jahren gehört Georg Büchmanns solides Sammelwerk mit dem bekannten Titel *Geflügelte Worte* (1. Aufl. 1864) in den Bücherschrank des Bildungsbürgertums. Wer intellektuell etwas auf sich hält, hat unbedingt „klassikerfest“ zu sein. Eine gewisse Anzahl berühmter Zitate muß man stets parat haben, um mit schlagkräftigen Formulierungen im richtigen Augenblick glänzen zu können. Das gilt für die mündliche wie schriftliche Kommunikation, wobei diese sprachliche Fertigware in Form von Zitaten, die oft längst sprichwörtlich geworden sind, entweder wortwörtlich oder bewußt variiert herangezogen wird. Oft spielt dabei die literarische Quelle, woraus das Zitat stammt, überhaupt keine Rolle mehr. Die Zitate haben sich verselbständigt und sind zum größten Teil wie Sprichwörter anonym im Umlauf. Sogenannte gebildete Leute, vor allem natürlich Literaturwissenschaftler, kennen sich da natürlich besser aus; doch auch sie können im Zweifelsfall immer nach dem „Büchmann“ greifen. Daß sich anscheinend immer mehr moderne Menschen zum Nachschlagen gezwungen fühlen, wird allein dadurch deutlich, daß „Büchmann“-Auflagen sowie ganz neue Zitatensammlungen jährlich auf dem Büchermarkt erscheinen. Bedenkt man darüber hinaus noch, daß es mit der sogenannten Kulturmündigkeit auch in den deutschsprachigen Ländern nicht mehr so gut steht, dann ist das Interesse an solchen Zitatenbüchern durchaus verständlich.

Fest steht auf jeden Fall, daß Zitate seit eh und je eine große Rolle in der Kommunikation spielen, und zwar nicht nur in den ebenfalls recht zahlreichen Sammlungen von Parodien klassischer Dichtung. Die Rezeptionsforschung hat sich vor allem mit parodistischen und satirischen Bearbeitungen bekannter Texte Goethes, Schillers und anderer beschäftigt, und es gibt auch etliche Studien über die epische Integration gängiger Zitate in Werken der neueren Literatur. Weit weniger ist jedoch bisher gezeigt worden, wie klassische Zitate (Texte) im Kontext der Massenmedien, d. h. in Schlagzeilen, Karikaturen, Witzzeichnungen und Reklamen rezipiert werden (vgl. das beigefügte Literaturverzeichnis). Wie erwartet, werden vor allem geflügelte Worte von Goethe und Schiller in ihrem traditionellen oder abgewandelten Wortlaut als effektive Sprachformeln in Zeitungen und Zeitschriften eingesetzt, wie es eine detaillierte Durchsicht der großen satirischen Zeitschriften *Simplicissimus*, *Fliegende Blätter*, *Kladderadatsch* und *Nebelspalter*, aber natürlich auch der *Zeit*, des *Spiegels*, der *Weltwoche* und etlicher Tageszeitungen deutlich zu erkennen gibt. Man kann sogar durchaus von einer Tradition solcher Klassikerrezeption sprechen, wobei heute die Verstrickung von Zitaten und deren Verbildlichung als Karikaturen oder Werbefotos immer subtilere Formen annimmt. Eine Analyse solcher vorgeprägten Sentenzen von Goethe und Schiller, aber selbstverständlich auch von Shakespeare, Luther, Descartes, Rousseau, Marx, Böll usw., im Dienste der humorvollen Unterhaltung, der sozialpolitischen Meinungsbildung und der kommerziellen Manipulation sollte heutzutage ein Teilbereich einer breiter gefächterten Rezeptions- und Wirkungsforschung sein. Der Großteil der Bevölkerung tritt durch die Massenmedien in Kontakt mit klassischer Dichtung, ein weiterer Grund dafür, warum man an Schulen und Universitäten den literarischen Kanon nicht mit dem Bade hinauswerfen sollte. Das gilt auch für den Sprach- und Literaturunterricht im Ausland, denn junge Leute unserer Zeit werden durch die Massenmedien mit klassischem Gedankengut konfrontiert. Geflügelte Worte ebenso wie Sprichwörter gehören zur sprachlichen Fertigware, die einheimische und ausländische Sprachteilnehmer aktiv oder wenigstens passiv zu meistern haben.

Selbstverständlich wird diese sprachliche Fertigware auch in der schöngeistigen Literatur rezipiert, obwohl dies auch hier heutzutage eher kritisch gesehen wird. So meinte Martin Walser in seinem Roman *Brandung* (1985) recht frustriert: „Mehr ist es ja nicht, das Geistesleben, als Zuviel- und Zuwenigzitieren und Zitiertwerden" (S. 82). Und Günter Kunert stimmte gar folgendes Klagelied an:

Larmoyanz
Zitate, Zitate. Wozu
die Lippen überhaupt öffnen.
Jede Zunge ein Sprungbrett
reihenweis Toter
mit dem Drang nach Unsterblichkeit.
Lenin hat gesagt. Bereits Marx erklärte.
Schon Goethe meinte.
Und selbst Gott sprach.
Am Anfang war das Wort.
Aber daß es wie tausendfach gemahlene
Spreu sei
weiß es selber nicht. Aus Staub
ist es zu Staub wird es
sobald dein Mund zuklappt
wie der Deckel
über Du weißt schon
welcher Kiste.

Günter Kunert, *Fremd daheim. Gedichte.*
München: Carl Hanser, 1990, S. 83.

Ob im mündlichen oder schriftlichen Sprachgebrauch, die Zitate geraten mehr oder weniger natürlich in den Sprachfluß hinein, wie das mit anderen formelhaften Sprachmustern wie Sprichwörtern und sprichwörtlichen Redensarten ebenso unbewußt oder gar automatisch passiert. Das tradierte Sprach- und Spruchgut scheint sich nicht vermeiden zu lassen, und so bleibt Schriftstellern oft lediglich die innovative Manipulation dieser gängigen Formeln, die die darin überlieferte Weisheit witzig, ironisch oder auch satirisch in Frage stellt. Man kann solche kritischen Umformulierungen bekannter Zitate in Anklang an den bereits gebräuchlichen Terminus „Antisprichwörter" ganz allgemein „Antizitate" nennen. Daß es diese „Kultur" von Antizitaten gibt, ist selbstverständlich deutlicher Beweis dafür, daß gewisse geflügelte Worte weiterhin einigermaßen bekannt sind. Das meinen jedenfalls Schriftsteller, Journalisten, Werbetexter, Sprücheklopfer und Graffitischreiber, denn ihre abgewandelten Texte setzen ja die Kenntnis des herkömmlichen Zitats mehr oder weniger voraus. Erst aus diesem Spiel zwischen traditionellem und innovativem Wortlaut ergibt sich die neue „Weisheit", die ein breites Spektrum von tiefernster Einsicht bis hin zur witzigen Blödelei umfassen kann.

Während man also durchaus noch Zitate antreffen kann, die wortwörtlich wiedergegeben werden, handelt es sich vor allem im zwanzigsten Jahrhundert doch recht oft um eine gewollte Entstellung der geflügelten Worte, sei dies nun in einem ausgeklügelten Aphorismus oder einem raffinierten Werbespruch. Besonders die Zitate aus der klassischen Literatur gelten nicht mehr als der Weisheit letzter Schluß in einer Gesellschaft, die von Idealen und Erhabenheit wenig wissen will. Zitierte man also früher die Klassiker mit Ernst und Überzeugung, so wird heute humorvoll oder satirisch mit dem vielzitierten Gedankengut gespielt. Den ehemals „geflügelten Worten" sind die Flügel gestutzt worden, wie es Erich Fried deutlich in einem Gedicht ausgedrückt hat:

Küchentischgespräch
Zwischen Besteck und Geschirr
Reste von Unterhaltung
Umschreibungen Gähnen Geplänkel
geflügelte Worte

Aber sie fliegen nicht
Nichts schwingt sich auf und davon
Der Vogel hüpft fort von mir
und kauert unter dem Ausguß
[...]

Erich Fried, *100 Gedichte ohne Vaterland*. Berlin: Klaus Wagenbach, 1978, S. 9.

Die Sentenzen haben ihre Erhabenheit verloren und existieren in der Moderne meist nur noch als bewußt entstellte Zitate, die pragmatischen Zielen der Gesellschaftssatire, der politischen Karikatur, der kommerziellen Werbung, der schockierenden Graffiti und auch des harmlosen Witzes untergeordnet werden. Das ursprüngliche Zitat und die Variation ergeben einen Kontrast, der die Aussagekraft des neuen Textes in der Form eines Aphorismus, einer Zeitungsüberschrift, eines Werbeslogans oder eines Graffito durchaus erhöhen kann, vorausgesetzt natürlich, daß bei diesen abgewandelten Formeln die tradierte Sentenz noch weiterhin geläufig ist.

Je bekannter das Zitat ist, desto mehr eignet es sich zur kritischen oder witzigen Entstellung und desto größer ist ihre Wirksamkeit. Witz, Humor, Satire und natürlich auch einfaches Sprachspiel vereinen sich zu einer Infragestellung dieser festen Wortgefüge und ihrer Gedankeninhalte, und das muß wohl so sein, denn es gibt, wie Ingeborg Bachmann in *Das dreißigste Jahr* (1966) formuliert hat, „Keine neue Welt ohne neue Sprache" (S. 44). Goethe, der neben Schiller am meisten zitierte deutschsprachige Schriftsteller, hat dieses Schicksal von Sprichwörtern, Zitaten, Sentenzen und geflügelten Worten vorempfunden, wie aus seinen *Maximen und Reflexionen* (Nr. 352) hervorgeht: „Verschiedene Sprüche der Alten, die man öfters zu wiederholen pflegt, hatten eine ganz andere Bedeutung, als man ihnen in späteren Zeiten geben möchte." Dabei ist es gleichgültig, ob man nun den Sinngehalt geistig umdeutet oder ihn durch sprachliche Änderungen entstellt. Der moderne Mensch hat das geistige und sprachliche Eigentum der „Alten", und somit auch deren geflügelte Worte, für vogelfrei erklärt.

Diese offensichtliche Respektlosigkeit vor geflügelten Worten zeigt sich vor allem in den Kürzesttexten moderner Aphoristiker, die mit Vorliebe aphoristische Antizitate formulieren. Das zeigen sehr deutlich gewisse Metaaphorismen, die sich direkt mit dem Verhältnis von Aphorismus und Zitat auseinandersetzen:

> Aphoristiker lieben die Sentenzwende.
>
> Gerhard Uhlenbruck, *Einfach gesimpelt. Aphorismen.* Aachen: Stippak, 1979, S. 80.

> Ewige Wahrheiten brauchen von Zeit zu Zeit
> eine kosmetische Operation.
>
> Žarko Petan, *Mit leerem Kopf nickt es sich leichter. Satirische Aphorismen.* Graz: Styria, 1979, S. 80.

Geflügelte Worte sind oft gefährliche Tiefflieger.

Volker Erhardt, *„Auch der Kannibale schätzt den Menschen am höchsten". Aphorismen.* Köln: Satire Verlag, 1979, S. 89.

Ein allzu geflügeltes Wort sollte hin und wieder Federn lassen.

Wolfgang Mocker, „Nicht-mehr-aus-noch-ein-Sprüche". *Neue deutsche Literatur,* 29 (1981), 167.

Geflügelte Worte: Zerebrales Federvieh.

Werner Mitsch, *„Grund- & Boden-Sätze". Sprüche.* Stuttgart: Letsch, 1984, S. 96.

Das Zitat ist der Sarg des Gedankens.

André Brie, *Am Anfang war das letzte Wort. Aphorismen.* Berlin: Eulenspiegel, 1985, S. 17.

Geflügelte Worte müssen oft notlanden. In Kalau.

Michael Rumpf, *Gedankensprünge. Aphorismen.* Heidelberg: Manutius, 1986, S. 19.

Wenn geflügelte Worte gerupft werden, sprechen nackte Tatsachen.

Ulf Annel; zitiert aus Gabriele Berthel (Hrsg.), *Kurz und mündig. Aphorismen.* Rudolstadt: Greifenverlag, 1989, S. 60.

Zitat – Gedanke aus zweiter Hand.

Manfred Strahl, *Ausleg-Ware. Aphorismen.* Berlin: Eulenspiegel, 1989, S. 78.

Manche Aphoristiker jagen geflügelte Worte, verdrehen ihnen die Hälse und heften ihnen die Flügel an den Steiß. Solche Worte können nicht mehr fliegen.

Kurt Tackmann, „Aphorismen" (ungedrucktes Manuskript, April 1995).

Besonders der letzte hier zitierte Text macht deutlich, daß solche manipulativen Mutationen geflügelter Worte nicht unbedingt über den Status von „Eintagsfliegen" hinauskommen. So sind auch die in der vorliegenden Sammlung enthaltenen innovativen Texte nicht alle besonders geistreich. Viele sind bewußt nur humorvolle Sprachspielereien, die zuweilen in obszöne oder unsinnige Aussagen absinken. Das ist besonders bei den anonymen Sprüchen der Fall, die als Graffiti an Häuser- und Toilettenwänden oder auf Schulbänken zu finden sind. Dennoch springen dabei von unbekannten Sprücheklopfern oder namentlichen Schriftstellern hin und wieder geistreiche Gedankenblitze heraus, die geflügelte Worte zeitgemäß in ausdrucksstarke Antizitate umwandeln. Um literarische Meisterwerke handelt es sich in diesen Texten weniger oft, doch gehören diese Antizitate in einem gewissen Sinne ebenso zur Rezeptionsgeschichte klassischer Dichtung und wissenschaftlicher Literatur (Philosophie, Ökonomie, Politologie usw.) wie längere Umdichtungen oder Anspielungen.

Von besonderem Interesse sind dabei selbstverständlich solche Zitate, wofür es regelrechte Reihen von Antizitaten in der Form von Aphorismen, Graffiti, Sprüchen, Prosatexten, Gedichten, Epigrammen, Werbetexten, Schlagzeilen usw. gibt. Solche Reihenbildungen gibt es selbstverständlich auch in der vorliegenden Sammlung von Antizitaten, die auf einer rund zwanzigjährigen Sammeltätigkeit beruht. Im ganzen sind hier 2061 Belege für 172 Zitate aufgeführt, was eine Zahl von rund 12 Antizitaten pro geflügeltes Wort ergibt. Trotzdem verteilen sich aber die Texte von zum Beispiel nur zwei Belegen zu Immanuel Kants „Das Ding an sich" bis zu 148 Mutationen der bekannten Formulierung „Cogito, ergo sum" oder auf deutsch „Ich denke, also bin ich" des französischen Philosophen René Descartes aus dem Jahre 1644. Weitere besonders beliebte Zitate mit zahlreichen Antizitaten sind u. a.: William Shakespeares „Sein, oder Nichtsein, das ist hier die Frage" (97 Belege), Julius Caesars „Ich kam, ich sah, ich siegte" (41), Johann Wolfgang von Goethes „Über allen Gipfeln ist Ruh" (38), Jean Jacques Rousseaus (nur zugeschrieben) „Zurück zur Natur" (34), Karl Marx' „Proletarier aller Länder, vereinigt Euch" (34), Friedrich Schillers „Die Axt im Haus erspart den Zimmermann" (25), John le Carrés „Der Spion, der aus der Kälte kam" (24) und Heinrich Heines „Ich weiß nicht, was soll es bedeuten" (18).

Längst sprichwörtlich gewordene Zitate aus der Bibel sind äußerst produktiv als Basis für effektive Abwandlungen. Oft drücken diese biblischen Antizitate dann auch die moderne Infragestellung religiöser Ansichten in der säkularisierten Welt aus. Reichhaltige Belegreihen gibt es zum Beispiel für „Wer andern eine Grube gräbt, fällt selbst hinein" (62 Texte), „Der Glaube versetzt Berge" (58), „Liebe deinen Nächsten wie dich selbst" (45), „Der Mensch lebt nicht vom Brot allein" (28), „Es ist leichter, daß ein Kamel durch ein Nadelöhr gehe, als daß ein Reicher ins Reich Gottes komme" (37), „Der Geist ist willig, aber das Fleisch ist schwach" (35), „Hochmut kommt vor dem Fall"

(31), „Im Anfang war das Wort" usw. Von dem Aphoristiker Wolfgang Mocker stammt bezüglich des letzten Bibelzitats die aufschlußreiche Erweiterung „Am Anfang war das Wort. Am Ende das Zitat", die kritisch darauf aufmerksam macht, wie allzu oft verwendete Zitate zu bedeutungslosen Phrasen werden können, die nichts mehr mit dem kommunikativen Wert des einzelnen Wortes zu tun haben.

Von Goethe und Schiller sind erwartungsgemäß viele geflügelte Worte nebst den dazugehörenden Antizitaten in dieser Sammlung vertreten. Goethe tritt mit 25 allgemein bekannten Zitaten auf, darunter „Edel sei der Mensch, hilfreich und gut!" (18 Belege), „Kennst du das Land, wo die Zitronen blühn" (18), „Wer reitet so spät durch Nacht und Wind? Es ist der Vater mit seinem Kind" (17), „Es irrt der Mensch, solang' er strebt" (11), „Grau, teurer Freund, ist alle Theorie" (10), „Zwei Seelen wohnen, ach! in meiner Brust" (10) und „Das Ewig-Weibliche zieht uns hinan" (9). Schiller kommt gleich nach Goethe auf 19 verschiedene Zitate, darunter „Drum prüfe, wer sich ewig bindet" (19 Antizitate), „Seid umschlungen, Millionen!" (11), „Der Mohr hat seine Schuldigkeit getan" (10), „Mit der Dummheit kämpfen Götter selbst vergebens" (9), „Wo rohe Kräfte sinnlos walten, da kann sich kein Gebild gestalten" (9), „Der brave Mann denkt an sich selbst zuletzt" (8) und „Freude, schöner Götterfunken, Tochter aus Elysium" (7). Wie man sieht, stammen die Zitate alle aus bekannten Dramen, Gedichten und Balladen, wobei man sich heute allerdings fragen könnte, ob der Bekanntheitsgrad dieser gängigen Zitate nachlassen wird, da die Behandlung klassischer Dichtung an Schulen und Universitäten immer mehr abnimmt. Die wenigsten Jugendlichen lernen doch heute noch Gedichte auswendig, und so wird der ihnen geläufige Zitatenschatz gewiß schrumpfen.

Aus Martin Luthers Werken werden vor allem die Anfangszeilen „Ein feste Burg ist unser Gott" (10 Antizitate) und „Vom Himmel hoch, da komm ich her" (5) zweier seiner Kirchenlieder zu parodistischen Zwecken variiert. Zitiert und variiert werden auch die Aussagen „Dem Volk aufs Maul schauen" (10) und „Hier stehe ich! Ich kann nicht anders" (5), obwohl Luther sie in diesem Wortlaut nicht ausgesprochen hat. Schließlich ist da auch noch der apokryphe Luther-Spruch „Wer nicht liebt Wein, Weib und Gesang, der bleibt ein Narr sein Leben lang" (12), der sich in Luthers voluminösen Schriften nicht hat auffinden lassen. Trotzdem gilt er in der volkstümlichen Überlieferung als Luthers Eigentum und wird meistens mit spezifischem Hinweis auf den Reformator zitiert.

Auf das Hamlet-Zitat „Sein, oder Nichtsein, das ist hier die Frage" wurde bereits hingewiesen, doch sei noch erwähnt, daß auch die deutsche Übersetzung „Viel Lärm um nichts" des Komödientitels „Much Ado about Nothing" mit 15 Antizitaten vertreten ist. Beliebt sind aber auch gesellschaftspolitische Abwandlungen der geflügelten Worte „Etwas ist faul im Staate Dänemark" (10 Belege) und „Mein Königreich für ein Pferd!" (10). Recht oft wird auch mit dem geflügelt bzw. sprichwörtlich gewordenen Ausdruck „Mit Windmühlen kämpfen" (11 Belege) aus Miguel Cervantes de Saavedras Roman *Don Quijote de la Mancha* gespielt, um spaß- oder ernsthaft auf einen unsinnigen oder vergeblichen Kampf hinzuweisen. Dasselbe gilt natürlich für die aus der Antike überlieferte „Sisyphusarbeit" (39), aber auch das klassische Symbol des „Trojanischen Pferdes" (25) muß immer wieder zu neuen soziopsychologischen Interpretationen herhalten.

Aus der deutschen Literatur ist Joseph von Eichendorff dreimal in dieser Sammlung vertreten, und zwar durch die Gedichtanfänge „Wem Gott will rechte Gunst erweisen, den schickt er in die weite Welt" (6 Belege), „In einem kühlen Grunde, da geht ein Mühlenrad" (4) und „Wer hat dich, du schöner Wald, aufgebaut so hoch da droben?" (3). Diese Gedichte eignen sich besonders für Antizitate im Dienste des Umweltschutzes, während Heinrich Heines Zeilen „Denk ich an Deutschland in der Nacht, dann bin ich um den Schlaf gebracht" (7) effektiv zu politischen Aussagen umgestaltet werden können. Gesellschaftspolitisch läßt sich natürlich das im Wortlaut nicht exakt auf Karl Marx zurückgehende Zitat „Religion ist Opium für das Volk" (13 Texte) umwandeln. Chauvinistische sowie emanzipatorische Themen drücken dagegen innovative Bearbeitungen des Friedrich-Nietzsche-Zitats „Du gehst zu Frauen? Vergiß die Peitsche nicht!" aus, das allerdings gewöhnlich in dem Wortlaut „Wenn du zum Weibe gehst, vergiß die Peitsche nicht" (7) erinnert wird.

Hier können und sollen nun nicht sämtliche in diesem Buch aufgeführten Zitate aus der deutschsprachigen Literatur genannt werden. Es sei jedoch noch erwähnt, daß gewisse Buchtitel sich gut zu Antizitaten eignen. Ihre Formelhaftigkeit läßt sich durch den Austausch eines oder mehrerer Wörter beibehalten, und aus dem Kontrast von Originaltitel und Abwandlung ergibt sich ein aussagekräftiges Kommunikationsmittel. Häufig zu finden sind zum Beispiel Titelvariationen folgender Bücher: Heinrich Böll, *Gruppenbild mit Dame* (12 Antizitate), C.W. Ceram, *Götter, Gräber und Gelehrte* (7), Ernest Hemingway, *Der alte Mann und das Meer* (5), Erich Maria Remarque, *Im Westen nichts Neues* (4) und Peter Handke, *Die Angst des Tormanns beim Elfmeter* (4). Es wird auch kaum überraschen, daß der Filmtitel „Manche mögen's heiß" mit sieben Mutationen in dieser Sammlung vertreten ist.

Populär sind aber auch Umänderungen von Märchentiteln oder Sprüchen aus Märchentexten. Allein für den Titel „Von einem, der auszog, das Fürchten zu lernen" konnten 21 Belege registriert werden, die auf die unterschiedlichsten Probleme des modernen Lebens eingehen. Sozialpolitisch läßt sich selbstverständlich auch der Märchentitel „Des Kaisers neue Kleider“ (12) erweitern, und die Bearbeitungen des Spruches „Spieglein, Spieglein an der Wand, wer ist die Schönste im ganzen Land“ (21) aus dem Schneewittchen-Märchen befassen sich schier unerschöpflich mit den Fragen nach Schönheit und Popularität. Hier können die Zitatmanipulanten, seien sie nun Schriftsteller, Journalisten, Werbetexter oder Sprücheklopfer, von vornherein davon ausgehen, daß der Originaltext allgemein bekannt ist. Das gilt ebenso für die vielen Variationen gewisser Volksliedzeilen, allen voran natürlich „Die Gedanken sind frei“ mit 41 Variationen. Beliebt sind aber auch die Anfangszeilen von „Der Mai ist gekommen, die Bäume schlagen aus“ (18), „Der Mond ist aufgegangen“ (16), „Wenn ich ein Vöglein wär'“ (14), „Stille Nacht, heilige Nacht“ (9) usw. Selbst die Nationalhymne muß zu 20 Antizitaten herhalten, wobei die Zeilen „Deutschland, Deutschland, über alles“ oft sehr aggressivpolitisch umformuliert werden. Freilich bleibt es bei so bekannten Liedstrophen oft nicht bei ein- oder zweizeiligen Antizitaten, sondern es entwikkeln sich regelrechte Liedparodien, die in dieser Sammlung dann nur teilweise zitiert werden. Das Interesse gilt ja vor allem dem Phänomen, wie kurze Zitate zu Antizitaten gemacht werden.

Schließlich sei noch erwähnt, daß auch Slogans immer wieder abgewandelt werden. So sind hier 40 Belege für aufschlußreiche Variationen des nicht auf Bertolt Brecht zurückgehenden Spruchs „Stell dir vor, es gibt Krieg, und keiner geht hin“ verzeichnet, woran sich die sozialen Probleme der modernen Industriegesellschaft ablesen lassen. Beliebt ist ebenfalls die zum international bekannten Schlagwort demokratischer Ideen gewordene Devise „Freiheit, Gleichheit, Brüderlichkeit“ (18), und aufschlußreich ist natürlich auch, mit welcher Frequenz beunruhigende Abwandlungen der geläufigen Bezeichnung des deutschen Volkes als das „Volk der Dichter und Denker“ (19 Antizitate) auftreten. Noch vor der Zeit des Nationalsozialismus machte Karl Kraus daraus bereits 1909 „Die Deutschen – das Volk der Richter und Henker“. Handelt es sich in vielen dieser Belege um die Probleme der deutschen Vergangenheitsbewältigung, so setzen sich die Variationen der Triade „Kinder, Küche, Kirche“ (4) mit geschlechtsbezogenen Rollenzuteilungen auseinander.

Hierher gehören selbstverständlich auch einige der bekanntesten Werbesprüche, wie etwa „Im Falle eines Falles klebt Uhu wirklich alles“ (12 Belege), „Er läuft und läuft und läuft“ (10) und „Neckermann macht's möglich“ (3). Diese Sprüche werden durch geschickt durchgeführte sprachliche Manipulation aus der Konsumwerbung herausgelöst und auf völlig andere Problemkreise übertragen. Die letzte Variation des Uhu-Klebstoff-Spruchs von Rudolf Rolfs lautet „Im Falle eines Falles sagt Goethe einfach alles", und man ist geneigt, diesen Text weiter zu mutieren, und zwar in Anbetracht dieser Sammlung zu „Im Falle eines Falles sagt ein Antizitat wirklich alles". Das ist gewiß eine Übertreibung, aber darum dreht es sich ja größtenteils in diesen Antizitaten, die den ursprünglichen Zitaten ihre sakrosankte Weisheit absprechen. Hier und da kommt dabei tatsächlich eine neue Weisheit heraus, aber es gibt auch banale, obszöne und unsinnige Antizitate. Überall jedoch handelt es sich um die ironische oder satirische Auseinandersetzung oder Infragestellung geflügelter Worte, denen mit Bezug auf moderne Gesellschaftszustände die Flügel zurechtgestutzt werden. So sind diese Antizitate witzige oder auch aggressive Denkanstöße, wobei erst das Zusammenspiel von traditionellem Zitat und innovativem Antizitat möglicherweise zu der Weisheit neuestem Schluß führen wird.

Die über 2000 Antizitate dieser Sammlung sind nach den Hauptstichwörtern der ursprünglichen Zitate in alphabetischer Reihenfolge angeordnet. So stehen zum Beispiel die beiden Variationen zu Schillers Zitat „Die Szene wird zum Tribunal" unter dem Stichwort „Szene". Die zu einem Stichwort gehörenden Belege werden chronologisch aufgeführt, so daß eine geschichtliche Entwicklung nachvollzogen werden kann. Dies ist vor allem dann möglich, wenn zu einem Zitat recht viele Antizitate vorliegen. Jeder Beleg ist mit einer Jahreszahl des Erstdrucks versehen. In kleinerer Schrift steht darunter die exakte Quellenangabe, wobei auf Abkürzungen verzichtet wurde, um jegliche Ungenauigkeiten zu vermeiden. Selbstverständlich wird auch für jedes Ausgangszitat die genaue Quelle angegeben, manchmal auch mit einigen notwendigen Erläuterungen. Am Ende des Buches befindet sich dann noch ein Literaturverzeichnis zu Studien über Zitate beziehungsweise geflügelte Worte. Zu erwähnen wäre noch, daß diese Sammlung durchaus als eine Art „Anti-Büchmann" aufgefaßt werden kann.

Zu guter Letzt sei mir gestattet, hier noch kurz zu vermerken, daß es sich bei all diesen Texten hauptsächlich um persönliche Lesefrüchte handelt. Hier und da, vor allem im Falle von Texten aus den Massenmedien, haben mir Beatrice Wood, Helmut Walther, Monika und Harald Wallgrün sowie meine lieben Eltern Elfriede und Horst Mieder Belege zukommen lassen. Dafür möchte ich ihnen an dieser Stelle meinen herzlichsten Dank aussprechen. Zu danken habe ich aber auch Dr. Karin M. Frank-Cyrus, die mir während ihres Besuches an der hiesigen Universität von Vermont dazu geraten hat, diese Sammlung aus meinem Archiv für den Druck vorzubereiten. Ihr verdanke ich auch den erfreulichen Umstand, daß dieses Buch im Quelle & Meyer Verlag erscheinen kann.

Vor nun rund dreißig Jahren hat meine längst verstorbene Großmutter in ein Buch, das sie mir schenkte, die schlichte Widmung „Denk oft und gern an Deine Oma Wunder" geschrieben. Von ihr habe ich mein Interesse an der deutschen Sprache und Literatur geerbt, und in den vielen Jahren meiner Tätigkeit als Germanist im fernen Amerika habe ich des öfteren an Oma Wunder in Leipzig gedacht, und ich tue es auch heute noch zuweilen. Sehr spät zwar, aber dennoch in treuer Erinnerung sei Marie Wunder dieses Buch gewidmet.

Winter 1995
Wolfgang Mieder

University of Vermont

ANFANG

„Im Anfang war das Wort, und das Wort war bei Gott, und Gott war das Wort."
Bibel (Johannes 1,1).

1. Geschrieben steht: „Im Anfang war das *Wort*!"
Hier stock' ich schon! Wer hilft mir weiter fort?
Ich kann das *Wort* so hoch unmöglich schätzen,
Ich muß es anders übersetzen,
Wenn ich vom Geiste recht erleuchtet bin.
Geschrieben steht: Im Anfang war der *Sinn*.
Bedenke wohl die erste Zeile,
Daß deine Feder sich nicht übereile!
Ist es der *Sinn*, der alles wirkt und schafft?
Es sollte stehn: Im Anfang war die *Kraft*!
Doch, auch indem ich dieses niederschreibe,
Schon warnt mich was, daß ich dabei nicht bleibe,
Mir hilft der Geist! Auf einmal seh' ich Rat
Und schreibe getrost: Im Anfang war die *Tat*! (1808)
Johann Wolfgang von Goethe, *Faust* (1808/1832), Studierzimmer, Z. 1224-1237.

2. Im Anfang war das Wort – am Ende die Phrase. (1959)
Stanisław Jerzy Lec, *Unfrisierte Gedanken*. München: Hanser, 1959, S. 15.

3. Im Anfang war das Wort – dann kam das Schweigen. (1968)
Stanisław Jerzy Lec, *Letzte unfrisierte Gedanken. Aphorismen*. München: Hanser, 1968, S. 72.

4. Am Anfang war das Wort. Dann muß es ihm die Sprache verschlagen haben. (1972)
Heinrich Wiesner, *Die Kehrseite der Medaille. Neue lakonische Zeilen*. München: Piper, 1972, S. 18.

5. Am Anfang war das große Fressen. (1974)
Gustav Adolf Henning, „Entwicklungsgeschichte: Am Anfang war das große Fressen". *Die Zeit*, Nr. 26/28. Juni 1974, S. 20.

6. Im Anfang war das Wort. Aber es ist noch kein Ende abzusehen. (1977)
Wolfgang Eschker, *Gift und Gegengift. Aphorismen*. Stuttgart: Deutsche Verlags-Anstalt, 1977, S. 6. Auch in W. Eschker, *Mitgift mit Gift. Aphorismen*. München: Eugen Diederichs, 1995, S. 139.

7. Am Anfang war das Wort. Dann wurde es ergriffen. (1978)
Ulli Harth, *Wörtliche Un-Taten. Aphorismen*. Frankfurt am Main: Federfuchs, 1978, S. 1.

8. Im Anfang war der Schock. (1980)
   Horst Rademacher, „Im Anfang war der Schock. Wie entstand das Sonnensystem"? *Die Zeit*, Nr. 36/5. September 1980, S. 22.

9. Am Anfang war das Wort. Es folgte das Geschwätz. (1981)
   Klaus Sochatzy; in K. Sochatzy und Aleksander Kumor, *Ost-West-Monologe. Aphorismen.* Frankfurt am Main: Rita G. Fischer, 1981, S. 16.

10. Am Anfang war das Wort. War es das richtige? (1981)
   Aleksander Kumor; in Klaus Sochatzy und A. Kumor, *Ost-West-Monologe. Aphorismen.* Frankfurt am Main: Rita G. Fischer, 1981, S. 75.

11. Am Anfang war die Presse. (1981)
   Marcel H. Keiser, „Bern intern: Am Anfang war die Presse". *Die Weltwoche*, Nr. 40/30. September 1981, S. 55.

12. Im Anfang war das Wortspiel. (1982)
   Ralf Bülow, „In eigener Sprache". *Der Sprachdienst*, 26/1982, S. 124.

13. Am Anfang war das Wort. Dann kamen die Wortspalter und machten Sätze daraus. (1983)
   Werner Mitsch, *Das Schwarze unterm Fingernagel. Sprüche.* Stuttgart: Letsch, 1983, S. 39.

14. *Klare Fronten*
   Am Anfang war das Wort. Das Wort? Ich wüßte
   da ziemlich gern genauer, was für eins.
   Doch wenn ich einfach einmal raten müßte?
   Ein Possessivpronomen? Sicher: Meins! (1986)
   Wolfgang Funke, *Funkenflug. Epigramme.* Berlin: Eulenspiegel, 1986, S. 49.

15. Am Anfang war das Wort.
   Am Ende das Zitat. (1987)
   Wolfgang Mocker, *Gedankengänge nach Canossa. Euphorismen und andere Anderthalbwahrheiten.* Berlin: Eulenspiegel, 1987, S. 84.

16. „Am Anfang war das Wort." Und dann wurde es durchs Bild zerstört. (1988)
   Hans-Horst Skupy; in Ernst Günter Tange, *Funk-Sprüche. Geistesblitze zum Thema Fernsehen.* Frankfurt am Main: Eichborn, 1988, S. 14 und S. 115.

17. *Schöpfungsgeschichte*
   Im Anfang war das Wort?
   Papperlapapp:
   Im Anfang war der Beischlaf. (1990)
   Heinrich Schröter, *Worte wie Wahrzeichen. Hauptsätze zu Hauptthemen und Hauptsachen.* Wiesbaden: Edition Retörsch, 1990 (erweiterte Neuausgabe), S. 60.

18. *Frage und Antwort*
Im Anfang
war das Wort?
Wie lange
ist das her?
Begann es
erst mit Babel?
Der Mythus
täuscht die Welt:
im Anfang
war der *Mord*!
Erschlug nicht
Kain den Abel?
Wie lange
ist das her?
Die Antwort
ist nicht nötig,
der Anfang
dauert fort! (1991)

Alexander Hoyer, *Wo das Gute kräftig blüht ... Aphorismen, Epigramme, Haikus, Gedichte*. Bad Kissingen: Remer & Heipke, 1991, S. 74.

19. *Im Anfang*
Geschrieben steht: „Im Anfang war das Wort."
Wie soll der Mensch nun dieses deuten?
[...]
Die Tat, die Kraft, der Sinn
sind sicherlich ein recht Gewinn;
doch Ihn [Gott] zu ahnen, Ihn verstehn
kann doch im Herzen nur geschehn
und dieses spricht – was ewig bliebe –
im Anfang war die Liebe!
In principio erat amor –
ad finem manet amor! (1993)

Ernst Brandl, *Das andere Ufer. Gedanken zur Innenwelt. Gedichte und Prosa*. Innsbruck: Tyrolia, 1993, S. 52.

20. Am Anfang war die Stille, dann kam das Wort, gleich darauf das Geschwätz – und zum Schluß wieder das Schweigen. (1995)

Ulrich Erckenbrecht, *Katzenköppe. Aphorismen/Epigramme*. Göttingen: Muriverlag, 1995, S. 65.

21. Am Anfang war das Wort, am Ende war es fort. (1995)

Ulrich Erckenbrecht, *Katzenköppe. Aphorismen/Epigramme*. Göttingen: Muriverlag, 1995, S. 102.

22. Am Anfang war die Untat. (1995)
Wolfgang Eschker, *Mitgift mit Gift. Aphorismen*. München: Eugen Diederichs, 1995, S. 83.

ANGST

„Die Angst des Tormanns beim Elfmeter"

Peter Handke, *Die Angst des Tormanns beim Elfmeter*. Frankfurt am Main: Suhrkamp (1970).

1. Die Angst des Peter Handke beim Erzählen. (1972)
Marcel Reich-Ranicki, „Peter Handkes *Wunschloses Unglück*: Die Angst des Peter Handke beim Erzählen". *Die Zeit*, Nr. 37/19. September 1972, S. 13.

2. Die Qual des Fans beim Elfmeter. (1975)
Karikatur in *Hörzu*, Nr. 39/29. September 1975, S. 114.

ANGST 2

3. Die Angst der Eltern vor dem Säugling. (1979)
Joachim Nawrocki, „Die Angst der Eltern vor dem Säugling: Warum die Deutschen sich nicht vermehren wollen". *Die Zeit*, Nr. 3/19. Januar 1979, S. 9.

4. Die Angst der Professoren vor der Elite. (1981)
Nina Grunenberg, „Die Angst der Professoren vor der Elite: Berliner Wissenschaftskolleg". *Die Zeit*, Nr. 47/20. November 1981, S. 12.

ARSCH

„Er kann mich im Arsch lecken."

Johann Wolfgang von Goethe, *Götz von Berlichingen* (1771), III. Akt, Jaxthausen-Szene.

1. Kruzitürken, dös kann ja gut werden mit die Fremden im Sommer! I' hab' mi' scho' erkundigt, wie der Spruch des „Götz von Berlichingen" auf englisch heißt. (1922)

   Karikatur in *Fliegende Blätter*, Bd. 156, Nr. 4012/23. Juni 1922, S. 197.

2. *Der Staatszugehörigkeit verlustig*
   In Deutschland nicht – doch im Hitler-Land
   Wird mir die Heimat aberkannt.
   Da sag ich vor allen Dingen
   Nur: „Götz von Berlichingen!"
   [...]
   Deutschland! Kein winselndes Abschiedsweh!
   Liebe dich doch wie eh und je.
   Bin aus dir (nicht von dir) verbannt,
   Wende den Fuß nun anderwärts,
   Bist du dereinst nicht Hitler-Land,
   Drück ich dich wieder ans hoffende Herz.
   Jetzo, bis euch die Ohren klingen,
   Nochmals: Götz von Berlichingen! (1933)

   Alfred Kerr, *Die Welt im Licht*. Hrsg. von Friedrich Luft. Köln: Kiepenheuer & Witsch, 1961, S. 392-393.

3. *Unheimliche Aufforderung*
   [...]
   Sie sollen nun auch dieses wissen:
   Als Goethe unsern Hintern sah,
   da rief er aus: „Da hab' ich's ja,
   das muß mich auf Ideen bringen!"
   Und schrieb den Götz von Berlichingen. (1957)

   Robert T. Odeman, *Kein Blatt vor'm Mund. Verse eines dreisten Zeitgenossen*. Berlin: Blanvalet, 1957, S. 57-58.

4. Wie weit ist wohl das Götz-Zitat bekannt?
   So weit die deutsche Zunge reicht. (1977)

   Markus Ronner, *Moment Mal!* Bern: Benteli, 1977, S. 34. Auch Hans-Dieter Schütt; zitiert aus Ingetraud Sirecki (Hrsg.), *Das trojanische „Stecken"pferd. Aphorismen*. Berlin: Eulenspiegel, 1986, S. 135.

No. 4012
Bd. 156 (25)

Preis Mk. 2.5

Fliegende Blätter

München, 23. Juni 1922.

Alle Rechte vorbehalten

Gastliche Vorbereitung.

Kruzitürken, dös kann ja gut werden mit die Fremden im Sommer! J' hab' mi' scho' erkundigt, wie der Spruch des „Götz von Berlichingen" auf englisch heißt.

25

ARSCH 1

5. Ein einziges Zitat hat den Goethe popo-lär gemacht. Der Mann, dem er es in den Mund gelegt hat, war seinerseits durch seine „Faust“ berühmt geworden – . ERGÖTZLICH. (1979)

Gerhard Uhlenbruck, *Einfach gesimpelt. Aphorismen.* Aachen: Stippak, 1979, S. 61.

6. Einem Speichellecker sollte man mit einem Götz-Zitat nicht den Appetit verderben. (1979)

Gerhard Uhlenbruck, *Einfach gesimpelt. Aphorismen.* Aachen: Stippak, 1979, S. 66.

7. Götz-Zitate sorgen für eine friedliche Po-Existenz. (1979)

Gerhard Uhlenbruck, *Einfach gesimpelt. Aphorismen.* Aachen: Stippak, 1979, S. 99.

8. Götzens letzter Wunsch: LECK MICH IM GOETHE! (1979)

Nikolaus Cybinski, *Werden wir je so klug sein, den Schaden zu beheben, durch den wir es wurden? Aphorismen.* Lörrach: Lutz, 1979, S. 91.

9. Sich auf Goethes Götz zu berufen, statt die berühmte Redensart frei herauszuposaunen, darf heutzutage als Zeichen literarischer Unbildung gelten. (1980)

Beat Läufer, „Widersprüche“. *Nebelspalter,* Nr. 14/1. April 1980, S. 41.

10. Das Vogelzeigen ist die Ouvertüre zum Götz-Zitat. (1981)

Werner Mitsch, *Hunde, die schielen, beißen daneben. Sprüche.* Stuttgart: Letsch, 1981, S. 40.

11. Will dich wer aus der Ruhe bringen,
denk an den Götz von Berlichingen! (1982)

René Hildbrand, *Arbeit macht Spass! Sprüche, Verse und Reime.* Bern: Benteli, 1982, S. 22.

12. Die den Götz verheimlichen wollen, wünschen wahrscheinlich woanders geleckt zu werden. (1983)

Peter Oprei, *Bedenkliches – Unbedenkliches. Aphorismen.* St. Michael: Bläschke, 1983, S. 27.

13. *Frage*
Gibt es eigentlich eine Götz-von-Berlichingen-Briefmarke? (1983)

Michael Augustin, „Epigramme“. *Nebelspalter,* Nr. 11/15. März, 1983, S. 43.

14. *Die Prophylaxe*
Der Arzt hat mich zu ärgern mir verboten.
Er riet mir, denke: „Leck mich doch am A...!“
Dies sei die Rettung selbst vor „Vollidioten“,
hochwirksam, wenn auch leider etwas barsch.

Wer diesen Rat befolgt, dem platzt kein Kragen.
Es lebe hoch, das alte Götz-Zitat.
Dies sei für alle dummen Lebenslagen
auch medizinisch nur der einzig wahre Rat. (1986)

Karl-Ludwig Bickerle, *Gedankensprünge. Geschichten, Sprüche und Gedichte.* Frankfurt am Main: Christl Bickerle, 1986, S. 27.

15. Ich weiß nicht recht, ob es Goethe angenehm ist, daß der Götz soviel häufiger zitiert wird als die Iphigenie. (1986)

    Robert Lembke, *Grüße aus dem Fettnäpfchen. Aphorismen.* München: Langen & Müller, 1986, S. 122.

16. Trost in allen Dingen gibt dir
    Götz von Berlichingen. (1989)

    Beate Steinmeyer (Hrsg.), *Die neuesten Bürosprüche.* München: Heyne, 1989, ohne Seitenangabe. Auch in Beate Kuckertz (Hrsg.), *Das große Buch der Büro-Sprüche.* München: Heyne, 1992, ohne Seitenangabe.

17. Die wenigstens, die den Götz zitieren, sind gebildet. (1990)

    Wolfgang Funke, *Der Wendehals und andere Mitmenschen. Satirische Epigramme und Kurzgeschichten.* Berlin: Ullstein, 1990, S. 48.

AUGE

„Auge um Auge, Zahn um Zahn, Hand um Hand, Fuß um Fuß“

Bibel (2. Mose 21,24).

1. Glasauge um Glasauge, Stiftzahn um Stiftzahn! (Ca. 1950)

   Erwin Chargaff, *Bemerkungen.* Stuttgart: Klett-Cotta, 1981, S. 19.

2. Die primitive Gerechtigkeit als Objekt des Tauschhandels („Auge um Auge, Zahn um Zahn“) ist mit der Zeit zur raffinierten Gerechtigkeit als Objekt der Kaufkraft avanciert. (1968)

   Stanisław Jerzy Lec, *Letzte unfrisierte Gedanken. Aphorismen.* München: Hanser, 1968, S. 48.

3. „Auge um Auge, Zahn um Zahn.“
   Das ist wenig subtil. *Schmerz um Schmerz!* Man mache den Schmerz meßbar. (1969)

   Walter Hilsbecher, *Sporaden. Aufzeichnungen aus zwanzig Jahren.* Stuttgart: Klett, 1969, S. 26.

4. Auge um Auge,
   Gran um Gran,

Wahn um Wahn. (1977)

Heinrich Schröter, *Ha, welche Lust, Zitat zu sein! Spruchbuch zum Fortschreiben*. München: Gauke, 1977, S. 8.

5. *DON'T KILL*
Auge um Augapfel,
Zahn um Zahn,
Aber zum Sehen,
zum Beißen –
nicht ins Gras. (1978)

Arnfrid Astel, *Neues (& altes) vom Rechtsstaat & von mir. Alle Epigramme*. Frankfurt am Main: Zweitausendeins, 1978, S. 163.

6. Auge um Auge, Schah um Schah. (1979)

Werner Mitsch, *Fische, die bellen, beißen nicht. Sprüche*. Stuttgart: Letsch, 1979, S. 93.

7. statistiker:
auge um auge
zahl um zahl. (1979)

Volker Erhardt, *„Auch der Kannibale schätzt den Menschen am höchsten". Aphorismen*. Köln: Satire Verlag, 1979, S. 117.

8. Oktoberfest: Auge um Auge – Krug um Krug. (1982)

Werner Mitsch, *Bienen, die nur wohnen, heißen Drohnen. Sprüche*. Stuttgart: Letsch, 1982, S. 108.

9. Auge um Auge. Oder: Ich und du, wir schlagen zu. Dann hat die arme Seele Ruh. (1983)

Werner Mitsch, *Das Schwarze unterm Fingernagel. Sprüche*. Stuttgart: Letsch, 1983, S. 49.

10. Auge um Auge, Zahnersatz um Zahnersatz. (1986)

Andreas Bender, *Gelegenheit macht Liebe. Sprichwörter, Redensarten und Zitate verdreht und auf die seichte Schulter genommen*. Frankfurt am Main: Eichborn, 1986, ohne Seitenangabe.

AUGENBLICK

„Werd' ich zum Augenblicke sagen:
Verweile doch! du bist so schön!
Dann magst du mich in Fesseln schlagen,
Dann will ich gern zugrunde gehn!"
[...]
„Zum Augenblicke dürft' ich sagen:
Verweile doch, du bist so schön!"

Johann Wolfgang von Goethe, *Faust* (1808/1832, Studierzimmer, Z. 1699-1702; V. Akt, Großer Vorhof des Palasts, Z. 11581-11582).

1. Gretchen heute: werd' ich zum Augenblicke sagen,
verweile doch, du bist so schön, dann magst du mich
getrost nach Hause tragen, dann mag ich ungeleitet
nicht nach Hause gehn. (1973)
Gottfried Edel, *Mehr Tierliebe für die Menschen. Aphorismen.* München: Eilers, 1973, S. 17.

2. Im Augenblick verweilen.
Martell.
Genießen Sie den besonderen Augenblick mit Martell. (1984)
Reklame für Martell Cognac in *Der Spiegel*, Nr. 38/17. September 1984, Umschlagseite (hinten).

3. *Schlagzeile*
Der Balg da scheißt in aller Eile
auf den Augenblick. Daß er verweile. (1987)
Felix Philipp Ingold, *Das Buch der Sprüche. Ein Idiotikon.* Berlin: Rainer, 1987, ohne Seitenangabe.

4. Verweile nicht!
Du bist so schön! (1995)
Petra Kipphoff, „Verweile nicht! Du bist so schön! Christo und der ‚Verhüllte Reichstag'". *Die Zeit*, Nr. 27/7. Juli 1995, S. 13.

5. Zum Augenblicke
möcht ich sagen vergehe
rasch du bist so schön. (1995)
Hans-Peter Schwöbel, *Zeit Ernten. Haikus, Tankas und ein Essay. Natur- und Reisepoesie.* Mannheim: Feuerbaum, 1995, S. 54.

AXT

„Die Axt im Haus erspart den Zimmermann."

Friedrich Schiller, *Wilhelm Tell* (1804), III. Akt, 1. Szene.

1. Nach Paris kann man keinen Mann allein schicken, meinen schon gar nicht. Die Axt im Haus ... (Vor 1935)
Kurt Tucholsky, *Schnipsel.* Hrsg. von Mary Gerold-Tucholsky und Fritz J. Raddatz. Reinbek: Rowohlt, 1973, S. 31.

2. Der Strick im Haus erspart den Kleiderschrank. (1965)
Hermann Kant, *Die Aula*. Frankfurt am Main: Fischer, 1968, S. 50.

3. Die Axt im Haus ersetzt den Scheidungsrichter. (1975)
Robert Lembke, *Das Beste aus meinem Glashaus. Humoristisches und Satirisches*. Frankfurt am Main: Fischer, 1977, S. 58.

4. Die Axt im Hause erhält ebensowenig den Ehefrieden wie die Atomwaffen den Weltfrieden. (1977)
Gerhard Uhlenbruck, *Ins eigene Netz. Aphorismen*. Aachen: Stippak, 1977, S. 139.

5. „Die Axt im Haus erspart den Zimmermann“, sagte der Fernsehzuschauer und zerhackte seine Flimmerkiste, als „Aktenzeichen XY ungelöst“ lief. (1977)
Markus Ronner, *Moment Mal!* Bern: Benteli, 1977, S. 30.

6. Die Axt im Haus erspart den Scheidungsrichter. (1978)
Werner Mitsch, *Spinnen, die nicht spinnen, spinnen. Sprüche*. Stuttgart: Letsch, 1978, S. 90. Auch in W. Mitsch, *Wer den Wal hat, hat die Qual. 800 Unsinnssprüche*. München: Heyne, 1987, ohne Seitenangabe.

7. Die Frau im Haus ergötzt den Zimmermann. (1978)
Werner Mitsch, *Spinnen, die nicht spinnen, spinnen. Sprüche*. Stuttgart: Letsch, 1978, S. 95. Auch in W. Mitsch, *Wer den Wal hat, hat die Qual. 800 Unsinnssprüche*. München: Heyne, 1987, ohne Seitenangabe.

8. Der Arzt im Haus erspart den Lebertran. (1980)
Werner Mitsch, *Pferde, die arbeiten, nennt man Esel. Sprüche*. Stuttgart: Letsch, 1980, S. 118. Auch in W. Mitsch, *Wer den Wal hat, hat die Qual. 800 Unsinnssprüche*. München: Heyne, 1987, ohne Seitenangabe.

9. Die Axt im Haus forciert den sogenannten Leichenschmaus. (1981)
Werner Mitsch, *Hunde, die schielen, beißen daneben. Sprüche*. Stuttgart: Mitsch, 1981, S. 24.

10. Die Axt im Walde ... ersetzt nicht die Demokratie. (1981)
Karl-Heinz Janßen, „Die Axt im Walde ... ersetzt nicht die Demokratie“. *Die Zeit*, Nr. 46/13. November 1981, S. 1.

11. Geruhsam ist die Sonntagszeitung,
Die Axt im Haus erspart die Scheidung. (Vor 1980)
Ernest Borneman, *Wir machen keinen langen Mist. 614 Kinderverse*. Frankfurt am Main: Fischer, 1981, S. 137. Auch in Renato Biscioni (Hrsg.), *„... außer Rolf, der klebt am Golf“. Kindersprüche – rotzfrech*. München: Golfmann, 1987, S. 50.

12. Übrigens: Der Gasmann unter dem Bett erspart den Briefträger im Kleiderschrank. (1981)
Anonymer Spruch in *Quick*, Nr. 16/9. April 1981, S. 85.

13. Die Axt im Haus fällt den Baum noch nicht. (Ca. 1982)
Silvia Schubert; zitiert aus Eckart Krumbholz (Hrsg.), *Kein Blatt vorm Mund. Aphorismen und Epigramme.* Berlin: Tribüne, 1982, S. 40.

14. Die Axt im Bundestag erspart den Zimmermann. (1983)
Winfried Bornemann, *Blödel-Sprüche. Bornemanns Beißerchen.* Frankfurt am Main: Eichborn, 1983, ohne Seitenangabe.

15. Eine Axt im Haus erspart nimmer den Mann. (1983)
Spruch von Richard Jänicke in der *Morgenpost* vom 5. Januar 1983.

16. Der Televisor im Haus erspart den Zimmermann. (1984)
Eduard Moriz (Hrsg.), *Lieber intim als in petto. Sponti-Sprüche No. 5.* Frankfurt am Main: Eichborn, 1984, ohne Seitenangabe.

17. Der Zimmermann erspart die Axt im Walde. (1984)
Claudia Glismann (Hrsg.), *Edel sei der Mensch, Zwieback und gut. Szene-Sprüche.* München: Heyne, 1984, ohne Seitenangabe. Auch in Helmut Walther und Otto Nüssler, „Momentaufnahmen. Beobachtungen zum sprachlichen Geschehen 1983". *Der Sprachdienst*, 28 (1984), S. 19.

18. Wo bleibt die bundesweite Bürgerinitiative „Eine Axt in jedem Haus!", die möglichst bald das einschlägige Sprichwort hinsichtlich seines versprochenen Spareffekts testet? (1984)
Klaus Sochatzy, *Widerworte nach der „Wende". Aphorismen.* Frankfurt am Main: Rita G. Fischer, 1984, S. 45.

19. Der Hahn im Haus erspart den Wecker. (1986)
Überschrift in *Fernsehwoche*, Nr. 7/15. Februar 1986, S. 22.

20. Die Axt im Haus ersetzt den Mann. (1986)
Renate Neumann, *Das wilde Schreiben: Graffiti, Sprüche und Zeichen am Rand der Straßen.* Essen: Die Blaue Eule, 1986, S. 282.

21. Die Axt im Haus erspart den Zimmermann auch keinen Spion. (1987)
Andreas Bender, *Kleine Socken jucken auch. Sprichwörter, Redensarten und Zitate – verdreht.* Frankfurt am Main: Eichborn, 1987, ohne Seitenangabe.

22. Der Schnaps im Haus erspart den Lebertran. (1988)
Werner Mitsch, *Hin- und Widersprüche.* Rosenheim: Förg, 1986, S. 65.

23. Die Axt im Walde ist immer auf dem Holzweg. (Ca. 1989)
Ulf Annel; zitiert aus Gabriele Berthel (Hrsg.), *Kurz und mündig. Aphorismen.* Rudolstadt: Greifenverlag, 1989, S. 180.

24. Der Arzt im Haus erspart den Krankenschein. (1991)
Otto Wicki, *Neue Bauernregeln und Sentenzen für Ärzte und Gesunde.* Thun: Ott, 1991, S. 25.

25. Die Axt im Haus erspart den Elefanten im Porzellanladen. (1995)
Ulrich Erckenbrecht, *Katzenköppe. Aphorismen/Epigramme.* Göttingen: Muriverlag, 1995, S. 17.

BERUFEN

„Viele sind berufen, aber wenige sind auserwählt."

Bibel (Matthäus 20,16).

1. *Orakel*
Ein Leben lang denke ich nun schon nach über diesen Spruch: „Denn viele sind berufen, aber wenige sind auserwählt", oder viele sind auserwählt, wenige aber nur berufen, oder wie immer das nun heißt.
Heißt das nun, daß viel zu viele sich einbilden, sie könnten viel mehr, als sie wirklich können? Oder heißt es, eine Menge Leute hätten das Zeug dazu, aber rangelassen werden nur ein paar? Und wie hochgestochen das immer vorgetragen wird! (Ca. 1984)
Horst Drescher, *Aus dem Zirkus Leben. Notizen 1969–1989.* Berlin: Aufbau-Verlag, 1990, S. 164.

2. Viele sind berufen, aber nur wenige haben einen Beruf. (1984)
Claudia Glismann (Hrsg.), *Edel sei der Mensch, Zwieback und gut. Szene-Sprüche.* München: Heyne, 1984, ohne Seitenangabe.

3. Viele sind auserwählt, aber nur wenige werden berufen. (1995)
Ulrich Erckenbrecht, *Katzenköppe. Aphorismen/Epigramme.* Göttingen: Muriverlag, 1995, S. 16.

BESUCH

„Der Besuch der alten Dame"

Friedrich Dürrenmatt, *Der Besuch der alten Dame* (1956).

1. Der Besuch des alten Herrn. (1981)
Christian Schmidt-Häuer, „Der Besuch des alten Herrn: Breschnjew in Bonn". *Die Zeit*, Nr. 48/27. November 1981, S. 1.

2. Der Wurf der alten Dame. (1982)
François Bondy, „Der Wurf der alten Dame: Die Memoiren der madame de Maintenon". *Die Weltwoche*, Nr. 12/24. März 1982, S. 37.

BIEDERMANN

„Biedermann und die Brandstifter"

Max Frisch, *Biedermann und die Brandstifter* (1958).

1. Biedermänner und Brandstifter. (1971)
Dieter Bachmann, „Biedermänner und Brandstifter: In Zürich hat sich am Theater das kulturelle Leben der Stadt polarisiert". *Die Zeit*, Nr. 29/20. Juli 1971, S. 12.

2. Die Biederleute als Brandstifter. (1982)
Dietrich Strothmann, „Die Biederleute als Brandstifter: Das erste Mordverfahren gegen Rechtsterroristen". *Die Zeit*, Nr. 4/29. Januar 1982, S. 2.

BLUT

„Ich habe nichts zu bieten als Blut, Schweiß und Tränen."

Sir Winston S. Churchill in seiner Rede als neuer Premier-Minister im Unterhaus am 13. Mai 1940: „I have nothing to offer but blood, tears and sweat."

1. Nun doch Bitternis, Schweiß und Tränen. (1981)
Theo Sommer, „Nun doch Bitternis, Schweiß und Tränen: Wirtschaftliche Prognose für den Herbst". *Die Zeit*, Nr. 24/12. Juni 1981, S. 1.

2. Unnötig zu sagen, dass ich selbstverständlich *euer* Blut, *euern* Schweiss und *eure* Tränen meine, nicht meine! (1982)
Karikatur in *Nebelspalter*, Nr. 18/4. Mai 1982, S. 56.

3. Mit viel Wut, Schweiss und Tränen. (1995)
Sven Gächter, „Mit viel Wut, Schweiss und Tränen: Michael Jacksons kleine Schwester Janet ist die erfolgreichste Popfrau der Zukunft." *Die Weltwoche*, Nr. 43/26. Oktober 1995, S. 69.

BROT (a)

„Unser täglich Brot gib uns heute."

Bibel (Matthäus 6,11).

BLUT 2

1. Unseren täglichen Mord gib uns heute. (1979)
(Gebet eines Journalisten)
Werner Mitsch, *Fische, die bellen, beißen nicht. Sprüche.* Stuttgart: Letsch, 1979, S. 67.

2. Unseren täglichen Sprit gib uns heute. (1979)
Karikatur in *Nebelspalter*, Nr. 44/30. Oktober 1979, S. 43. Auch in Horst Haitzinger, *Denkzettel.* München: Heyne, 1981, ohne Seitenangabe.

3. Gebet des Alkoholikers: Unser flüssiges Brot gib uns heute. (1980)
Gerhard Uhlenbruck, *Frust-Rationen. Aphorismen.* Aachen: Stippak, 1980, S. 94. Auch in G. Uhlenbruck, *Medizinische Aphorismen.* Heidelberg: Jungjohann, 1982, S. 6.

4. *Phonotheismus*
Die Tonkunst ist ein mächtiger Magnet.
Musik begeistert alle jungen Leute.
„Frau Musica", ertönt ihr Stoßgebet,
„unser diskotheklich Brot gib uns heute!" (1980)
Hansgeorg Stengel, *Mit Stengelsgeduld. Epigramme.* Berlin: Eulenspiegel, 1980, S. 12.

5. Unser täglich Benzin ... (1980)
Aloys Behler, „Unser täglich Benzin ...: Der Mineralölpreis steigt und steigt". *Die Zeit*, Nr. 48/28. November 1980, S. 20.

BROT (a) 2

6. *unser vater*
[...]
unser tägliches brot
gib uns heute
damit wir nicht nur
für brot uns abrackern müssen
damit wir nicht
von brotgebern erpresst werden können
damit wir nicht
aus brotangst gefügig werden
[...] (1980)
Kurt Marti, *Abendland. Gedichte.* Darmstadt: Luchterhand, 1980, S. 51.

7. Unseren täglichen Rekord gib uns heute. (1984)
Claudius Babst, „Unseren täglichen Rekord gib uns heute: Sportliche Höchstleistung als Fetisch". *Die Weltwoche,* Nr. 24/14. Juni 1984, S. 37.

8. *Unser täglich brot*
Unser täglich brot gib uns heute
und die gute meldung für den kopf
der an der lüge erstickt
[...]
Unser täglich brot gib uns heute
in den zeiten der hungersnot
ein stück wahrheit. (1984)
Dorothee Sölle, *Verrückt nach Licht. Gedichte.* Berlin: Fietkau, 1984, S. 34.

9. *Vaterunser*
Unsere tägliche Bild-Zeitung
vergib uns heute! (1984)

Heinrich Schröter, *Worte wie Wahrzeichen. Hauptsätze zu Hauptthemen und Hauptsachen.* Wiesbaden: Retörsch, 1984, ohne Seitenangabe. Auch in H. Schröter, *Lebensworte. Kürzesttexte zum Fort- und Gegenschreiben.* Willebadessen: Zwiebelzwerg, 1991, S. 54.

10. Man lasse uns unser tägliches Auto. Brot allein ist einfach zu langsam. (1987)

Felix Renner, *Vorwiegend Unversöhnliches an kurzer Leine. Aphorismen.* Basel: Cornfeld, 1987, S. 74.

11. Unsere täglich Pillen gib uns heute (1992)

Heinrich Korte, *Unsere täglich Pillen gib uns heute ...: Humor ist doch die beste Medizin.* München: Claudius, 1992.

12. Gib uns, Prinz, auch heute unser tägliches Gnadenbrot. (1995)

Roy P. Spring, „Gib uns, Prinz, auch heute unser tägliches Gnadenbrot: Wenn die Royals in Klosters Winterurlaub machen, muss eine halbe Hundertschaft ‚Ratten' [Fotojournalisten] gnadenlos warten". *Die Weltwoche,* Nr. 2/12. Januar 1995, S. 56.

BROT (b)

„Wer nie sein Brot mit Tränen aß,
Wer nie die kummervollen Nächte
Auf seinem Bette weinend saß,
Der kennt euch nicht, ihr himmlischen Mächte."

Gedicht des Harfenspielers in Johann Wolfgang von Goethe, *Wilhelm Meisters Lehrjahre* (1795/1796). Das Gedicht wurde 1783 geschrieben.

1. *Stoßseufzer eines Junggesellen*
Wer nie versalzne Suppe aß,
Wer nie vor lederzähen Klößen
Und halbverbrannten Schnitzeln saß,
Vor dem will ich mein Haupt entblößen,
Ihn fragen froh und freudiglich:
„Wo speisen Sie denn eigentlich?" (1886)

Anonyme Verse; zitiert aus Wolfgang Hecht (Hrsg.), *Frei nach Goethe. Parodien nach klassischen Dichtungen Goethes und Schillers.* Berlin: Rütten und Loening, 1965, S. 123.

2. Wer nie sein Brot im Bette aß,
weiß nicht, wie Krümel pieken. (1972)

Witzbild in *Dumme Sprüche für Gescheite. Wandsprüch'-Kalender.* München: Heye, 1972.

BROT (b) 2

3. Wer nie sein Lebensboot im Sturme maß,
der kennt euch nicht, ihr irdischen Mächte. (1977)

Heinrich Schröter. *Ha, welche Lust, Zitat zu sein! Spruchbuch zum Fortschreiben.* München: Gauke, 1977, S. 26.

4. Wer nie sein Schrot im Bette fraß, hört nie die Jungsau quietschen. (1980)

Hein Hoop, *Wie die alten Zungen ... Gereimtes und Ungereimtes.* Hamburg: Struck, 1980, ohne Seitenangabe.

5. Wer nie sein Brot im Bette aß,
weiß nicht, wie Brösel piken! (1984)

Witzbild in *Happy Schlaf- und Bett-Kalender.* Keine Ortsangabe: Paper Box, 1984.

6. Wer nie sein Brot mit Tränen aß –
der mußte es eben ohne essen.
oder:
Wer nie sein Brot im Bette aß
und mitten in den Krümeln saß,
der kennt euch nicht,
ihr kummervollen Nächte. (1984)

Siegfried Gloose, *Einfälle – Ausfälle. Aphorismen und verbogene Sprüche.* St. Michael: Bläschke, 1984, S. 71.

7. *Verkannibalhornt*
Wer je am Strand für FKK
im Öle Menschen rösten sah,
gedenkt voll Grausen des fatalen
Appetits der Kannibalen. (1990)

Wolfgang Funke, *Der Wendehals und andere Mitmenschen. Satirische Epigramme und Kurzgeschichten.* Berlin: Ullstein, 1990, S. 65.

8. Wer nie in fremden Betten lag. (1992)
Marlis Straub, *Wer nie in fremden Betten lag: heiterer Roman*. Berlin: Ullstein, 1992.

BRUNNEN

„Am Brunnen vor dem Tore,
da steht ein Lindenbaum;
ich träumt in seinem Schatten
so manchen süßen Traum."

Beginn des zum Volkslied gewordenen Gedichts „Der Lindenbaum" von Wilhelm Müller (1822), vertont von Franz Schubert (1827).

1. *Hygiene-Test*
O kühler Brunnen vor dem Tore,
du Becher klirrend überm Naß ...
der Wandrer beugt sich
- - saugt schon Lippe Labe,
erkennt er nicht das Krebsgesicht,
den Kanzer ohne Panzer,
scherenloses Tier.
Es hockt im Becher unsichtbar
von Flüssen Weihern Quellen her
- - - Feilsel von Asphalt - -
- - - Teerabrieb der Landstraße - -
der Durst des Wandrers - - Lippe Labe -
Erregerchen von Fall zu Fall. (1975)
Arnold Krieger, *Elegien*. Darmstadt: Studio Schaffen und Forschen, 1975, S. 35.

2. *am brunnen vor dem tore*
[...]
am brunnen vor dem tore
lagern die wasservergifter
und verpesten die luft
damit uns die spucke wegbleibt
[...] (1979)
Manfred Hausin, *Die Stimme Niedersachsens. Gedichte*. Göttingen: Davids Drucke, 1979, S. 92.

3. Am Brunnen vor dem Tore –
da gibt es auch kein Trinkwasser mehr. (Ca. 1982)
Bernd-Lutz Lange; zitiert aus Eckart Krumbholz (Hrsg.), *Kein Blatt vorm Mund. Aphorismen und Epigramme*. Berlin: Tribüne, 1982.

4. Der Brunnen vor dem Tore ist des Wanderers Gift. (1982)
Anonymer Spruch in *Nebelspalter*, Nr. 44/2. November 1982, S. 33.

BURG

„Ein feste Burg ist unser Gott,
Ein gute Wehr und Waffen.
Er hilft uns frei aus aller Not,
Die uns jetzt hat betroffen.
Der alt böse Feind,
Mit Ernst er's jetzt meint;
Groß Macht und viel List
Sein grausam Rüstung ist,
Auf Erd ist nicht seins gleichen.“

Martin Luther, „Ein feste Burg ist unser Gott“ (1527).

1. *Hitler Choral V*
Ein große Hilf war uns sein Maul
Ein gute Wehr und Waffen
Er nannt den Feind und war nicht faul
Ihn uns vom Hals zu schaffen.
Der Feind stand im Land
Kommune war genannt!
Vernunft und viel List
Sein grausam Rüstung ist
Dagegen ist kein leicht Reden. (Vor 1933)
Bertolt Brecht, *Gesammelte Werke*, hrsg. von Elisabeth Hauptmann. Frankfurt am Main: Suhrkamp, 1967, Bd. 9, S. 449–451.

2. *Bundesrepublikanisches Schlaraffenlied*
[...]
Gottähnlich sind wir am Steuer, das ist wahr.
Ein feste Burg ist unser Car.
[...]
Drum: Wo man gut ißt, da laßt euch ruhig nieder,
da gibt's zu saufen auch.
Ein feste Burg ist unser Bauch.
[...]
Wer mager liebt, der liebt nicht fett,
Ein feste Burg ist unser Bett.
[...]
Mit dem Flugzeug sind wir bald wieder daheim.
Ein feste Burg ist unser Rhein. (1970)
Kurt Sigel, *Lieder & Anschläge. Gedichte.* München: Delp, 1970, S. 39.

3. Eine feste Burg am Strand. (1973)

Werner Klose, „Eine feste Burg am Strand: Typologie der deutschen Burgenbauer". *Die Zeit*, Nr. 33/17. August 1973, S. 24.

4. Ein feste Burg sei unser Bett! (1977)

Heinrich Schröter, *Ha, welche Lust, Zitat zu sein! Spruchbuch zum Fortschreiben*. München: Gauke, 1977, S. 61.

5. „Ein' feste Burg", wie Luther sagt, ist unsere Beschränktheit. (1979)

Klaus Sochatzy, *Adnotationen. Gegenreden gegen Reden und Gerede. Aphorismen*. Frankfurt am Main: Rita G. Fischer, 1979, S. 30.

6. ein feste burg
ist unser gott
deshalb
ist die zugbrücke
hochgezogen. (1983)

Manfred Hausin, *Hausinaden, der Epigramme zweiter Band*. Göttingen: Davids Drukke, 1983, S. 66.

7. *Wer gibt uns eine feste Burg?*
Wer gibt uns eine feste Burg,
Ein gute Wehr und Waffen?
Nur du hilfst dir aus dieser Not,
Die dich jetzt hat betroffen.
Der Zweifel, die Angst,
Sie fallen uns an;
Groß Macht und viel List
Ihr böse Ursach ist.
Sie wolln dich jetzt verschlingen.
[...] (1983)

Hans-Jörg Rother, „Auszüge aus dem evangelischen Kirchengesangbuch", *Neue deutsche Literatur*, 31, Nr. 11/1983, S. 76-77.

8. Eine feste burg ist unser trott. (1985)

Wolfgang Mocker, „Sentenzliteratur", *Neue deutsche Literatur*, 33, Nr. 7/1985, S. 167.

9. Ein feste Burg ist unser Land. (1990)

Iris Radisch, „Ein feste Burg ist unser Land: Warum die DDR-Studenten nichts vom Westen wissen wollen". *Die Zeit*, Nr. 25/22. Juni 1990, S. 15.

10. Ein feste Burg ist unser G(eld). (1995)

Hans Leopold Davi, *Wortwirbel. Aphorismen*. Zürich: Pendo, 1995, S. 62.

DENKEN

„Cogito, ergo sum."
„Ich denke, also bin ich."

René Descartes, *Principia philosophiae* (1644).

1. Non cogitant, ergo non sunt. (1789)
   Georg Christoph Lichtenberg, *Schriften und Werke*, hrsg. von Wolfgang Promies. Darmstadt: Wissenschaftliche Buchgesellschaft, 1968, Bd. 1, S. 708 (Heft J, Nr. 379).

2. Descartes sagte: „Der Mensch ist, weil er denkt"; weit philosophischer wäre gewesen: Der Mensch ist, weil er ißt und trinkt. (Ca. 1800)
   Karl Julius Weber, *Demokritos oder hinterlassene Papiere eines lachenden Philosophen.* Stuttgart: Rieger, o. J., Bd. 5, S. 148.

3. Sum, ergo cogito. (1842)
   August Heinrich Hoffmann von Fallersleben, *Gesammelte Werke*, hrsg. von Heinrich Gerstenberg. Berlin: Fontane, 1891, Bd. 4, S. 242.

4. Ich denke aus mir selber, darum bin ich Ich. So mag für nachfolgende Blätter „cogito ergo sum" übersetzt sein. Aber was bin ich? Wer kann sagen, was aus ihm selber stammt, und was er unbewußt überkommen und nur in sich aus- und umgebildet hat? Der Vater ist auch ein Kind. (1875)
   Berthold Auerbach, *Tausend Gedanken des Collaborators.* Berlin: Hofmann, 1875, S. 3.

5. *Kartesianisch*, adj. – Der Lehre des Descartes gemäß, jenes berühmten Philosophen, der der Urheber des gefeierten Diktums „Cogito ergo sum" ist, wodurch er die Wirklichkeit der menschlichen Existenz nachgewiesen zu haben meinte. Der Ausspruch jedoch ließe sich folgendermaßen verbessern: „Cogito cogito ergo cogito sum" – „Ich denke, daß ich denke, daher denke ich, daß ich bin"; näher ist noch kein Philosoph der Gewißheit gekommen. (1906)
   Ambrose Bierce, „Des Teufels Wörterbuch". *Die Zeit*, Nr. 27/26. Juni 1987, S. 65 (deutsche Ausgabe). Zuerst auf Englisch in Ambrose Bierce, *The Devil's Dictionary* (1906).

6. Wenn ich denke, existiere ich nicht, bin ich mir meiner nicht bewußt; es existiert nur das, woran ich denke. Selbstbewußtsein gewinnt man jedoch vor allem durch das Erleiden, und sei es eines einfachen physischen Schmerzes. Tut mir ein Zahn weh, dann weiß ich, daß ich bin. (1907).
   Henryk Elzenberg; zitiert aus Karl Dedecius (Hrsg.), *Bedenke, bevor du denkst.* Frankfurt am Main: Suhrkamp, 1984, S. 173.

7. *Cogito ergo sum.* Es gibt kein *cogito*; es gibt nur *cogitatur. Cogitatur, ergo est aliquid.* Dieses Etwas ist nicht das, was denkt, sondern nur das, was gedacht wird; der Gedanke ist kein Beweis für das Vorhandensein des denkenden Faktors, er ist nur Beweis für das Vorhandensein seines Inhalts. (1910)

Henryk Elzenberg; zitiert aus Karl Dedecius (Hrsg.), *Bedenke, bevor du denkst.* Frankfurt am Main: Suhrkamp, 1984, S. 175.

8. Man wies die Fehler der Aphoristik in Aphorismen nach. Die Unzulänglichkeit der Sprache ist nur in Worten festzustellen. Der Gedanke erreicht allenfalls den Grund des Denkens, und es heiße als einzig Gewisses cogito, ergo cogito. (1917)

   Rudolf Leonhard, *Aeonen des Fegefeuers. Aphorismen.* Leipzig: Wolff, 1917, S. 57.

9. Alles in meinen Essays Gesagte und Ungesagte, alles in Freud und Leid Erlebte und Erlittene, ist in die drei Worte zusammenzufassen:
   AMO ERGO SUM. (1947)

   Zenta Maurina, *Mosaik des Herzens. Essays.* Memmingen/Allgäu: Dietrich, 1954, S. 166 (1. Aufl. 1947).

10. *Philosopheme*
    (pseudokartesianisch)
    Ich denke, also bin ich.
    Ich bin, weil ich denke, daß ich bin.
    Ich denke, daß ich bin, weil ich denke.
    Ich bin, weil ich denke, daß ich nicht bin.
    Ich denke, daß *ich bin, weil ich nicht denke,* daß ich nicht bin.
    Ich bin, weil ich nicht denke.
    Ich denke, also bin ich nicht. (Vor 1950)

    Kurt Leonhard; zitiert aus Carl Otto Conrady (Hrsg.), *Das große deutsche Gedichtbuch.* Kronberg/Ts.: Athenäum, 1977, S. 907.

11. *Fachmännische Konsequenz*
    Cogito, ergo sum?
    Mag sein! Doch die meisten sind dumm!
    Drum
    lautet des Fachmanns Befund:
    Non cogitant, ergo non sunt! (1950)

    Erich Kästner, *Gesammelte Schriften für Erwachsene.* Zürich: Droemer, 1969, Bd. 1, S. 339.

12. Fio – ergo sum. (1953)

    Felix Pollak, *Lebenszeichen: Aphorismen und Marginalien,* hrsg. von Reinhold Grimm und Sara Pollak. Wien: Verlag für Gesellschaftskritik, 1992, S. 61.

13. Cogito, ergo sum: Ich bin in Gedanken.

    Cogito, ergo sum. Sum, ergo cogito. *Cogitans sum.*

    Me cogitat, ergo est. (Ergo sum.)

Was meine Ahnung noch erfassen kann, ist „Ich“, bin ich. Sum quae cogito – was ich denke, bin ich. Und die „Außenwelt“ beginnt erst dort, wo mein Bewußtsein endet. (1953)

Felix Pollak, *Lebenszeichen: Aphorismen und Marginalien*, hrsg. von Reinhold Grimm und Sara Pollak. Wien: Verlag für Gesellschaftskritik, 1992, S. 72.

14. Jeder Herostrat leidet unter einem Selbstwiderspruch [...]. Weil er, nicht anders als jeder andere Rächer, ob er es weiß oder nicht, das Geheimziel verfolgt, sich selbst zu bestätigen; weil er, da er sich „vernichtet“ fühlt, ein „Ich vernichte, also bin ich – doch“ benötigt; und weil er, um sich diese Bestätigung bestätigen zu lassen, auf Bestätiger angewiesen ist. (1956)

Günther Anders, *Die Antiquiertheit des Menschen*. München: Beck, 1956, S. 318.

15. *Dadaradatsch*

[...]
Ich bin nicht geboren. Man sagt mir, ich sei
geboren. Ich glaube, daß ich geboren bin. Wer
denkt, ist nicht, wer nicht ißt, denkt nicht.
Da ich esse, denke ich.
[...]
Ich bin incognito, denn ich cognitiere
nicht. Incognito ergo dada. Dada zu sein
oder nicht dada zu sein, ist keine Frage.
Fragen gibt es nicht. Fragen sind nur Aus-
nahmen.
[...]
Ich bin nicht, weil ich denke.
[...]
Um zu sein, muß man denken. Um nicht zu sein,
muß man dada sein.
[...] (1965)

Raoul Hausmann; zitiert aus Karl Riha, *Da Dada da war ist Dada da. Aufsätze und Dokumente*. München: Hanser, 1980, S. 140–142

16. *Heutiger Cartesianismus*

Seit dem Siege der Reproduktionsverfahren gibt es Tausende von Menschen, die sich ihren Existenzbeweis dadurch liefern, daß sie sich ihre eigenen Vervielfältigungen begegnen lassen. Das cartesische „Ich denke, also bin ich“ ist bei ihnen durch das „*Ich werde gedruckt*, also bin ich“ abgelöst. Ich kenne Journalisten, die durch drei erzwungene publizistische Fasttage in einen panischen Zweifel an der Realität ihres Daseins versetzt werden können. (1965)

Günther Anders, *Philosophische Stenogramme*. München: Beck, 1965, S. 67.

17. „Ich denke, darum bin ich.“
„Ich bin, darum denke ich.“

„Er ist, darum denke ich.“ (1967)
Ernst Wilhelm Eschmann, *Einträge. Notizen im Raum.* Hamburg: Claassen, 1967, S. 84.

18. ich zweifle
also glaube ich.

ich leugne
also weiß ich.

ich fürchte
also hoffe ich.

ich verliere
also gewinne ich.

ich leide
also handle ich.

ich entäußere mich
also erinnere ich mich.

ich sterbe
also bin ich. (1967)
Kurt Leonhard; zitiert aus Wolfgang Weyrauch und Johannes Poethen (Hrsg.), *Lyrik aus dieser Zeit, 1967/68.* München: Bechtle, 1967, S. 47.

19. Ich kämpfe, also bin ich. (1974)
Dietrich Strothmann, „Ich kämpfe, also bin ich: Menachem Begin – der Racheengel, dem die Stimmen zuflogen“. *Die Zeit,* Nr. 3/18. Januar 1974, S. 2.

20. Ich denke, also bin ich – ein Denker. (1974)
Anonymer Spruch in Robert Gernhardt, F. W. Bernstein und F. K. Waechter (Hrsg.), *Welt im Spiegel, 1964-1976.* Frankfurt: Zweitausendeins, 1979, S. 261.

21. A propos Descartes: Wie ich denke, so bin ich. (1976)
Stanisław Jerzy Lec, *Spätlese unfrisierter Gedanken.* München: Hanser, 1976, S. 74.

22. *Philosophie der Konjugation*
A Mein Herr, was halten Sie von der Philosophie?
B Fest steht: ich bin!
A Oh, wären Sie!
B Ich sage zu mir: sei! Also bin ich.
A Sie sind gewesen, soviel ist sicher.
B Und ich werde sein. Also bin ich.

A Ist denn der Gewesene stets ein Seinwerdender? Wie leicht kann er ein Nichtmehrseiender sein!
B Gewiß. Doch indem ich bin, werde ich sein. Auch als nicht mehr Seiender werde ich ein Seinwerdender gewesen sein, bis an mein Ende.
A Aber das Ende? Ist es nicht des Gewesenen nicht mehr Sein?
B Ja, doch war der Gewesene ein Seinwerdender.
A War er das? Oh, daß Sie wirklich dereinst ein Seinwerdender gewesen sein mögen.
B Bin ich es nicht als ein Seiender?
A Seien Sie's! Sie sind gewiß ein Gewordener.
B Mein Herr, ich danke Ihnen.
A Leben Sie wohl!
B Auf Wiedersehen! (1976)

Mani Matter, *Sudelhefte, Rumpelbuch*. Zürich: Benziger, 1992, S. 275 (1. Aufl. 1976).

23. Cogito ergo consum. (Vor 1977)

Anonymer Spruch in Lutz Röhrich, *Der Witz. Figuren, Formen, Funktionen*. Stuttgart: Metzler, 1977, S. 66.

24. Coito ergo sum. (Vor 1977)

Anonymer Spruch in Lutz Röhrich, *Der Witz. Figuren, Formen, Funktionen*. Stuttgart: Metzler, 1977, S. 66. Auch in Hans Gamber (Hrsg.), *Graffiti. Was an deutschen Wänden steht. Szene-Sprüche*. München: Heyne, 1983, ohne Seitenangabe.

»Ich werd' verrückt. Das Ding sagt: ›Cogito, ergo sum‹.«

DENKEN 25

25. Ich werd' verrückt. Das Ding [Computer] sagt: „Cogito, ergo sum". (1977)
Karikatur in Lutz Röhrich, *Der Witz. Figuren, Formen, Funktionen*. Stuttgart: Metzler, 1977, S. 118. Hier dreht es sich um eine deutsche Wiedergabe einer amerikanischen Karikatur mit der Beschriftung „I'll be damned. It says, ‚Cogito, ergo sum'" aus der Zeitschrift *New Yorker* vom 1. November 1958, S. 38.

26. Sein [eines Journalisten] Seinsbeweis, der Jahrzehnte lang gegolten hatte: *„ich werde gedruckt, also bin ich"* hat ausgesetzt. (1978)
Günther Anders, *Ketzereien*. München: Beck, 1982, S. 228.

27. Cogito, ergo leaso. (Ich denke, darum lease ich.) (1979)
Werbung für Industrie-Leasing AG in *Die Weltwoche*, Nr. 36/5. September 1979, S. 20.

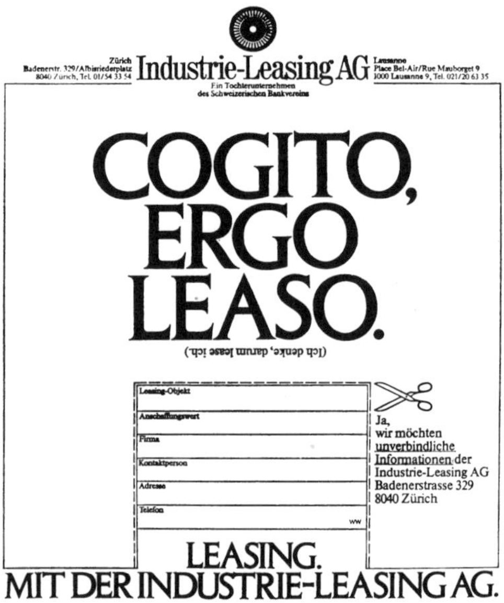

DENKEN 27

28. Cogito ergo non sum. (1979)
Erich Fried, *Als ich mich nach dir verzehrte. Zweiundsiebzig Gedichte von der Liebe*. Berlin: Wagenbach, 1994, S. 10.

29. Ich arbeite, also bin ich. (1979)
Nikolaus Cybinski, *Werden wir je so klug sein, den Schaden zu beheben, durch den wir es wurden? Aphorismen*. Lörrach: Lutz, 1979, S. 94.

30. ich bin.
also denke ich. (1979)
Volker Erhardt, *„Auch der Kannibale schätzt den Menschen am höchsten". Aphorismen.*

Köln: Satire Verlag, 1979, S. 94. Ebenso Peter Tille in André Brie et al., *Der Weisheit letzter Schluß. Aphorismen*. Berlin: Eulenspiegel, 1980, S. 137.

31. „Ich denke, also bin ich. Ich denke an jemanden, also bin ich jemand. Ich mache mir Gedanken, also mache ich mir etwas vor." (1979)
Werner Mitsch, *Fische, die bellen, beißen nicht. Sprüche*. Stuttgart: Letsch, 1979, S. 54.

32. Ich fahre, also bin ich. (1979)
Klaus Harpprecht, „Ich fahre, also bin ich: Wieviel den Amerikanern das Auto bedeutet". *Die Zeit*, Nr. 22/1. Juni 1979, S. 21.

33. Ich scheiße, also bin ich.
Ich wixe, also spritz' ich.
Ich uriniere, also pisse ich. (1979)
Klaus Sochatzy (Hrsg.), *Mehr Anarchie, weniger Chaos. Sprüche aus dem Frankfurter Uni-Turm. Graffiti*. Frankfurt am Main: Rita G. Fischer, 1982, S. 61.

34. Nun denn, ich bin Jude, also bin ich. Ein Jude ist ein Jude und bleibt ein Jude. Ich spreche mir damit Mut zu: weiter im Text, nicht aufgeben – nach all den Abbrüchen. [...] Jude in Deutschland? (1979)
Arie Goral, „Ich bin Jude, also bin ich", in *Fremd im eigenen Land. Juden in der Bundesrepublik*, hrsg. von Henryk M. Broder und Michel R. Lang. Frankfurt am Main: Fischer, 1979, S. 203.

35. Cogito, ergo: Inkognito! (1980)
Gerhard Uhlenbruck, *Frust-Rationen. Aphorismen*. Aachen: Stippak, 1980, S. 97.

36. Cogito, ergo summe ich, sagte die Biene. (1981)
Werner Mitsch, *Hunde, die schielen, beißen daneben. Sprüche*. Stuttgart: Letsch, 1981, S. 109.

37. Ich denke also bin ich ... Ich bin also denke ich ... Ich denke also bin ich. (1981)
Bernd Nitzschke, „Gespaltenes Ich, gespaltene Experten: Ist die Schizophrenie eine Krankheit oder nur ein medizinisches Kunstprodukt?" *Die Zeit*, Nr. 8/20. Februar 1981, S. 19.

38. „Ich denke, also bin ich", sagte der alte Descartes. „Ich verwalte, also bin ich", sagt der moderne Staat. (1981)
Klaus Sochatzy in K. Sochatzy und Aleksander Kumor, *Ost-West-Monologe. Aphorismen*. Frankfurt am Main: Rita G. Fischer, 1981, S. 68.

39. Ich denke nicht, also bin ich. (1981)
Ulrich Greiner, „Ich denke nicht, also bin ich: Claudia Gehrke: ‚Ich habe einen Körper'". *Die Zeit*, Nr. 43/23. Oktober 1981, S. 28.

40. Ich denke „nichts". Die flüchtigen Bilder des Irdischen verschwinden. Sein tritt in die Leere des Bewußtseins, das eigene Sein: Ich bin. (1981)

Manfred Krüger, *Denkbilder. Aphorismen.* St. Michael: Bläschke, 1981, S. 73.

41. ich leide
also bin ich

ich lache
also bin ich

ich rieche das gras
und schmecke die erde
in den gedichten
lateinamerikanischer gefährten
also bin ich

ist das nicht genug

afrikas schwarze trommeln
schieben sich mit warmen händen
unter meine haut
dringen ein in mich
durch meinen mund
durch meine ohren
durch meine lenden
also bin ich

ist das nicht sinn genug

wir sind da und
wir werden gebraucht
wir werden gebraucht
und wir sind da

das ist alles
ist das nicht sinn
genug. (1981)

Hans-Peter Schwöbel, *Wir müssen uns das Leben nehmen. Gedichte.* Mannheim: Edition Quadrat, 1981, S. 80.

42. Ich verändere, also bin ich. (1981)

Manfred Hinrich, „Sätze und Gegensätze". *Neue deutsche Literatur*, 29, Nr. 3/1981, S. 173.

43. Ich werde gewesen sein. Also bin ich. (1981)
Werner Mitsch, *Hunde, die schielen, beißen daneben. Sprüche.* Stuttgart: Letsch, 1981, S. 64.

44. Jeder Esel, der dem Descartes das *Cogito ergo sum* nachplappert, beweist, daß dieser unrecht hat. (1981)
Erwin Chargaff, *Bemerkungen.* Stuttgart: Klett-Cotta, 1981, S. 97.

45. Man denkt nicht an dich – also bist du. (1981)
Žarko Petan, *Himmel in Quadraten. Aphorismen und kleine Prosa.* Graz: Styria, 1981, S. 13.

46. Was sagte der tote Descartes, als er ins Paradies kam: „Non sum, ergo fui" oder „Non cogito, ergo non sum"? (1981)
Erwin Chargaff, *Bemerkungen.* Stuttgart: Klett-Cotta, 1981, S. 17.

47. *biene, philosophisch*
ich summe
also
bien ich. (1982)
Kurzprosatext von Kurt Marti in *Nebelspalter*, Nr. 45/9. November 1982, S. 28.

48. Cogito ergo Husum. (1982)
Werner Mitsch, *Bienen, die nur wohnen, heißen Drohnen. Sprüche.* Stuttgart: Letsch, 1982, S. 118. Auch in W. Mitsch, *Wer den Wal hat, hat die Qual. 800 Unsinnssprüche.* München: Heyne, 1987, ohne Seitenangabe.

49. Cogito ergo summa summarum. (1982)
Werner Mitsch, *Bienen, die nur wohnen, heißen Drohnen. Sprüche.* Stuttgart: Letsch, 1982, S. 5.

50. Descartes: coitus – ergo sum. (1982)
Albert A. Schmude (Hrsg.), *Freiheit für Grönland / weg mit dem Packeis! 200 Sprüche von den Wänden der Frankfurter Universität.* Frankfurt am Main: Rita G. Fischer, 1982, S. 58.

51. „Ich denke also bin ich", „ich bin also denke ich", „ich denke ich also bin", und schließlich „denke bin also ich ich" – o armer Descartes! (1982)
Bendikt Erenz, „Permutieren in der Gartenlaube: Ein literarisches Wochenende bei Walter Kempowski". *Die Zeit*, Nr. 33/20. August 1982, S. 21.

52. Ich denke, also filme ich. (1982)
Benjamin Henrichs, „Ich denke, also filme ich: Kino: ‚Die Frau des Fliegers' von Eric Rohmer". *Die Zeit*, Nr. 26/2. Juli 1982, S. 16.

53. Ich schreibe, also denke ich. (1982)
Werner Mitsch, *Bienen, die nur wohnen, heißen Drohnen. Sprüche.* Stuttgart: Letsch, 1982, S. 5.

54. Ich sprühe – also bin ich.
Ich spinne – also bin ich.
Ich denke – also spinn ich.
Ich denke – also verschwind' ich. (1982)
Frieder Stöckle, *Ätsch ich lebe noch. Sprüche – Widersprüche.* Stuttgart: Spectrum, 1982, S. 99.

55. Ich träume, also bin ich. (1982)
Ralf Bülow, „In eigener Sprache". *Der Sprachdienst*, 26/1982, S. 124.

56. Coitus, ergo sum. (1983)
Eduard Moriz (Hrsg.), *Nimm's leicht, nimm mich. Sponti-Sprüche No. 3.* Frankfurt am Main: Eichborn, 1983, ohne Seitenangabe. Auch in Otto Wicki, *Neue Bauernregeln und Sentenzen für Ärzte und Gesunde.* Thun: Ott, 1991, S. 9.

57. Credo, quia absurdum.
Cogito, ergo sum.
Credo, quia cogito. Ergo absurdum sum. (1983)
Ulrich Erckenbrecht, *Ein Körnchen Lüge. Aphorismen und Geschichten.* Göttingen: Muriverlag, 1983, S. 31.

58. *Das kartesianische Zeitalter*
oder *„Ich denke, also bin ich"*,
sagte der französische Philosoph und Mathematiker *Descartes*
(1596-1650). Wie sehr
müssen die Völker in den 333 Jahren seit dem Tod des *Renatus*
Cartesius
sich verändert haben! Wenn es auf unser Denken (oder eben
Nichtdenken)
ankäme, *wären* (existierten) wir nicht. (1983)
Albert Ehrismann, „Gegen Ende des 2. Jahrtausends". *Nebelspalter*, Nr. 32/9. August 1983, S. 20.

59. Die großen Erkenntnisse – alles fließt, cogito, ergo sum, es kömmt aber darauf an, sie zu verändern – muß jeder noch einmal für sich entdecken, und wenn er dazu tausend (An-)Sätze braucht, statt jenes einen. (1983)
Peter Tille, *Sommersprossen. 666 aphoristische Gesichtspunkte.* Halle: Mitteldeutscher Verlag, 1983, S. 50.

60. Ich denke, also bin ich hier falsch. (1983)
Eduard Moriz (Hrsg.), *Nimm's leicht, nimm mich. Sponti-Sprüche No. 3.* Frankfurt am

Main: Eichborn, 1983, ohne Seitenangabe. Auch in Manfred Bröker, *Von Spatenpaulis und Stoppelhopsern. Sprüche unter der Hurratüte.* Münster: Coppenrath, 1984, ohne Seitenangabe; und Claudia Glismann (Hrsg.), *Edel sei der Mensch, Zwieback und gut. Szene-Sprüche.* München: Heyne, 1984, ohne Seitenangabe. Als anonymer Spruch in *Nebelspalter*, Nr. 7/12. Februar 1987, S. 57. Auch in C. Glismann (Hrsg.), *Lieber ein Schäferstündchen als zwei Überstunden. Sprüche, Witze und Graffiti vom Arbeitsplatz.* München: Heyne, 1988, ohne Seitenangabe; und Beate Kuckerts (Hrsg.), *Das große Buch der Büro-Sprüche.* München: Heyne, 1992, ohne Seitenangabe.

61. Ich denke. Früher lebte ich nur. (1983)
Werner Mitsch, *Das Schwarze unterm Fingernagel. Sprüche.* Stuttgart: Letsch, 1983, S. 28.

62. Ich zweifle, also denke ich. (1983)
Werner Mitsch, *Das Schwarze unterm Fingernagel. Sprüche.* Stuttgart: Letsch, 1983, S. 91.

63. Anarcho ergo sum. (1984)
Ralf Bülow (Hrsg.), *Graffiti 2. Neues an deutschen Wänden.* München: Heyne, 1984, ohne Seitenangabe. Auch in Ralf Bülow (Hrsg.), *Lieber nett im Bett als cool auf dem Stuhl. Graffiti 4.* München: Heyne, 1986, ohne Seitenangabe.

64. Cogito, also denke ich, wie wir Lateiner zu sagen pflegen. (1984)
Werner Mitsch, *„Grund- & Boden-Sätze". Sprüche.* Stuttgart: Letsch, 1984, S. 95. Auch in W. Mitsch, *Wer den Wal hat, hat die Qual. 800 Unsinnssprüche.* München: Heyne, 1987, ohne Seitenangabe.

65. Cogito, ergo sum – nur, soviel ich auch denke, ich weiß nicht, warum. (1984)
Siegfried Gloose, *Einfälle – Ausfälle. Aphorismen und verbogene Sprüche.* St. Michael: Bläschke, 1984, S. 7.

66. Cogito ergo sum. Oder wie wir Nichtphilosophen sagen würden: ich rauche, also trinke ich. (1984)
Werner Mitsch, *„Grund- & Boden-Sätze". Sprüche.* Stuttgart: Letsch, 1984, S. 109.

67. *denk-spiel*
(nach descartes)
ich denke, also bin ich.
ich bin, also denke ich.
ich bin also, denke ich.
ich denke also: bin ich? (1984)
Timm Ulrichs; zitiert aus Dietrich Krusche und Rüdiger Krechel (Hrsg.), *Anspiel. Konkrete Poesie im Unterricht Deutsch als Fremdsprache.* Bonn: Inter Nationes, 1984, S. 39.

68. Descartes war, wie er sagte, weil er dachte. Wir denken, wir leben, wenn wir uns auch anpassen müssen, wie wir sagen. (1984)

Klaus Sochatzy, *Widerworte nach der „Wende". Aphorismen.* Frankfurt am Main: Rita G. Fischer, 1984, S. 43.

69. Hier sitze ich, ich kann nicht anders.
Und ich werde gejagt – also bin ich.
Falsch. Du wurdest gejagt – also bist du nicht mehr. (1984)
Günter Hesse (Hrsg.), *Die Wände im Knast ... Und sie reden doch. Graffiti aus deutschen Gefängnissen.* Bremen: Skarabäus, 1984, Bd. 2, S. 222.

70. Ich bin krank, also bin ich. (1984)
Anonym, „Zeit-Diagnose gestellt: ‚Ich bin krank, also bin ich'". *Wiesbadener Kurier,* Nr. 222/26. September 1984, S. 3.

71. Ich denke, also bin ich dagegen. (1984)
Claudia Glismann (Hrsg.), *Edel sei der Mensch, Zwieback und gut. Szene-Sprüche.* München: Heyne, 1984, ohne Seitenangabe. Auch in Bernd Thomsen (Hrsg.), *Ihr geht mit der Welt um als hättet ihr eine zweite im Keller! Polit-Graffiti & Demo-Sprüche.* München: Heyne, 1986, ohne Seitenangabe.

72. Ich denke, also handle ich mir eine Menge Depressionen ein. (1984)
Christian Roman (Hrsg.), *Lieber 'ne Sechs, als überhaupt keine persönliche Note. Schüler-Sprüche No. 1.* Frankfurt am Main: Eichborn, 1984, ohne Seitenangabe.

73. Ich denke, also spinn ich. (1984)
Claudia Glismann (Hrsg.), *Ich denke, also spinn ich. Schüler-Sprüche.* München: Heyne, 1984, ohne Seitenangabe. Auch in Ralf Bülow (Hrsg.), *Graffiti 2. Neues an deutschen Wänden.* München: Heyne, 1984, ohne Seitenangabe; und Wolf von Henschelsberg (Hrsg.), *Tipp-Ex für den Direx. Schülerwitze & Sprüche Bd. 4.* Frankfurt am Main: Eichborn, 1993, ohne Seitenangabe.

74. Ich denke, also spinn' ich!*
*Im Original: Birno, ergo Apfel! (1984)
Karikatur in *Die Weltwoche,* Nr. 39/27. September 1984, S. 49.

75. Ich denke nicht, ich bin lieber. (1984)
Ralf Bülow (Hrsg.), *Liebe ist heilbar. Sprüche aller Art.* Frankfurt am Main: Michler, 1984, ohne Seitenangabe. Auch in R. Bülow (Hrsg.), *Lieber nett im Bett als cool auf dem Stuhl. Graffiti 4.* München: Heyne, 1986, ohne Seitenangabe.

76. Ich dufte, also bin ich. (1984)
Anna von Münchhausen, „Der Krieg der Düfte". *Die Zeit,* Nr. 39/28. September 1984, S. 20.

77. Ich gähne, also bin ich. (1984)
Werner Mitsch, *„Grund- & Boden-Sätze". Sprüche.* Stuttgart: Letsch, 1984, S. 44.

78. Ich lebe, also lebe ich gut. (1984)
Werner Mitsch, *„Grund- & Boden-Sätze". Sprüche.* Stuttgart: Letsch, 1984, S. 18.

79. Ich liebe: also bin ich. (1984)

Heinrich Schröter, *Worte wie Wahrzeichen. Hauptsätze zu Hauptthemen und Hauptsachen.* Wiesbaden: Edition Retörsch, 1984, ohne Seitenangabe (in der erweiterten Neuausgabe von 1990 auf S. 21). Auch in H. Schröter, *Lebensworte. Kürzesttexte zum Fort- und Gegenschreiben.* Willebadessen: Zwiebelzwerg, 1991, S. 21.

80. Ich widerspreche mir, also bin ich. (1984)

Tom R. Schulz, „Ich widerspreche mir, also bin ich: Wolf Biermann auf Tournee". *Die Zeit*, Nr. 25/15. Juni 1984, S. 44 (deutsche Ausgabe).

81. *Kapitale Grundsätze II*

Ich fahre Auto, also bin ich (der Glückliche).
Ich arbeite, also bin ich (der Häßliche).
Ich rüste, also bin ich (der Wahnsinnige).

Ich esse. (1984)

Heinrich Waegner, *gespaltenes Deutsch. Grammatische Lyrik zur Gegenwart.* Siegen: Kalliope, 1984, S. 60.

82. Manchmal denke ich, und manchmal bin ich. (1984)

Ralf Bülow (Hrsg.), *Graffiti 2. Neues an deutschen Wänden.* München: Heyne, 1984, ohne Seitenangabe.

83. NATO ergo bumm! (1984)

Claudia Glismann (Hrsg.), *Edel sei der Mensch, Zwieback und gùt. Szene-Sprüche.* München: Heyne, 1984, ohne Seitenangabe.

84. Schmuso ergo sum. (1984)

Ralf Bülow (Hrsg.), *Graffiti 2. Neues an deutschen Wänden.* München: Heyne, 1984, ohne Seitenangabe. Auch in Angelika Franz (Hrsg.), *Das endgültige Buch der Sprüche & Graffiti.* München: Heyne, 1987, S. 57; und Elisabeth Blay (Hrsg.), *Neue Schüler-Sprüche. Steter Tropfen leert das Hirn.* München: Heyne, 1988, ohne Seitenangabe.

85. Sum ergo possum. (1984)

Hans Leopold Davi, *Neue Distel- und Mistelworte.* Zürich: Pendo, 1984, S. 59.

86. Cogito, ergo stumm. (1985)

Christian Roman (Hrsg.), *Reden ist Silber, Schweigen ist fünf. Schüler-Sprüche No. 2.* Frankfurt am Main: Eichborn, 1985, ohne Seitenangabe.

87. Consumo ergo sum.

René Discount. (1985)

Ralf Bülow (Hrsg.), *Graffiti 3. Phantasie an deutschen Wänden.* München: Heyne, 1985, ohne Seitenangabe. Auch in Angelika Franz (Hrsg.), *Das endgültige Buch der Sprüche & Graffiti.* München: Heyne, 1987, S. 335.

88. *Hackito ergo sum!*
Ich hacke, also bin ich. (1985)
Franz Schneider, *Wörterbuch für Hacker.* München: Schneider, 1985, S. 84. Auch in Ralf Bülow (Hrsg.), *Lieber nett im Bett als cool auf dem Stuhl. Graffiti 4.* München: Heyne, 1986, ohne Seitenangabe; Angelika Franz (Hrsg.), *Das endgültige Buch der Sprüche & Graffiti.* München: Heyne, 1987, S. 163; und A. Franz (Hrsg.), *Es gibt viel zu tun – nix wie weg. Neue Bürosprüche.* München: Heyne, 1990, ohne Seitenangabe.

89. Ich bin, also sprühe ich. (1985)
Bernd Thomsen (Hrsg.), *Haste was, pisste was. Klo-Sprüche.* München: Heyne, 1985, ohne Seitenangabe.

90. Ich denke, also bin ich.
Ach, wenn doch auch die Umkehrung gälte. (1985)
André Brie, *Am Anfang war das letzte Wort. Aphorismen.* Berlin: Eulenspiegel, 1985, S. 56. Auch in A. Brie, *Die Wahrheit lügt in der Mitte / Am Anfang war das letzte Wort. Aphorismen.* Berlin: Eulenspiegel, 1988, S. 123.

91. Ich stinke, also bin ich. (1985)
Bernd Thomsen (Hrsg.), *Haste was, pisste was. Klo-Sprüche.* München: Heyne, 1985, ohne Seitenangabe.

92. Ich trinke, also bin ich.
Ich bin betrunken, also war ich. (1985)
Bernd Thomsen (Hrsg.), *Haste was, pisste was. Klo-Sprüche.* München: Heyne, 1985, ohne Seitenangabe.

93. Ich wühle, also bin ich. (1985)
Witzzeichnung von Friedrich Karl Waechter in Monika Jetter (Hrsg.), *Von Abs bis Zadek: Sprüche für das ganze Leben.* Hamburg: Hanseatische Edition, 1985, S. 11.

94. Libido ergo bums. (1985)
Bernd Thomsen (Hrsg.), *Haste was, pisste was. Klo-Sprüche.* München: Heyne, 1985, ohne Seitenangabe.

95. *cogito ergo sum*
Ich denke
also bin ich.

Ich denke nicht,
bin aber auch.

Ergo summ ich. (1986)
Nicola Rivas (Hrsg.), *Nonsense-Festival. Verse und Sprüche, Geschichten und Cartoons.* München: Heyne, 1986, S. 166.

96. Du pißt, also bist du. (1986)
Bernd Thomsen (Hrsg.), *Pissen ist Macht. Neue Klo-Sprüche.* München: Heyne, 1986, ohne Seitenangabe.

97. Hallo, Jungs, da bin ich!
René Descartes. (1986)
Ralf Bülow (Hrsg.), *Lieber nett im Bett als cool auf dem Stuhl. Graffiti 4.* München: Heyne, 1986, ohne Seitenangabe.

98. Ich bin – also muß ich! (1986)
Wolfgang Mocker, „Aphorismen". *Neue deutsche Literatur,* 34, Nr. 7/1986, S. 170. Auch in W. Mocker. *Gedankengänge nach Canossa. Euphorismen und andere Anderthalbwahrheiten.* Berlin: Eulenspiegel, 1987, S. 5.

99. Ich henke, also bin ich. (1986)
Andreas Bender, *Gelegenheit macht Liebe. Sprichwörter, Redensarten und Zitate verdreht und auf die seichte Schulter genommen.* Frankfurt am Main: Eichborn, 1986, ohne Seitenangabe.

100. Ich pisse, also bin ich. (1986)
Bernd Thomsen (Hrsg.), *Pissen ist Macht. Neue Klo-Sprüche.* München: Heyne, 1986, ohne Seitenangabe.

101. Ich tanke, also fahr' ich. (1986)
Eduard Moriz (Hrsg.), *Lieber sauweich als eberhard. Sponti-Sprüche No. 6.* Frankfurt am Main: Eichborn, 1986, ohne Seitenangabe.

102. Konsum ergo sum. (1986)
Barbara Sichtermann, „Konsum ergo sum: Kritik des Kapitalismus war immer auch Kritik des Konsums". *Die Zeit,* Nr. 31/1. August 1986, S. 15.

103. Cogito, EGO sum. (1987)
Gerhard Uhlenbruck, *Kaffeesätze. Gedankensprünge in den Sand des Getriebes.* Ekrath: Spiridon, 1987, S. 106.

104. *Consumo, ergo sum* und umgekehrt: Weil ich bin, konsumiere ich. (1987)
Ulrich Greiner, „Büchermesse und Büchermassen: Was ist los mit der Literatur"? *Die Zeit,* Nr. 42/9. Oktober 1987, S. 1.

105. Ich denke selten, also bin ich wer. (1987)
Felix Renner, *Vorwiegend Unversöhnliches an kurzer Leine. Aphorismen.* Basel: Cornfeld, 1987, S. 13.

106. Ich kaufe, also bin ich! (1987)
Angelika Franz (Hrsg.), *Das endgültige Buch der Sprüche & Graffiti.* München: Heyne, 1987, S. 351.

107. Ich schenke, also spinn ich. (1987)
Saskia Schlesinger (Hrsg.), *Mach dir einen schönen Lenz und schwänz. Schülersprüche – Schülerwitze*. München: Heyne, 1987, ohne Seitenangabe.

108. Inkognito, also bin ich nicht! (1987)
Hans Gamber (Hrsg.), *Freche Sprüche für jeden Tag*. Rastatt: Moewig, 1987, S. 115.

109. Scribo, ergo sum. (1987)
Walter Riedel, „Scribo, ergo sum: Walter Bauer, Diarist". *Seminar*, 23/1987, S. 236.

110. Spero, ergo sum? Eher umgekehrt: Die Tatsache, daß ich noch am Leben bin, muß wohl bedeuten, daß es irgendwo in mir noch hofft. Sum, ergo spero. (1987)
Wolfgang Hildesheimer, „Hat die Hoffnung noch eine Zukunft?" *Die Zeit*, Nr. 1/2. Januar 1987, S. 16.

111. Cogito ergo sum. Die Menschen existieren trotzdem. (1988)
Karel Trinkewitz; zitiert aus „Worte am Sonntag". *Süddeutsche Zeitung*, 2.-4. April 1988, S. 108.

112. Cogito, ergo sum, das heißt auf Kölsch:
Ich denke ans Klüngeln, also bin ich Kölner. (1988)
Gerhard Uhlenbruck, *Kölner Klüngel Kalender*. Pulheim: Rhein-Eifel-Mosel Verlag, 1988, ohne Seitenangabe.

113. Ich denke, also bin ich. Also könnt ihr mich. (1988)
Werner Mitsch, *Neue Hin- und Widersprüche*. Rosenheim: Förg, 1988, S. 29.

114. Ich denke, also bin ich ... verdächtig. (1988)
Karel Trinkewitz; zitiert aus „Worte der Woche". *Stern*, Nr. 17/21. April 1988, S. 15.

115. Ich denke, also trinke ich. (Alte Schnapsidee) (1988)
Werner Mitsch, *Neue Hin- und Widersprüche*. Rosenheim: Förg, 1988, S. 92.

116. Ich (fr)esse, also bin ich ... (1988)
Karikatur in *Nebelspalter*, Nr. 16/18. April 1988, Titelblatt.

117. Ich höre, also bin ich. (1988)
Werbung für Hörgeräte in *Der Spiegel*, Nr. 3/18. Januar 1988, S. 182-183. Auch Werbung für Technicus HiFi in *Die Weltwoche*, Nr. 47/19. November 1992, S. 6.

118. Ich lebe, also bin ich denkbar. (1988)
Werner Mitsch, *Neue Hin- und Widersprüche*. Rosenheim: Förg, 1988, S. 66.

119. *Auto ergo sum*
Ich lenke,
also bin ich.

Ich renke,
also schwimm ich.

Ich kränkle,
also trimm ich.

Ich hänsle,
also grimm ich. (1989)

Hardy Scharf; zitiert aus *Süddeutsche Zeitung*, 7.-8. Oktober 1989, S. 8.

120. *Ergo sum*
Ich denke nicht also bin ich und ich liebe nicht
also bin ich und ich hoffe nicht handle nicht fühle nicht.
Leere von vorn und im Rücken. Ich bin nicht also bin ich:
Also bin ich deine Tochter, meine verzweifelte Zeit. (1989)

Margherita Guidacci; zitiert aus *Süddeutsche Zeitung*, 16.-17. September 1989, S. 16.

121. Ich bin, also ist Schönheit. (1989)

Peter Hille, *Ich bin, also ist Schönheit: Lyrik, Prosa, Aphorismen, Essays*. Leipzig: Reclam, 1989.

122. Ich denke also bin
ich unmöglich mit wem denn
sonst zusammenleben. Ob du's
weißt und
aber ganz egal kein Grund zum
Glück genug. Was „ego"
heißt nichts anderes als „s-su-
sum" und überhaupt.
Legale Niederlage „cogito"
verkehrtherum den
Nebel an den Nagel hängen.
So. (1989)

Felix Philipp Ingold, *Echtzeit. Gedichte*. München: Hanser, 1989, S. 25.

123. Moskito, ergo summ! (1989)

Witzzeichnung in *Die Weltwoche*, Nr. 50/14. Dezember 1989, S. 65.

124. Ich denke, also bin ich selber schuld. (1990)

Wolfgang Funke, *Der Wendehals und andere Mitmenschen. Satirische Epigramme und Kurzgeschichten*. Berlin: Ullstein, 1990, S. 129.

125. Ich lebe, also liebe ich. (1990)

Heinrich Schröter, *Worte wie Wahrzeichen. Hauptsätze zu Hauptthemen und Hauptsachen*. Erweiterte Neuausgabe. Wiesbaden: Edition Retörsch, 1990, S. 21.

126. Ich reise, also bin ich. (1990)
Werbung für Diners Club International in *Der Spiegel*, Nr. 10/5. März 1990, S. 208.

127. *Summa summarum*
Cogito, ergo sum.
Cogito, ergo Husum.
Cogito, ergo Konsum.
Cogito, ergo alter ego sum.
Cogito, ergo Brimborium.
Coito, ergo wumm.
Ogino, ergo Knaus.
Sum, ergo cogito.
Wie ich denke, so bin ich.
Bin ich? Also ich denke doch.
Ich denke, ich denke, also denke ich, ich bin.
Ich denke, weil ich geboren wurde.
Ich denke, weil ich bin.
Ich denke, wie ich bin.
Ich denke, daß ich bin.
Ich denke: „Ich bin“. Na also!
Ich denke, weil ich nicht daran denke, daß ich bin.
Ich denke, ich bin Descartes.
Ich denke, also spinn ich.
Ich denke zuviel, deshalb bin ich zuwenig.
Ich denke nicht, so bin ich eben.
Ich denke, und du bist.
Ich denke, ergo Sumpf.
Ich denke, also sprach Zarah Leander.
Ich denke, ich bin kein Sumerer.
Ich kokettiere, also benimm dich.
Ich summe, also bien ich.
Ich liebe, also leb ich.
Ich gehe spazieren, also bin ich.
Ich reise, also bin ich wer.
Ich denke an dich in Sumatra.
Lego, ergo sum.
Non cogito, ergo stumm.
Cogito Ergotherapeut.
Cogito, ergo Sums.
Cogito, ergo a tergo.
Cogito, ergo gaudeamus igitur.
Cogito, ergo Inkognito.
Cogito, ergo Hamsun.
Cogito poquito.

Cogito, ergo non sum. (1991)
Ulrich Erckenbrecht, *Maximen und Moritzimen: Bemerkungen über dies und jenes*. Göttingen: Muriverlag, 1991, S. 71-72.

128. Ich denke, also bin ich. Ich denke vor, also bleibe ich. (1991)
Werbung für Austrian Industries in *Der Spiegel*, Nr. 19/6. Mai 1991, S. 50-51.

129. Ich kenne Herrn Mieder, also bin ich! (1991)
Wandtafel-Graffito im Seminarzimmer der Deutschabteilung an der Universität von Vermont, Burlington, den 6. November 1991 (USA).

130. *sein*
ich lebe
also bin ich?

ich denke hoffe glaube
also bin ich?

ich kämpfe siege herrsche
also bin ich?

ich liebe:
also bin ich. (1991)
Heinrich Schröter, *Liebeslyrik*. Bamberg: Wissenschaftlicher Verlag, 1991, S. 29.

131. Ich schlage zu, also bin ich. (1992).
Adam Krzeminski, „Ich schlage zu, also bin ich: Gewalt, Fremdenhaß, Nationalismus - auch Polen hat seine Skinheads". *Die Zeit*, Nr. 44/30. Oktober 1992, S. 21.

132. Amo, ergo sum = Ich liebe, also bin ich. (1993)
Eduardas Astramskas, *Amo, ergo sum = Ich liebe, also bin ich*. Klaipeda: Eldija, 1993.

133. Ich denke, also wie bin ich? (1993)
Josef Joffe, „Ich denke, also wie bin ich? An nordamerikanischen Universitäten gehört die regelmäßige Bewertung der Professoren durch ihre Studenten zum guten Ton". *Süddeutsche Zeitung*, Nr. 36/13.-14. Februar 1993, S. 45.

134. J'écris, donc je suis. (1993)
Werner B. Kleinhardt, *Das Lachen der Satten. Fabeln, Gedichte und Aphorismen*. Freiburg: Echo, 1993, S. 182.

135. Cogito, ergo sum, sagt Descartes.
Descartes konnte solches mit Fug und Recht von sich behaupten.
ERGO SUM gilt ohne Zweifel für die meisten Menschen.
Doch wer dürfte schon ernsthaft COGITO von sich sagen! (1994)
Gerd W. Heyse, „Aphorismen". *Palmbaum: Literarisches Journal aus Thüringen*, 2/1994, S. 47.

136. Ich denke, also bin ich nicht. (1994)
Anonym, „Ich denke, also bin ich nicht: Vortrag von Steff Steffan über das Sufitum in der Villa Clementine". *Wiesbadener Kurier,* 1. Mai 1994, ohne Seitenangabe.

137. Non cogito ergo sum. (1994)
Susanne Kord, „Grammatik". *Trans-Lit,* 3/1994, S. 4.

138. Cogito, ergo a tergo. (1995)
Ulrich Erckenbrecht, *Katzenköppe. Aphorismen/Epigramme.* Göttingen: Muriverlag, 1995, S. 112.

139. Cogito, ergo Freiheit des Andersdenkenden. (1995)
Ulrich Erckenbrecht, *Katzenköppe. Aphorismen/Epigramme.* Göttingen: Muriverlag, 1995, S. 13.

140. Cogitas, ergo Nonsense. (1995)
Ulrich Erckenbrecht, *Katzenköppe. Aphorismen/Epigramme.* Göttingen: Muriverlag, 1995, S. 11.

141. Cogito, ergo Opossum. (1995)
Ulrich Erckenbrecht, *Katzenköppe. Aphorismen/Epigramme.* Göttingen: Muriverlag, 1995, S. 11.

142. Cogito, ergo to be or not to be. (1995)
Ulrich Erckenbrecht, *Katzenköppe. Aphorismen/Epigramme.* Göttingen: Muriverlag, 1995, S. 16.

143. Cogito: „Sum!" (1995)
Ulrich Erckenbrecht, *Katzenköppe. Aphorismen/Epigramme.* Göttingen: Muriverlag, 1995, S. 10.

144. Ich kogitier', drum bin ich hier. (1995)
Ulrich Erckenbrecht, *Katzenköppe. Aphorismen/Epigramme.* Göttingen: Muriverlag, 1995, S. 122.

145. Sum, ergo cogito:
„Leck mich am Anthropo!" (1995)
Ulrich Erckenbrecht, *Katzenköppe. Aphorismen/Epigramme.* Göttingen: Muriverlag, 1995, S. 112.

146. „Ich denke, also bin ich", sagte Descartes. – Viele sind trotzdem. (1995)
Wolfgang Eschker, *Mitgift mit Gift. Aphorismen.* München: Eugen Diederichs, 1995, S. 68.

147. Ich spreche, also bin ich! (1995)
Bernd Sucher, „Ich spreche, also bin ich! Harald Clemen inszeniert in Hamburg Tschechows ‚Drei Schwestern'." *Süddeutsche Zeitung,* 28. September 1995, S. 13.

148. Ich rede, also bin ich. (1995)

Christine Dössel, „Ich rede, also bin ich: Das ist Liebe." *Süddeutsche Zeitung*, 23. Oktober 1995, S. 21.

DEUTSCHLAND (a)

„Denk' ich an Deutschland in der Nacht,
Dann bin ich um den Schlaf gebracht."

Anfang von Heinrich Heines Gedicht „Nachtgedanken" (1843).

1. *Denk ich an Deutschland in der Nacht*

Denk ich an Deutschland in der Nacht,
denk ich an Heine,
Novalis,
Bach.
Ich denke nicht mehr an Buchenwald.
Ein Mann wird müde,
ein Mann wird alt.
Ich denke nur noch, was mir behagt,
denk ich an Deutschland in der Nacht.

Manch ein Land hat mich in mancher Nacht
um den Schlaf gebracht,
den ich verdiene,
die aus Zeitersparnis erfundene Guillotine,
die chemische Judenausrottungsmaschine
und der Gulag Archipel,
nicht von Deutschen erdacht.
Denk ich an den Menschen in der Nacht,
bin ich um den Verstand gebracht.

Und die Männer, in deren Namen Geschichte gemacht,
wie viele haben sie umgebracht,
wie viele haben da mitgemacht,
sie haben sich nichts dabei gedacht,
es hat sie nicht um den Schlaf gebracht,
in der Nacht,
in der deutschen,
französischen,
russischen
Nacht. (1981)

Hans Sahl, *Wir sind die Letzten. Der Maulwurf. Gedichte.* Darmstadt: Luchterhand, 1991, 99-100.

2. *Denk ich an Dornröschen in der Nacht*
[...]
Denk ich an Dornröschen in der Nacht,
bin ich um meinen Schlaf gebracht. (1981)

Fritz Deppert, *Atempause. Gedichte zum Mutmachen.* Stuttgart: Spectrum, 1981, ohne Seitenangabe.

3. Denk ich an Deutschland in der Nacht,
dann schlafe ich ein. (1984)

Ralf Bülow (Hrsg.), *Liebe ist heilbar. Sprüche aller Art.* Frankfurt am Main: Michler, 1984, ohne Seitenangabe.

4. Denk ich an Deutschland in der Nacht,
wünsch ich den Grünen alle Macht! (1984)

Claudia Glismann (Hrsg.), *Edel sei der Mensch, Zwieback und gut. Szene-Sprüche.* München: Heyne, 1984, ohne Seitenangabe.

5. Denk ich an Liebe in der Nacht,
dann bin ich um den Schlaf gebracht. (1986)

Ralf Bülow (Hrsg.), *Lieber nett im Bett als cool auf dem Stuhl. Graffiti 4.* München: Heyne, 1986, ohne Seitenangabe.

6. *Denk ich an Deutschland*
Denk ich an Deutschland heute morgen,
dann gibt's noch vieles zu besorgen.

Denk ich an Deutschland um halb eins,
obs schon besorgt ist? Nichts und keins.

Denk ich an Deutschland um halb drei,
dann ist der Tag schon fast vorbei.

Denk ich an Deutschland um halb fünf,
dann fallen schon die letzten Trümpf.

Denk ich an Deutschland um halb sieben,
dann ist noch immer viel geblieben.

Denk ich an Deutschland in der Nacht,
dann ist die Not verhundertfacht.

Denk ich an Deutschland in zwölf Jahren,
wir immer noch nicht weiter waren.

Im einundzwanzigsten Jahrhundert
sitz ich noch hier, und schier verwundert,

daß etliche, die dann doch blieben,
ihm schnöde Abschiedsbriefe schrieben. (1988)

Ludwig Harig, *Hundert Gedichte*. München: Hanser, 1988, S. 25.

7. Denk ich an Deutschland bei Tag,
was ich sowieso nicht mag,
dann fällt mir „Gut' Nacht" ein,
dazu hör ich die „Wacht am Rhein",
und darum laß ich's lieber ganz sein. (1995)

Ulrich Erckenbrecht, *Katzenköppe. Aphorismen/Epigramme*. Göttingen: Muriverlag, 1995, S. 132.

DEUTSCHLAND (b)

„Deutschland, Deutschland über alles
Über alles in der Welt,
Wenn es stets zu Schutz und Trutze
Brüderlich zusammenhält.
Von der Maas bis an die Memel,
Von der Etsch bis an den Belt
Deutschland, Deutschland über alles,
Über alles in der Welt."

Erste Strophe des zur deutschen Nationalhymne gewordenen Gedichts „Deutschland, Deutschland über alles" (1841) von August Heinrich von Fallersleben.

1. Deutschland, Deutschland, schwer im Dalles,
Schwer im Dalles in der Welt,
Wenn die Marmelad' nit alles
Brüderlich zusammenhält.
Eier, Butter, Wurscht un Schinke
Sin nur fir die Reiche da.
Nur mir arme, arme Schlucker
Gucke zu und kreische: hurra! (1916)

Anonyme Parodie; zitiert aus Wolfgang Steinitz, *Deutsche Volkslieder demokratischen Charakters aus sechs Jahrhunderten*. Berlin: Aufbau-Verlag, 1973, S. 217. „Dalles" bedeutet Geldmangel, Not.

2. *Neue deutsche Nationalhymne*
Deutschland, Deutschland, über dieses
geht kein Land doch auf der Welt;
und weh jedem, der noch künftig
frech sich in den Weg uns stellt.
Unsrer Rache Flammenfackel
dann den Erdenrund erhellt,

bis wir kurz und klein gehauen
alles, alles in der Welt.
[...] (Ca. 1930)

Erich Weinert; zitiert aus Hans Reinhard Schatter (Hrsg.), *Scharf geschossen. Die deutschsprachige Parodie von 1900 bis zur Gegenwart.* München: Scherz, 1968, S. 257.

3. Deutschland Deutschland über alles
Über alles in der Welt
Und wenn's oben ist dann knallt es
Daß der Scherben runterfällt. (Ca. 1943)

Anonyme Parodie; zitiert aus Peter Rühmkorf, *Über das Volksvermögen. Exkurse in den literarischen Untergrund.* Reinbek: Rowohlt, 1969, S. 164.

4. Deutschland Deutschland ohne alles
Ohne Butter ohne Speck
Und das bißchen Marmelade
Frißt uns die Besatzung weg. (Ca. 1947)

Anonyme Parodie; zitiert aus Peter Rühmkorf, *Über das Volksvermögen. Exkurse in den literarischen Untergrund.* Reinbek: Rowohlt, 1969, S. 164.

5. *Hymne auf Bundesebene*
Dummheit, Dummheit über alles,
über alles in der Welt,
wenn sie sich zum eignen Tode
freudig zur Verfügung stellt.
Von der Wiege bis zum Grabe
ist nur eine kleine Zeit.
Diese auch noch zu verkürzen,
ist nur dumm und nicht gescheit.
[...] (Ca. 1955)

Anonyme Parodie; zitiert aus Hans Reinhard Schatter (Hrsg.), *Scharf geschossen. Die deutschsprachige Parodie von 1900 bis zur Gegenwart.* München: Scherz, 1968, S. 254. Verse gegen die Wiederbewaffnung Deutschlands.

6. *Volkshymne*
Bocheland, Bocheland über alles!
Welschland, Welschland über alles!
Alle Länder über alles!
Alle Völker sind ein Dreck!
Nieder mit den Vaterländern!
Wo du lebst, ist die Beschwerde
ehern groß und ewig gleich,
denn die ganze Menschenerde
ist ein zweckbeschißnes Schweinereich.
[...] (Ca. 1965)

Albert Ehrenstein; zitiert aus Helmut Lamprecht (Hrsg.), *Deutschland, Deutschland.*

Politische Gedichte vom Vormärz bis zur Gegenwart. Bremen: Schünemann, 1969, S. 327.

7. *deutschlandlied*
deutschland, deutschland
über alles

von der maas
bis an die möse

von der edda
auf den hund

wie ging's denn weiter
ei, wie ging's denn weiter

verdammtnochmal
ich hab's vergessen. (1971)
Michael Kirmes; zitiert aus Frank Brunner, Arnim Juhre und Heinz Kulas (Hrsg.), *Wir Kinder von Marx und Coca-Cola. Gedichte der Nachgeborenen.* Wuppertal: Hamm, 1971, S. 74.

8. Stiefel, Stiefel über alles. (1974)
Karikatur in *Schweizer Illustrierte,* Nr. 40/30. September 1974, S. 5.

9. *Deutschland, Deutschland über alles,*
dieser Satz ist schön und gut,
wenn die Deutschen ihre Helme
tauschen gegen einen Hut.
[..] (Ca. 1975)
Wolfgang Weyrauch, *Atom und Aloe. Gesammelte Gedichte,* hrsg. von Hans Bender. Frankfurt am Main: Frankfurter Verlagsanstalt, 1987, S. 166.

10. Deutsche Mark über alles. (1976)
Zeitschriftentitel in *Time,* 31. Mai 1976, S. 55.

11. Deutschland, Deutschland über manches,
Über manches, was kaum lohnt.
Wenn es stets in Frei- und Gleichheit
Brüderlich im Land rum wohnt.
Von Kornwestheim bis nach Stuttgart
Stolz und Oppenweiler thront
Deutschland, Deutschland über manches
Hinter dem und auf dem Mond. (1978)
Eckhard Henscheid, *Hoch lebe Erzbischof Paul Casimir Marcinkus! Ausgewählte Satiren und Glossen.* Zürich: Haffmans, 1990, S. 69-70.

12. Deutschland Deutschland unter alles? (1978)

Werbung für die Wochenzeitung *Rheinischer Merkur* in *Frankfurter Allgemeine Zeitung*, 5. Oktober 1978, S. 4.

13. *Deutschlandlied neu*

deutschl.
deutschl.
liber ales
liber ales zicke zack
zwei und drei
und butz und zutzel
schluderliches hicke hack
eine maß & eine semmel
ottos mops
ätsch ätsch der bellt
deutschl.
deutschl.
rüber nüber
links & rechts
& stillgestanden. (1983)

Alfons Schweiggert, *Standpunkte, Schwankpunkte. Gedichte.* Stuttgart: Spectrum, 1983, ohne Seitenangabe.

14. *Lied der Deutschen II*

Ach ich schrieb einst manche Lieder
über alles in der Welt.
Unter anderm über „Deutschland
über alles in der Welt".

[...]

Wenn ich könnte, wie ich wollte,
mischte ich mich nochmals ein.
„Deutschland, Deutschland über alles"
fiel im Traum mir nicht mehr ein.
Schaut euch um; was blieb vom ewgen
Deutschland-über-alles-Schrein:
Maas und Memel sind gestrichen,
nicht nur Etsch und Belt allein.

Auf den Rest, der euch verblieben,
findet euren eignen Reim.
Bitburg, Bitburg über alles –
Nesselwang und Oggersheim?
Ach, vergeßt nicht Bergen-Belsen,

Ravensbrück und Germersheim,
Sachsenhausen, Neuengamme,
Dachau, Landsberg, Stadelheim.

Deutschland, Deutschland unter anderm
wär da auch noch Ziegenheim,
Flossenbürg und Esterwegen,
Buchenwald und Gerolstein,
Hadamar und Gardeleben,
Papenburg und Boberstein.
„Blüh im Glanze dieses Glückes ...“?
Fällt euch da nichts Besseres ein??? (1985)

Volker Kühn, *Leise rieselt der Schmäh ... Wende-Parodien zur Lage der Nation*. Hamburg: Rowohlt, 1985, S. 114-115.

15. *Anti-Kernkraftlied*
Kernkraft, Kernkraft ist nicht alles,
Ist nicht alles in der Welt,
Die bald ohne Schutz und Nutzen
Brüder, uns verseucht zerfällt,
Von der Maas bis an die Memel,
Von der Etsch bis an den Belt
Kernkraft, Kernkraft ist nicht alles,
Ist nicht alles in der Welt! (1989)

Fritz Werf, *Neue Deutschlandlieder. Gegenstrophen*. Geldern: Roje & Buer, 1989, S. 72.

16. *Am Brandenburger Tor*
Alles eins nur ich gespalten
Dies mein Herz und das mein Hirn
Deutschland Deutschland unter anderem
Bröckelt deine Denkerstirn.
[...] (1990)

Hans-Ulrich Treichel, *Seit Tagen kein Wunder. Gedichte*. Frankfurt am Main: Suhrkamp, 1990, S. 70.

17. DM, DM über alles in der Welt. (1990)

Wilhelm Hankel, „DM, DM über alles in der Welt? Warnungen vor einem D-Mark-Nationalismus“. *Der Spiegel*, Nr. 17/23. April 1990, S. 124.

18. Vorschläge
für eine neue jugoslawische Hymne:
Serbien über alles.
Kroatien über alles.
Slowenien über alles.
Mazedonien über alles.

Bosnien über alles.
Montenegro über alles. (1990)
Žarko Petan, *Viele Herren von heute waren gestern noch Genossen. Neue Aphorismen*. Graz: Styria, 1990, S. 48.

19. D-Mark über alles. (1992)
Udo Perina, „D-Mark über alles: Die Bundesrepublik bringt ganz Europa gegen sich auf". *Die Zeit*, Nr. 37/11. September 1992, S. 1.

20. D-Mark, D-Mark über alles? (1995)
Robert Leicht, „D-Mark, D-Mark über alles? Die populistischen Irrwege der SPD auf der Suche nach einem ‚nationalen Thema'." *Die Zeit*, Nr. 45/10. November 1995, S. 1.

DEUTSCHLAND (c)

„Deutschland. Ein Wintermärchen"

Heinrich Heine, *Deutschland. Ein Wintermärchen* (1844).

1. Deutschland, ein Kindermärchen. (1956)
Mascha Kaléko, „Deutschland, ein Kindermärchen"; in Beate Pinkerneil (Hrsg.), *Das große Balladenbuch*. Königstein/Ts.: Athenäum, 1978, S. 721-723.

2. Bayern, ein Wintermärchen. (1977)
Werbung für Sechsämtertropfen-Kräuterlikör in *Stern*, Nr. 53/22. Dezember 1977, S. 71.

3. Deutschland. Ein Winternachtstraum. (1981)
Werbung für deutsche Weihnachts- und Christkindlmärkte in *Weltwoche-Magazin*, Nr. 48/25. November 1981, S. 13.

DING

„Das Ding an sich"

Immanuel Kant, *Kritik der reinen Vernunft* (1781).

1. Was immer das Ding an sich sei, das Brötchen am Morgen enttäuscht dich nicht, auch das war ein Dogma. (Ca. 1908)
Stanisław Brzozowski; zitiert aus Karl Dedecius (Hrsg.), *Bedenke, bevor du denkst. 2222 Aphorismen, Sentenzen und Gedankensplitter der letzten hundert Jahre aus dem Polnischen*. Frankfurt am Main: Suhrkamp, 1984, S. 123.

DEUTSCHLAND (c) 3

2. Nackt sah Kant an sich hinunter
und erblickte das Ding an sich. (1983)

Eduard Moriz (Hrsg.), *Nimm's leicht, nimm mich. Sponti-Sprüche No. 3.* Frankfurt am Main: Eichborn, 1983, ohne Seitenangabe.

DRITTE, DER

„Ich sei, gewährt mir die Bitte,
In eurem Bunde der Dritte."

Friedrich Schiller, „Die Bürgschaft" (1799).

1. Ich sei, gewährt mir die Bitte, in euerm Buche der Dritte! (1978)

Witzzeichnung in *Stern*, Nr. 43/19. Oktober 1978, S. 106.

2. Ich sei, gewährt mir die Bitte, an eurem Munde der Dritte. (1987)
Andreas Bender, *Kleine Socken jucken auch. Sprichwörter, Redensarten und Zitate – verdreht.* Frankfurt am Main: Eichborn, 1987, ohne Seitenangabe.

DRITTE, DER 1

3. Der Nabel. Ich sei, gewährt mir die Bitte, in eurem Bauche die Mitte. (1988)
Werner Mitsch, *Neue Hin- und Widersprüche.* Rosenheim: Förg, 1988, S. 67.

DUMMHEIT

„Mit der Dummheit kämpfen Götter selbst vergebens."

Friedrich Schiller, *Die Jungfrau von Orleans* (1801), III. Akt, 6. Szene.

1. Mit der Dummheit kämpfen Götter selbst vergebens. Gewiß: sich selbst besiegt man zuletzt, zumal man dieses Selbst nicht zu fassen bekommt. (1956)
Carl August Emge, „Diesseits und jenseits des Ernstes." *Akademie der Wissenschaften und der Literatur,* Mainz, *Abhandlungen der Klasse der Literatur,* Nr. 4/1956, S. 122.

2. Gegen das Altern kämpfen selbst die Kinder vergebens. (1967)
Rudolf Rolfs, *Schlag nach bei Rolfs.* Frankfurt am Main, Die Schmiere, 1967 (3. Aufl. 1976), S. 11.

3. Die Götter kämpfen gegen Dummheit vergebens, weil der Kampf gegen die Dummheit auch schon wieder eine Art Dummheit ist. (1971)

Eugen Gürster, *Narrheiten & Wahrheiten. Aphorismen.* München: Anton Pustet, 1971, S. 11.

4. Mit den Göttern verordneter Klugheit kämpft selbst ernannte Dummheit nicht ohne Erfolg. (1975)
   Helmut Lamprecht, *Die Hörner beim Stier gepackt. Aphorismen, Epigramme, Gedichte.* Stuttgart: Werner Gebühr, 1975, S. 13.

5. Gegen Götter kämpft die Dummheit vergebens. (1976)
   Peter Benary, *Es hat alles seine drei Seiten.* Zürich: Pendo, 1976, ohne Seitenangabe.

6. Gegen Mütter kämpfen Millionäre selbst vergebens. (1977)
   Peter Bamm, *Eines Menschen Einfälle,* hrsg. von Walter Stehli. Stuttgart: Deutsche Verlags-Anstalt, 1977, S. 107.

7. Mit der Dummheit kämpfen Spötter zeitlebens vergebens. (1977)
   Heinrich Schröter, *Ha, welche Lust, Zitat zu sein! Spruchbuch zum Fortschreiben.* München: Chr. Gauke, 1977, S. 43.

8. Die Dummheit, gegen die Götter selbst vergebens kämpfen, kann nur ihre eigene sein. (1982)
   Nikolaus Cybinski, *In diesem Lande ist das Leben lustig! Wohin du schaust: Lachende Dritte. Aphorismen.* Lörrach: Waldemar Lutz, 1982, S. 107.

9. Gegen die Dummheit mancher Patienten kämpfen selbst Halbgötter vergebens. (1990)
   Gerhard Uhlenbruck, *Darum geht's nicht ...? Aphorismen.* Hilden: Ahland, 1990, S. 22. Auch in G. Uhlenbruck, *Ein-Satz-Diagnosen.* Wehrheim/Ts.: Mediteg-Verlag, 1991, S. 91.

EHRE

„Die verlorene Ehre der Katharina Blum"

Heinrich Böll, *Die verlorene Ehre der Katharina Blum oder: Wie Gewalt entstehen und wohin sie führen kann* (1974).

1. Die verlorene Ehre des Heinrich Böll. (1974)
   Karikatur in *Der Spiegel,* Nr. 33/12. August 1974, S. 7.

2. Die verlorene Ehre des Milliardärs J. Paul Getty. (1986)
   Yvonne-Denise Köchli, „Die verlorene Ehre des Milliardärs J. Paul Getty: Eine Biographie leuchtet hinter die Fassade". *Die Weltwoche,* Nr. 17/24. April 1986, S. 27.

3. Die verlorene Ehre des Michail Gorbatschow. (1991)
   Christian Schmidt-Häuer, „Die verlorene Ehre des Michail Gorbatschow: Mit ‚Panzertrojka' gegen das Baltikum". *Die Zeit,* Nr. 4/15. Januar 1991, S. 6.

4. Die verlorene Ehre der Käte Woltemath. (1993)
Rainer Frenkel, „Die verlorene Ehre der Käte Woltemath". *Die Zeit*, Nr. 35/3. September 1993, S. 7.

EINMAL

„Es war einmal . . ."

Formelhafter Märchenanfang vieler Texte in Jacob und Wilhelm Grimm, *Kinder- und Hausmärchen*, 2 Bde. (1812 und 1815).

1. Es war einmal und es wird wieder. (1976)
Werner Ross, „Es war einmal und es wird wieder: Märchen für Liebhaber und Professoren". *Die Zeit*, Nr. 45/5. November 1976, S. 12.

2. Es war einmal ... So fangen alle Mädchen an. (1978)
Werner Mitsch, *Spinnen, die nicht spinnen, spinnen. Sprüche.* Stuttgart: Letsch, 1978, S. 28.

3. Alle sozialistischen Märchen beginnen mit: „Es wird einmal ..." (1979)
Žarko Petan, *Mit leerem Kopf nickt es sich leichter. Satirische Aphorismen.* Graz: Styria, 1979, S. 11.

4. Auf das „Es war einmal" des Märchens antworteten die Naturwissenschaften „Nichts war einmal!"und daraufhin war auch nichts. (1981)
Erwin Chargaff, *Bemerkungen.* Stuttgart: Klett-Cotta, 1981, S. 170.

5. Moderne Märchen beginnen mit: „Es wird einmal ..." (1982)
Wolfgang Mocker, „Euphorismen". *Neue deutsche Literatur*, 30, Nr. 4/1982, S. 171.

6. „Es war einmal", so beginnen die Märchen im Westen. „Es wird einmal", so fangen sie im Osten an. (1985)
Spruch von Birthe Gahlsdorf in *Bild-Zeitung*, 19. Oktober 1985, S. 2.

7. Ein uraltes Märchen: Es wird einmal ... (1987)
Wolfgang Mocker, *Gedankengänge nach Canossa. Euphorismen und andere Anderthalbwahrheiten.* Berlin: Eulenspiegel, 1987, S. 62.

ERLAUBEN

„Erlaubt ist, was gefällt."

Johann Wolfgang von Goethe, *Torquato Tasso* (1790), II. Akt, 1. Szene.

1. „Erlaubt ist, was gefällt." Ja – *wem* gefällt, um Gottes willen! (1916)
Marie von Ebner-Eschenbach, *Gesammelte Werke*, hrsg. von Edgar Groß. München: Nymphenburg, 1960, Bd. 9, S. 111.

2. erlaubt ist
was gefällt
deshalb
sollte der krieg
legitimiert werden. (1983)
Manfred Hausin, *Hausinaden, der Epigramme zweiter Band.* Göttingen: Davids Drukke, 1983, S. 67.

3. Erlaubt ist auch,
was *nicht* gefällt. (1984)
Claudia Glismann (Hrsg.), *Ich denke, also spinn ich. Schüler-Sprüche.* München: Heyne, 1984, ohne Seitenangabe. Auch in Bernd Thomsen (Hrsg.), *Ihr geht mit der Welt um als hättet ihr eine zweite im Keller! Polit-Graffiti & Demo-Sprüche.* München: Heyne, 1986, ohne Seitenangabe.

4. Entlaubt ist, was gefällt. (1986)
Eduard Moriz (Hrsg.), *Lieber sauweich als eberhard. Sponti-Sprüche No. 6.* Frankfurt am Main: Eichborn, 1986, ohne Seitenangabe.

5. *Ergänzung zu Goethe*
„Erlaubt ist, was gefällt."
Für Goethe war' bequem.
Heut fragt dich alle Welt
als erstes skeptisch: Wem?! (1990)
Wolfgang Funke, *Der Wendehals und andere Mitmenschen. Satirische Epigramme und Kurzgeschichten.* Berlin: Ullstein, 1990, S. 50-51.

6. Negative Ästhetik: Erlaubt ist, was mißfällt. (1993)
Peter Maiwald, *Wortkino. Notizen zur Poesie.* Frankfurt am Main: Fischer, 1993, S. 97.

FALL

„Im Falle eines Falles klebt Uhu wirklich alles."

Bekannter Werbespruch für Uhu-Klebstoff (Ca. 1935).

1. Im Falle eines Falles ist Haltung wirklich alles. (1977)
Anonymes Witzbild in *Stern*, Nr. 48/17. November 1977, S. 15.

2. Im Falle eines Falles ist richtig fallen alles. (1980)
Werner Mitsch, *Pferde, die arbeiten, nennt man Esel. Sprüche.* Stuttgart: Letsch, 1980, S. 117. Auch als Witzzeichnung im *Büro-Humor-Kalender*. Bad Oeynhausen:

Glissmann, 1983; weitere Belege in Karl Heinz Rauchberger und Ulf Harten (Hrsg.), *„Club-Sprüche". Eingesandt von Hörern der NDR-Jugendsendung „Der Club"*. Hamburg: Hanseatische Edition, 1983, S. 82; Claudia Glismann (Hrsg.), *Ich denke, also spinn ich. Schüler-Sprüche.* München: Heyne, 1984, ohne Seitenangabe; Eduard Moriz (Hrsg.), *Ohne Dings kein Bums. Sponti-Sprüche No. 4.* Frankfurt am Main: Eichborn, 1984, ohne Seitenangabe; Spruch von I. Carolus in *Bild-Zeitung*, 1. November 1985, S. 2; und Angelika Franz (Hrsg.) *Das endgültige Buch der Sprüche & Graffiti.* München: Heyne, 1987, S. 298.

3. Im Falle eines Falles
Klebt Scheiße wirklich alles. (Vor 1980)
Ernest Borneman, *Wir machen keinen langen Mist. 614 Kinderverse.* Frankfurt am Main: Fischer, 1981, S. 41.

4. Im Phalle eines Phallus
klebt UHU wirklich Allus! (1982)
Frieder Stöckle, *Ätsch ich lebe noch. Sprüche – Widersprüche.* Stuttgart: Spectrum, 1982, S. 15.

5. Im Falle eines Falles ist Schwein sein wirklich alles. (1984)
Walter Sittig und Bert Fink, *Einfach tierisch und doch lyrisch.* Frankfurt am Main: Eichborn, 1984, ohne Seitenangabe.

FALL 1

6. Im Falle eines Falles ist Spicken wirklich alles. (1984)
Claudia Glismann (Hrsg.), *Ich denke, also spinn ich. Schüler-Sprüche.* München: Heyne, 1984, ohne Seitenangabe. Auch in Christian Roman (Hrsg.), *Reden ist Silber, Schweigen ist fünf. Schüler-Sprüche No. 2* Frankfurt am Main: Eichborn, 1985, ohne Seitenangabe; Angelika Franz (Hrsg.), *Das endgültige Buch der Sprüche & Graffiti.* München: Heyne, 1987, S. 317; und Elisabeth Blay (Hrsg.), *Neue Schüler-Sprüche. Steter Tropfen leert das Hirn.* München: Heyne, 1988, ohne Seitenangabe.

7. Im Falle des Durchfalles ist Tempo wirklich alles. (1986)
Bernd Thomsen (Hrsg.), *Pissen ist Macht. Neue Klo-Sprüche.* München: Heyne, 1986, ohne Seitenangabe. Auch in Angelika Franz (Hrsg.), *Das endgültige Buch der Sprüche & Graffiti.* München: Heyne, 1987, S. 347.

8. Im Falle eines Falles ist Nicken wirklich alles. (1986)
Bernd Thomsen (Hrsg.), *Neue Büro-Sprüche. Lieber die dunkelste Kneipe als den hellsten Arbeitsplatz.* München: Heyne, 1986, ohne Seitenangabe. Auch in Beate Kuckerts (Hrsg.), *Das große Buch der Büro-Sprüche.* München: Heyne, 1992, ohne Seitenangabe.

9. Im Falle eines Falles ist Radfahren wirklich alles. (1986)
Bernd Thomsen (Hrsg.), *Neue Büro-Sprüche. Lieber die dunkelste Kneipe als den hellsten Arbeitsplatz.* München: Heyne, 1986, ohne Seitenangabe.

10. Im Falle eines Falles klebt Uhu auch den Phallus. (1986)
Eduard Moriz (Hrsg.), *Lieber sauweich als eberhard. Sponti-Sprüche No. 6.* Frankfurt am Main: Eichborn, 1986, ohne Seitenangabe.

11. Im Falle eines Falles ist Schummeln wirklich alles. (1987)
Angelika Franz (Hrsg.), *Das endgültige Buch der Sprüche & Graffiti.* München: Heyne, 1987, S. 262.

12. Im Falle eines Falles sagt Goethe einfach alles. (1989)
Rudolf Rolfs, *Rost im Chrom. Stichworte, Stories, Stellungnahmen,* hrsg. von Volker Michels. Frankfurt am Main: Suhrkamp, 1989, S. 64.

FEMME

„Cherchez la femme!"

Alexandre Dumas, *Les Mohicans de Paris* (1864), II. Akt, 13. Szene.

1. Das älteste geflügelte Wort ist zweifellos: „cherchez la femme", denn Adam gebraucht es bereits im Paradiese. (1900)
Phia Rilke, *Ephemeriden,* hrsg. von Wolfgang Schneditz. Graz: Kienreich, 1949.

2. „Cherchez la femme" ist das erste Gebot des Kriminalisten; es sollte auch das des Arztes sein. (1965)

Herbert Eisenreich, *Der alte Adam. Aus dem Zettelkram eines Sophisten.* Irdning/Steiermark: Stieglitz, 1965, S. 96.

3. Cherchez la Femme! Bitte weder mit Kamera noch mit Lupe. (1973)
   Heinrich Nüsse, *Früh-Nachrichten.* Zürich: Pendo, 1973, ohne Seitenangabe.

FERNE

„Willst du immer weiter schweifen?
Sieh, das Gute liegt so nah.
Lerne nur das Glück ergreifen,
Denn das Glück ist immer da."

Johann Wolfgang von Goethe, „Erinnerung" (1777). Die erste Zeile wird gewöhnlich zitiert als „Warum (Wozu) in die Ferne schweifen?".

1. *Weltpolitik*
   Warum in die Ferne schweifen, sieh, das Böse liegt so nah. (1967)
   Ludwig Marcuse, *Argumente und Rezepte. Ein Wörterbuch für Zeitgenossen.* Zürich: Diogenes, 1973, S. 142.

2. Warum in die Ferne horchen?
   Der gute Ton liegt doch so nah. (1980)
   Anonym, „Warum in die Ferne horchen? Der gute Ton liegt doch so nah". *Bunte,* Nr. 47/13. November 1980, S. 100.

3. Warum in die Ferne schweifen,
   wenn das Fernsehen ist so nah. (1983)
   Spruch von Bettina Jahnke in *Morgenpost,* 5. Januar 1983, ohne Seitenangabe.

4. Warum in die Ferne schweifen, Ute liegt so nah ... (1985)
   Spruch von E. Ahrens in *Bild-Zeitung,* 9. Juli 1985, S. 2.

5. Laßt uns in die Nähe schweifen, denn das Gute liegt so fern ... (1993)
   Gerd W. Heyse, *Die dritte Seite der Medaille. Aphorismen.* Erfurt: Verlagshaus Thüringen, 1993, S. 96.

6. Warum in die Ferne flüchten? (1994)
   Peter Freyberg, „Warum in die Ferne flüchten? Geldanlage: Bonn eröffnete Aktionären außergewöhnliche Chancen". *Die Zeit,* Nr. 17/29. April 1994, S. 11.

FREIHEIT (a)

„Freiheit, Gleichheit, Brüderlichkeit"
„Liberté, Egalité, Fraternité"

Urheber unbekannt. In französischer Fassung bereits 1740 in Logenkreisen als sprachliche Formel der Aufklärungsideale geläufig. Als Devise der Französischen Revolution ist die Triade seit 1789 zum international bekannten Schlagwort demokratischer Ideen geworden.

1. Freiheit! Gleichheit! oder: Die Mündigwerdung der Frauen. (1847)

   Hedwig Wallot, *Freiheit! Gleichheit! oder: Die Mündigwerdung der Frauen.* Frankfurt am Main: Brönner, 1847.

2. *Täuschungen*

   Freiheit, Gleichheit, Götterspeise!
   Nektar und Ambrosia!
   O mein Vaterland, ich preise
   glücklich dich, Germania.

   [...]

   Inn'ger Anschluß, deutsche Brüder,
   reicht dem Austrier die Hand.
   Bittre Täuschung! Seht, nur Lieder
   bleiben und ein Stückchen Band. (1848)

   Josef Böhm; zitiert aus Helmut Lamprecht (Hrsg.), *Deutschland, Deutschland. Politische Gedichte vom Vormärz bis zur Gegenwart.* Bremen: Schünemann, 1969, S. 108-109.

3. Gerechtigkeit ist als Maxime für das soziale Leben weit besser als „Gleichheit, Freiheit und Brüderlichkeit". Wären von Natur alle Menschen gleich, könnte ja das soziale Problem nicht allzu schwierig sein. Und gewiß, sie sind gleich, und das ist das erste, aber sie sind auch ungleich, und hier beginnt die Gerechtigkeit als Schwierigkeit. (1944)

   Theodor Haecker, *Tag- und Nachtbücher 1939-1945*, hrsg. von Heinrich Wild. München: Kösel, 1947, S. 270.

4. „Freiheit, Gleichheit, Brüderlichkeit!" Aber wie gelangen wir zu den Tätigkeitswörtern? (Vor 1966)

   Stanisław Jerzy Lec, *Das große Stanisław Jerzy Lec Buch. Aphorismen, Epigramme, Gedichte und Prosa*, hrsg. von Karl Dedecius. München: Goldmann, 1990, S. 165.

5. 1789: Freiheit, Gleichheit, Brüderlichkeit. 1980: Freizeit, Gleichgültigkeit, Widerlichkeit. (1980)

   Klaus Sochatzy; zitiert aus K. Sochatzy und Aleksander Kumor, *Ost-West-Monologe. Aphorismen.* Frankfurt am Main: Rita G. Fischer, 1981, S. 40.

6. Korrektur: Freiheit oder Gleichheit? Brüderlichkeit. (1984)
Jeannine Luczak, *Schweigegeld als Landeswährung. Aphorismen.* Olten: Walter, 1984, S. 25.

7. Für Freiheit, Gleichheit und Freibier. (1988)
Elisabeth Blay (Hrsg.), *Neue Schüler-Sprüche. Steter Tropfen leert das Hirn.* München: Heyne, 1988, ohne Seitenangabe.

8. Liberté Egalité Pfefferminztee. (1988)
Elisabeth Blay (Hrsg.), *Neue Schüler-Sprüche. Steter Tropfen leert das Hirn.* München: Heyne, 1988, ohne Seitenangabe.

9. Egalité. Liberté. Rendite!
Gleiche Chancen für jedes Kapital! (1989)
Werbung für Hypo-Bank in *Der Spiegel*, Nr. 50/11. Dezember 1989, S. 98-99.

10. Freiheit, Gleichheit, Konkurrenz. (1989)
Nikolaus Piper, „Freiheit, Gleichheit, Konkurrenz: Der Dialog mit der Opposition könnte an den Widersprüchen der Wirtschaftsreform scheitern". *Die Zeit*, Nr. 10/10. März 1989, S. 11.

11. Freiheit, Gleichheit, Sicherheit. (1989)
Peter Brückner, *Freiheit, Gleichheit, Sicherheit. Von den Widersprüchen des Wohlstands.* Berlin: Wagenbach, 1989.

12. Liberté, Egalité, Portabilité. (1989)
Werbung für Toshiba Computer in *Der Spiegel*, Nr. 5/30. Januar 1989, S. 101.

13. Liberté, égalité, portemonnaie. (1989)
Karikatur in *Der Spiegel*, Nr. 1/2. Januar 1989, S. 37.

FREIHEIT (a) 13

14. Freiheit, Gleichheit, Ehrlichkeit. (1990)
Ewald Lang (Hrsg.), *Wendehals und Stasi-Laus. Demo-Sprüche aus der DDR*. München: Heyne, 1990, S. 20.

15. *O Freiheit, Gleichheit und Brüderlichkeit*
O Freiheit, Gleichheit und Brüderlichkeit!
Wie bezeichnend ist es, daß euer göttlicher
Impuls euch nicht davor bewahren konnte, zum
Kompendium aller Irrtümer zu werden? (1990)
Elazar Benyoëtz, *Treffpunkt Scheideweg*. München: Hanser, 1990, S. 189.

16. *Der Wahlredner*
Freiheit!
Gleichheit!
Brüderlichkeit!

Die Lacher waren
auf seiner Seite. (1993)
Franz A. Kutscher, *Und hinterm Horizont? Aphorismen*. Oberndorf am Neckar: Edition L, 1993, S. 23.

17. Freiheit! Gleichheit! Brüderlichkeit!
Betörende Trinität des Optimismus!
Gleichheit toleriert keine Brüderlichkeit,
und Brüderlichkeit beschränkt die Freiheit.
Camembert! Fromage de Brie! Port du Salut! (1993)
Werner B. Kleinhardt, *Das Lachen der Satten. Fabeln, Gedichte und Aphorismen*. Freiburg: Echo, 1993, S. 167.

18. Früher: Egalité, Liberté, Fraternité. Heute: Egalité, Avantage, Egalité. (1995)
Ulrich Erckenbrecht, *Katzenköppe. Aphorismen/Epigramme*. Göttingen: Muriverlag, 1995, S. 24.

FREIHEIT (b)

„Für die Freiheit eine Gasse"

Max von Schenkendorf, „Schiller. Eine Geisterstimme" (1809). Bei Theodor Körner heißt es dann „Der Freiheit eine Gasse!" in seinem Gedicht „Frisch auf, mein Volk!" (1813).

1. Gegendarstellung: Sehr geehrter Herr Schiller, in Ihrem „Tell" behaupten Sie: „Der Freiheit eine Gasse". Das ist falsch. Richtig muß es vielmehr heißen: „Der Unfreiheit eine Autobahn". (1978)
Winfried Thomsen, *Modell Deutschland. Jahrbuch für vaterlandslose Geselligkeit. 666*

Radikalauer. Hamburg: Konkret Literatur-Verlag, 1978, S. 101. Auch in W. Thomsen, *Radikalauer*. Frankfurt am Main: Eichborn, 1981, ohne Seitenangabe.

2. Im Deutschen, wo die Wahrheit eine Stunde, die Freiheit eine Gasse und die Tugend einen Pfad hat. (1993)
   Peter Maiwald, *Wortkino. Notizen zur Poesie*. Frankfurt am Main: Fischer, 1993, S. 117.

FRESSEN

„Erst kommt das Fressen, dann kommt die Moral."

Bertolt Brecht, *Die Dreigroschenoper* (1928), Zweites Dreigroschen-Finale, „Denn wovon lebt der Mensch?"

1. Erst die Kasse, dann die Moral. (1984)
   Peter Christ, „Erst die Kasse, dann die Moral: Der ehemalige Chef des Gewerkschaftskonzerns hinterließ ein trauriges Erbe". *Die Zeit*, Nr. 25/22. Juni 1984, S. 7.

2. Erst kommt das Regieren, dann die Moral. (1984)
   Gunter Hofmann, „Erst kommt das Regieren, dann die Moral: Helmut Kohl mochte sich nicht zu einem befreienden Beschluß durchringen". *Die Zeit*, Nr. 6/10. Februar 1984, S. 3.

3. Erst kommt das Fressen, dann kommt die Unmoral. (1990)
   Wolf Biermann, „Erst kommt das Fressen, dann kommt die Unmoral". *Die Zeit*, Nr. 47/23. November 1990, S. 15.

4. Nach dem Fressen kommt jetzt die Moral. (1995)
   Christophe Büchi, „Nach dem Fressen kommt jetzt die Moral: Seit dem Rücktritt des Polizeidirektors zittert das politische Establishment". *Die Weltwoche*, Nr. 4/26. Januar 1995, S. 35.

FREUDE

**„Freude, schöner Götterfunken,
Tochter aus Elysium"**

Friedrich Schiller, „An die Freude" (1786).

1. *Das Lied von der Börse*
   Börse, heller Götterfunken,
   Raum geword'ner Himmelsblitz,
   Wir betreten wonnetrunken

DIE ZEIT – Nr. 8 – 18. Februar 1984 POLITIK

In der Wörner/Kießling-Affäre ist die Entscheidung des Kanzlers gefallen. Der umstrittene Verteidigungsminister soll im Amt bleib[en]

Ein Bild aus besseren Tagen: Bundeskanzler Kohl, Verteidigungsminister Wörner und Generalinspekteur Altenburg

Erst kommt das Regieren, dann die Moral

Helmut Kohl mochte sich nicht zu einem befreienden Beschluß durchringen

Von Gunter Hofmann

Bonn, im Januar

Wer weiß schon, ob Helmut Kohl vor ein paar Tagen wirklich einen Augenblick lang entschlossen war, sich von Manfred Wörner zu trennen.

Schuld bei den Medien?

Kandidaten für den Schleudersitz

Eine peinlich traurige Geschicht[e]

Wolfgang Ebert

MAD-Test

Deiner Hoheit Göttersitz.
[...] (Vor 1894)

Adolf Löwenstein; zitiert aus Friedrich Umlauft (Hrsg.), *Das Buch der Parodien und Travestien aus alter und neuer Zeit.* 3. Aufl. Wien: Daberkow, 1928, S. 19.

2. Schadenfreude, schöner Götterfunken. (1973)

Wolfram Siebeck, *Klappe zu – Affe tot und 108 andere komische Geschichten.* München: Deutscher Taschenbuch Verlag, 1977, S. 143.

3. *Ode an die Freude / korrigierte Version*
o freude / schöner götterfummel!
[...]
o freude / wüster götterlümmel!
[...]
o freude / hochprozentiger götterkümmel!
[...]
o freude / schmerzprodukt von Simmel!
[...]
o freude / schöner götterfummel
seid umschlungen / millionen
süsser schlaf im leinentuch!
götterfummel / leichentuch. (1977)

Peter-Paul Zahn, *Die Barbaren kommen. Lyrik & Prosa.* Hamburg: Schulenburg, 1977, S. 24.

4. *Schnapsgebet*
Schnaps, du edler Götterfunke,
Schlingel aus Elysium,
nieder mit dir, Halunke!
Runter in dein Tusculum! (Vor 1979)

Fred Endrikat, *Das große Endrikat Buch*, hrsg. von Heinz Bogner. München: Goldmann, 1979, S. 194.

5. Als Beethoven vor 158 Jahren seine 9. Sinfonie vollendete, ließ Doornkaat schon 17 Jahre lang den Funken der Freude überspringen. (1981)

Werbung für Doornkaat in *Stern*, Nr. 26/18. Juni 1981, S. 12.

6. *Differenzen*
Schiller aus Marbach
kannte noch die Freude
am
schönen Götterfunken

FREUDE 5

Wir von nebenan
ahnen das Leid
durch
unschöne Atomblitze. (1984)

Heinz Klaus Busch, ... *als der Apfel wurd' zur Schlange. Gedichte.* Regensburg: Roderer, 1984, S. 70.

7. Freunde Römer Götterfunken
Tochter im Delirium. (1988)

Ralf Bülow (Hrsg.), *Lieber nett im Bett als cool auf dem Stuhl. Graffiti 4.* München: Heyne, 1986, ohne Seitenangabe.

FREUDE

**„Wer recht in Freuden wandern will,
der geh' der Sonn' entgegen."**

Emanuel Geibels Gedicht „Wer recht in Freuden wandern will" (1839) ist als Volkslied im Umlauf.

1. Wer recht in Hosen klettern will ... (1973)

Anonym, „Wer recht in Hosen klettern will ...: Die neue Kletterhose". *Schweizer Illustrierte*, Nr. 23/4. Juni 1973, S. 46.

2. Wer recht in Freuden leasen will ... (1982)
   Werbung für Industrie-Leasing in *Die Weltwoche*, Nr. 43/4. November 1982, S. 4.

FRIEDE

„Friede den Hütten! Krieg den Palästen!"

Georg Büchner, „Der hessische Landbote" (1834).

1. Friede den Palästen, Krieg den Hütten. (1981)
   Gunter Hofmann, „Friede den Palästen, Krieg den Hütten: Nach der Verbitterung über den Sparhaushalt: Die SPD steht zur Koalition". *Die Zeit*, Nr. 38/18. September 1981, S. 2.

2. Friede der Hütte, Krieg dem Kraftwerk. (1981)
   Burkhard Scherer, Udo P. Schewietzek und Helmut Schmid (Hrsg.), *Ein guter Spruch zur rechten Zeit. Demosprüche von den Sechzigern bis heute*. Gießen: Focus, 1981, S. 94.

3. Krieg den Kästen, Friede den Palästen! (1981)
   Benjamin Henrichs, „Krieg den Kästen, Friede den Palästen! Moderne Theaterarchitektur". *Die Zeit*, Nr. 36/4. September 1981, S. 17.

4. Krieg den Hütten, jedem seinen Palast! (1986)
   Bernd Thomsen (Hrsg.), *Ihr geht mit der Welt um als hättet ihr eine zweite im Keller! Polit-Graffiti & Demo-Sprüche*. München: Heyne, 1986, ohne Seitenangabe. Auch in Angelika Franz (Hrsg.), *Das endgültige Buch der Sprüche & Graffiti*. München: Heyne, S. 218.

5. *Das Eigentum*
   Da bin ich noch: mein Land geht in den Westen.
   KRIEG DEN HÜTTEN FRIEDE DEN PALÄSTEN.
   Ich selber habe ihm den Tritt versetzt.
   Es wirft sich weg und seine magre Zierde.
   Dem Winter folgt der Sommer der Begierde.
   Und ich kann *bleiben wo der Pfeffer wächst.*
   Und unverständlich wird mein ganzer Text.
   Was ich niemals besaß, wird mir entrissen.
   Was ich nicht lebte, werd ich ewig missen.
   Die Hoffnung lag im Weg wie eine Falle.
   Mein Eigentum, jetzt habt ihrs auf der Kralle.
   Wann sag ich wieder *mein* und meine alle. (1990)
   Volker Braun, „Das Eigentum". *Die Zeit*, Nr. 33/17. August 1990, S. 16. Auch in Rüdiger Mangel, Stefan Schnabel und Peter Staatsmann (Hrsg.), *Deutsch in einem anderen Land. Die DDR (1949-1990) in Gedichten*. Berlin: Hentrich, 1990, S. 137.

6. Krieg den Hütten, Friede den Palästen? (1994)
Theo Sommer, „Krieg den Hütten, Friede den Palästen? Die Welt im ausgehenden 20. Jahrhundert". *Die Zeit*, Nr. 1/7. Januar 1994, S. 1.

FRÖMMSTE, DER

**„Es kann der Frömmste nicht in Frieden bleiben,
Wenn es dem bösen Nachbarn nicht gefällt."**

Friedrich Schiller, *Wilhelm Tell* (1804), IV. Akt, 3. Szene. Statt „bleiben" wird meistens „leben" zitiert.

1. Es kann der Frömmste nicht in Frieden fluchen, wenn hinter ihm ein Pfarrer steht. (1983)
Werner Mitsch, *Das Schwarze unterm Fingernagel. Sprüche.* Stuttgart: Letsch, 1983, S. 7.

2. Es kann der Frömmste nich mit Frieda leben,
wenn sie dem bösen Nachbarn ooch jefallt. (1984)
Luise Lemke, *Besser jut jelebt und det noch recht lange. Noch mehr Berliner Sprüche.* Berlin: Arani, 1984, S. 105.

FRUCHTBAR

„Seid fruchtbar und mehret euch."

Bibel (1. Mose 1,28).

1. Seid fruchtbar und begehret euch! (1977)
Heinrich Schröter, *Ha, welche Lust, Zitat zu sein! Spruchbuch zum Fortschreiben.* München: Gauke, 1977, S. 62.

2. Seid fruchtbar und wehret euch! (1977)
Wolfgang Eschker, *Gift und Gegengift. Aphorismen.* Stuttgart: Deutsche Verlags-Anstalt, 1977, S. 61. Auch in Willi Hau (Hrsg.), *Es wird Zeit, dass wir lieben. Sponti-Sprüche No. 2.* Frankfurt am Main: Eichborn, 1982, ohne Seitenangabe; und W. Eschker, *Mitgift mit Gift. Aphorismen.* München: Eugen Diederichs, 1995, S. 128.

FRÜCHTE

„An ihren Früchten sollt ihr sie erkennen."

Bibel (Matthäus 7,16).

1. An ihrer Sprache sollt Ihr sie erkennen. (1938)
Hans Jacob, „An ihrer Sprache sollt Ihr sie erkennen: Die Gleichschaltung der deutschen Sprache". *Das Wort*, 3/1938, S. 81.

2. Ihr werdet sie an ihren Worten erkennen, die sie verschweigen wollten. (1964)
Stanisław Jerzy Lec, *Neue unfrisierte Gedanken*. München: Hanser, 1964, S. 53. Auch in Karl Dedecius (Hrsg.), *Das große Stanisław Jerzy Lec Buch. Aphorismen, Epigramme, Gedichte und Prosa*. München: Goldmann, 1990, S. 132.

3. An ihren Ausflüchten sollt ihr sie erkennen. (1977)
Gerhard Uhlenbruck, *Ins eigene Netz. Aphorismen*. Aachen: Stippak, 1977, S. 43.

4. An ihren Früchtchen sollt ihr sie erkennen. (1977)
Guido Hildebrandt, *Spot und Hohn. Eine Unart Aforismen*. Duisburg: Gilles & Francke, 1977, S. 32. Auch in Claudia Glismann (Hrsg.), *Lieber ein Schäferstündchen als zwei Überstunden. Sprüche, Witze und Graffiti vom Arbeitsplatz*. München: Heyne, 1988, ohne Seitenangabe.

5. An ihren Süchten sollt ihr sie erkennen. (1977)
Heinrich Schröter, *Ha, welche Lust, Zitat zu sein! Spruchbuch zum Fortschreiben*. München: Gauke, 1977, S. 22. Auch in H. Schröter, *Worte wie Wahrzeichen. Hauptsätze zu Hauptthemen und Hauptsachen*. Wiesbaden: Edition Retörsch, 1990 (erweiterte Ausgabe), S. 70; und H. Schröter, *Lebensworte. Kürzesttexte zum Fort- und Gegenschreiben*. Willebadessen: Zwiebelzwerg, 1991, S. 66.

6. An ihren Früchtchen werdet ihr die Eltern erkennen! (1987)
Heinz Müller-Dietz, *Recht sprechen & rechtsprechen. Neue Aphorismen und Glossen*. Heidelberg: Müller, 1987, S. 33.

7. Unsere Tüchtigkeit beweist unsere Intelligenz. Unintelligente und Untüchtige möchten uns an unseren Früchten erkennen. (1994)
Felix Renner, *Vorletzte Worte. Aphorismen*. Rorschach: Nebelspalter, 1994, S. 32.

FÜRCHTEN

„Von einem, der auszog, das Fürchten zu lernen"

Jacob und Wilhelm Grimm, *Kinder- und Hausmärchen*, 2 Bde. (1812 und 1815). Für „Fürchten" steht zuweilen auch „Gruseln" in diesem Märchentitel.

1. Das Märchen von dem Königssohn, der das Arbeiten lernen wollte. (1902)
Karikatur in *Simplicissimus*, Nr. 48/1902, S. 384.

2. Auch Einer, der's „Gruseln" gelernt hat. Das kann heute Jeder, der die neuesten Zeitungsberichte liest. (1906)
Karikatur in *Nebelspalter*, Nr. 35/1906, ohne Seitenangabe; zitiert aus Jürg Tobler,

Franz Mächler und Hans H. Jenny, *111 Jahre Nebelspalter. Ein satirischer Schweizerspiegel.* Rorschach: Nebelspalter, 1985, S. 82.

3. *deutsches märchen*
dieses land hat sich mehr als einmal
in den finger geschnitten
seinen schwarzweißroten kindern
erzählt man
die alten märchen
so wie das von dem einen der auszog
das fürchten zu lernen

die enkel blinzeln
der großmutter zu:
sie müssen nicht ausziehen
(das ist nur ein märchen)
sie lernen das fürchten zuhause

weiß vor schreck
rot vor wut
schwarz wie ich sehe in deutschland. (1967)

Yaak Karsunke; zitiert aus Wolfgang Weyrauch und Johannes Poethen (Hrsg.), *Lyrik aus dieser Zeit, 1967/68*. München: Bechtle, 1967, S. 118.

4. *Das Fürchten*
Das Fürchten wollte er erlernen;
Er mußte sich nicht weit entfernen,
Mit einem Davidstern besternt,
Kam er in die SA Kasernen,
Und da hat er's erlernt.
[...] (1972)

Robert Gilbert, *Mich hat kein Esel im Galopp verloren. Gedichte aus Zeit und Unzeit.* München: Piper, 1972, S. 28.

5. Der tief humanistische Sinn des Märchens von dem, der auszog, das Gruseln zu lernen: „Ei, Vater", antwortete er, „ich will gerne was lernen; ja, wenn's anginge, so möchte ich lernen, daß mir's gruselte: davon verstehe ich noch gar nichts!"
Er fühlte, daß ihm eine menschliche Dimension fehlte, wenn er das Gruseln nicht kannte. (1973)

Franz Fühmann, *Zweiundzwanzig Tage oder Die Hälfte des Lebens*. Rostock: Hinstorff, 1973, S. 99.

6. Wer eine Wohnung sucht
muß ausziehen

um das Fürchten zu lernen. (1973)

Liselotte Rauner, *Wenn der Volksmund mündig wird. Slogans, Songs und Epigramme.* Wuppertal: Hammer, 1973, S. 16. Auch in L. Rauner, *Kein Grund zur Sorge. Gedichte, Epigramme, Songs.* Oberhausen: Asso, 1985, S. 76.

7. *Älterer FKK-Anhänger*

Einer, der sich auszog, das Fürchten zu lehren. (1977)

Ron Kritzfeld (eigentlich Fritz Kornfeld), *Kleines Universal Flexikon.* Essen: Selbstverlag des Verfassers, 1977, Bd. 4, S. 3.

8. Sprache. Ausziehen. Aus der Wohnung. Die Hose. Den Tisch. Aus dem Plenarsaal. Etwas aus einem Buch. Um das Gruseln zu lernen. Aus Ägypten. Radieschen. (1978)

Wolfdietrich Schnurre, *Der Schattenfotograf. Aufzeichnungen.* München: List, 1978, S. 324.

9. Grimms Märchen von einem, der auszog, das Fürchten zu lernen: unsre Wissenschaft ist ausgezogen, das Fürchten zu verlernen; aber sie hat noch viel dazuverlernt. (1981)

Erwin Chargaff, *Bemerkungen.* Stuttgart: Klett-Cotta, 1981, S. 108.

10. Militärpflicht: Eingezogen, das Fürchten zu lernen? (1981)

Gerhard Uhlenbruck, *Keiner läßt seine Masche fallen. Aphorismen.* Aachen: Stippak, 1981, S. 52.

11. *Vom Mann, der auszog, das Gruseln zu lernen*

Sie können doch nicht wissen, wie alles sich zutragen wird, nur weil's einmal sich *so zutrug!*
Wissen? Nein. *Fürchten*
ist genug. (1981)

Albert Ehrismann, „Nachwörter". *Nebelspalter,* Nr. 10/10. März 1981, S. 18.

12. *Vorspann*

Morgens
die schwere warme Luft
des Schlafwohnzimmers.
Weiße sanfte Haut
in geblümten Kissen.
Der Geruch vergossener Milch
aus dem Zimmer des Jungen.

Im Glauben
Arbeit ist Arbeit
werden wir ruhig ausziehn

das Fürchten zu lernen. (1982)
Sonja Schüler, *Schimmel werden schwarz geboren. Gedichte.* Berlin: Aufbau-Verlag, 1982, S. 93.

13. Von einem, der auszog, das Campen zu lernen. (1983)
Joachim Zoellner, „Von einem, der auszog, das Campen zu lernen: Warum zieht es immer mehr Menschen auf die 2160 Campingplätze in Deutschland?“ *Hörzu*, Nr. 32/5. August 1983, S. 87.

14. Von einem, der auszog, sein Haus ohne unsere Erfahrung zu bauen. (1984)
Werbung für Baumeister Haus in *Der Spiegel*, Nr. 39/24. September 1984, S. 171.

15. Wahnsinn USA: von einem, der auszog, die Freiheit zu finden. (1984)
Frederick Mayer, *Wahnsinn USA: von einem, der auszog, die Freiheit zu finden.* Dortmund: Weltkreis, 1984.

16. Von einer, die auszog, das Lachen zu lernen. (Ca. 1985)
Lucia Licher; zitiert aus Brigitte Heidebrecht (Hrsg.), *Dornröschen nimmt die Heckenschere. Märchenhaftes von 30 Autorinnen.* Bonn: Verlag kleine Schritte, 1985, S. 8.

17. Einer, der auszog, sich köpfen zu lassen. (1990)
Wolfgang Bächler, *Einer, der auszog, sich köpfen zu lassen. Roman.* Frankfurt am Main: Fischer, 1990.

18. Die Frau, die auszog, ihren Mann zu erlösen. (1991)
Sigrid Früh (Hrsg.), *Die Frau, die auszog, ihren Mann zu erlösen: Frauenmärchen.* Frankfurt am Main: Fischer, 1991.

19. *Medizin-Studium*: Man zieht aus, das Lernen zu fürchten. (1994)
Gerhard Uhlenbruck, *Medizinische Aphorismen.* Neckarsulm: Natura Med Verlagsgesellschaft, 1994, S. 41.

20. Von einem, der auszog, direkt zu verkaufen. (1995)
Bernard Haerri, „Von einem, der auszog, direkt zu verkaufen: Kurze Lieferzeiten und individueller Service.“ *Neue Zürcher Zeitung*, Nr. 217/19. September 1995, S. B5.

21. Von zwei, die auszogen, billige Wohnungen zu bauen. (1995)
Werner Vontobel, „Von zwei, die auszogen, billige Wohnungen zu bauen: Wohnbaukosten auf dem Prüfstand.“ *Die Weltwoche*, Nr. 10/9. März 1995, S. 17.

GASSE

**„Durch diese hohle Gasse muß er kommen.
Es führt kein andrer Weg nach Küßnacht.“**

Friedrich Schiller, *Wilhelm Tell* (1804), IV. Akt, 3. Szene.

1. In diese hohle Zeitschrift muß es kommen;
   Es giebt kein andres Blatt für Schmähung. (Vor 1840)
   Gustav Schneiderreit; zitiert aus Z. Funck (eigentlich Karl Friedrich Kunz), *Das Buch deutscher Parodieen und Travestieen*. Erlangen: Palm, 1840, S. 267.

2. Der Politiker. Durch diese hohle Phrase muß er kommen. (1978)
   Werner Mitsch, *Spinnen, die nicht spinnen, spinnen. Sprüche*. Stuttgart: Letsch, 1978, S. 61.

3. In Küßnachts hohlen Gassen
   Hat der Tell einen Furz gelassen
   Trifft den Gessler, der ist tot,
   Erstickt vor lauter Atemnot. (Vor 1980)
   Ernest Borneman, *Wir machen keinen langen Mist. 614 Kinderverse*. Frankfurt am Main: Fischer, 1981, S. 102.

4. Durch diese hohle Klasse muß er kommen,
   es führt kein andrer Weg zur Tafel. (1986)
   Andreas Bender, *Gelegenheit macht Liebe. Sprichwörter, Redensarten und Zitate verdreht und auf die seichte Schulter genommen*. Frankfurt am Main: Eichborn, 1986, ohne Seitenangabe.

5. Durch diese olle Klasse muß er kommen,
   es führt kein and’rer Weg zum Abi hin. (1987)
   Saskia Schlesinger (Hrsg.), *Mach dir einen schönen Lenz und schwänz. Schülersprüche – Schülerwitze*. München: Heyne, 1987, ohne Seitenangabe.

6. Der Witz. Durch diese hohle Glosse muß er kommen. (1988)
   Werner Mitsch, *Neue Hin- und Widersprüche*. Rosenheim: Förg, 1988, S. 32.

GEBEN

„Geben ist seliger denn Nehmen.“

Bibel (Apostelgeschichte des Lukas 20,35). Statt „denn“ auch oft „als“.

1. Ich pflege nicht zu nehmen, sondern zu geben. Ich bin kein Konsument von Güte – ich produziere Gut. (Ca. 1925)
   Georg Kaiser, *Werke*, hrsg. von Walther Huder. Frankfurt am Main: Propyläen, 1971, Bd. 4, S. 634.

2. Geben können ist seliger als annehmen müssen. (1938)
Charles Tschopp, *Aphorismen.* Zürich: Schweizer Spiegel Verlag, 1938, S. 27.

3. *Geben und Nehmen*
Ein Mensch, der, um vergnügt zu leben
Sein Geld verschwendrisch ausgegeben
Hat dabei außerdem erfahren
Wie freundlich alle Leute waren.
Nun hofft er, mittels geistiger Waffen
Sich wieder welches zu beschaffen
Wobei den Eindruck er gewinnt,
Daß alle Leute scheußlich sind.
Er muß zur Wahrheit sich bequemen,
Daß Geben seliger macht denn Nehmen. (Ca. 1960)
Eugen Roth, *Das neue Eugen Roth Buch.* München: Hanser, 1970, S. 63.

4. RECEIVERkenntnis: Wiedergeben ist seliger als nur empfangen. (1974)
Radiowerbung in *Schweizer Illustrierte,* Nr. 43/21. Oktober 1974, S. 48.

5. *Sprichwörtlich*
Geben ist seliger denn nehmen
sprach der Unternehmer
und gab
seinen Arbeitern
den Rest. (Ca. 1975)
Harald Kruse; zitiert aus Manfred Bosch (Hrsg.), *Epigramme Volksausgabe. Politische Kurzgedichte.* Lollar: Achenbach, 1975, S. 78.

6. Arbeit geben. Das ist nun *wirklich* seliger, denn nehmen. (1978)
Wolfdietrich Schnurre, *Der Schattenfotograf. Aufzeichnungen.* München: List, 1978, S. 141.

7. Geben ist seliger als Nehmen, sagte sich der Kirchenvorsteher und verteilte Steuerbescheide unter das Volk. (1978)
Oskar Cöster, „Schüsse aus der Wortkanone". *Stern,* Nr. 9/23. Februar 1978, S. 132.

8. Hehlen ist seliger denn Stehlen. (1979)
Werner Mitsch, *Fische, die bellen, beißen nicht. Sprüche.* Stuttgart: Letsch, 1979, S. 96. Auch in W. Mitsch, *Wer den Wal hat, hat die Qual. 800 Unsinnssprüche.* München: Heyne, 1987, ohne Seitenangabe.

9. Geben ist seliger denn Nehmen.
Aber woher nehmen und nicht stehlen? (1980)
Werner Mitsch, *Pferde, die arbeiten, nennt man Esel. Sprüche.* Stuttgart: Letsch, 1980, S. 75.

10. *Gastarbeiter (Apg. 20,35)*
Mit ihnen sollten wir uns nicht nur abgeben,
wir müssen uns ihrer annehmen;
also kann nehmen seliger
denn geben sein. (1981)

Ron Kritzfeld (eigentlich Fritz Kornfeld), *Kleines Universal Flexikon.* Essen: Selbstverlag des Verfassers, 1981, Bd. 8, S. 10.

11. Geben ist seliger als Angeben. (1982)

Werner Mitsch, *Bienen, die nur wohnen, heißen Drohnen. Sprüche.* Stuttgart: Letsch, 1982, S. 57.

12. Geben ist seliger denn nehmen! Man hat keinen Ärger mit dem Umtausch. (1982)

Anonymer Spruch in *Hörzu,* Nr. 51/17. Dezember 1982, S. 3.

13. Geben ist seliger als Nehmen.
Nimm's leicht, oh seliger Geber! (1983)

Werner Mitsch, *Das Schwarze unterm Fingernagel. Sprüche.* Stuttgart: Letsch, 1983, S. 27.

14. Geben ist seliger denn Nehmen: Das Motto der Barmherzigen und der Boxer. (Ca. 1983)

Harold Pinter; zitiert aus Roland Michael (Hrsg.), *Treffend bemerkt. Das Buch der 1000 Aphorismen.* Gütersloh: Peter, 1983, S. 11.

15. Geben ist seliger denn nehmen. Diese Maxime bringt den Banken viel Zins ein. (1983)

Werner Ehrenforth, *Neue Sitzbeschwerden. Aphorismen.* Berlin: Eulenspiegel, 1983, S. 34.

16. Geben ist seliger denn nehmen – sagen die Boxer. (1983)

Spruch von Eberhard Karasch in *Morgenpost,* 25. Januar 1983, ohne Seitenangabe.

17. Arbeit geben ist seliger als Arbeit nehmen. (1985)

Richard Mahkorn (Hrsg.), *Büro-Sprüche.* München: Heyne, 1985, ohne Seitenangabe.

18. Erben ist seliger denn Sterben. (1987)

Werner Mitsch, *Wer den Wal hat, hat die Qual. 800 Unsinnssprüche.* München: Heyne, 1987, ohne Seitenangabe.

19. In allen Debatten gilt: Geben ist seliger als nehmen. (1986)

Klaus von Welser; zitiert aus Giulia Cantarutti und Hans Schumacher (Hrsg.), *Neuere Studien zur Aphoristik und Essayistik mit einer Handvoll zeitgenössischer Aphorismen.* Bern: Lang, 1986, S. 35.

20. Sprichwörtlich: Arbeitgeben ist habseliger als Arbeitnehmen. (1990)
Fritz Herdi, *Mach kei Witz – scho wieder Mäntig. Sprüch und Witz.* Rorschach: Nebelspalter, 1990, S. 105.

GEDANKE

„Die Gedanken sind frei."

Kurz vor 1800 in Süddeutschland entstandenes Volkslied, dessen Titel sowie Refrain „Die Gedanken sind frei" auf das seit dem 16. Jahrhundert überlieferte Sprichwort „Gedanken sind zollfrei" anspielt.

1. „Gedanken sind zollfrei", aber Worte – regelfrei; darum denke, was du willst, und rede nur, was du sollst und darfst. (Ca. 1860)
Karl Friedrich Wilhelm Wander, *Politisches Sprichwörterbrevier.* Leipzig: Wigand, 1872. Nachdruck hrsg. von Wolfgang Mieder. Bern: Lang, 1990, S. 74.

2. „Gedanken sind zollfrei", nur muß man sie vorher stempeln lassen. (Ca. 1860).
Karl Friedrich Wilhelm Wander, *Politisches Sprichwörterbrevier.* Leipzig: Wigand, 1872. Nachdruck hrsg. von Wolfgang Mieder. Bern: Lang, 1990, S. 255.

3. Sind Gedanken vielleicht bloß deshalb zollfrei, weil die Mehrzahl der Menschen ohnehin nicht denkt? Möchte man da nicht wünschen, daß das Denken verboten werde, damit die Denkfaulen aus einem angebornen Triebe nach dem Verbotenen einmal den Versuch zu denken, machten? (Ca. 1860)
Karl Friedrich Wilhelm Wander, *Politisches Sprichwörterbrevier.* Leipzig: Wigand, 1872. Nachdruck hrsg. von Wolfgang Mieder. Bern: Lang, 1990, S. 181.

4. Die Gedanken sind frei – vogelfrei, wiederholen die Spatzen und die Papageien. (1902)
Adolf Nowaczynski; zitiert aus Karl Dedecius (Hrsg.), *Bedenke, bevor du denkst. 2222 Aphorismen, Sentenzen und Gedankensplitter der letzten hundert Jahre aus dem Polnischen.* Frankfurt am Main: Suhrkamp, 1984, S. 101.

5. Gedanken sind nicht zollfrei; Gedanke ist schon Tat, und ein Unglück der Seele, ein Unheil des Willens ist mehr zu befürchten als ein Unfall des Erdenlebens. (1909)
Peter Hille, *Aus dem Heiligtum der Schönheit. Aphorismen und Gedichte,* hrsg. von Fritz Droop. Leipzig: Reclam, 1909, S. 25.

6. Gedanken sind zollfrei. Aber man hat doch Scherereien. (1909)
Karl Kraus, *Beim Wort genommen,* hrsg. von Heinrich Fischer. München: Kösel, 1955, S. 171.

7. Gedanken sind nicht gefühlsfrei. Mancher ist eine kristallisierte Träne: hart, eckig mathematisch erfaßbar – und doch eine Träne. (1938)
Charles Tschopp, *Aphorismen.* Zürich: Schweizer Spiegel Verlag, 1938, S. 34.

8. „Gedanken sind zollfrei"? Sofern sie die Grenzen nicht überschreiten. (1964)
Stanisław Jerzy Lec, *Neue unfrisierte Gedanken.* München: Hanser, 1964, S. 60. Auch in Karl Dedecius (Hrsg.), *Das große Stanisław Jerzy Lec Buch. Aphorismen, Epigramme, Gedichte und Prosa.* München: Goldmann, 1990, S. 195.

9. Gedanken sind niemals frei. Sie sind begrenzt vom Horizont des Schädels. (Ca. 1965)
Stanisław Jerzy Lec, *Spätlese unfrisierter Gedanken.* München: Hanser, 1976, S. 49.

10. Gedanken sind sollfrei. (1968)
Franz Mon, „Execution der Excusion". *Tintenfisch*, 1/1968, S. 46.

11. Die Gedanken sind frei? Die meisten Gedanken können wir vor Kettenrasseln nicht hören! (1970)
Rudolf Rolfs, *Inventur eines Hirns.* Frankfurt am Main: Die Schmiere, 1970, S. 67.

12. „Die Gedanken sind frei!", suggerieren die Manipulierer. (1970)
Rudolf Rolfs, *Inventur eines Hirns.* Frankfurt am Main: Die Schmiere, 1970, S. 102.

13. „Gedanken sind zollfrei", sagte der Mann, der Mordgedanken hegte, als er beim Zoll die Koffer öffnen mußte. (1973)
Anonymer Spruch in *Stern*, Nr. 18/26. April 1973, S. 90.

14. Wer bis heute behauptet, die Gedanken seien frei, hat noch immer nicht denken gelernt. (Ca. 1976)
Uwe Anhäuser; zitiert aus Peter Coryllis (Hrsg.), *Deine Welt im knappen Wort. Aphorismen.* Dülmen: Verlag Der Steg, 1976, S. 6.

15. Gedanken sind zollfrei. Geschriebene oft nicht. (1977)
Hans-Horst Skupy, *Aphorismen. Abgeleitete Geistesblitze.* München: Ring, 1977, S. 7.

16. Die Gedanken sind frei ... Denkst *Du.* (1978)
Karikatur in *Der Spiegel*, Nr. 48/27. November 1978, S. 230.

17. Gedanken sind freilich auch nicht freier, als der Kopf, in dem sie wohnen. (1978)
Hanns-Hermann Kersten, *Euphorismen & rosa Reime.* Stuttgart: Deutsche Verlags-Anstalt, 1978, S. 71.

18. Die Gedanken sind frei. Die Wörter werden observiert. (1979)
Nikolaus Cybinski, *Werden wir je so klug sein, den Schaden zu beheben, durch den wir es wurden? Aphorismen.* Lörrach: Lutz, 1979, S. 39.

GEDANKE 16

19. *Gedankenfreiheit*
Er war zutiefst erschrocken
als er merkte
daß ihn auch andere Frauen reizten –
daß er sich manchmal
geradewegs
in ihren Schoß hineindachte.
Sie war entsetzt
als sie merkte
daß sie, als sie mit ihm schlief
in Gedanken
in den Armen eines anderen –
nicht schöneren, nicht stärkeren –
nur anderen Mannes lag.
Mein Gott, sie liebten sich doch
hatten alles –
und hatten Angst.
Es gibt eben
eine Art von Liebe
da sind
die Gedanken nicht frei. (1979)
Jörn Pfennig, *Grundlos zärtlich. Gedichte.* München: Schneekluth, 1979, S. 17.

20. Gedanken sind frei – aber nicht unfallfrei. (1979)
Gerhard Uhlenbruck, *Einfach gesimpelt. Aphorismen.* Aachen: Stippak, 1979, S. 38.

21. Gedanken sind frei-
willig. (1979)
Volker Erhardt, *„Auch der Kannibale schätzt den Menschen am höchsten". Aphorismen.* Köln: Satire Verlag, 1979, S. 95.

22. Gedanken sind zollfrei. Trotzdem bekommt mancher viele Scherereien, der sie ausführen will. (1979)
Volker Erhardt, *„Auch der Kannibale schätzt den Menschen am höchsten". Aphorismen.* Köln: Satire Verlag, 1979, S. 79.

23. Kann sein, die Gedanken sind noch frei, da ist das Denken schon vorgeschrieben. (1979)
Nikolaus Cybinski, *Werden wir je so klug sein, den Schaden zu beheben, durch den wir es wurden? Aphorismen.* Lörrach: Lutz, 1979, S. 33.

24. Die Gedanken sind frei, nur dürfen sie nicht geäußert werden. (1980)
Gerhard Uhlenbruck, *Frust-Rationen. Aphorismen.* Aachen: Stippak, 1980, S. 31.

25. Gedanken sind erlaubt – zollfrei sind sie nie. (1980)
Felix Renner, *Aphoristische Schwalben.* Oberwil b. Zug: Kugler, 1980, S. 13.

26. „Gedanken sind zollfrei." Aber sie werden an der Grenze registriert. (1980)
Felix Renner, *Aphoristische Schwalben.* Oberwil b. Zug: Kugler, 1980, S. 13.

27. *Gedanken*
Sind für den Träger zoll-,
aber nicht frachtfrei. (1981)
Ron Kritzfeld (eigentlich Fritz Kornfeld), *Kleines Universal Flexikon.* Essen: Selbstverlag des Verfassers, 1981, Bd. 8, S. 10.

28. Die Gedanken sind frei. Oft sogar frei von Gedanken. (1982)
Werner Mitsch, *Bienen, die nur wohnen, heißen Drohnen. Sprüche.* Stuttgart: Letsch, 1982, S. 62.

29. Ein Kopf, völlig frei von Gedanken.
Auch eine Form von Gedankenfreiheit. (1982)
Werner Mitsch, *Bienen, die nur wohnen, heißen Drohnen. Sprüche.* Stuttgart: Letsch, 1982, S. 15.

30. Gewiß, Gedanken sind zollfrei,
aber sie selbst fordern ihren Tribut. (1982)
André Brie, *Die Wahrheit lügt in der Mitte. Aphorismen.* Berlin: Eulenspiegel, 1982, S. 22. Auch in A. Brie, *Die Wahrheit lügt in der Mitte / Am Anfang war das letzte Wort. Aphorismen.* Berlin: Eulenspiegel, 1988, S. 24.

31. Die Gedanken sind Blei. (1984)
Claudia Glismann (Hrsg.), *Edel sei der Mensch, Zwieback und gut. Szene-Sprüche.* München: Heyne, 1984, ohne Seitenangabe.

32. Die Gedanken sind frei, „senilierte" der pensionierte General und gab den Befehl zum Angriff. (1984)
Hugo Ernst Käufer, *Kehrseiten. Neue Aphorismen.* Oberhausen: Althoff, 1984, S. 29.

33. Die Gedanken sind frei.
Ja, wer greift schon nach ihnen. (1985)
André Brie, *Am Anfang war das letzte Wort. Aphorismen.* Berlin: Eulenspiegel, 1985, S. 28. Auch in A. Brie, *Die Wahrheit lügt in der Mitte / Am Anfang war das letzte Wort. Aphorismen.* Berlin: Eulenspiegel, 1988, S. 94.

34. Die Gedanken sind frei. Lediglich ihre Urheber werden verhaftet. (1985)
Hermann Funke, *Worte und Widerworte. Aphorismen.* Sigmaringen: Thorbeke, 1985, S. 9.

35. Die Gedanken sind frei, aber wehe, du sprichst sie aus. (1986)
Bernd Thomsen (Hrsg.), *Ihr geht mit der Welt um als hättet ihr eine zweite im Keller! Polit-Graffiti & Demo-Sprüche.* München: Heyne, 1986, ohne Seitenangabe.

36. Die Gedanken sind frei. Noch etwas freier sind die schon teuer bezahlten. (1987)
Günter Radtke, *Gedanken zum Selbermachen. Aphorismen und Geschichten.* Gerlingen: Bleicher, 1987, S. 14.

37. Die Gedanken sind frei, solange sie im Kopf eingeschlossen sind. (1987)
Gerhard Uhlenbruck, *Kaffeesätze. Gedankensprünge in den Sand des Getriebes.* Erkrath: Spiridon, 1987, S. 94.

38. Die Gedanken sind frei. Jedenfalls hat die Polizei noch nie einen gefaßt. (1988)
Hans-Dieter Schütt, *Diesseits der eigenen Haustür. Aphorismen.* Berlin: Eulenspiegel, 1988, S. 64.

39. Die Gedanken sind frei! Wenn man sie für sich behält. (1989)
Manfred Strahl, *Ausleg-Ware. Aphorismen.* Berlin: Eulenspiegel, 1989, S. 47.

40. Die Gedanken sind frei. Kein Schreibender respektiert das. Jeder versucht, sie in seine Worte zu fassen. (1990)
Werner Ehrenforth, *Alte Sitzbeschwerden. Aphorismen.* Berlin: Eulenspiegel, 1990, S. 15.

41. Die Gedanken sind frei: vogelfrei. (1994)
Birgit Berg, *Lose Worte. Aktuelle Aphorismen.* Stuttgart: Wortwerkstatt, 1994, S. 5.

GEDANKENFREIHEIT

„Geben Sie Gedankenfreiheit!"

Friedrich Schiller, *Don Carlos* (1787), III. Akt, 10. Szene. Gewöhnlich wird am Anfang des Zitats noch „Sire" oder heutzutage auch „Sir" hinzugesetzt.

1. „Sir, geben Sie Gedankenfreiheit", hörte der mit Berufsverbotsverfahren befaßte Beamte im Theater; selbst als seine Frau ihn von der Seite anblickte, bemerkte er nichts. (1979)
   Klaus Sochatzy, *Adnotationen. Gegenreden gegen Reden und Gerede. Aphorismen.* Frankfurt am Main: Rita G. Fischer, 1979, S. 56.

2. „Schenken Sie Gedankenfreiheit, Sire!" „Gerne", sagte der Herrscher. „Ich brauch' sie nicht." (Ca. 1984)
   Gabriel Laub, *Denken verdirbt den Charakter. Alle Aphorismen.* München: Hanser, 1984, S. 119.

GEIST

„Der Geist ist willig, aber das Fleisch ist schwach."

Bibel (Matthäus 26,41).

1. *Wie oft! Wie unverhofft!*
   Wie viele verheiratete Männer haben den Morgen erlebt, wo es ihnen tagte, daß ihre junge Gattin langweilig ist und das Gegenteil glaubt! Gar nicht zu reden von jenen Weibern, deren Fleisch willig und deren Geist schwach ist! (1881)
   Friedrich Nietzsche, *Werke*, hrsg. von Karl Schlechta. München: Hanser, 1954, Bd. 1, S. 1183.

2. Der Geist ist billig, aber das Fleisch ist teuer. (1921)
   Olaf Gulbransson, *Heiteres und Weiteres.* München: Langen & Müller, 1973, S. 129 (mit Karikatur). Auch in Klaus Sochatzy (Hrsg.), *Auf die Dauer hilft nur Power. Sprüche aus dem Frankfurter Uni-Turm.* Frankfurt am Main: Rita G. Fischer, 1983, S. 79.

3. „Der Geist ist willig, aber das Fleisch ist schwach." Ja, freilich! Aber du könntest auch sagen: „Das Fleisch ist willig, aber der Geist ist schwach." Denn nicht dein Geist ist es, der sich sehnt; dein Fleisch sehnt sich. Der Geist ist schwach zu helfen. (Ca. 1930)
   Rudolf Alexander Schröder, *Aphorismen und Reflexionen*, hrsg. von Richard Exner. Frankfurt am Main: Suhrkamp, 1977, S. 47.

4. *Friedensfest*
   Der Geist ist willig, das Fleisch ist schwach, der Herr Hauptmann wird ein

Einsehen haben, sagt der Soldat, der vom Niedermachen müd ist und den letzten Feind laufen läßt. (1966)

Hermann Schweppenhäuser, *Verbotene Frucht. Aphorismen und Fragmente.* Frankfurt am Main, Suhrkamp, 1966, S. 97.

5. Nicht immer ist der Geist willig und das Fleisch schwach; es gibt Frauen, bei denen ist der Geist schwach, doch das Fleisch durchaus willig. (1972)

   Anonymer Spruch in *Schweizer Illustrierte,* Nr. 37/11. September 1972, S. 71.

6. Was kann das Fernsehen dafür, daß der Geist so willig ist und das Fleisch so selten schwach. (1974)

   Albert Wendt; zitiert aus André Brie et al. (Hrsg.), *Der Weisheit letzter Schluß. Aphorismen.* Berlin: Eulenspiegel, 1980, S. 140.

7. Das Fleisch ist willig – aber der Koch ist schwach. (1975)

   Anonymer Spruch in *Stern,* Nr. 39/18. September 1975, S. 91. Auch in Angelika Franz (Hrsg.), *Das endgültige Buch der Sprüche & Graffiti.* München: Heyne, 1987, S. 238.

8. Der Fleiß ist willig, doch der Geist ist schwach. (1977)

   Gerhard Uhlenbruck, *Ins eigene Netz. Aphorismen.* Aachen: Stippak, 1977, S. 16.

9. Der Geist ist unwillig, denn das Fleisch ist stark. (1979)

   Gerhard Uhlenbruck, *Einfach gesimpelt. Aphorismen.* Aachen: Stippak, 1979, S. 36.

10. Sexualität: Der Geist ist schwach, aber das Fleisch ist willig. (1980)

    Gerhard Uhlenbruck, *Frust-Rationen. Aphorismen.* Aachen: Stippak, 1980, S. 117.

11. *Alter*

    Das Fleisch wird wellig,
    doch der Geist bleibt wach. (1981)

    Ron Kritzfeld (eigentlich Fritz Kornfeld), *Kleines Universal Flexikon.* Essen: Selbstverlag des Verfassers, 1981, Bd. 8, S. 3.

12. Der Geist ist Willy, aber das Fleisch ist teuer. (1981)

    Winfried Thomsen, *Radikalauer.* Frankfurt am Main: Eichborn, 1981, ohne Seitenangabe.

13. Der revolutionäre Geist ist willig, aber das revolutionäre Fleisch ist schwach. (1981)

    Žarko Petan, *Himmel in Quadraten. Aphorismen und kleine Prosa.* Graz: Styria, 1981, S. 14.

14. Der Geist ist willig, das Fleisch erst recht. (1983)

    Eduard Moriz (Hrsg.), *Nimm's leicht, nimm mich. Sponti-Sprüche No. 3.* Frankfurt am Main: Eichborn, 1983, ohne Seitenangabe.

15. Korpulenz. Das Fleisch ißt willig, aber der Geist ist schwach. (1983)
Werner Mitsch, *Das Schwarze unterm Fingernagel. Sprüche*. Stuttgart: Letsch, 1983, S. 117.

16. Das Fleisch war willig, aber das Gras war naß. (1984)
Claudia Glismann (Hrsg.), *Edel sei der Mensch, Zwieback und gut. Szene-Sprüche*. München: Heyne, 1984, ohne Seitenangabe. Auch in Eduard Moriz (Hrsg.), *Lieber intim als in petto. Sponti-Sprüche No. 5*. Frankfurt am Main: Eichborn, 1984, ohne Seitenangabe; und Wolf von Henschelsberg (Hrsg.), *Tipp-Ex für den Direx. Schülerwitze & -Sprüche*. Frankfurt am Main: Eichborn, 1993, ohne Seitenangabe.

17. Der Geist ist willig, aber das Fleisch ist teuer. (1984)
Claudia Glismann (Hrsg.), *Ich denke, also spinn ich. Schüler-Sprüche*. München: Heyne, 1984, ohne Seitenangabe. Auch in Angelika Franz (Hrsg.), *Das endgültige Buch der Sprüche & Graffiti*. München: Heyne, 1987, S. 105.

18. Der Geist ist willig, aber das Fleisch ist zu stark. (1984)
Claudia Glismann (Hrsg.), *Edel sei der Mensch, Zwieback und gut. Szene-Sprüche*. München: Heyne, 1984, ohne Seitenangabe.

19. Der Geist ist willig. Und an den Autorenhonoraren gemessen – sogar billig. (1984)
Werner Mitsch, *„Grund- & Boden-Sätze"*. *Sprüche*. Stuttgart: Letsch, 1984, S. 67.

20. Der Geist ist willig, und das Fleisch wird schwach. (1984)
Ralf Bülow, *Liebe ist heilbar. Sprüche aller Art*. Frankfurt am Main: Michler, 1984, ohne Seitenangabe.

21. Der Greis ist willig, aber das Fleisch ist schwach. (1984)
Iris Blaschzok (Hrsg.), *Die zehnte Muse heißt Pampel. Geistesblitze unter der Bank*. Münster: Coppenrath, 1984, S. 9.

22. Der Satz „Der Geist ist willig, aber das Fleisch ist schwach" steht in der Bibel und hat direkt wirklich nichts mit Politikberatung durch Wissenschaftler zu tun, die dort als Gutachter fungieren. (1984)
Klaus Sochatzy, *Widerworte nach der „Wende"*. *Aphorismen*. Frankfurt am Main: Rita G. Fischer, 1984, S. 30.

23. Liebe: Das Fleisch ist willig, aber der Geist ist schwach. (1984)
Klaus Sochatzy, *Widerworte nach der „Wende"*. *Aphorismen*. Frankfurt am Main: Rita G. Fischer, 1984, S. 75.

24. Der Geist ist willig, aber das Fleisch schmeckt so gut. (1985)
Spruch von Anke Lehner in *Bild-Zeitung*, 25. Oktober 1985, S. 2.

25. Der Geist ist willig, aber das Sitzfleisch ist schwach. (1985)
Gerhard Uhlenbruck, *Eigenliebe macht blind. Hinrissige Gedankensprünge und Aphorismen*. Aachen: Stippak, 1985, S. 9.

26. Der Geist ist willig, aber schwach. (1985)
Hermann Funke, *Worte und Widerworte. Aphorismen*. Sigmaringen: Thorbecke, 1985, S. 52.

27. Der Geist ist willig, doch das Fleisch nicht billig. (1985)
Ralf Bülow (Hrsg.), *Graffiti 3. Phantasie an deutschen Wänden*. München: Heyne, 1985, ohne Seitenangabe.

28. Der Geist ist willig, aber das Fleisch ist knapp. (1986)
Eduard Moriz (Hrsg.), *Lieber sauweich als eberhard. Sponti-Sprüche No. 6*. Frankfurt am Main: Eichborn, 1986, ohne Seitenangabe.

29. Der Geist ist willig, vom Fleisch ganz zu schweigen. (1987)
Angelika Franz (Hrsg.), *Das endgültige Buch der Sprüche & Graffiti*. München: Heyne, 1987, S. 233. Auch in Saskia Schlesinger (Hrsg.), *Mach dir einen schönen Lenz und schwänz. Schülersprüche – Schülerwitze*. München: Heyne, 1987, ohne Seitenangabe.

30. Ist mein Fleisch willig, kann sein Geist noch so schwach sein. (1987)
Angelika Franz (Hrsg.), *Das endgültige Buch der Sprüche & Graffiti*. München: Heyne, 1987, S. 189.

31. Mein Geist ist willig, und mein Fleisch ist wach. (1987)
Andreas Bender, *Kleine Socken jucken auch. Sprichwörter, Redensarten und Zitate – verdreht*. Frankfurt am Main: Eichborn, 1987, ohne Seitenangabe.

32. Der Geist ist willig, das Fleisch will auch. (1991)
Ulla Gast, *Der Geist ist willig, das Fleisch will auch: Ausreden für die Liebe – davor, dabei, danach*. Frankfurt am Main: Eichborn, 1991.

33. Das Fleisch ist willig, und der Geist gibt nach. (1987)
Beate Kuckertz (Hrsg.), *Das große Buch der Büro-Sprüche*. München: Heyne, 1992, ohne Seitenangabe.

34. Der Fleiß ist billig, doch der Geist ist schwach. (1992)
Beate Kuckertz (Hrsg.), *Das große Buch der Büro-Sprüche*. München: Heyne, 1992, ohne Seitenangabe.

35. Der Geist ist willig, doch das Sitzfleisch ist schwach – diese Schwäche ist manchmal des Geistes Stärke. (1994)
Gerhard Uhlenbruck, *Medizinische Aphorismen*. Neckarsulm: Natura Med Verlagsgesellschaft, 1994, S. 15.

GESPENST

„Ein Gespenst geht um in Europa – das Gespenst des Kommunismus."

Beginn des von Karl Marx und Friedrich Engels gemeinsam verfaßten *Manifestes der Kommunistischen Partei* (1848).

1. *Schlachthaus-Manifest*
   Ein Gespenst geht um in Europa
   das schmutzige Gerücht
   daß im Fall eines neuen Krieges
   ganz Europa
   zum Schlachthaus zu werden drohe.
   [...] (1983)
   Erich Fried, *Das Nahe suchen. Gedichte.* Berlin: Wagenbach, 1983, S. 84.

2. Manifest: Ein Gespenst wird umgangen in Europa. (1984)
   Jeannine Luczak, *Schweigegeld als Landeswährung.* Olten: Walter, 1984, S. 24.

3. Ich sehe Gespenster? – Der Zeitgeist geht um. (1994)
   Birgit Berg, *Lose Worte. Aktuelle Aphorismen.* Stuttgart: Wortwerkstatt, 1994, S. 58.

GEWALT

„Und bist du nicht willig, so brauch' ich Gewalt!"

Johann Wolfgang von Goethe, „Erlkönig" (1782).

1. Der Interpret zum Dichter:
   „Und bist du nicht willig, so brauch ich Gehalt." (1983)
   Ulrich Erckenbrecht, *Ein Körnchen Lüge. Aphorismen und Geschichten.* Göttingen: Muriverlag, 1983, S. 20.

2. Bist du nicht billig, brauch ich Gewalt. (1985)
   Klaus Ott, „Bist du nicht billig, brauch ich Gewalt: Wie die Post versucht, Bürger an das teure Kabel zu zwingen". *Die Zeit*, Nr. 15/12. April 1985, S. 22.

3. Und bist du nicht willig, so laß ich es halt ... (1985)
   Spruch von D. Wagner in *Bild-Zeitung*, 21. Januar 1985, S. 2. Auch in Hans Gamber (Hrsg.), *Freche Sprüche für jeden Tag.* Rastatt: Moewig, 1987, S. 74.

4. *Sexus*
   Und brauchst du nicht Gewalt,
   so bin ich nicht willig –. (1985)
   Fritz Arcus, *Lieber ein Seedieb als ein Teesieb! 260mal Merk-würdiges zum Nachschlagen.* Frankfurt am Main: Rita G. Fischer, 1985, S. 40.

22 MODERNES LEBEN

DIE ZEIT – Nr. 15 – 12. April 1985

Weil einige kleine Gemeinden fürchten, nicht verkabelt zu werden, lassen sie sich auf einen zweifelhaften Handel mit der Post ein: Sie verbieten die Antennen – angeblich, um das Stadtbild zu schützen

Bist du nicht billig, brauch ich Gewalt

Wie die Post versucht, Bürger an das teure Kabel zu zwingen

Von Klaus Ott

Eine falsche Auskunft

Noch eine falsche Auskunft

● Fortsetzung von Seite 21

DIE ZEIT

OVERSEAS EDITION

GEWALT 2

5. Und bist du nicht willig, geh ich eben wieder zu meiner Mami. (1986)

Ralf Bülow (Hrsg.), *Lieber nett im Bett als cool auf dem Stuhl. Graffiti 4.* München: Heyne, 1986, ohne Seitenangabe. Auch in Angelika Franz (Hrsg.), *Das endgültige Buch der Sprüche & Graffiti.* München: Heyne, 1987, S. 48.

6. Und bist du nicht willig, so rauch' ich im Wald! (1987)

Hans Gamber (Hrsg.), *Freche Sprüche für jeden Tag.* Rastatt: Moewig, 1987, S. 26.

7. Und sind sie nicht willig, so brauche ich Notrecht. (1994)

Urs Zanoni, „Und sind sie nicht willig, so brauche ich Notrecht: Wie Felix Gutzwiller, der Schweiz wichtigster Drogenexperte, Bundesrat und Parlament Beine machen will". *Die Weltwoche,* Nr. 33/18. August 1994, S. 15.

GIPFEL

„Über allen Gipfeln
Ist Ruh,
In allen Wipfeln
Spürest du
Kaum einen Hauch;
Die Vögelein schweigen im Walde.
Warte nur, balde
Ruhest du auch."

Johann Wolfgang von Goethe. „Ein Gleiches [Wandrers Nachtlied]" (1780).

1. *Hausvaters Abschied*
In allen Stuben
Ist Ruh',
Und von den Buben
Spürest du
Kaum einen Hauch.
Die Gattin ist schon zu Bette;
Bald, ich wette,
Schnarchest du auch. (1892)

Anonyme Parodie in Friedrich Umlauft (Hrsg.), *Das Buch der Parodien und Travestien aus alter und neuer Zeit.* 3. Aufl. Wien: Daberkow, 1928, S. 4.

2. *Zechbruders Nachtlied*
In allen Wirtshäusern
Ist Ruh',
In allen Restaurationen
Spürest du
Kaum noch Gebraus';
Der Wirtshauslärm verhallte,
Gehst du nun noch nicht balde,

Wirft man dich hinaus. (1893)

Anonyme Parodie in Friedrich Umlauft (Hrsg.), *Das Buch der Parodien und Travestien aus alter und neuer Zeit.* 3. Aufl. Wien: Daberkow, 1928, S. 4.

3. *Aus dem Tagebuche eines jungen Arztes*

Über allen Wipfeln
Ist Ruh',
In meinem Sprechzimmer
Fühlest du
Kaum einen Hauch.
Die Patienten bleiben zu Hause;
Warte nur, balde
Schlafe ich auch. (1893)

Anonyme Parodie in Friedrich Umlauft (Hrsg.), *Das Buch der Parodien und Travestien aus alter und neuer Zeit.* 3. Aufl. Wien: Daberkow, 1928, S. 5.

4. *Liturgie vom Hauch*

1
Einst kam ein altes Weib einher

2
Die hatte kein Brot zum Essen mehr

3
Das Brot, das fraß das Militär

4
Da fiel sie in die Goss', die war kalte

5
Da hatte sie keinen Hunger mehr.

6
Darauf schwiegen die Vöglein im Walde
Über allen Wipfeln ist Ruh
In allen Gipfeln spürest du
Kaum einen Hauch.

[...]

41
Da schwiegen die Vöglein nicht mehr
Über allen Wipfeln ist Unruh
In allen Gipfeln spürest du
Jetzt einen Hauch. (Ca. 1925)

Bertolt Brecht, *Gesammelte Werke*, hrsg. von Elisabeth Hauptmann. Frankfurt am Main: Suhrkamp, 1967, Bd. 8, S. 181-186.

5. *Vorwärtsschreiters Tagelied*
Über allen Gipfeln
geht man ran.
In allen Wipfeln
spürt jedermann
Kraft und Elan.
Die Vögelein zwitschern im Walde.
Warte nur, balde
singst auch du im Laienzirkel I. Sopran. (1961)
Hansgeorg Stengel; zitiert aus G. H. Herzog und Ehrhardt Heinold (Hrsg.), *Scherz beiseite. Die Anthologie der deutschen Prosa-Satire von 1900 bis zur Gegenwart.* München: Scherz, 1966, S. 488.

6. Über allen Zechen ist Ruh. (1964)
Karikatur in *Der Spiegel*, Nr. 50/9. Dezember 1964, S. 50.

GIPFEL 6

7. *Ein gleiches*
Über allen Huren
Gipfelst du,
In allen Spuren
Wipfelst du
Hauch aunen Keim;
Die Schweigelein vögeln im Walde.
Barte wur, nalde

Zipfelt dein Reim. (1972)

Henning Venske, *Gestammelte Werke oder Posa und Damen.* München: Heyne, 1983, S. 75.

8. Auf allen Märkten ist Ruh'. (1974)

Rainer Frenkel, „Auf allen Märkten ist Ruh': General Motors entläßt 6000 Mitarbeiter". *Die Zeit*, Nr. 45/8. November 1974, S. 17.

9. *Abendstimmung*
[...]
Der Mond schaut durch das Fenster zu,
und über allen Bettzipfeln herrscht Ruh. (Vor 1976)

Fred Endrikat, *Das große Endrikat Buch.* München: Blanvalet, 1976, S. 112.

10. Bundesrepublik '79:
Unter allen Zipfeln ist Ruh. (1979)

Helmut Lamprecht, *Früher hat Lächerlichkeit getötet. 155 Bedenksätze.* Fischerhude: Verlag Atelier im Bauernhaus, 1979, S. 55.

11. *Über allen Kipferln ist Ruh*
Keine Mäuler plappern.
Keine Löffel klappern.
Keine Kuchendüfte
schwirren durch die Lüfte.

[...]

Friedlich ruhn Pralinen
aus in den Vitrinen.
Und nicht eine Oma
liegt im Sahne-Koma.

[...]

Heute herrscht, merkt man im Nu,
über allen Kipferln Ruh. (1979)

Miriam Frances, *Ich will den Tag noch vor dem Abend loben. Gedichte.* München: Deutscher Taschenbuch Verlag, 1994, S. 33.

12. *wege zum späten goethe*
über allen gipfeln ist ruh *nichtwahr*
in allen wipfeln spürest du *nichtwahr*
kaum einen hauch
die vögelein schweigen im walde *nichtwahr*
warte nur balde *nichtwahr* schweigest du auch. (1981)

Karl Riha, *Nicht alle Fische sind Vögel. Gedichte und Gedichtgedichte.* Siegen: Machwerk, 1981, S. 97.

13. Demnächst der letzte Hauch
Warte nur
balde ruhst du auch. (1984)

Frieder Stöckle, *Ätsch ich lebe noch. Sprüche – Widersprüche.* Stuttgart: Spectrum, 1982, S. 30.

14. *Ein Ähnliches*
Hübsch eingeritzt
ein für allemal sitzt
das, spürest du.
Du bist im Nu
wie die Vögelein schweigend im Walde.
Warte nur! Balde
rutscht die Müllhalde
auf dich zu. (Ca. 1982)

Karl Krolow; zitiert aus Arnfried Astel et al. (Hrsg.), *Zu Goethes berühmtestem Gedicht.* Mainz: NewLit Verlag, 1982, S. 47.

15. *Ein Leiches*
Über allen Gipfeln
war Ruh',
in allen Wipfeln
spürtest Du
kaum einen Hauch;
Jetzt schweigen die Vöglein im Walde
für immer.
Warte nur! Balde
tun wir es auch! (Ca. 1982)

Karlhans Frank; zitiert aus Arnfried Astel et al. (Hrsg.), *Zu Goethes berühmtestem Gedicht.* Mainz: NewLit Verlag, 1982, S. 25.

16. *Ein Ungleiches = Einige Leichen*
Warte nur! Balde
Ruhest du auch.
Und zwar wie?
Zwischengelagert? Entsorgt?
Und warum *du*
nicht *Sie*?

Ich fange von vorne an
Das klingt viel höflicher dann:

Über allen Gipfeln
ist Euphemie,
In allen Wipfeln
Spüren Sie
kaum einen Hauch;
Die Vögelein schweigen im Walde
Bitte warten Sie! Balde
Ruhen Sie auch.

(Die Euphemie versteht sich von selbst bei Goethen:
Er sagt ja auch Ruhen
wenn er Sterben meint oder Töten)

Oder lieber nicht ruhig Blut?
Also gut, mit etwas mehr Wut:

Unter allen Wipfeln
fließt Blut,
In allen Heuchlern
spürest du
kaum einen Jammerlaut!
Die Vögelein menscheln im Walde.
Gipfle nur! Balde
watest du auch
im Blut. (1982)

Erich Fried, *Das Nahe suchen. Gedichte.* Berlin: Wagenbach, 1982, S. 56. Auch in Arnfried Astel et al. (Hrsg.), *Zu Goethes berühmtestem Gedicht.* Mainz: NewLit Verlag, 1982, S. 26; hier allerdings mit dem Zusatz: (Oder vielmehr: das Blut / spült dich ins Out).

17. *Ein Ungleiches –*
Guatemala
Unter allen Gipfeln
Schüsse,
in Strauch und Wipfeln
sitzen die Unterdrücker;
siehst du den blutigen Hauch?
Die Weltbeglücker
liegen, zum Schweigen gebracht,
im Walde.
Warte nur! Balde
schweigst du auch! (Ca. 1982)

Fritz Deppert; zitiert aus Arnfried Astel et al. (Hrsg.), *Zu Goethes berühmtestem Gedicht.* Mainz: NewLit Verlag, 1982, S. 19.

18. *Helvetisches Nachtlied*
In allen Blättern ist Ruh',
selbst in den Leserbriefspalten spürest du
kaum einen Hauch;
die Spiessbürger schweigen im Lande,
die Skandale verlaufen im Sande.
Warte nur, balde ruhest du auch. (1982)

Beat Läufer, „Helvetisches Nachtlied". *Nebelspalter*, Nr. 23/8. Juni 1982, ohne Seitenangabe.

19. Über allen Gipfeln ist Lärm. (1982)

Sepp Moser, „Über allen Gipfeln ist Lärm: Kontroverse um Helikopter-Skitourismus". *Die Weltwoche*, Nr. 22/2. Juni 1982, S. 47.

20. *Goethes Nachtlied 1983*
Über allen Gipfeln
Phantom.
In allen Wipfeln
Ahnest du schon
Feuer und Rauch;
Die Sprengköpfe ruhen
Im Walde.
Warte nur, balde
Ruhest du auch. (1983)

Anonymes Gedicht in *Frankfurter Rundschau*, Nr. 124/31. Mai 1983, S. 2.

21. Unter allen Wipfeln ist Ruh' ... (1983)

Karikatur in *Zeit-Magazin*, Nr. 15/8. April 1983, S. 5.

22. *Vegetariers Nachtlied*
Und PLOPP steht das Herz dir still
im schönsten Wiesengrunde.
Der Darm, ein letztes Ventil,
verbellt deutsche Schäferhunde.

Dann ist es auch damit Schluß.
Das Vögeln hört auf im Walde.
Ein letzter Samenerguß,
dann heißt es: Warte nur, balde. (1983)

Kurt Bartsch, *Die Hölderlinie. Deutschdeutsche Parodien*. Berlin: Rotbuch, 1983, S. 115.

23. *Nationalhymne*
des deutschen Bundeskanzlers im Urlaub:
(Über welchen

Gipfeln ist eigentlich
Ruh? Doch nicht etwa
über allen?
Nein.)

Deutsche Ruhe
über alles, über alles
nachgedacht, möge mich
ein Traum
im Walde, möge mich
ein Vöglein doch, könnte
ich in seinem
Wipfel
aus der hohen
Höh und Höhe noch
über alles
balde
schweben, höher
mich in Gipfel
heben –

(Sauerei, wie diese
Vögel leben!) (1984)

Günter Bruno Fuchs, *Gemütlich summt das Vaterland*, hrsg. von Michael Krüger. München: Hanser, 1984, S. 32.

24. *Neues Wanderlied*
Lange Spaziergänge
machen kurze Gedichte;
die paar Minuten
Schweigen im Walde,
wenn es das noch gibt,
sind schnell erwähnt.
Und sonst? Die Romantik ist tot.
Halt den Mund. Bis balde. (1984)

Ulrich Johannes Beil; zitiert aus Rudolf Riedler (Hrsg.), *Junge deutsche Lyrik*. München: Schneekluth, 1984, S. 22. Auch in U. J. Beil, *Dieser Tag geht. Gedichte*. München: Schneekluth, 1985, S. 23.

25. Über allen Gipfeln zieht es. (1984)

Ralf Bülow, *Liebe ist heilbar. Sprüche aller Art*. Frankfurt am Main: Michler, 1984, ohne Seitenangabe.

26. Über keinem Wipfel ist Ruh
Brand und Blutdunst spürest du

Krieg heult im Walde
tobt auf Trümmerhalde
nie ruhest du. (1984)

Lisa Kahn, *From My Taxan Log Cabin / Aus meiner texanischen Blockhütte.* Austin, Texas: Eakin Press, 1984, S. 14.

27. *Aus der Welt der Arbeit*
Überm Wirtschaftsgipfel ist Ruh.
Auf dem Arbeitsmarkt
Spürest du
Kaum einen Hauch
Von Bewegung.
Kein Job in Sicht,
Der Lohn verspricht.
Nur großes Schweigen im Walde.
Die Arbeit ruht,
Still liegt die Halde.
Warte nur
Balde
ruht deine auch. (1985)

Volker Kühn, *Leise rieselt der Schmäh ... Wende-Parodien zur Lage der Nation.* Reinbek: Rowohlt, 1985, S. 16.

28. Über allen Bänken ist Ruh.
Selbst vom Katheder
spürest Du
kaum einen Hauch.
Mein Nachbar schläft schon feste
Ich glaub', es ist das Beste
ich schlafe auch. (1985)

Christian Roman (Hrsg.), *Reden ist Silber, Schweigen ist fünf. Schüler-Sprüche No. 2.* Frankfurt am Main: Eichborn, 1985, ohne Seitenangabe.

29. *Wandrers Nachtlied*
Über den Betonsilos
ist Ruh
Der Abend
signalisiert nichts Außergewöhnliches
auch im Türkenviertel
keine besonderen Vorkommnisse
Der Hochofenabstich
der nahen Hütte
feuert den Himmel
das Fernsehen
hat das Volk

fest in der Hand. (Ca. 1985)

Hugo Ernst Käufer; zitiert aus Manfred Kluge (Hrsg.), *Flurbereinigung. Naturgedichte zwischen heiler Welt und kaputter Umwelt.* München: Heyne, 1985, S. 32.

30. Die Vögelein sterben im Walde,
warte nur,
balde riechst du es auch. (1986)

Ralf Bülow (Hrsg.), *Lieber nett im Bett als cool auf dem Stuhl. Graffiti 4.* München: Heyne, 1986, ohne Seitenangabe.

31. *Großstädters Abendlied*
[...]
Über allen Dächern ist Ruh.
Aus allen Wohntürmen hörst du:
„... kaum einen Hauch.
Die Vöglein schweigen im Walde.
Warte nur, balde
ruhest du auch." (1986)

Walter Löwen, *Zeit ohne Zins. Mein Ich in Worten. Gedichte.* Hannover: Moorburg, 1986, S. 27.

32. *Spürest du*
Wenn der Tag sich neigt steigen
die Reste des Lichts. Gnadenfrist
in den Wipfeln kreischt Wind auf
spreizt er die Kronen kein Nistplatz
kein Halt keine Ruh. (1988)

Ulla Hahn, *Unerhörte Nähe. Gedichte.* Stuttgart: Deutsche Verlags-Anstalt, 1988, S. 72.

33. *Ein Bleiches*
Über allen Giebeln
ist Gift,
In allen Fibeln
Schützt die Schrift
Nichts außer Schund.
Die Vögelein röcheln im Walde.
Warte nur, balde
Klafft auch dein Mund. (1989)

Fritz Werf, *Neue Deutschlandlieder. Gegenstrophen.* Geldern: Roje & Buer, 1989, S. 33.

34. Der Begründer der Psychopharmakologie, Prince Valium, sprach eines Nachts die goldenen Worte: „Warte nur, Baldrian, du ruhst auch!" Diese Formel ließ er sich flugs patentieren, und bald war er auch gallensteinreich, tat sich mit einer Basler Patriziertochter zusammen und kein Auge mehr auf. (1991)

Ulrich Erckenbrecht, *Maximen und Moritzimen: Bemerkungen über dies und jenes*. Göttingen: Muriverlag, 1991, S. 13.

35. Über allen Gipfeln ist Ecu. (1991)
Karikatur in *Der Spiegel*, Nr. 50/9. Dezember 1991, S. 129.

Über allen Gipfeln ist Ecu Süddeutsche Zeitung GIPFEL 35

36. Über allen Gipfeln ist Schmu. (1992)
Dieter Buhl, „Über allen Gipfeln ist Schmu: Wirtschaftsgipfel in München“. *Die Zeit*, Nr. 28/10. Juli 1992, S. 24.

37. Über allen Gipfeln ist Unruh’. (1993)
Joachim Fritz-Vannahme, „Über allen Gipfeln ist Unruh’: In München kämpfen Edmund Stoiber und Theo Waigel um das Amt des Ministerpräsidenten“. *Die Zeit*, Nr. 21/28. Mai 1993, S. 3.

38. Über allen Gipfeln ist Kunst. (1995)
Heiner Uber, „Über allen Gipfeln ist Kunst: Der Berg rief, ein Künstler hörte, und nun hat die Zugspitze eine Galerie“. *Die Zeit*, Nr. 29/21. Juli 1995, S. 22.

GLAUBE (a)

„Der Glaube versetzt Berge.“

Bibel (1. Korinther 13,2). Das sprichwörtliche Zitat ist eine Verkürzung des Bibelspruchs „Und wenn ich weissagen könnte und wüßte alle Geheimnisse und alle Erkenntnisse und hätte **allen Glauben, also daß ich Berge versetzte,** und hätte der Liebe nicht, so wäre ich nichts“.

1. Berge versetzt der Glaube. Jawohl! Die schweren Probleme löset der Glaube nicht auf, sondern verschiebet sie nur. (Vor 1872)
Ludwig Feuerbach; zitiert aus Helmut Wolle (Hrsg.), *Von der Weisheit der Sprüche. Aphorismen, Zitate, Sprichwörter.* Berlin: Neues Leben, 1981, S. 192.

2. *Der Glaube versetzt Berge* – wenn seine geographischen Kenntnisse mangelhaft sind. (1879)
Anonym, „Sprüchwörter mit Nachsatz". *Fliegende Blätter,* 71/1879, S. 7.

3. Wenn es einen Glauben gibt, der Berge versetzen kann, so ist es der Glaube an die eigene Kraft. (1880)
Marie von Ebner-Eschenbach, *Gesammelte Werke,* hrsg. von Edgar Groß. München: Nymphenburger Verlagsanstalt, 1961, Bd. 9, S. 10.

4. *Die Bergversetzer*
Daß der Glaube Berge versetze,
An diesem Faktum ist nicht zu rütteln.
Man korrigierte Naturgesetze
Schon immer mit transzendentalen Mitteln.

Wir möchten ja den Gotteskindern
Nicht gerne ihre Gefühle verletzen. –
Aber schließlich muß man sich doch verbitten,
Daß sie ihre Berge immer dahin versetzen,
Wo sie entweder den Verkehr verhindern
Oder die schönsten Plantagen verschütten. (1923)
Erich Weinert, *Gedichte 1919–1925,* hrsg. von Edith Zenker. Berlin: Aufbau-Verlag, 1970, Bd. 1, S. 83.

5. Die Berge, die du nicht versetzen kannst, mußt du ersteigen. Da hilft dir niemand. (Ca. 1935)
Rudolf Alexander Schröder, *Aphorismen und Reflexionen,* hrsg. von Richard Exner. Frankfurt am Main: Suhrkamp, 1977, S. 97.

6. Wißt ihr, warum der Glaube „in Wirklichkeit" keine Berge versetzt? Weil der Glaube, der in sich die Möglichkeit oder die Lust zu einem solchen Experiment in sich empfände, schon nicht mehr der Glaube wäre, dem dies Experiment gelingen könnte. (Ca. 1935)
Rudolf Alexander Schröder, *Aphorismen und Reflexionen,* hrsg. von Richard Exner. Frankfurt am Main: Suhrkamp, 1977, S. 91.

7. *Werte.* – Wollte der Glaube seine Berge im Pfandhaus versetzen, es würde ihm schwerlich viel darauf geliehen. (1966)
Hermann Schweppenhäuser, *Verbotene Frucht. Aphorismen und Fragmente.* Frankfurt am Main: Suhrkamp, 1966, S. 11.

8. „Glaube soll Berge versetzen“ ich habe nie Berge versetzt gesehen durch Glauben, wohl aber Berge durchbohrt von dem Verstande. (Vor 1967)
Max J. Friedländer, *Erinnerungen und Aufzeichnungen*, hrsg. von Rudolf M. Heilbrunn. Mainz: Kupferberg, 1967, S. 23.

9. Der Glaube versetzt Berge, aber die Weisheit muß sie wieder einlösen. (1970)
Erwin Chargaff, *Bemerkungen*. Stuttgart: Klett-Cotta, 1981, S. 126.

10. Der Glaube versetzt Berge, der Zweifel erklettert sie. (1970)
Karl H. Waggerl, *Sämtliche Werke*. Salzburg: Müller, 1970, Bd. 2, S. 651.

11. Wenn der Glaube stark ist, kann er Berge versetzen. Aber ist er auch noch blind, dann begräbt er das Beste darunter. (1970)
Karl H. Waggerl, *Sämtliche Werke*. Salzburg: Müller, 1970, Bd. 2, S. 641.

12. Glaube allein aber versetzt noch keine Berge, nicht einmal Barrieren. (1971)
Dietrich Strothmann, „Die Augsburger Konfusion: Das erste Treffen von Katholiken und Protestanten war kein Pfingstwunder“. *Die Zeit*, Nr. 24/15. Juni 1971, S. 2.

13. Früher versetzte der Glaube die Berge.
Heute besorgt es die Wissenschaft. (1972)
Heinrich Wiesner, *Die Kehrseite der Medaille. Neue lakonische Zeilen*. München: Piper, 1972, S. 25.

14. Wer Berge versetzen will, braucht nicht unbedingt einen unerschütterlichen Glauben. Es genügen eine Baugenehmigung und ein Berg. (1972)
Helmut Bendig, „Viel Kies: Autobahnenbau“. *Die Zeit*, Nr. 35/5. September 1972, S. 7.

15. Der Glaube bewegt Särge. (1984)
Heinrich Schröter, *Ha, welche Lust, Zitat zu sein! Spruchbuch zum Fortschreiben*. München: Gauke, 1977, S. 40.

16. Die Liebe kann nicht nur Berge, sondern auch eine Familie versetzen. (1977)
Gerhard Uhlenbruck, *Ins eigene Netz. Aphorismen*. Aachen: Stippak, 1977, S. 1.

17. Zuerst hat der Glaube Berge versetzt. Dann die Gläubigen. (1977)
Oliver Hassencamp, *Klipp & klar. Gute und böse Gedanken*. München: Langen & Müller, 1977, S. 55.

18. Der Glaube versetzt Berge. Aber keine Talsohlen. (1978)
Werner Mitsch, *Spinnen, die nicht spinnen, spinnen. Sprüche*. Stuttgart: Letsch, 1978, S. 79.

19. Der Glaube versetzt keine Berge mehr. Er befördert sie. (1978)
Ulli Harth, *Wörtliche Un-Taten. Aphorismen*. Frankfurt am Main: Federfuchs, 1978, S. 3.

20. Wissen kann Brücken versetzen. (1978)
Werbung für Westdeutsche Landesbank in *Stern*, Nr. 4/19. Januar 1978, S. 7.

21. Die Liebe, welche Berge versetzt, schafft auch Abgründe. (1979)
Gerhard Uhlenbruck, *Einfach gesimpelt. Aphorismen.* Aachen: Stippak, 1979, S. 82.

22. Ein Drückeberger schiebt die Berge vor sich hin, ohne sie zu versetzen. (1979)
Gerhard Uhlenbruck, *Einfach gesimpelt. Aphorismen.* Aachen: Stippak, 1979, S. 37.

23. glaube versetzt berge.
wohin jetzt damit? (1979)
Volker Erhardt, *„Auch der Kannibale schätzt den Menschen am höchsten". Aphorismen.* Köln: Satire Verlag, 1979, S. 6.

24. Sie versetzten Berge. Ohne Glauben. (1979)
Nikolaus Cybinski, *Werden wir je so klug sein, den Schaden zu beheben, durch den wir es wurden? Aphorismen.* Lörrach: Lutz, 1979, S. 47.

25. „Der Glaube versetzt Berge ..." Und der ganze Horizont ist zugestellt mit einem Gebirge solcher vom Glauben versetzter Berge. (1980)
Rudolf Rolfs, *Fragen Sie August Pi! Ein Circus d'esprit mit 1444 Widersprüchen.* Frankfurt am Main: Die Schmiere, 1980, S. 45. Auch in R. Rolfs, *Rost im Chrom. Stichworte, Stories, Stellungnahmen*, hrsg. von Volker Michels. Frankfurt am Main: Suhrkamp, 1989, S. 45.

26. Der Glaube versetzt Berge und der Wohlstand Knöpfe. (1980)
Werner Mitsch, *Pferde, die arbeiten, nennt man Esel. Sprüche.* Stuttgart: Letsch, 1980, S. 73. Auch in W. Mitsch, *Hin- und Widersprüche.* Rosenheim: Förg, 1986, S. 26.

27. Noch jeder totalitäre Glaube hat schließlich Berge versetzt: Leichenberge. (1980)
Felix Renner, *Aphoristische Schwalben.* Oberwil b. Zug: Kugler, 1980, S. 35.

28. Der Glaube an den Frühling versetzt Schneegebirge. (1981)
Gerhard Uhlenbruck, *Keiner läßt seine Masche fallen. Aphorismen.* Aachen: Stippak, 1981, S. 49.

29. Der Glaube (an Sonderprämien) kann Berge versetzen. (1981)
Witzbild in *Dumme Sprüche für Gescheite. Wandsprüch'-Kalender.* München: Heye, 1981.

30. Der Glaube kann Berge versetzen – sogar die, die an ihrer Stelle bleiben sollten. (1981)
Aleksander Kumor; in Klaus Sochatzy und A. Kumor, *Ost-West-Monologe. Aphorismen.* Frankfurt am Main: Rita G. Fischer, 1981, S. 91.

31. Der Glaube soll Berge versetzen. (1981)
Wolfgang Hoffmann, „Der Glaube soll Berge versetzen: Das deutsch-brasilianische Atomprojekt verzögert sich". *Die Zeit*, Nr. 16/17. April 1981, S. 14.

32. Gipfeltreffen: Der Berg, der den Glauben versetzt. (1981)
Gerhard Uhlenbruck, *Keiner läßt seine Masche fallen. Aphorismen.* Aachen: Stippak, 1981, S. 48.

33. Der Glaube an die Wissenschaft versetzt Berge ...
... von Menschen unter die Erde. (1982)
Albert A. Schmude (Hrsg.), *Freiheit für Grönland / weg mit dem Packeis! 200 Sprüche von den Wänden der Frankfurter Universität.* Frankfurt am Main: Rita G. Fischer, 1982, S. 55.

34. Der Glaube versetzt Berge. Wer's glaubt, wird selig. (1982)
Anonym, „Sprichwörtliche Einsichten". *Nebelspalter,* Nr. 18/4. Mai 1982, S. 43.

35. Theorie: Der Glaube ersetzt Werke. (1982)
Werner Mitsch, *Bienen, die nur wohnen, heißen Drohnen. Sprüche.* Stuttgart: Letsch, 1982, S. 108.

36. Zu den mühen der ebenen gesellen sich neue berge, die blinder glaube versetzt hat. (1982)
Wolfgang Mocker, „Euphorismen". *Neue deutsche Literatur,* 30, Nr. 4/1982, S. 171.

37. Der Glaube versetzt Berge: die goldenen Berge, die er verspricht, versetzt er ins Irreale. (1983)
Ulrich Erckenbrecht, *Ein Körnchen Lüge. Aphorismen und Geschichten.* Göttingen: Muriverlag, 1983, S. 47.

38. Der Glaube versetzt Berge. Vorsichtshalber wird aber auch weiterhin mit Dynamit abgetragen. (1983)
Werner Mitsch, *Das Schwarze unterm Fingernagel. Sprüche.* Stuttgart: Letsch, 1983, S. 26.

39. glaube
versetzt berge
deshalb
sollen planierraupen
durch gläubige ersetzt werden. (1983)
Manfred Hausin, *Hausinaden, der Epigramme zweiter Band.* Göttingen: Davids Drukke, 1983, S. 66. Auch in M. Hausin, *Betteln und Hausin verboten! Alle Sprüche, Aphorismen, Epigramme.* Reinbek: Rowohlt, 1987, S. 97.

40. Der Glaube versetzt Berge. Aber Hände weg vom Watzmann. (1984)
Werner Mitsch, *„Grund- & Boden-Sätze". Sprüche.* Stuttgart: Letsch, 1984, S. 68.

41. Der Glaube versetzt Berge. Der Zweifel sitzt tiefer. (1984)
Werner Mitsch, *„Grund- & Boden-Sätze". Sprüche.* Stuttgart: Letsch, 1984, S. 48.

42. Der Glaube versetzt Berge – von kritischen Einwänden. (1984)
Gerhard Uhlenbruck, *„Mensch ärgere mich nicht". Wieder Sprüche und Widersprüche.* Köln: Deutscher Ärzte-Verlag, 1984, S. 18.

43. Glaube versetzt Berge – was sollte auch sonst Berge versetzen?! (1984)
Albert Keller, *Wer zuletzt denkt, lacht am besten! Witziges gegen unchristliche Humorlosigkeit.* Regensburg: Pustet, 1984, S. 138.

44. Glaube versetzt Berge. Wissen rückt sie wieder an ihren Platz. (1985)
Wolfgang Mocker, „Sentenzliteratur". *Neue deutsche Literatur,* 33, Nr. 7/1985, S. 167. Auch in W. Mocker, *Gedankengänge nach Canossa. Euphorismen und andere Anderthalbwahrheiten.* Berlin: Eulenspiegel, 1987, S. 34.

45. Auch blinder Glaube versetzt Berge. Aber er sieht nicht, wohin. (1986)
Wolfgang Mocker, „Aphorismen". *Neue deutsche Literatur,* 34, Nr. 7/1986, S. 169.

46. Am Arm Gottes Adam Smith's unsichtbare Hand? Um das fürwahrzuhalten, muß der Glaube erst Berge versetzen. (1987)
Nikolaus Cybinski, *Die Unfreiheit hassen wir nun. Wann fangen wir an, die Freiheit zu lieben? Aphorismen.* Freiburg: Isele, 1987, S. 58.

47. Der Glaube an einen Propheten kann einen Berg versetzen. (1987)
Gerhard Uhlenbruck, *Kaffeesätze. Gedankensprünge in den Sand des Getriebes.* Erkrath: Spiridon, 1987, S. 101.

48. Der Glaube versetzt bekanntlich Berge. Die Wissenschaft ist für die Abgründe zuständig. (1987)
Günter Radtke, *Gedanken zum Selbermachen. Aphorismen und Geschichten.* Gerlingen: Bleicher, 1987, S. 89.

49. Glaube versetzt leider nur Berge – keine Engpässe. (1987)
Wolfgang Mocker, *Gedankengänge nach Canossa. Euphorismen und andere Anderthalbwahrheiten.* Berlin: Eulenspiegel, 1987, S. 72.

50. Nur blinder Glaube versetzt wirklich Berge. Aber er sieht nicht – wohin. (1987)
Wolfgang Mocker, *Gedankengänge nach Canossa. Euphorismen und andere Anderthalbwahrheiten.* Berlin: Eulenspiegel, 1987, S. 86.

51. Sein Glaube war so stark, dass es ihm gelang, Bergen von Vorurteilen das Bleiben beizubringen. (1987)
Felix Renner, *Vorwiegend Unversöhnliches an kurzer Leine. Aphorismen.* Basel: Cornfeld, 1987, S. 22.

52. Der Glaube versetzt Berge. Leider keine Talsohlen. (1988)
Hans-Dieter Schütt, *Diesseits der eigenen Haustür. Aphorismen.* Berlin: Eulenspiegel, 1988, S. 88.

53. Der Glaube, der Berge versetzt, stolpert über den Maulwurfshügel. (1988)
Hans-Dieter Schütt, *Diesseits der eigenen Haustür. Aphorismen.* Berlin: Eulenspiegel, 1988, S. 48.

54. Der Glaube versetzt Berge. Das Wissen macht sie bezwingbar. (Ca. 1989)
Thomas Spanier; zitiert aus Gabriele Berthel (Hrsg.), *Kurz und bündig. Aphorismen.* Rudolstadt: Greifenverlag, 1989, S. 33.

55. Der Glaube versetzt nur Berge, wenn man auch zur Schippe greift. (1989)
Manfred Strahl, *Ausleg-Ware. Aphorismen.* Berlin: Eulenspiegel, 1989, S. 62.

56. Der Glaube kann durchaus Berge versetzen, bloß nicht immer an die gewünschte Stelle. (1992)
Manfred Strahl, *Hiebe auf den ersten Blick. Aphorismen.* Berlin: Edition q, 1992, S. 54.

57. Berge an Müll können den Glauben versetzen – den Glauben an die Ökologie. (1994)
Gerhard Uhlenbruck, *Medizinische Aphorismen.* Neckarsulm: Natura Med Verlagsgesellschaft, 1994, S. 85.

58. Wenn der Glaube Berge versetzt, dann sehen wir die aufgehende Sonne der Hoffnung. (1994)
Gerhard Uhlenbruck, *Das darf doch wahr sein! Aphoristische Gedanken.* Hilden: Ahland, 1994, S. 33.

GLAUBE (b)

„Glaube, Hoffnung, Liebe"
oder
„Glaube, Liebe, Hoffnung"

Bibel (1. Korinther 13,13; 1. Thessalonicher 1,3 und 5,8).

1. Kommunismus ist die Hoffnung, Glauben und Liebe aus der Welt schaffen zu können. Christentum ist der Glaube, Hoffnung und Liebe in der Welt schaffen zu können. (1984)
Jeannine Luczak, *Schweigegeld als Landeswährung. Aphorismen.* Olten: Walter, 1984, S. 24.

2. *Wünschenswertes Curriculum*
Im Mittelpunkt
des Religionsunterrichts
stünde
die Lehre
von
Glaube

Liebe
Hoffnung. (1987)

Susanna Martinez, *Mich Menschen kundig machen. Sprachspäne.* Mannheim: Feuerbaum, 1991, S. 82.

3. Glaube, Liebe, Aircondition. (1994)

Aysel Özakin, *Glaube, Liebe, Aircondition. Eine türkische Kindheit.* München: Goldmann, 1994.

GOLD

**„Nach Golde drängt,
Am Golde hängt
Doch alles."**

Johann Wolfgang von Goethe, *Faust* (1808/32), Abend, Z. 2802-2804.

1. Zum Golde drängt doch alles. (1976)

Jens Friedemann, „Zum Golde drängt doch alles: Kann das ‚barbarische' Metall aus dem Währungssystem verdrängt werden?" *Die Zeit*, Nr. 21/22, 28. Mai 1976, S. 10.

2. Am Gelde hängt doch alles, oft auch das Glück: erdrosselt. (1977)

Gerhard Uhlenbruck, *Ins eigene Netz. Aphorismen.* Aachen: Stippak, 1977, S. 88.

3. *Variation*
MAN?
Am Golde hängt,
zum Golde drängt,
mit dem Golde fängt –
man alle Armen, und,
und hängt sie an Galgen, und,
und drängt sie in Zuchthäuser, und,
und hängt sie, die,
die nicht am Golde hängen, die,
die nicht zum Golde drängen – die,
die hängt, drängt, die fängt – MAN.
Wer ist denn Man? Warum denn Man?
Begreift endlich, endlich begreift:
diese oberen 10 Tausend dort oben,
die gibt es allein deshalb,
weil Ihr unteren 60 Millionen
es zuläßt, daß es sie gibt. Und
es gibt sie nur so lange,
solange Ihr zuläßt, daß es sie gibt –
nicht eine Stunde länger! (1977)

Werner Sprenger, *Brauchen Hungernde denn Gedichte? Für Wohlstandsbürger ungeeignet.* Konstanz: Nie/nie/sagen-Verlag, 1977, S. 35.

4. „Am Kabel hängt, zum Kabel drängt ..." (1979)
   Heinz Blüthmann, „Am Kabel hängt, zum Kabel drängt ...: Gscheidles Plan bringt die Fernsehlandschaft in Bewegung". *Die Zeit,* Nr. 36/7. September 1979, S. 10. Auch Horst Bieber, „Am Kabel hängt, zum Kabel drängt ...: ‚Neue Medien': Stichwörter zu einer alten Technik in kommerzieller Verpackung". *Die Zeit,* Nr. 24/17. Juni 1983, S. 16.

5. Nach Zitaten drängt, am Zitate hängt doch alles! (1982)
   Wolfgang Mieder, „‚Nach Zitaten drängt, am Zitate hängt doch alles!' Zur modernen Verwendung von Goethe-Zitaten". *Muttersprache,* 92/1982, S. 76. Auch in W. Mieder, *Deutsche Sprichwörter in Literatur, Politik, Presse und Werbung.* Hamburg: Buske, 1983, S. 158.

6. Mit dem Geld ist es wie früher mit dem Sex: man redet nach Möglichkeit nicht darüber. Geld stinkt nicht, aber dafür stinken die Geldmenschen, und zwar nach parfümierten Fürzen. Zum Gelde drängt, am Gelde hängt, auf Geld reimt sich doch alles in dieser Welt. Man redet nicht darüber, aber man *handelt* danach. (1991)
   Ulrich Erckenbrecht, *Maximen und Moritzimen: Bemerkungen über dies und jenes.* Göttingen: Muriverlag, 1991, S. 123.

GOTT (a)

„Der Gott, der Eisen wachsen ließ,
Der wollte keine Knechte."

Ernst Moritz Arndt, „Vaterlandslied" (1812).

1. Orden sind Ansteckblumen aus dem Garten Gottes, der Eisen wachsen ließ. (1978)
   Wolfram Weidner und Karl Schwarzer, *Vormerk und spitze Worte.* Wien: Schwarzer, 1978, ohne Seitenangabe.

2. Der Gott, der Eisen wachsen ließ, was wußte er von Bethlehem? (1981)
   Erwin Chargaff, *Bemerkungen.* Stuttgart: Klett-Cotta, 1981, S. 22.

3. *Designum*
   Der Gott, der Eisen wachsen ließ,
   zuallererst schuf er den Mann.
   Und der, noch eben Lehm, fing an
   zu denken. Resultat: der Spieß. (1986)
   Wolfgang Funke, *Funkenflug. Epigramme.* Berlin: Eulenspiegel, 1986, S. 54.

GOTT (b)

„Gott ist tot."

Friedrich Nietzsche, *Die fröhliche Wissenschaft* (1882).

1. Gott ist tot – und du lebst auch nicht mehr lange! (1982)
   Willi Hau (Hrsg.), *Ich geh kaputt – gehst du mit? Sponti-Sprüche.* Frankfurt am Main: Eichborn, 1982, ohne Seitenangabe.

2. *Wort zum Sonntag*
   Gott ist nicht tot, sondern bloß beim „Wort zum Sonntag" eingeschlafen. (Ca. 1988)
   Adolf Schalk; zitiert aus Ernst Günter Tange (Hrsg.), *Funk-Sprüche. Geistesblitze zum Thema Fernsehen.* Frankfurt am Main: Eichborn, 1988, S. 116.

GOTT (c)

„Ich bin der Herr, dein Gott [. . .]
Du sollst keine anderen Götter neben mir haben."

Bibel (2. Mose 20,2-3).

1. Aus der nationalsozialistischen Bilderbibel: „Ich bin der Adolf, euer Hüter, ihr sollt keinen Strasser haben neben mir!" (1930)
   Karikatur in *Simplicissimus*, 35, Nr. 18/28. Juli 1930, S. 207.

2. Ich bin dein Ismus. Du sollst nicht andre Ismen haben neben mir! (1977)
   Wolfgang Eschker, *Gift und Gegengift. Aphorismen.* Stuttgart: Deutsche Verlags-Anstalt, 1977, S. 21. Auch in W. Eschker, *Mitgift mit Gift. Aphorismen.* München: Eugen Diederichs, 1995, S. 158.

3. So spricht die Karriere: „Du sollst keine anderen Götter neben mir haben ..." (1979)
   Gabriel Laub, *Das Recht, recht zu haben. Aphorismen.* München: Hanser, 1979, S. 25.

GOTT (d)

„Was nun Gott zusammengefügt hat, das soll der Mensch nicht scheiden."

Bibel (Matthäus 19,6).

1. Der Satz: „Was Gott gefügt hat, soll der Mensch nicht trennen", bezog sich ursprünglich nicht auf die Ehe, sondern auf die Staatsgrenzen. (1973)
   Werner Schneyder, *Empfehlung der einfachen Schläge. Aphorismen, Epigramme, Gedichte.* Wien: Europaverlag, 1973, S. 67.

2. Was der Ehetrott zusammengefügt hat, soll der Spott nicht scheiden. (1977)
Heinrich Schröter, *Ha, welche Lust, Zitat zu sein! Spruchbuch zum Fortschreiben*. München: Gauke, 1977, S. 62.

3. „Was Gott zusammengefügt hat, soll der Mensch nicht scheiden". Auch nicht in Gottes Namen? (1977)
Hans-Horst Skupy, *Aphorismen. Abgeleitete Geistesblitze.* München: Ring, 1977, S. 13.

GOTT (e)

„Wem Gott will rechte Gunst erweisen,
Den schickt er in die weite Welt."

Joseph von Eichendorff, „Der frohe Wandersmann" (1817).

1. *Reisesegen*
Wem Gott will rechte Gunst erweisen,
Den schickt er in die Wurstfabrik,
Den läßt er von der Knackwurst beißen
Und gibt ihm noch ein Dutzend mit. (1911)
Anonyme Parodie zitiert aus Ernst Heimeran (Hrsg.), *Hinaus in die Ferne mit Butterbrot und Speck. Die schönsten Parodien auf Goethe bis George*. Tübingen: Laupp, 1943, S. 229. Auch in Lutz Röhrich, *Gebärde, Metapher, Parodie. Studien zur Sprache und Volksdichtung*. Düsseldorf: Schwann, 1967, S. 168; Peter Rühmkorf, *Über das Volksvermögen. Exkurse in den literarischen Untergrund*. Reinbek: Rowohlt, 1969, S. 109; und Klaus Peter Dencker (Hrsg.), *Deutsche Unsinnspoesie*. Stuttgart: Reclam, 1978, S. 195.

2. Wem Gott will rechte Gunst erweisen,
den schickt er aus dem Rheinland weg.
Den läßt er ohne Möbel reisen
mit 30 Kilo Handgepäck. (1923)
Ernst Klusen, „Das aktuelle Lied". *Zeitschrift für Volkskunde*, 53/1956-1957, S. 189.

3. Wem Gott will rechte Gunst erweisen,
Den schickt das Feuilleton auf Reisen. (1924)
Karikatur in *Simplicissimus*, 29, Nr. 32/3. November 1924, S. 425.

4. *Zeitgemäßes Reiselied*
Wem Gott will rechte Gunst erweisen,
Den läßt er friedlich still daheim,
Der läßt vergnügt die andern reisen,
Er selber geht nicht auf den Leim! (1943)
Walther Deneke; zitiert aus Ernst Heimeran (Hrsg.), *Hinaus in die Ferne mit Butterbrot und Speck. Die schönsten Parodien auf Goethe bis George*. Tübingen: Laupp, 1943, S. 61.

5. *Das Lied der Bundesgartenschau*
Wem Gott will rechte Gunst erweisen,
den schickt er in die Gartenschau.
[...] (1977)
Christof und M. Schuhbert; zitiert aus *Heimatbuch der Schwaben*, 6 (1977), ohne Seitenangabe.

6. *Neues Volkslied*
Wem Gott will schlechde Gunst erweise
den schickt er frieh in die Fabrik
fer Kunstschdoff un Chemieprodukde
da winkt des Gastawweiders Glick.
[...] (1978)
Kurt Sigel, *Gegenreden – Quergebabbel. Hessische Mundartsprüche, Gedichte und Redensarten*. Düsseldorf: Claassen, 1978, S. 115.

GOTT (f)

„Wer nur den lieben Gott läßt walten
und hoffet auf ihn alle Zeit,
den wird er wunderbar erhalten
in aller Not und Traurigkeit."

Georg Neumark, „Wer nur den lieben Gott läßt walten" (1641), bekanntes Kirchenlied.

1. Wer nur den lieben Gott läßt walten
und hat nichts
und hoffet auf ihn alle Zeit
und kriegt nichts,
den muß er wunderbar erhalten –
sonst geht's nicht. (1875)
Anonyme Parodie in Heinz Seydel (Hrsg.), *Alles Unsinn. Deutsche Ulk- und Scherzdichtung von ehedem und momentan*. Berlin: Eulenspiegel, 1969, S. 299.

2. *Beschlagnahmefreies Gedicht*

[...]
Wer seine Obrigkeit läßt walten,
der bleibet immer wohlbehalten.
Hipp, hipp.
Wenn ich nur meinen Adolf hab,
bis an mein schwarz-weiß-rotes Grab.
[...] (1932)
Kurt Tucholsky, *Gesammelte Werke*, hrsg. von Mary Gerold-Tucholsky und Fritz J. Raddatz. Reinbek: Rowohlt, 1960, Bd. 3, S. 1039.

3. Wer nur den lieben Gott läßt walten,
kriegt eines Tages Sorgenfalten. (1985)

Anonymer Spruch in *Sprachschätze. Vorsorgen, Versichern und Geldanlegen in Reimen und Redewendungen*, hrsg. von Aachener und Münchener Versicherungsgruppe. München: Aachener und Münchener Versicherungsgruppe, 1985, S. 83.

4. Wer nur den lieben Gott verwaltet. (1994)

Martin Merz und Sabine Rückert, „Wer nur den lieben Gott verwaltet: Die Kirchen brauchen eine Reformation". *Die Zeit*, Nr. 7/18. Februar 1994, S. 7.

GOTT (g)

„Götter, Gräber und Gelehrte"

C. W. Ceram, *Götter, Gräber und Gelehrte* (1949).

1. *feldarbeit*
götter gräber und gelehrte
göttergräber
gelehrte götter

götter und geleerte gräber. (1967)

Lothar Lutze, *Feldarbeit.* Berlin: Wolfgang Fietkau, 1967, S. 32.

2. Gauner, Gelder und Gerüchte. (1971)

Jürgen Werner, „Gauner, Gelder und Gerüchte: Verfallserscheinungen in der Fußball-Bundesliga". *Die Zeit*, Nr. 25/22. Juni 1971, S. 21.

3. Götter, Gräber und Computer. (1974)

Philipp Vandenberg, „Götter, Gräber und Computer: Wissenschaftler entschlüsseln mit den modernsten Geräten die letzten Geheimnisse unserer Vergangenheit". *Playboy*, Juli 1974, S. 49.

4. Gene, Gelder und Gefahren. (1980)

Günter Haaf, „Gene, Gelder und Gefahren: Die USA haben die Sicherheitsauflagen für die Gentechnik gelockert". *Die Zeit*, Nr. 8/22. Februar 1980, S. 21.

5. Götter, Gräber und Gewinne. (1982)

Helmut Becker, „Götter, Gräber und Gewinne: Mit Religion und Firmengräbern motivieren Firmen [in Japan] ihre Mitarbeiter". *Die Zeit*, Nr. 31/6. August 1982, S. 12.

6. Gönner, Gaukler, Geschäftemacher. (1985)

Joachim Nawrocki, „Gönner, Gaukler, Geschäftemacher: In Berlin wird die Garski-Affäre aufgerollt". *Die Zeit*, Nr. 21/24. Mai 1985, S. 4.

7. Mit Grips, Geld und Gremien. (1985)
Claus Grossner et al., „Mit Grips, Geld und Gremien: Was können die Technik und die dritte industrielle Revolution zur Einigung Europas beitragen?" *Die Zeit*, Nr. 2/11. Januar 1985, S. 11.

GÖTTERDÄMMERUNG

„Götterdämmerung"

Richard Wagner, *Der Ring des Nibelungen* (1863), Titel des letzten Teils des Bühnenfestspiels.

1. Diktatorendämmerung. (1926)
Karikatur in *Simplicissimus*, 31, Nr. 25/20. September 1926, S. 321.

2. Genscherdämmerung. (1984)
Bild in *Der Spiegel*, Nr. 26/25. Juni 1984, Umschlagseite.

GÖTTERDÄMMERUNG 2

3. Reagan-Dämmerung. (1986)
Dieter Buhl, „Reagan-Dämmerung: Das iranische Abenteuer schadet Amerika". *Die Zeit*, Nr. 48/28. November 1986, S. 1.

GRETCHENFRAGE

„Gretchenfrage"

Dieser Begriff selbst erscheint nicht in Johann Wolfgang von Goethes *Faust* (1808/1832), doch bezieht er sich auf Gretchens Frage an Faust: „Nun sag, wie hast du's mit der Religion?" (Marthens Garten, Z. 3415). Man bezeichnet mit diesem Begriff eine oft peinliche, aber für eine Entscheidung durchaus wichtige Frage.

1. *Fortschritt*
Vor bald zweihundert Jahren fragte Gretchen: „Wie hast du's mit der Religion?" – heute, als Dr. phil. Gretchen: „Wie hältst du's mit dem ‚Numinosen', dem ‚religiösen Phänomen', dem ‚transzendenten Soll', dem ‚System der Werte', dem ‚Kerygma', der ‚repressiven Toleranz'?" (1967)
Ludwig Marcuse, *Argumente und Rezepte. Ein Wörterbuch für Zeitgenossen*. Zürich: Diogenes, 1973, S. 40.

2. Die Gretchenfrage: Wer nicht an ein ewiges Leben glaubt, kann auch nicht an eine ewige Liebe glauben. (1987)
Gerhard Uhlenbruck, *Kaffeesätze. Gedankensprünge in den Sand des Getriebes*. Erkrath: Spiridon, 1987, S. 33.

3. Faustregel: beantworte keine Gretchenfrage. (1995)
Ulrich Erckenbrecht, *Katzenköppe. Aphorismen/Epigramme*. Göttingen: Muriverlag, 1995, S. 64.

GRUBE

„Wer andern eine Grube gräbt, fällt selbst hinein."

In der *Bibel* (Sprüche 26,27) heißt es weniger sprichwörtlich „Wer eine Grube macht, der wird hineinfallen".

1. *Grabschrift eines Totengräbers*
Der Mann hat achtzig Jahr gelebt,
Und scharrte manchen ein;
Wer andern Gruben gräbt,
Fällt endlich selbst hinein. (Ca. 1800)
Peter Wilhelm Hensler; zitiert aus Otto A. Böhmer (Hrsg.), *Leben ist immer – lebensgefährlich. Heitere Sinngedichte aus fünf Jahrhunderten*. München: Deutscher Taschenbuch Verlag, 1990, S. 115.

2. „Wer Andern eine Grube gräbt" –
Dies Wort mag trefflich sein;
Doch: wer sie aus der Grube hebt,
Auch der fällt meist hinein. (Ca. 1840)

Ernst Freiherr von Feuchtersleben, *Sämmtliche Werke*, hrsg. von Friedrich Hebbel. Wien: Gerold, 1851, Bd. 2, S. 195. Auch in Otto A. Böhmer (Hrsg.), *Leben ist immer – lebensgefährlich. Heitere Sinngedichte aus fünf Jahrhunderten*. München: Deutscher Taschenbuch Verlag, 1990, S. 85.

3. Wenn Jeder, der „Andern eine Grube gräbt, selber hineinfiele", was für ein Gepurzel müßte man dann täglich erblicken! Aber die Sache ist durchaus nicht so; diejenigen, welche die Gruben für ehrliche Leute graben, sehen es sich gemüthlich an, wie ihre Opfer hineinfallen, geben ihnen auch wohl mitunter noch einen Fußtritt zur Beschleunigung des Falles, worauf sie vielleicht das allgemeine Ehrenzeichen oder eine ähnliche Belohnung empfangen. (Ca. 1860)

Karl Friedrich Wilhelm Wander, *Politisches Sprichwörterbrevier*. Leipzig: Wigand, 1872; Nachdruck hrsg. von Wolfgang Mieder. Bern: Lang, 1990, S. 221.

4. *Vom Grubengraben*
Wir haben es ja oft erlebt:
Wer andern eine Grube gräbt.
Fällt selbst hinein. So geht es allen,
Die Gruben graben! Aber ach,
Wie viel sind schon mit großem Krach
Ganz ohne Grube hinein gefallen! (Ca. 1890)

Julius Stettenheim; zitiert aus Klemens Altmann (Hrsg.), *Deutsche Epigramme aus fünf Jahrhunderten*. München: Deutscher Taschenbuch Verlag, 1969, S. 103.

5. Wer andern keine Grube gräbt, fällt selbst hinein. (1909)

Karl Kraus, *Beim Wort genommen*, hrsg. von Heinrich Fischer. Köln: Kösel, 1955, S. 57.

6. Wer andern eine Grube gräbt, kennt zumindest die Maße seines eigenen Loches. (1957)

Erwin Chargaff, *Bemerkungen*. Stuttgart: Klett-Cotta, 1981, S. 69.

7. *Hymne auf Bundesebene*
Wer dem andern gräbt die Grube,
der fällt meistens selbst hinein;
aber sie sich selbst zu graben,
dürfte idiotisch sein.
Zwar man konnte schon in Gruben
manche Kriege überstehn;
aber bei dem nächsten Kriege
dürfte dieses nicht mehr gehn. (Ca. 1960)

Anonymes Gedicht zitiert aus Hans Reinhard Schatter (Hrsg.), *Scharfgeschossen. Die deutschsprachige Parodie von 1900 bis zur Gegenwart.* München: Scherz, 1968, S. 254-255.

8. Andern keine Grube graben! Die meisten Leute sind die Schaufelei nicht wert. (1962)
Hans Kasper, *Abel, gib acht. Aktuelle Aphorismen.* Düsseldorf: Econ, 1962, S. 121.

9. Wer mag alte Wunden aufreißen, wenn das Wundenaufreißen Lust bereitet? Oder dem anderen eine Grube graben, damit er Dir später heraushilft? (1963)
Günter Grass, *Hundejahre.* Neuwied: Luchterhand, 1963, S. 466.

10. *Ausnahme*
Ein Mensch fällt jäh in eine Grube,
Die ihm gegraben so ein Bube.
Wie? denkt der Mensch, das kann nicht sein:
Wer Gruben gräbt, fällt selbst hinein!
Das mag vielleicht als Regel gelten:
Ausnahmen aber sind nicht selten. (1977)
Eugen Roth, *Das Eugen Roth Buch.* München: Hanser, 1966, S. 28.

11. Als Wissenschaftler grabe ich anderen eine Fundgrube. (1977)
Gerhard Uhlenbruck, *Ins eigene Netz. Aphorismen.* Aachen: Stippak, 1977, S. 148.

12. Grube um Grube,
die ich anderen grub:
nie fiel ich hinein. (1977)
Guido Hildebrandt, *Spot und Hohn. Eine Unart Aforismen.* Duisburg: Gilles & Francke, 1977, S. 29.

13. Wer aus seinem Herzen eine Mördergrube macht, muß damit rechnen, daß er selbst hineinfallen kann. (1977)
Gerhard Uhlenbruck, *Ins eigene Netz. Aphorismen.* Aachen: Stippak, 1977, S. 49.

14. Wer dem andern eine Grube gräbt, muß sehen, daß er wieder heraus kommt. (1977)
Gerhard Uhlenbruck, *Ins eigene Netz. Aphorismen.* Aachen: Stippak, 1977, S. 18.

15. Annern e Grub grawe un selwer net reifalle des is die Rechel. (1978)
Kurt Sigel, *Gegenreden – Quergebabbel. Hessische Mundartsprüche, Gedichte und Redensarten.* Düsseldorf: Claassen, 1978, S. 44.

16. Sein Leben lang gräbt der Totengräber anderen eine Grube. Drum fällt er schließlich selbst hinein. (1978)
Hanns-Hermann Kersten, *Euphorismen & rosa Reime.* Stuttgart: Deutsche Verlags-Anstalt, 1978, S. 66. Auch in H.-H. Kersten, Gerhard Uhlenbruck und Hans-Horst

Skupy, *Ein gebildeter Kranker. Trost- und Trutz-Sprüche für und gegen Ängste und Ärzte.* Stuttgart: Fischer, 1981, S. 90.

17. Wer anderen eine Grube gräbt, ist Grubengräber. (1978)
    Udo Bracht (Hrsg.), *Bilder von der Schulbank. Kritzeleien aus deutschen Schulen.* München: Hanser, 1978, S. 106.

18. Wer andern eine Grube gräbt, darf kein Mitleid für seine Schwielen erwarten. (1978)
    Gerd W. Heyse, *Der Hund des Nachbarn bellt immer viel lauter. Aphorismen.* Berlin: Eulenspiegel, 1978, S. 62.

19. Wer andern eine Grube gräbt, kommt leicht ins Grübeln. (1978)
    Werner Mitsch, *Spinnen, die nicht spinnen, spinnen. Sprüche.* Stuttgart: Letsch, 1978, S. 95. Auch in W. Mitsch, *Wer den Wal hat, hat die Qual. 800 Unsinnssprüche.* München: Heyne, 1987, ohne Seitenangabe.

20. Wer andre in die Grube schickt, fällt selbst nicht rein. (1978)
    Oskar Cöster, „Schüsse aus der Wortkanone". *Stern,* Nr. 9/23. Februar 1978, S. 132. Auch in O. Cöster, „Maulschellen für den ‚Volksmund' –Epigramme zur Dialektik des Sprichworts", in Bodo Lecke (Hrsg.), *Projekt Deutschunterricht 12. Kommunikationsanalyse II–Sprachkritik.* Stuttgart: Metzler, 1978, S. 172*.

21. Auch wer andern eine grube gräbt, wird nach tarif bezahlt. (1979)
    Volker Erhardt, *„Auch der Kannibale schätzt den Menschen am höchsten". Aphorismen.* Köln: Satire Verlag, 1979, S. 103.

22. „Wer anderen eine Grube gräbt, fällt selbst hinein", sagte der Mitarbeiter, als der Kollege von der Bildfläche verschwunden war, dem er die Nützlichkeit jener Grube so zwingend verdeutlicht hatte. (1979)
    Klaus Sochatzy, *Adnotationen. Gegenreden gegen Reden und Gerede. Aphorismen.* Frankfurt am Main: Rita G. Fischer, 1979, S. 55.

23. Wer anderen eine Grube gräbt, sieht gern hinein. (1979)
    Karikatur in *Frankfurter Allgemeine Zeitung,* 15. Januar 1979, S. 3.

24. Wer andern eine Grube gräbt, wird nach Leistung bezahlt. (1979)
    Žarko Petan, *Mit leerem Kopf nickt es sich leichter. Satirische Aphorismen.* Graz: Styria, 1979, S. 31.

25. Nicht jeder, der anderen eine Grube gräbt, ist Tiefbauer. (1980)
    Jupp Müller, *Pfennigwahrheiten und Groschensprüche.* Berlin: Eulenspiegel, 1980, S. 62.

Auch in der Politik

Wer anderen eine Grube gräbt, sieht gern hinein

(Altdeutsches Sprichwort neu gefaßt) GRUBE 23

26. Wer aus seinem Herzen keine Mördergrube macht, gräbt sich selbst sein Grab. (1981)

Gerhard Uhlenbruck, *Keiner läßt seine Masche fallen. Aphorismen.* Aachen: Stippak, 1981, S. 27.

27. Ehrlich fällt selbst hinein. (1982)

Fritz Herdi, „Sprüch und Witz". *Nebelspalter,* Nr. 32/10. August 1982, S. 2.

28. Wer andern eine Grube gräbt, ist Bauarbeiter. (1982)

Willi Hau (Hrsg.), *Es wird Zeit, dass wir lieben. Sponti-Sprüche No. 2.* Frankfurt am Main: Eichborn, 1982, ohne Seitenangabe. Auch in Hans Gamber (Hrsg.), *Graffiti. Was an deutschen Wänden steht. Szene-Sprüche.* München: Heyne, 1983, ohne Seitenangabe; Claudia Glismann (Hrsg.), *Edel sei der Mensch, Zwieback und gut. Szene-Sprüche.* München: Heyne, 1984, ohne Seitenangabe; C. Glismann (Hrsg.), *Ich denke, also spinn ich. Schüler-Sprüche.* München: Heyne, 1984, ohne Seitenangabe; und Wolf von Henschelsberg (Hrsg.), *Tipp-Ex für den Direx. Schülerwitze & -Sprüche.* Frankfurt am Main: Eichborn, 1993, ohne Seitenangabe.

29. Wer andern eine Grube gräbt, läßt sich das gut bezahlen. (1982)

Klaus Möckel, *Kopfstand der Farben. Verkehrte Gedichte.* Berlin: Eulenspiegel, 1982, S. 84.

30. Wer andern eine Grube gräbt, wird selber Chef! (1982)

René Hildebrand, *Arbeit macht Spass! Sprüche, Verse und Reime.* Bern: Benteli, 1982, S. 13.

31. Nicht jeder, der eine Grube gräbt, möchte sich ein Haus bauen. (1983)
Anonymer Spruch in *Nebelspalter,* Nr. 11/15. März 1983, S. 25.

32. wer andern eine grube gräbt
fällt selbst hinein
deshalb
mein mitleid mit
den totengräbern. (1983)
Manfred Hausin, *Hausinaden, der Epigramme zweiter Band.* Göttingen: Davids Drukke, 1983, S. 57. Auch in M. Hausin, *Betteln und Hausin verboten! Alle Sprüche, Aphorismen, Epigramme.* Reinbek: Rowohlt, 1987, S. 91.

33. Wer andern eine Grube gräbt, ist noch lange kein Tiefbau-Ingenieur. (1983)
Spruch von Hans und Gerda Lübke in *Morgenpost,* 5. Januar 1983, ohne Seitenangabe.

34. Wer andern eine Grube gräbt, vergesse die Leiter nicht, die ihm nach getaner Arbeit heraushilft. (1983)
Peter Oprei, *Bedenkliches – Unbedenkliches. Aphorismen.* St. Michael: Bläschke, 1983, S. 7.

35. Wer andre in die Grube schubst, fällt selbst nicht 'rein. (1983)
Eduard Moriz (Hrsg.), *Nimm's leicht, nimm mich. Sponti-Sprüche No. 3.* Frankfurt am Main: Eichborn, 1983, ohne Seitenangabe.

36. Wer anderen eine Grube gräbt, läßt sich ausnutzen. (1984)
Ralf Bülow, *Liebe ist heilbar. Sprüche aller Art.* Frankfurt am Main: Michler, 1984, ohne Seitenangabe. Auch in R. Bülow (Hrsg.), *Lieber nett im Bett als cool auf dem Stuhl. Graffiti 4.* München: Heyne, 1986, ohne Seitenangabe.

37. Wer andern eine Grube gräbt –
hat selbstverständlich Anspruch
auf tarifgemäße Bezahlung.
Und sollte er dabei hineinfallen,
auch auf Schadenersatz. (1984)
Siegfried Gloose, *Einfälle–Ausfälle. Aphorismen und verbogene Sprüche.* St. Michael: Bläschke, 1984, S. 61.

38. Wer andern eine Grube gräbt ist selbst ein Schwein. (1984)
Günter Hesse, *Die Wände im Knast ... Und sie reden doch. Graffiti aus deutschen Gefängnissen.* Bremen: Skarabäus, 1984, Bd. 1, S. 114.

39. Wer dem anderen eine Grube gräbt, möchte ihn auch hereinlegen. (1984)
Gerhard Uhlenbruck, *„Mensch ärgere mich nicht". Wieder Sprüche und Widersprüche.* Köln: Deutscher Ärzte-Verlag, 1984, S. 18.

40. Wer anderen eine Grube gräbt, muß dafür nach dem Tarif der IG Bau, Steine, Erden bezahlt werden. (1985)

Richard Mahkorn (Hrsg.), *Büro-Sprüche*. München: Heyne, 1985, ohne Seitenangabe. Auch in Beate Kuckertz (Hrsg.), *Das große Buch der Büro-Sprüche*. München: Heyne, 1992, ohne Seitenangabe.

41. Wer anderen eine Grube gräbt, will ihnen auch das Wasser abgraben. (1985)

Gerhard Uhlenbruck, *Eigenliebe macht blind. Hinrissige Gedankensprünge und Aphorismen*. Aachen: Stippak, 1985, S. 12. Auch in G. Uhlenbruck, *Das darf doch wahr sein! Aphoristische Gedanken*. Hilden: Ahland, 1994, S. 122.

42. Wer andern eine Grube gräbt
fällt selbst hinein?
dann müßte jeder
der vom Schützengraben lebt
schon reingefallen sein. (1985)

Liselotte Rauner, *Kein Grund zur Sorge. Gedichte, Epigramme, Songs*. Oberhausen: Asso, 1985, S. 107.

43. Wer andern eine Grube gräbt, ist hilfsbereit. (1985)

Christian Roman (Hrsg.), *Reden ist Silber, Schweigen ist fünf. Schüler-Sprüche No. 2*. Frankfurt am Main: Eichborn, 1985, ohne Seitenangabe.

44. Wer andern keine Grube gräbt, fällt nicht hinein. (1985)

Anonymer Spruch in *Die Weltwoche*, Nr. 7/14. Februar 1985, S. 5.

45. Wer anderen eine Grube gräbt, fällt selbst nicht rein. (1986)

Christian Roman (Hrsg.). *Big Mäc is watching you! Schüler-Sprüche No. 3*. Frankfurt am Main: Eichborn, 1986, ohne Seitenangabe.

46. Wer andern eine Grube gräbt, bekommt selten Lohn für diese Arbeit. (1986)

Ehrfried Siewers, „Alte Sprüche – etwas aufgefrischt". *Südwest Presse*, 14. Juni 1986, ohne Seitenangabe.

47. Wer andern eine Grube gräbt, ist selbst dran schuld. (1986)

Eduard Moriz (Hrsg.), *Lieber sauweich als eberhard. Sponti-Sprüche No. 6*. Frankfurt am Main: Eichborn, 1986, ohne Seitenangabe.

48. Wer andern keine Grube gräbt, fällt selbst hinein. (1986)

Bernd Thomsen (Hrsg.), *Neue Büro-Sprüche. Lieber die dunkelste Kneipe als den hellsten Arbeitsplatz*. München: Heyne, 1986, ohne Seitenangabe.

49. Die Grube, die wir anderen graben, ist das Grab – unseres Charakters. (1987)

Gerhard Uhlenbruck, *Kaffeesätze. Gedankensprünge in den Sand des Getriebes*. Erkrath: Spiridon, 1987, S. 109.

50. Wer anderen eine Grube gräbt, kann sich begraben lassen. (1987)
Gerhard Uhlenbruck, *Kaffeesätze. Gedankensprünge in den Sand des Getriebes.* Erkrath: Spiridon, 1987, S. 74.

51. Wer andern eine Grube gräbt, gräbt nie allein! (1987)
Hans Gamber (Hrsg.), *Freche Sprüche für jeden Tag.* Rastatt: Moewig, 1987, S. 63.

52. Wer anderen eine Grube gräbt, ist Bauarbeiter oder Totengräber. (1987)
Andreas Bender, *Kleine Socken jucken auch. Sprichwörter, Redensarten und Zitate – verdreht.* Frankfurt am Main: Eichborn, 1987, ohne Seitenangabe.

53. Wer andern eine Grube gräbt, der geht auch über Leichen. (1988)
Werner Mitsch, *Neue Hin- und Widersprüche.* Rosenheim: Förg, 1988, S. 65.

54. Wer andern eine Grube gräbt, hat viel zu tun. (1988)
Spruch von Karlheinz Criwisz in *Bild-Zeitung,* 19. September 1988, S. 2.

55. Wer andern eine Grube gräbt, fällt selbst hinauf. (Ca. 1989)
Gudrun Piotrowski; zitiert aus Gabriele Berthel (Hrsg.), *Kurz und mündig. Aphorismen.* Rudolstadt: Greifenverlag, 1989, S. 182.

56. Wer anderen eine Fundgrube gräbt, fällt auf sich selbst herein – auf die eigene Dummheit. (1990)
Gerhard Uhlenbruck, *Darum geht's nicht ...? Aphorismen.* Hilden: Ahland, 1990, S. 54.

57. Wer anderen eine Grube gräbt, möchte nicht, daß sie Oberwasser bekommen. (1990)
Gerhard Uhlenbruck, „Einschlägige Geistesblitze". *Ärzte Almanach 1990.* Marquardtstein: Dreit, 1990, S. 226.

58. Wer *40 Jahre* Gruben gräbt, fällt selbst hinein. (1990)
Ewald Lang (Hrsg.), *Wendehals und Stasi-Laus. Demo-Sprüche aus der DDR.* München: Heyne, 1990, S. 74.

59. Wer andern eine Grube gräbt, fällt selten rein. (1993)
Johannes Gross, *Für- und Gegenwitz.* Stuttgart: Engelhorn, 1993, S. 11.

60. Moral heute: Wer anderen keine Grube gräbt, kann sich begraben lassen. (1994)
Gerhard Uhlenbruck, *Medizinische Aphorismen.* Neckarsulm: Natura Med Verlagsgesellschaft, 1994, S. 79.

61. Wer anderen seine Grübchen zeigt, fällt manchmal selbst herein. (1994)
Gerhard Uhlenbruck, *Medizinische Aphorismen.* Neckarsulm: Natura Med Verlagsgesellschaft, 1994, S. 30.

62. Wer anderen ein Grübchen gräbt, grabscht selbst hinein. (1995)
Ulrich Erckenbrecht, *Katzenköppe. Aphorismen/Epigramme*. Göttingen: Muriverlag, 1995, S. 16.

GRUND

„In einem kühlen Grunde,
da geht ein Mühlenrad,
Mein' Liebste ist verschwunden,
Die dort gewohnet hat."

Erste Strophe des zum Volkslied gewordenen Gedichts „Das zerbrochene Ringlein" (1809) von Joseph von Eichendorff.

1. *Rechenaufgabe*
In einem kühlen Grunde
Da geht ein Mühlenrad,
Wie groß ist dessen Umfang
Wenn man den Radius hat? (Ca. 1900)
Anonyme Schülerparodie; zitiert aus Ernst Heimeran (Hrsg.), *Hinaus in die Ferne mit Butterbrot und Speck. Die schönsten Parodien auf Goethe bis George*. Tübingen: Laupp, 1943, S. 229.

2. *Der Mühlenrat*
In einem kühlen Grunde
Da geht ein Mühlen Rat
Den hat ein Mann erfunden
Der dort gewohnet hat!

Seh' ich den Mühlen-Rat gehen
Mir wird, ich weiß nicht wie
Wie kann man bloß entstehen
Aus falscher Orthographie! (1943)
Walther Deneke; zitiert aus Ernst Heimeran (Hrsg.), *Hinaus in die Ferne mit Butterbrot und Speck. Die schönsten Parodien auf Goethe bis George*. Tübingen: Laupp, 1943, S. 61-62.

3. *Auf eine Weise des*
Joseph Freiherrn von Eichendorff
In meinem Knochenkopfe
da geht ein Kollergang,
der mahlet meine Gedanken
ganz außer Zusammenhang.

Mein Kopf ist voller Romantik,
meine Liebste nicht treu
Ich treib in den Himmelsatlantik
und lasse Stirnenspreu.
[...] (1959)

Peter Rühmkorf, *Gesammelte Gedichte*. Reinbek: Rowohlt, 1976, S. 96.

4. *Der Kampf geht weiter*
[...]
In einem kühlen Grunde
passiert ein Attentat,
das man in einer Stunde
schon immer,
schon wieder,
schon längst vergessen hat. (1989)

Friedhelm Sikora, *Freier Fall. Gedichte*. Frankfurt am Main: Dagyeli, 1989, S. 102.

GRUPPENBILD

„Gruppenbild mit Dame"

Heinrich Böll, *Gruppenbild mit Dame* (1971).

1. Gruppenbild mit Vetter Mensch. (1978)
   Fotomontage in *Die Zeit*, Nr. 8/24. Februar 1978, S. 23.

2. Gruppenbild ohne Genie. (1978)
   Werner Haftmann, „Gruppenbild ohne Genie: Die Kunst des zwanzigsten Jahrhunderts". *Die Zeit*, Nr. 3/20. Januar 1978, S. 11.

3. Gruppenbild mit Herrn. (1979)
   Fotografie in *Quick*, Nr. 7/8. Februar 1979, S. 11.

4. Gruppenbild mit Damen des Frauen-FC „Picasso". (1980)
   Karikatur in *Nebelspalter*, Nr. 39/23. September 1980, S. 29.

5. Eine Dame mit Gruppenbild. (1981)
   Karl-Heinz Wocker, „Eine Dame mit Gruppenbild: Shirley Williams". *Die Zeit*, Nr. 10/6. März 1981, S. 2.

6. Gruppenbild mit Schulden. (1982)
   Rudolf Herlt, „Gruppenbild mit Schulden: Insgesamt steht der Ostblock im Westen mit rund 80 Milliarden Dollar in der Kreide". *Die Zeit*, Nr. 4/29. Januar 1982, S. 11.

Gruppenbild mit Damen des Frauen-FC »Picasso«

GRUPPENBILD 4

7. Werbebild mit Dame. (1982)
   Regine Spring, „Werbebild mit Dame“. *Nebelspalter*, Nr. 6/9. Februar 1982, S. 29.

8. EG-Gipfelkonferenz: Gruppenbild mit Griechenland. (1983)
   Andreas Kohlschütter, „EG-Gipfelkonferenz: Gruppenbild mit Griechenland“. *Die Weltwoche*, Nr. 48/1. Dezember 1983, S. 6.

9. Künftig fehlt einer beim Gruppenbild. (1984)
   Dieter Buhl, „Künftig fehlt einer beim Gruppenbild: Pierre Trudeau nimmt Abschied von der Macht und der Weltbühne“. *Die Zeit*, Nr. 11/16. März 1984, S. 2.

10. Einer fehlt beim Gruppenbild. (1985)
    Wolfgang Mieder, „Einer fehlt beim Gruppenbild: Geflügelter Abschied von Heinrich Böll“. *Der Sprachdienst*, 29/1985, S. 167.

11. Gruppenbild mit lauter Damen. (1985)
    Margrit Gerste, „Gruppenbild mit lauter Damen: Bilanz nach einem Jahr Feminat“. *Die Zeit*, Nr. 15/12. April 1985, S. 3.

12. Gruppenbild mit Riesen. (1995)
    Georg Blume, „Gruppenbild mit Riesen: In Osaka tagt die Konferenz der Pazifik-Anrainer. Asiens autoritäre Regierungen wollen mehr Handel ohne mehr Demokratie.“ *Die Zeit*, Nr. 47/24. November 1995, S. 11.

HEISS

„Manche mögen's heiß."

Deutsche Titelübersetzung des amerikanischen Spielfilms *Some Like It Hot* (1959) mit Marilyn Monroe in der Hauptrolle. Regie Billy Wilder, Drehbuch B. Wilder und I. A. L. Diamond.

1. Some like it smart. (1972)
   Werbung für Virgina Slims Zigaretten in *Schweizer Illustrierte*, Nr. 46/13. September 1972, S. 60.

2. Manche mögen's klassisch. (1974)
   Werbung für JSA-Everyman Unterwäsche in *Schweizer Illustrierte*, Nr. 18/29. April 1974, S. 38.

3. Manche mögen's kühl. (1974)
   Emanuel Greenberg, „Manche mögen's kühl: Ein paar drinks, bei denen jede ja sagt". *Playboy*, Juli 1974, S. 87.

4. Manche mögen's lau. (1978)
   Benjamin Henrichs, „Manche mögen's lau: Niels-Peter Rudolph inszeniert Gerlind Reinshagens ‚Marilyn Monroe' in Berlin". *Die Zeit*, Nr. 16/21. April 1978, S. 12.

5. Manche mögen's weiß, sprach die Badenixe und ließ den Bikini an. (1979)
   Dieter Höss, *Hösslich bis heiter. Satiren, Sprüche, Limericks*. Frankfurt am Main: Fischer, 1979, S. 100.

6. Manche mögen's nackt. (1989)
   Guy Bellamy, *Manche mögen's nackt: Roman*. München: Goldmann, 1989.

7. Manche mögen's sicher. (1995)
   Werbung für VW Polo in *Focus*, Nr. 12/20. März 1995, S. 120-121.

HERZ

**„Ich bin klein,
mein Herz ist rein,
soll niemand drin wohnen,
als Jesus allein."**

Traditionelles Kindergebet (vor 1859).

1. *Beschlagnahmefreies Gedicht*
   Ich bin klein.
   Mein Herz ist rein.
   Soll niemand drin wohnen als nach Belieben auszufüllen allein.

Lieb Vaterland, magst ruhig sein,
fest steht, daß Ponds Creme das beste für die Haut ist.
  Hipp.
Wer seine Obrigkeit läßt walten,
der bleibet immer wohlbehalten.
  Hipp, hipp.
Wenn ich nur meinen Adolf hab,
bis an mein schwarz-weiß-rotes Grab.
  Hurra.
[...] (1932)

Kurt Tucholsky, *Gesammelte Werke*, hrsg. von Mary Gerold-Tucholsky und Fritz J. Raddatz. Reinbek: Rowohlt, 1960, Bd. 3, S. 1039.

2. Ich bin klein,
mein Herz ist müd,
soll niemand drin wohnen
als Monoxyd. (1984)

Eduard Moriz (Hrsg.), *Lieber intim als in petto. Sponti-Sprüche No. 5.* Frankfurt am Main: Eichborn, 1984, ohne Seitenangabe.

3. Ich bin klein,
mein Herz ist rein,
mein Bett ist groß,
was mach ich bloß? (1984)

Ralf Bülow (Hrsg.), *Graffiti 2. Neues an deutschen Wänden.* München: Heyne, 1984, ohne Seitenangabe.

4. Ich bin klein,
mein Herz ist schmutzig.
Das macht das Strontium,
ist das nicht putzig? (1984)

Claudia Glismann (Hrsg.), *Edel sei der Mensch, Zwieback und gut. Szene-Sprüche.* München: Heyne, 1984, ohne Seitenangabe.

5. Ich bin klein,
mein Herz ist rein,
mein Arsch ist schmutzig,
ist das nicht putzig? (1985)

Bernd Thomsen (Hrsg.), *Haste was, pisste was. Klo-Sprüche.* München: Heyne, 1985, ohne Seitenangabe.

6. Ich bin dein,
du bist mein,
soll niemand drin wohnen

als meiner allein. (1986)

Ralf Bülow (Hrsg.), *Lieber nett im Bett als cool auf dem Stuhl. Graffiti 4.* München: Heyne, 1986, ohne Seitenangabe.

HERZ (a)

„Ich hab' mein Herz in Heidelberg verloren in einer lauen Sommernacht."

Zum Volkslied gewordenes Titellied von Günther Schwenn (eigentlich Franzke) aus dem Singspiel *Ich hab' mein Herz in Heidelberg verloren* (1927) von Fred Raymond (eigentlich Friedrich Vesely).

1. Ich hab mein Arsch in Heidelberg verfroren
In einer klaren Winternacht
Ich zog den Mantel über beide Ohren
Nur an den Arsch da hab ich nicht gedacht
Und als wir Abschied nahmen vor dem Tore
Beim letzten Kuß da hab ichs klar erkannt
Ich hab mein Arsch in Heidelberg verfroren
Mein Arsch der hängt am Neckarstrand. (Ca. 1935)

Peter Rühmkorf, *Die Jahre die Ihr kennt. Anfälle und Erinnerungen.* Reinbek: Rowohlt, 1972, S. 157-158.

2. Ich hab' mein Herz vor Heidelberg verloren. (1974)

Werbung für die Deutsche Bundesbahn in *Stern*, Nr. 13/21. März 1974, S. 114.

3. *Hertzreklame*
Ich hab meinen Hertz in Heidelberg verloren
und gehe wieder zu Fuss.
Es ist ein neues Gefühl.
Ich hab mir sogar richtige Schuhe gekauft,
zum Wohnen drin.
Und ich bin sicher:
Eines Tages
werden mir sogar wieder Menschen begegnen. (1982)

Christoph Mangold, *Keine Angst wir werden bewacht. Gedichte von 1982-1968.* Basel: Lenos, 1982, S. 114.

4. Ich trinke Jägermeister, weil ich mein Herz in den Heidelbeeren verloren habe. (1986)

Werbung für Jägermeister-Kräuterlikör in *Bunte*, Nr. 39/18. September 1986, S. 2.

5. Ich hab' mein Herz im Wäschekorb verloren. (1994)

Erma Bombeck, *Ich hab' mein Herz im Wäschekorb verloren.* München: Deutscher Taschenbuch Verlag, 1994.

HERZ (a) 2

HERZ (b)

„Wes das Herz voll ist, des geht der Mund über."

Bibel (Matthäus 12,34).

1. Wes das Herz voll ist, davon – schweige der Mund! (Ca. 1860)
   Karl Gutzkow, *Werke*, hrsg. von Reinhold Gensel. Berlin: Bong, 1912, Teil 12, Bd. 4, S. 96.

2. Wes das Herz leer ist, des gehet der Mund über. (1909)
   Karl Kraus, *Beim Wort genommen*, hrsg. von Heinrich Fischer. Köln: Kösel, 1955, S. 156.

3. Was man nicht ausdrücken kann, davon geht einem der Mund über. (1971)
   Eugen Gürster, *Narrheiten & Wahrheiten. Aphorismen.* München: Pustet, 1971, S. 13.

4. Wes der Kopf leer ist, dem geht der Mund über. (1971)
   Karl Hoche, *Schreibmaschinentypen und andere Parodien.* München: Deutscher Taschenbuch Verlag, 1971, S. 63.

5. Wes die hose voll ist, des geht die zeitung über. (1971)
   Bert Berkensträter, *Zungen-Schläge.* Berlin: Fietkau, 1971, S. 32.

6. Wem das Hirn voll ist, fließt der Mund über. (1980)
Gerhard Uhlenbruck, *Frust-Rationen. Aphorismen.* Aachen: Stippak, 1980, S. 100.

7. Schriftsteller sind ungewöhnliche Menschen. Ihnen geht der Mund über, wenn das Herz leer ist. (1982)
Nikolaus Cybinski, *In diesem Land ist das Leben lustig! Wohin du schaust: Lachende Dritte. Aphorismen.* Lörrach: Lutz, 1982, S. 92.

8. Wem der Mund voll ist, wann läuft dem schon das Herz über? (1982)
Klaus Möckel, *Kopfstand der Farben. Verkehrte Gedichte.* Berlin: Eulenspiegel, 1982, S. 12.

9. wes das herz voll ist
dem gehet der mund über
deshalb
fahre ich gern
zur see. (1983)
Manfred Hausin, *Hausinaden, der Epigramme zweiter Band.* Göttingen: Davids Drukke, 1983, S. 57. Auch in M. Hausin, *Betteln und Hausin verboten! Alle Sprüche, Aphorismen, Epigramme.* Reinbek: Rowohlt, 1987, S. 91.

10. *Reden*
Wovon man am wenigsten versteht, davon läßt sich am meisten reden, und wes das Herz leer ist, des quillt der Mund am liebsten über. (1985)
Fritz Arcus, *Lieber ein Seedieb als ein Teesieb! 260mal Merk-würdiges zum Nachschlagen.* Frankfurt am Main: Rita G. Fischer, 1985, S. 37.

11. *Schweigen lernen*
Wes das *Hirn* voll ist, des läuft der Mund über. Schweigen muß gelernt werden, vielleicht in Form von systematischem Training, in einer Gruppe. Schweigen als Ausdruck nicht von Verachtung des anderen, sondern als Austausch von Gesten, die mit dem Erwerb und Gebrauch der Sprache vielleicht verlernt wurden. Schweigen, um neu sprechen zu lernen: Wes das *Herz* voll ist, des geht der Mund über. (1985)
Fritz Arcus, *Lieber ein Seedieb als ein Teesieb! 260mal Merk-würdiges zum Nachschlagen.* Frankfurt am Main: Rita G. Fischer, 1985, S. 39.

12. Wes die Hose voll ist, des geht die Schüssel über. (1986)
Bernd Thomsen (Hrsg.), *Pissen ist Macht. Neue Klo-Sprüche.* München: Heyne, 1986, ohne Seitenangabe.

13. Wer den Bauch voll hat, dem läuft der Mund über. (1987)
Andreas Bender, *Kleine Socken jucken auch. Sprichwörter, Redensarten und Zitate – verdreht.* Frankfurt am Main: Eichborn, 1987, ohne Seitenangabe.

14. Wenn das Herz voll ist,
überschlägt sich die Zunge. (1992)
Gerda Stange, *Und die Sehnsucht bleibt mir doch. Gedichte.* Frankfurt am Main: Rita G. Fischer, 1992, S. 42.

HIMMEL

„Vom Himmel hoch, da komm ich her,
ich bring euch gute neue Mär;
der guten Mär bring ich so viel,
davon ich singen und sagen will."

Erste Strophe von Martin Luthers Weihnachtslied „Vom Himmel hoch, da komm ich her'" (1535).

1. *Das Weihnachtsflugblatt*
Vom Himmel hoch, da komm ich her,
Ich bring euch keine Goebbels-Mär,
Ich bring euch keine Feindeslist,
Ich bring die Wahrheit, wie sie ist.

Die Wahrheit ist: Der Tag ist nah,
Da ist kein Hitlerstaat mehr da!
Wie glücklich, wer zu dieser Frist
Noch unversehrt am Leben ist.
[...] (1942)
Erich Weinert, *Gedichte 1941-1953*, hrsg. von Edith Zenker. Berlin: Aufbau-Verlag, S. 309.

2. *vom-himmel-hoch-zyklus*
von himmel hoch da komm ich her
völker hört die signale
ich bring euch gute neue mär
auf zum letzten gefecht
der guten mär bring ich so viel
die internationale
davon ich singen und sagen will
erkämpft das menschenrecht

von himmel hoch
von der maas bis an die memel
von der etsch bis an den belt
brüder
in zechen und gruben
auferstanden aus ruinen

bring ich euch gute neue mär
die internationale
die euch
verdammte dieser erde
erwecken soll

der guten mär bring ich so viel
vom himmel hoch
die internationale
nun mit macht zum durchbruch dringt
des lasst uns alle fröhlich sein. (Ca. 1971)

Heiko P. Ahlers; zitiert aus Frank Brunner, Arnim Juhre und Heinz Kulas (Hrsg.), *Wir Kinder von Marx und Coca-Cola. Gedichte der Nachgeborenen.* Wuppertal: Hamm, 1971, S. 95 (das Original enthält die zweimalige Schreibweise „von" statt „vom").

3. Vom Himmel hoch, da brummt es her. (1978)
   Witzzeichnung in *Quick*, Nr. 17/20. April 1978, S. 9.

4. Vom Himmel hoch, da kommt nichts her. (1988)
   Karl-Heinz Büschemann, „Vom Himmel hoch, da kommt nichts her: Satelliten-Fernsehen". *Die Zeit*, Nr. 53/1. Januar 1988, S. 9.

5. *Lied des Bomberpiloten*
   Vom Himmel hoch da komm ich her
   Ich hab geladen Bomben schwer
   Die werfe ich aufs Land hinab
   Und drehe ruhigen Herzens ab

   Ich lande auf der Landebahn
   Mich geht das Grauen gar nichts an
   Ich tue ja nur meine Pflicht
   Ein andrer tuts tu ich es nicht.
   [...] (1991)

   Manfred Hausin, *Als ich einmal Dichter war. Gedichte, Lieder und Chansons.* Hannover: Fackel, 1991, S. 51.

HOCHMUT

„Hochmut kommt vor dem Fall."

Bibel (Sprüche 16,18).

1. „Hochmut kommt vor'm Falle", doch bei Suschen kam, seit Graf Derival sie zur Freundin nahm, Hochmuth nach dem Fall. (Ca. 1860)

Karl Friedrich Wilhelm Wander, *Politisches Sprichwörterbrevier*. Leipzig: Wigand, 1872; Nachdruck hrsg. von Wolfgang Mieder. Bern: Lang, 1990, S. 164.

2. Eine je stärkere Persönlichkeit die Frau ist, um so leichter trägt sie die Bürde ihrer Erlebnisse. Hochmut kommt nach dem Fall. (1909)

   Karl Kraus, *Beim Wort genommen*, hrsg. von Heinrich Fischer. München: Kösel, 1955, S. 16.

3. Hochsprung kommt vor dem Fall. (1966)

   Anonymer Spruch in Robert Gernhardt, F. W. Bernstein und F. K. Waechter (Hrsg.), *Welt im Spiegel, 1964-1976*. Frankfurt am Main: Zweitausendeins, 1979, S. 67. Auch in Eduard Moriz (Hrsg.), *Nimm's leicht, nimm mich. Sponti-Sprüche No. 3*. Frankfurt am Main: Eichborn, 1983, ohne Seitenangabe; Claudia Glismann (Hrsg.), *Edel sei der Mensch, Zwieback und gut. Szene-Sprüche*. München: Heyne, 1984, ohne Seitenangabe; C. Glismann (Hrsg.), *Ich denke, also spinn ich. Schüler-Sprüche*. München: Heyne, 1984, ohne Seitenangabe; Christian Roman (Hrsg.), *Big Mäc is watching you! Schüler-Sprüche No. 3*. Frankfurt am Main: Eichborn, 1986, ohne Seitenangabe; und Elisabeth Blay (Hrsg.), *Neue Schüler-Sprüche. Steter Tropfen leert das Hirn*. München: Heyne, 1988, ohne Seitenangabe.

4. *Fälle*

   Hochmut kommt vor dem Fall.

   Kommentar: Das stimmt. Niobe stürzte. Aber Mut kommt auch vor dem Fall. Caesar stürzte auch. Und Frau Caesar stürzte auch.

   Kleinmut kommt auch vor dem Fall. (1967)

   Ludwig Marcuse, *Argumente und Rezepte. Ein Wörterbuch für Zeitgenossen*. Zürich: Diogenes, 1973, S. 38.

5. *Hochmut*

   „Hochmut kommt vor dem Fall."

   Nicht so sehr vor dem Fall – wie vor dem Erfolg. (1967)

   Ludwig Marcuse, *Argumente und Rezepte. Ein Wörterbuch für Zeitgenossen*. Zürich: Diogenes, 1973, S. 55.

6. Literatur. Hochmut kommt nach dem Einfall. (1969)

   Arthur Hafink (eigentlich Arthur Hermann Fink), *Hergebrachtes. Aphorismen*. Wuppertal: Schlegel, 1969, S. 85.

7. Hochmut ist oft nur die Weigerung, sich unter sein eigenes Niveau hinabdrücken zu lassen. Dann gilt: Hochmut schützt vor dem Fall. (1970)

   Hans Kudszus, *Jaworte, Neinworte. Aphorismen*. Frankfurt am Main: Suhrkamp, 1970, S. 53.

8. Hochmut kommt vor dem Fall – Einsicht meist erst kurz vor dem Schlaganfall. (1973)

   Gottfried Edel, *Mehr Tierliebe für die Menschen. Aphorismen*. München: Eilers, 1973, S. 79.

9. Der bessere Hochmut kommt oft erst nach dem Fall. (1976)
Joachim Günther, *Findlinge.* Heidelberg: Schneider, 1976, S. 11.

10. Hochmut kommt nach dem Fall – des anderen. (1977)
Gerhard Uhlenbruck, *Ins eigene Netz. Aphorismen.* Aachen: Stippak, 1977, S. 51.

11. *Pius XII*
Hochhuth kam nach dem Fall. (1977)
Ron Kritzfeld (eigentlich Fritz Kornfeld), *Kleines Universal Flexikon.* Essen: Selbstverlag des Verfassers, 1977, Bd. 4, S. 22.

12. Bescheidenheit schützt vor dem Fall. (1979)
Gerhard Uhlenbruck, *Einfach gesimpelt. Aphorismen.* Aachen: Stippak, 1979, S. 48.

13. Hochdruck kommt vor dem (Schlagan-)Fall. (1979)
Gerhard Uhlenbruck, *Einfach gesimpelt. Aphorismen.* Aachen: Stippak, 1979, S. 30. Auch in G. Uhlenbruck, *No Body is perfect! Rezepte von Arztbesuch bis Zeitvertreib.* Pulheim: Rhein-Eifel-Mosel-Verlag, 1989, S. 8; und G. Uhlenbruck, Hans-Horst Skupy und Hanns Hermann Kersten, *Ein gebildeter Kranker. Trost- und Trutz-Sprüche für und gegen Ängste und Ärzte.* Stuttgart: Fischer, 1981, S. 14.

14. Hochhuth kommt vor dem Fall? (1979)
Gerhard Uhlenbruck, *Einfach gesimpelt. Aphorismen.* Aachen: Stippak, 1979, S. 35.

15. Der Fall kommt von dem Hochmut. (1981)
Hans-Horst Skupy; zitiert aus Gerhard Uhlenbruck, H.-H. Skupy und Hanns-Hermann Kersten, *Ein gebildeter Kranker. Trost- und Trutz-Sprüche für und gegen Ängste und Ärzte.* Stuttgart: Fischer, 1981, S. 97.

16. Hochmut kommt vor dem Fall und nach dem Beifall. (1982)
André Brie, *Die Wahrheit lügt in der Mitte. Aphorismen.* Berlin: Eulenspiegel, 1982, S. 65. Auch in A. Brie, *Die Wahrheit lügt in der Mitte / Am Anfang war das letzte Wort. Aphorismen.* Berlin: Eulenspiegel, 1988, S. 65.

17. Kleinmut kommt vor dem Fall. (Ca. 1982)
Gabriele Berthel; zitiert aus Eckart Krumbholz (Hrsg.), *Kein Blatt vorm Mund. Aphorismen und Epigramme.* Berlin: Tribüne, 1982, S. 58.

18. Taktik kommt vor dem Fall. (1982)
Karl-Heinz Janßen, „Taktik kommt vor dem Fall: Die Liberalen in den vier Regierungskrisen 1956-1982“. *Die Zeit,* Nr. 39/1. Oktober 1982, S. 6.

19. Übermut kommt vor dem (tödlichen) Fall. (1982)
Anonym, „Übermut kommt vor dem (tödlichen) Fall: Immer öfter stürzen Privatflugzeuge vom Himmel“. *Bunte,* Nr. 30/22. Juli 1982, S. 98.

20. Das Wort „Hochmut kommt vor dem Fall" findet bei Frauen seine vollwertige Analogie: Erst wollen sie gefallen, bevor sie fallen. (1983)
Peter Oprei, *Bedenkliches – Unbedenkliches. Aphorismen.* St. Michael: Bläschke, 1983, S. 34.

21. hochmut kommt
vor dem fall
deshalb
sind seiltänzer
bescheiden. (1983)
Manfred Hausin, *Hausinaden, der Epigramme zweiter Band.* Göttingen: Davids Drukke, 1983, S. 58. Auch in M. Hausin, *Betteln und Hausin verboten! Alle Sprüche, Aphorismen, Epigramme.* Reinbek: Rowohlt, 1987, S. 92.

22. Trübsinn kommt vor dem Fallbeil. (1984)
Claudia Glismann (Hrsg.), *Edel sei der Mensch, Zwieback und gut. Szene-Sprüche.* München: Heyne, 1984, ohne Seitenangabe.

23. Hochmut kommt vor dem Fall-out. (1984)
Claudia Glismann (Hrsg.), *Edel sei der Mensch, Zwieback und gut. Szene-Sprüche.* München: Heyne, 1984, ohne Seitenangabe.

24. Examen: Kleinmut kommt vor dem Durchfall. (1985)
Gerhard Uhlenbruck, *Eigenliebe macht blind. Hinrissige Gedankensprünge und Aphorismen.* Aachen: Stippak, 1985, S. 2. Auch in G. Uhlenbruck, *Das darf doch wahr sein! Aphoristische Gedanken.* Hilden: Ahland, 1994, S. 129.

25. Hochhuth kommt vor dem Durchfall. (1986)
Bernd Thomsen (Hrsg.), *Pissen ist Macht. Neue Klo-Sprüche.* München: Heyne, 1986, ohne Seitenangabe.

26. Hochmut kommt nach dem Fall des Konkurrenten. (1986)
Bernd Thomsen (Hrsg.), *Neue Büro-Sprüche. Lieber die dunkelste Kneipe als den hellsten Arbeitsplatz.* München: Heyne, 1986, ohne Seitenangabe. Auch in Beate Steinmeyer (Hrsg.), *Die neuesten Bürosprüche.* München: Heyne, 1989, ohne Seitenangabe.

27. Hochzeit kommt vor dem Fall. (1986)
Dorothy Sayers, *Hochzeit kommt vor dem Fall: Kriminalroman.* Reinbek: Rowohlt, 1986.

28. Pershings kommen vor dem Knall. (1986)
Bernd Thomsen (Hrsg.), *Ihr geht mit der Welt um als hättet ihr noch eine zweite im Keller! Polit-Graffiti & Demo-Sprüche.* München: Heyne, 1986, ohne Seitenangabe.

29. Hochdruck kommt vor dem Fall. (1987)
Andreas Bender, *Kleine Socken jucken auch. Sprichwörter, Redensarten und Zitate – verdreht.* Frankfurt am Main: Eichborn, 1987, ohne Seitenangabe.

30. Torheit kommt vor dem Knall. (1987)
Anonymer Spruch in *Die Weltwoche*, Nr. 5/29. Januar 1987, S. 2.

31. *Hochmut*
Der Hochmut kommt, bevor man fällt.
Und kommt er einmal hinterher,
hat man auch ihm ein Bein gestellt. (1990)
Wolfgang Funke, *Der Wendehals und andere Mitmenschen. Satirische Epigramme und Kurzgeschichten*. Berlin: Ullstein, 1990, S. 121.

IMPERATIV

„kategorischer Imperativ“

Immanuel Kant, *Grundlegung zur Metaphysik der Sitten* (1785).

1. Mit der Maxime [dem kategorischen Imperativ], man sollte so handeln, als wäre dies die Norm für alle, hatte Kant unrecht. Es gibt Handlungsweisen, es gibt Gedanken zu Zuständen, die der Minderheit vorbehalten bleiben. (Ca. 1930)
Karol Irzykowski; zitiert aus Karl Dedecius (Hrsg.), *Bedenke, bevor du denkst*. Frankfurt am Main: Suhrkamp, 1984, S. 91.

2. Er lehnte den Kant'schen Imperativ kategorisch ab. (1980)
Werner Mitsch, *Pferde, die arbeiten, nennt man Esel. Sprüche*. Stuttgart: Letsch, 1980, S. 33.

3. Du sollst, solange du kannst! Der kategorische Imperativ des Lebens. (1983)
Sigbert Latzel, *Stichhaltiges. Aphorismen*. St. Michael: Bläschke, 1983, S. 21.

KABALE

„Kabale und Liebe“

Friedrich Schiller, *Kabale und Liebe* (1784).

1. Kabale und Liebe
oder kannibalische Liebe. (1978)
Udo Bracht (Hrsg.), *Bilder von der Schulbank. Kritzeleien aus deutschen Schulen*. München: Hanser, 1978, S. 102.

2. Viel Kabale, wenig Liebe. (1978)
Carl-Christian Kaiser, „Viel Kabale, wenig Liebe: Der Kanzler vor dem Lutze-Ausschuß“. *Die Zeit*, Nr. 10/10. März 1978, S. 3.

DIE ZEIT — Nr. 10 — 10. März 1978 **POLITIK 3**

Im Bonner Spionagefall wird nach einem Sündenbock gesucht

Homberger Nebel

Viel Kabale, wenig Liebe

Der Kanzler vor dem Lutze-Ausschuß

Von Carl-Christian Kaiser

Bühnenreifer Auftritt: Kanzler Schmidt steht Rede und Antwort

Bonn, Anfang März

Der Auftritt war bühnenreif. Mit gekonntem Zorn steuerte der Kanzler von seinem Zeugentisch aus den Platz des CSU-Abgeordneten Friedrich Voss an, schleuderte ihm das Papier über drei Meter hinweg zu und fauchte: „Das ist ein Skandal!"

Der Skandal bestand in einem Manöver des Abgeordneten Voss. Der CSU-Mann hatte dem Verteidigungsausschuß, der der Spionageaffäre Lutze nachgeht, und der Öffentlichkeit weiszumachen versucht, daß zwischen Helmut Schmidt und seinem früheren Mitarbeiter Herbert Laabs enge freundschaftliche Bande bestanden. Schon am Donnerstag letzter Woche hatte er gegenüber dem verdutzten Laabs wie beiläufig einen Brief des damaligen Verteidigungsministers Schmidt an seinen Gehilfen erwähnt, der mit der Grußformel „stets *Dein*" schließe. Das stand dann prompt in der *Welt*.

Am folgenden Tag verlangte der Kanzler vor dem Ausschuß, jenes Schreiben zu sehen. Und siehe da: Der Brief endete mit einem „stets *Ihr*".

Die Einvernahme des Bundeskanzlers endete in einer kleinkarierten Kampagne

Stammheimer Schlußbilanz

Wer waren die Verantwortlichen?

Der Landtagsausschuß ist vom Selbstmord der drei Gefangenen überzeugt

Die „Unterhosen- und Nepotismus-Geschichten" führen nicht weiter

K. H. J.

KABALE 2

KAISER (a)

„des Kaisers neue Kleider“

Hans Christian Andersen, „Des Kaisers neue Kleider“ (1837).

1. Er findet seinen Lebensunterhalt, indem er die vom Kaiser abgelegten neuen Kleider verkauft. (1956)
   Erwin Chargaff, *Bemerkungen.* Stuttgart: Klett-Cotta, 1981, S. 58.

2. „Lesen Sie den Text auch zwischen den Zeilen!“ – Ich las – das Märchen von des Kaisers neuen Kleidern. (1977)
   Wolfgang Eschker, *Gift und Gegengift. Aphorismen.* Stuttgart: Deutsche Verlags-Anstalt, 1977, S. 8. Auch in W. Eschker, *Mitgift mit Gift. Aphorismen.* München: Eugen Diederichs, 1995, S. 27.

3. Des Kaisers neue Kleider werden immer altmodischer. (1979)
   Werner Schneyder, *Vom Nachlassen der Schlagkraft. Aphorismen, Epigramme, Betrachtungen.* Wien: Europaverlag, 1979, S. 69. Auch in W. Schneyder, *Gelächter vor dem Aus. Die besten Aphorismen und Epigramme.* München: Kindler, 1980, S. 131; und W. Schneyder, *Herz im Hirn. Lyrik, Aphorismen und Prosa.* Berlin: Henschel, 1988, S. 59.

4. heute heißt das märchen:
   könig kundes neue kleider. (1979)
   Volker Erhardt, *„Auch der Kannibale schätzt den Menschen am höchsten“. Aphorismen.* Köln: Satire Verlag, 1979, S. 93.

5. Des Königs alte Kleider. (1981)
   Hans O. Staub, „Des Königs alte Kleider: Peres: Israels unregierbares Parlament“. *Die Weltwoche,* Nr. 29/8. Juli 1981, S. 1.

6. Apels neue Kleider. (1982)
   Hans Schueler, „Apels neue Kleider: Der Minister hat vorbeigeplant“. *Die Zeit,* Nr. 29/23. Juli 1982, S. 5.

7. Des Kaisers alte neue Kleider. (1983)
   Gisela Lindemann, „Des Kaisers alte neue Kleider: Träume vom wahren Leben – aus der DDR“. *Die Zeit,* Nr. 30/29. Juli 1983, S. 18.

8. Des Kaisers neue Kleider oder Kult der Langeweile. (1983)
   Klara Obermüller, „Des Kaisers neue Kleider oder Kult der Langeweile: Neue Bücher von Peter Handke, Franz Böni und Renato R. Arlati“. *Die Weltwoche,* Nr. 42/20. Oktober 1983, S. 45.

9. Des Kaisers alte Kleider. (1984)
   Justin Westhoff, „Des Kaisers alte Kleider: Das Bundesgesundheitsamt betreibt zuviel Interessenabwägung“. *Die Zeit,* Nr. 39/28. September 1984, S. 22.

10. Des Kaisers Rückkehr in neuen Kleidern. (1984)
Horst Vetten, „Des Kaisers Rückkehr in neuen Kleidern: An Franz Beckenbauers Wesen soll der kranke deutsche Fußball genesen". *Die Weltwoche*, Nr. 27/5. Juli 1984, S. 29.

11. Nie war der Kaiser mächtiger als in seinen neuen Kleidern. Die Frauen spürten das und jubelten ihm zu. (1987)
Nikolaus Cybinski, *Die Unfreiheit hassen wir nun. Wann fangen wir an, die Freiheit zu lieben? Aphorismen.* Freiburg: Isele, 1987, S. 33.

12. *Des Kaisers teure Kleider*
Für vieles, was Kunst sein soll,
gibt's weder Lob noch Tadel.
So gilt's denn als Kunst,
die ihren Wert bestimmt
und ihren Preis fordert.
Manchmal sind sie ja sehr teuer
des Kaisers neue Kleider. (1995)
Günther Hindel, *Guter Rat ist teuer. Einfälle und Ausfälle – Sprüche und Widersprüche.* Frankfurt am Main: Haag und Herchen, 1995, S. 67.

KAISER (b)

„So gebet dem Kaiser, was des Kaisers ist, und Gott, was Gottes ist."
Bibel (Matthäus 22,21).

1. Gebt Gott was Gottes, dem Cäsar was des Cäsars. – Aber das gilt vom Geben, nicht vom Nehmen. (Ca. 1850)
Heinrich Heine, *Sämtliche Werke*, hrsg. von Jost Perfahl, Werner Vordtriede und Uwe Schweikert. München: Winkler, 1972, Bd. 4, S. 717.

2. Gebt Gott, was des Gottes, dem Kaiser, was des Kaisers. Und den Menschen? (1959)
Stanisław Jerzy Lec, *Unfrisierte Gedanken.* München: Hanser, 1959, S. 47. Auch in *Das große Stanisław Jerzy Lec Buch. Aphorismen, Epigramme, Gedichte und Prosa*, hrsg. von Karl Dedecius. München: Goldmann, 1990, S. 137.

3. Gebt dem Menschen, was des Menschen ist. (1960)
Martin Walser, *Halbzeit.* München: Knaur, 1966, S. 401.

4. Gebt dem Kaiser, was des Kaisers ist, und gebt Gott, was Gottes ist. Aber woher nehmen? (1985)
Hermann Funke, *Worte und Widerworte. Aphorismen.* Sigmaringen: Thorbecke, 1985, S. 15.

5. Dem Kaiser ist es recht, daß wir ihm geben, was Gottes ist. Daß Gott aber nun nimmt, was des Kaisers ist, ist unglaublich. (1987)
   Nikolaus Cybinski, *Die Unfreiheit hassen wir nun. Wann fangen wir an, die Freiheit zu lieben? Aphorismen.* Freiburg: Isele, 1987, S. 58.

KAMEL

„Es ist leichter, daß ein Kamel durch ein Nadelöhr gehe, als daß ein Reicher ins Reich Gottes komme."

Bibel (Matthäus 19,24).

1. Wir sind malariakranke Ameisen, die sich im Kreise drehn; wir sind Musterkamele, die durchs Nadelöhr gehn; wir sind weiße Experimentiermäuse in der Zwickmühle der Politik. Ach, was sind wir nicht alles! Daß wir auch Menschen sind, wagen wir kaum noch zu hoffen, nicht, weil wir's nicht wären, sondern weil jeder, der nichts weiter wäre, sich lächerlich macht. (1960)
   Martin Kessel, *Gegengabe. Aphoristisches Kompendium für hellere Köpfe.* Darmstadt: Luchterhand, 1960, S. 14.

2. Nur kamele gehen durchs nadelöhr. (1971)
   Bert Berkensträter, *Zungen-Schläge.* Berlin: Fietkau, 1971, S. 21.

3. Kein Reicher geht durch ein Nadelöhr, aber es kommen viele Kamele in den Himmel. (1973)
   Gottfried Edel, *Mehr Tierliebe für die Menschen. Aphorismen.* München: Eilers, 1973, S. 35.

4. Jenseits des Nadelöhrs aber wären wir gerettet. Wie vor der Aborttür stehen wir trampelnd vor'm Nadelöhr an. Stimmt doch, oder? Wir können uns nicht vorstellen, wie wir durchkommen. Na schön. Geht anderen auch so. Vorstellungen können alles enthalten, nur nicht die Tat. (1973)
   Martin Walser, *Der Sturz.* Frankfurt am Main: Suhrkamp, 1973, S. 347.

5. Ein Fachidiot ist ein Kamel, welches durch ein Nadelöhr guckt. (1977)
   Gerhard Uhlenbruck, *Ins eigene Netz. Aphorismen.* Aachen: Stippak, 1977, S. 142. Auch in G. Uhlenbruck, *Das darf doch wahr sein! Aphoristische Gedanken.* Hilden: Ahland, 1994, S. 50.

6. Selbst als Kamel war er nicht größer als ein Nadelöhr. (1977)
   Wolfgang Eschker, *Gift und Gegengift. Aphorismen.* Stuttgart: Deutsche Verlags-Anstalt, 1977, S. 57.

7. Soll ein Kamel durch ein Nadelöhr gehen, muß man das Nadelöhr vergrößern oder das Kamel kleinkriegen. (1977)
   Guido Hildebrandt, *Spot und Hohn. Eine Unart Aforismen.* Duisburg: Gilles & Francke, 1977, S. 18.

8. Eher kommt ein Armer in die Hölle als ein Reicher in den Himmel. (1978)
Werner Mitsch, *Spinnen, die nicht spinnen, spinnen. Sprüche.* Stuttgart: Letsch, 1978, S. 85.

9. Eher kommt ein Kamel durch ein Nadelöhr als ein evangelischer Stotterer zu Radio Vatikan. (1978)
Werner Mitsch, *Spinnen, die nicht spinnen, spinnen. Sprüche.* Stuttgart: Letsch, 1978, S. 84.

10. *Durch und durch*
Wir sind alle
nur für kurz hier eingefädelt,
aber das Öhr
hält man uns seither fern,
uns Kamelen. (1978)
Ilse Aichinger, *Verschenkter Rat. Gedichte.* Frankfurt am Main: Fischer, 1978, S. 57.

11. Eher kommt ein Jaguar durch den TÜV als ein Kamel durchs Nadelöhr. (1979)
Werner Mitsch, *Fische, die bellen, beißen nicht. Sprüche.* Stuttgart: Letsch, 1979, S. 93. Auch in W. Mitsch, *Wer den Wal hat, hat die Qual. 800 Unsinnssprüche.* München: Heyne, 1987, ohne Seitenangabe.

12. Eher kommt ein Reicher in den Himmel als eine Sexanzeige ins Katholische Sonntagsblatt. (1979)
Werner Mitsch, *Fische, die bellen, beißen nicht. Sprüche.* Stuttgart: Letsch, 1979, S. 68.

13. *Das Nadelöhr*
Peinliche Bibelverfilmung nach Hollywoodrezept, die allenfalls durch ihre Starbesetzung einige Zuschauer verdient. Peter Ustinov gibt dem Reichen mit seinen verzweifelten Diätbemühungen fast menschliche Züge, und Anthony Quinn erinnert als Kamel an einige seiner besten früheren Rollen. (1979)
Dieter Höss, *Hösslich bis heiter. Satiren, Sprüche, Limericks.* Frankfurt am Main: Frankfurt am Main: Fischer, 1979, S. 148.

14. Kamele sind gar nicht so dumm: Obwohl sie einen Buckel machen, tragen sie den Kopf hoch und sind nicht so dumm, durch ein Nadelöhr zu gehen. (1979)
Gerhard Uhlenbruck, *Einfach gesimpelt. Aphorismen.* Aachen: Stippak, 1979, S. 105.

15. Diplomatie: Die Kunst, etwas einzufädeln, obwohl sich immer ein Kamel im Nadelöhr befindet. (1981)
Gerhard Uhlenbruck, *Keiner läßt seine Masche fallen. Aphorismen.* Aachen: Stippak, 1981, S. 84.

16. Eher kommt ein Kamel durch ein Nadelöhr als ein Elefant ins Mausoleum. (1981)
Werner Mitsch, *Hunde, die schielen, beißen daneben. Sprüche.* Stuttgart: Letsch, 1981,

S. 115. Auch in W. Mitsch, *Wer den Wal hat, hat die Qual. 800 Unsinnssprüche.* München: Heyne, 1987, ohne Seitenangabe.

17. Je öfter ein Kamel durch ein Nadelöhr geht, umso dicker werden die Reichen. (1982)
Werner Mitsch, *Bienen, die nur wohnen, heißen Drohnen. Sprüche.* Stuttgart: Letsch, 1982, S. 78.

18. Als sich der Reiche durchs Nadelöhr quetschte, blieb sein Geldsack auf der Strecke. (1983)
Werner Mitsch, *Das Schwarze unterm Fingernagel. Sprüche.* Stuttgart: Letsch, 1983, S. 14.

19. Bevor die Wahrheit durch ein Nadelöhr kriecht, muß sie aus Kindern Narren machen. (1983)
Werner Mitsch, *Das Schwarze unterm Fingernagel. Sprüche.* Stuttgart: Letsch, 1983, S. 12.

20. Eher geht ein Kamel durch ein Nadelöhr als ein Kritiker in sich. (1983)
Josef Meier O'Mayr, *Wo lassen Sie denken? Weisheiten und Naseweisheiten.* Pfaffenhofen: Ludwig, 1983, S. 20.

21. Eher kommt ein Kamel durch ein Nadelöhr als ein Kurzsichtiger über die Straße. (1983)
Werner Mitsch, *Das Schwarze unterm Fingernagel. Sprüche.* Stuttgart: Letsch, 1983, S. 98.

22. Eher kommt ein Protestant durch ein Nadelöhr, als ein Katholik in den siebenten Himmel. (1983)
Werner Mitsch, *Das Schwarze unterm Fingernagel. Sprüche.* Stuttgart: Letsch, 1983, S. 47.

23. Numerus clausus: Ein Nadelöhr, das auch für Kamele durchgängig ist. (1983)
Gerhard Uhlenbruck, *Nächstenhiebe. Aphoristische Sticheleien.* Aachen: Stippak, 1983, S. 37. Auch in G. Uhlenbruck, *Kaffeesätze. Gedankensprünge in den Sand des Getriebes.* Erkrath: Spiridon, 1987, S. 103.

24. Sie züchten Pferde, die aufs Sofa passen. Bald wird es auch Kamele geben, die durchs Nadelöhr gehen, und Reiche, die in den Himmel kommen. (1983)
Werner Mitsch, *Das Schwarze unterm Fingernagel. Sprüche.* Stuttgart: Letsch, 1983, S. 86.

25. Zynismus: Wenn das Kamel nicht durchs Nadelöhr geht und man zu ihm sagt, es solle die Sache nicht so eng sehen. (Ca. 1983)
Roland Michael; zitiert aus R. Michael (Hrsg.), *Treffend bemerkt. Das Buch der 1000 Aphorismen.* Gütersloh: Peter, 1983, S. 29.

26. Eher kommt ein Protestant auf den Heiligen Stuhl als ein Neger ins Weiße Haus. (1984)
Werner Mitsch, *„Grund- & Boden-Sätze". Sprüche.* Stuttgart: Letsch, 1984, S. 14.

27. Frustration ist, wenn ein Kamel im Heuhaufen nach einem Nadelöhr sucht. (1984)
Gerhard Uhlenbruck, *„Mensch ärgere mich nicht". Wieder Sprüche und Widersprüche.* Köln: Deutscher Ärzte-Verlag, 1984, S. 24.

28. Eher geht ein Elefant in einen Porzellanladen, als ein Kamel durchs Nadelöhr. (1985)
Gerhard Uhlenbruck, *Eigenliebe macht blind. Hinrissige Gedankensprünge und Aphorismen.* Aachen: Stippak, 1985, S. 5.

29. Eher geht ein Kamel durch ein Nadelöhr, als daß es etwas Gescheites einfädelt. (1985)
Gerhard Uhlenbruck, *Eigenliebe macht blind. Hinrissige Gedankensprünge und Aphorismen.* Aachen: Stippak, 1985, S. 4.

30. Eher geht ein Kamel durch ein Nadelöhr, als daß das durch die Maschen meiner Steuerfahndung schlüpft! (1985)
Karikatur in *Die Zeit,* Nr. 5/1. Februar 1985, S. 23.

31. Es ist sehr viel wahrscheinlicher, daß ein Nadelöhr durch ein Kamel geht: Dann nämlich, wenn das Kamel einen Heuhaufen frißt. (1985)
Gerhard Uhlenbruck, *Eigenliebe macht blind. Hinrissige Gedankensprünge und Aphorismen.* Aachen: Stippak, 1985, S. 4.

32. Das Nadelöhr verengt den Blick der Kamele so sehr, daß sie nicht einsehen können, warum so viele Reiche in den Himmel kommen. (1987)
Nikolaus Cybinski, *Die Unfreiheit hassen wir nun. Wann fangen wir an, die Freiheit zu lieben? Aphorismen.* Freiburg: Isele, 1987, S. 53.

33. Warum geht das Kamel nicht durchs Nadelöhr?
Weil es den Faden verloren hat! (1987)
Gerhard Uhlenbruck, *Kaffeesätze. Gedankensprünge in den Sand des Getriebes.* Erkrath: Spiridon, 1987, S. 90.

34. Eher kommt ein Kamel in den Zoo als ein Reicher in Teufels Küche. (1988)
Werner Mitsch, *Neue Hin- und Widersprüche.* Rosenheim: Förg, 1988, S. 23.

35. Waldsterben: Demnächst sind wir so weit, daß ein Kamel eher durch ein Nadelöhr als durch einen Nadelwald geht. (1990)
Gerhard Uhlenbruck, *Darum geht's nicht ...? Aphorismen.* Hilden: Ahland, 1990, S. 40.

36. Ein reiches Kamel geht durch Helsingör. (1995)
Ulrich Erckenbrecht, *Katzenköppe. Aphorismen/Epigramme.* Göttingen: Muriverlag, 1995, S. 14.

37. Selbst wenn ein Kamel durch ein Nadelöhr ginge –
wir hätten einfach nicht genug Nadelöhre. (1995)
Wolfgang Eschker, *Mitgift mit Gift. Aphorismen.* München: Eugen Diederichs, 1995, S. 68.

KAMERAD

**„Ich hatt' einen Kameraden,
einen bessern findst du nicht."**

Die beiden ersten Zeilen des zum Volkslied gewordenen Gedichts „Der gute Kamerad" (1809) von Ludwig Uhland.

1. *Volkstrauertag*
Ich hatt' einen Kameraden
Feierstunde im Plenarsaal des Bundeshauses
Einen bessren findst du nicht
Siegerlandorchester spielt Brahms
Er stand an meiner Seite
Deutsche Kriegsgräberfürsorge spricht
Ich hatt einen Kameraden
Deutschland bleibt deutsch
Ich hatt einen Kameraden
Die Oder-Neiße-Grenze wird nicht
Ich hatt einen Kameraden
Die SB ... DDR gehört weiterhin
Ich hatt einen Kameraden
Deutschland Deutschland
Ich hatt einen Kameraden
Über alles
Ich hatt
Deutschland
Alles
Kameraden. (Ca. 1971)
Joachim Fuhrmann; zitiert aus Frank Brunner, Arnim Juhre und Heinz Kulas (Hrsg.), *Wir Kinder von Marx und Coca-Cola. Gedichte der Nachgeborenen.* Wuppertal: Hamm, 1971, S. 74.

2. Erinnerung an Vietnam: Ich hatt einen Kameramann, einen bessern findst du nicht. (1973)
Werner Schneyder, *Empfehlung der einfachen Schläge. Aphorismen, Epigramme, Gedichte.* Wien: Europaverlag, 1973, S. 43.

3. *Der gewöhnliche Verlust:*
Ich hatte einen Freund. Einen besseren findst du nicht. Sobald er Millionär war, war ich ein Kommunist. Dann hat er nicht mehr angerufen. (1978)
Martin Walser, *Der Grund zur Freude. 99 Sprüche zur Erbauung des Bewußtseins.* Düsseldorf: Eremiten-Presse, 1978, ohne Seitenangabe (Nr. 37).

KAMPF

„Ein Kampf um Rom"

Felix Dahn, *Ein Kampf um Rom* (1876).

1. Ein Kampf mit Rom. (1971)
Heinz-Josef Herbort, „Ein Kampf mit Rom: Die Ernennung des Kaplans Simonis zum Bischof spaltete das Bistum Rotterdam". *Die Zeit,* Nr. 3/19. Januar 1971, S. 2.

2. Ein Kampf um Rum. (1971)
Hans Otto Eglau, „Ein Kampf um Rum: Die Schnaps-Produzenten sehen eines ihrer besten Geschäfte bedroht". *Die Zeit,* Nr. 19/11. Mai 1971, S. 15.

3. Ein Kampf ums Blei. (1975)
Rainer Frenkel, „Ein Kampf ums Blei: Streit um sauberes Benzin". *Die Zeit,* Nr. 24/13. Juni 1975, S. 16.

KAVIAR

„Es muß nicht immer Kaviar sein"

Johannes Mario Simmel, *Es muß nicht immer Kaviar sein* (1960).

1. Es muß nicht immer Kreuzstich sein. (1972)
Anonym, „Es muß nicht immer Kreuzstich sein: Bäurische Stickereien und Applikationen". *Frau,* Nr. 1/1. Januar 1972, S. 50.

2. Es muß nicht immer Kaviar sein. Manchmal tut's auch Rind vom Schwein. (1987)
Werner Mitsch, *Wer den Wal hat, hat die Qual. 800 Unsinnssprüche.* München: Heyne, 1987, ohne Seitenangabe.

KIND

„Kinder, Küche, Kirche"

Seit der Jahrhundertwende bekannter Slogan, der den angeblich typischen Tätigkeitsbereich der Ehefrau charakterisiert. Die Triade läßt sich bis zu dem Sprichwort

„Vier K gehören zu einem frommen Weib, nemlich, dass sie Achtung gebe auff die Kirche, Kammer, Küche, Kinder“ (1557) zurückführen.

1. Frauensache: Die drei K's: Kinder, Küche, Kirche, sind den drei B's gewichen: Beruf, Bettboy, Bankkonto. (1977)
   Oliver Hassencamp, *Klipp & klar. Gute und böse Gedanken.* München: Langen & Müller, 1977, S. 35.

2. Gleiche Rechte für Mann und Frau:
   Kinder, Kirche, Küche Klotz, Konditionen, Karriere. (1980)
   Karikatur in *Nebelspalter*, Nr. 40/30. September 1980, S. 43.

KIND 2

3. Kinder Küche Kirche
   schneller Fick
   wir scheißen auf das
   Frauenglück. (Ca. 1985)

Renate Neumann, *Das wilde Schreiben: Graffiti, Sprüche und Zeichen am Rand der Straßen*. Essen: Die Blaue Eule, 1986, S. 306.

4. Kinder, Küche und Karriere. (1990)
   Claudia Keller, *Kinder, Küche und Karriere: Neue Briefe einer verhinderten Emanze*. Frankfurt am Main: Fischer, 1990.

KOMMEN

„Veni, vidi, vici."
„Ich kam, ich sah, ich siegte."

Julius Cäsars prahlerische Aussage nach seinem schnellen Sieg über Pharnakes II. bei Zela (portus) am 2. August 47 v. Chr.

1. *Cäsars Wort*
   Ich kam, ich sah, ich siegte.

   Ist es nötig anzukommen, um zu siegen?

   Land ist Land für die Heere.
   Land ist Land für das Feuer.
   Land ist Land für Soldaten.
   Land ist Land für die Schlachten.
   Land ist Land für das Feuer.

   Da er gesiegt hat, mußte er auch bleiben?

   Krieg ist Krieg für die Herrscher.
   Krieg ist Krieg für Soldaten.
   Krieg ist Krieg gegen Kinder.
   Krieg ist Krieg für die Frauen.
   Krieg ist Krieg für die Länder.
   Krieg – ist Krieg für die Herrscher.

   Wenn er gesehen hätte, hätte er dann noch gesiegt?

   Tot ist tot für die Sieger.
   Tot ist tot für Soldaten.
   Tod ist Tod für die Völker.
   Tod ist Tod für uns alle.
   Mord ist Mord für die Richter.

   Komm und sieh, mit welchen Mitteln du gesiegt hast!

Ich kam, ich sah, ich siegte. (1970)
Kurt Klinger, *Entwurf einer Festung*. Wien: Jugend und Volk, 1970, S. 70.

2. *Tourismus*
Von Cäsar, als er seinerzeit
die Gallier bekriegte,
Ist überliefert der Ausspruch:
Ich kam, sah und siegte.
Tourist X., kein Eroberer,
befolgt ein fast cäsarisches Motto:
Er kommt, vergißt das Sehen,
aber schießt wenigstens ein Foto. (1972)
Henryk Keisch, *Gehauen und gestichelt. Neue Vierzeiler*. Berlin: Eulenspiegel, 1972, S. 64.

3. Patrick kam, sang und siegte. (1974)
Anonym, „Patrick [der Musikstudent Patrick McCarthy] kam, sang und siegte". *Schweizer Illustrierte*, Nr. 36/2. September 1974, S. 88.

4. Sie kam, sah und siegte. (1974)
Anonym, „Sie [Admiralstochter Laura Jo] kam, sah und siegte". *Schweizer Illustrierte*, Nr. 26/24. Juni 1974, S. 52.

5. Zu einer schönen Frau: „Veni – vidi – vicisti". (1974)
Julian Tuwim; zitiert aus Antoni Marianowicz und Ryszard Marek Gronski (Hrsg.), *Denkspiele. Polnische Aphorismen des zwanzigsten Jahrhunderts*. Frankfurt am Main: Insel, 1974, S. 41.

6. Veni, vidi, Spezi. (1975)
Wolfram Siebeck, „Veni, vidi, Spezi". *Die Zeit*, Nr. 6/7. Februar 1975, S. 23.

7. Viking kam, sah und sendete. (1976)
Thomas v. Randow, „Viking kam, sah und sendete: Roter Sand und rosa Himmel auf gestochen scharfen Photos". *Die Zeit*, Nr. 32/6. August 1976, S. 22.

8. Er kam, sah und liebte. (1977)
Gerhard Uhlenbruck, *Ins eigene Netz. Aphorismen*. Aachen: Stippak, 1977, S. 40.

9. *Kein Bedarf*
Die Damen waren in Rudi vernarrt,
weil der so verheißungsvoll blickte.
Doch ist er gescheitert an Hildegard:
Die kam und sah und zickte. (1978)
Hansgeorg Stengel, *Der Unschuldsstengel. Epigramme*. Berlin: Eulenspiegel, 1978, S. 56.

10. Er kam, sah und siechte. (1980)

Wolfgang Tilgner; zitiert aus André Brie et al. (Hrsg.), *Der Weisheit letzter Schluß. Aphorismen.* Berlin: Eulenspiegel, 1980, S. 136.

11. Sie kamen, sahen – und siechten: die Grünen. (1980)

Joachim Behnke, „Sie kamen, sahen und siechten: die Grünen". *Bunte*, Nr. 31/24. Juli 1980, S. 32.

12. Caesar, modern: Er kam, er sah, er verdiente. (1981)

Klaus Sochatzy; zitiert aus K. Sochatzy und Aleksander Kumor, *Ost-West-Monologe. Aphorismen.* Frankfurt am Main: Rita G. Fischer, 1981, S. 11.

13. Das Lied der Straße. Sie kam, sah und blinzelte. (1981)

Werner Mitsch, *Hunde, die schielen, beißen daneben. Sprüche.* Stuttgart: Letsch, 1981, S. 93.

14. Er kam, sah und sägte. (1982)

Witzbildfolge in *Nebelspalter*, Nr. 40/5. Oktober 1982, S. 18.

KOMMEN 14

15. Sexualität des Mannes: Er kam, sah und liebte; er liebte, sah weg und ging. (1982)

Gerhard Uhlenbruck, *Medizinische Aphorismen.* Heidelberg: Jungjohann, 1982, S. 55. Auch in G. Uhlenbruck, *„Mensch ärgere mich nicht". Wieder Sprüche und Widersprüche.* Köln: Deutscher Ärzte-Verlag, 1987, S. 32.

16. Veni, Video, Vici. (1982)

Josef Joffe, „Veni, Video, Vici: Abschuß am Video-Pult". *Die Zeit*, Nr. 32/13. August 1982, S. 8.

17. Ich kam, sah und sprühte. (1983)

Hans Gamber (Hrsg.), *Graffiti. Was an deutschen Wänden steht. Szene-Sprüche.* München: Heyne, 1983, ohne Seitenangabe. Auch in Eduard Moriz (Hrsg.), *Nimm's leicht, nimm mich. Sponti-Sprüche No. 3.* Frankfurt am Main: Eichborn, 1983, ohne Seitenangabe.

18. VENI, VIDI, PIPI. (1983)
Hans Gamber (Hrsg.), *Graffiti. Was an deutschen Wänden steht. Szene-Sprüche.* München: Heyne, 1983, ohne Seitenangabe. Auch in Renato Biscioni (Hrsg.), „... *außer Rolf, der klebt am Golf". Kindersprüche – rotzfrech.* München: Goldmann, 1987, S. 89.

19. Ich kam, sah und ging. (1984)
Ralf Bülow (Hrsg.), *Graffiti 2. Neues an deutschen Wänden.* München: Heyne, 1984, ohne Seitenangabe.

20. Ich kam, sah und verlor. (1984)
Eduard Moriz (Hrsg.), *Lieber intim als in petto. Sponti-Sprüche No. 5.* Frankfurt am Main: Eichborn, 1984, ohne Seitenangabe.

21. Nach neun Monaten zog sie ihn zur Rechenschaft. Er kam, sah und wiegte. (1984)
Hans Leopold Davi, *Neue Distel- und Mistelworte.* Zürich: Pendo, 1984, S. 53.

22. Reagan kam, sah und besiegte die Funktionäre. (1984)
Martin Kilian, „Reagan kam, sah und besiegte die Funktionäre: Amerikas einst mächtige Gewerkschaften verlieren an Einfluss". *Die Weltwoche,* Nr. 8/23. Februar 1984, S. 17.

23. Reagan kam, sah und kriegte. (1984)
Claudia Glismann (Hrsg.), *Edel sei der Mensch, Zwieback und gut. Szene-Sprüche.* München: Heyne, 1984, ohne Seitenangabe.

24. Veni vidi graffiti. (1984)
Ralf Bülow (Hrsg.), *Graffiti 2. Neues an deutschen Wänden.* München: Heyne, 1984, ohne Seitenangabe.

25. Veni, Vidi, Vivaldi. (1984)
Werner Mitsch, *„Grund- & Boden-Sätze". Sprüche.* Stuttgart: Letsch, 1984, S. 95. Auch in W. Mitsch, *Wer den Wal hat, hat die Qual. 800 Unsinnssprüche.* München: Heyne, 1987, ohne Seitenangabe.

26. Er übertraf Cäsar – kam, sah nicht und siegte. (1985)
Wolfram Runkel, „Zehn gegen ein Phantom: Garri Kasparow beim Blind-Simultan-Schach". *Die Zeit,* Nr. 27/5. Juli 1985, S. 24.

27. Sie kamen, kauften und verloren. (1985)
Heinz Blüthmann, „Sie kamen, kauften und verloren: Der französische Staatskonzern Thomson mußte sein Engagement in Deutschland teuer bezahlen". *Die Zeit,* Nr. 4/25. Januar 1985, S. 10.

28. Veni vidi wixi. (1985)
Ralf Bülow (Hrsg.), *Graffiti 3. Phantasie an deutschen Wänden.* München: Heyne, 1985, ohne Seitenangabe.

29. Venit, visa est, vicit. (1985)
    Hermann Funke, *Worte und Widerworte. Aphorismen.* Sigmaringen: Thorbecke, 1985, S. 37.

30. Er kam, sah und sagte,
    Was ihm nicht behagte! (1986)
    Reinhard von Normann, *Starke Sprüche.* Wiesbaden: Englisch, 1986, S. 18.

31. Ich kam, sah –
    und zog den Schwanz ein. (1986)
    Bernd Thomsen (Hrsg.), *Pissen ist Macht. Neue Klo-Sprüche.* München: Heyne, 1986, ohne Seitenangabe.

32. *Insel Anna Maria*
    Ich kam und sah – du siegtest:
    auch Cäsar kniete hin,
    säh er, wie du dich wiegtest
    im Meer und Immergrün.

    [...]

    Fühl mich als müder Krieger
    durch dich als Cäsar hier,
    besiegt und doch als Sieger –
    so huldige ich dir! (1986)
    Walter Löwen, *Zeit ohne Zins. Mein Ich in Worten. Gedichte.* Hannover: Moorburg, 1986, S. 20.

33. Er kam, sah – und sie siegte. (Ca. 1989)
    Reinhard Gundelach; zitiert aus Gabriele Berthel (Hrsg.), *Kurz und mündig. Aphorismen.* Rudolstadt: Greifenverlag, 1989, S. 124.

34. Des gestressten Managers Los: Er kam, sah und siechte. (1990)
    Fritz Herdi, *Mach kei Witz – scho wieder Mäntig. Sprüch und Witz.* Rorschach: Nebelspalter, 1990, S. 47.

35. Die Westler kamen, sahen und kehrten um. (1990)
    Friedrich Gorski, „Die Westler kamen, sahen und kehrten um: DDR-Sommerferien nach der Wende". *Die Weltwoche*, Nr. 40/4. Oktober 1990, S. 121.

36. Kohl kam, sah und zahlte. (1990)
    Anonym, „[Helmut] Kohl kam, sah und zahlte: Das Ausland würdigt den großen Erfolg des Bundeskanzlers". *Hamburger Abendblatt*, Nr. 165/18. Juli 1990, S. 13.

37. Veni, vidi, video. (1991)
    Renate Wolff, „Veni, vidi, video: Nam June Paik gilt als Ahnherr der Videokunst". *Zeit-Magazin*, Nr. 43/18. Oktober 1991, ohne Seitenangabe.

38. Er kam, saß und blieb. (1992)
Anonym, „Er kam, saß und blieb. Zehn Jahre Kanzler Kohl". *Süddeutsche Zeitung (Magazin)*, Nr. 38/18. September 1992, Umschlagseite.

39. Sie kam, sah und kriegte ... die passende Frisur. (1992)
Werbung für Salon „hair" in *Lübecker Wochen-Spiegel*, 23. April 1992, ohne Seitenangabe.

40. Er kam, er saß, er starb im Amt. (1993)
Werner B. Kleinhardt, *Das Lachen der Satten. Fabeln, Gedichte und Aphorismen.* Freiburg: Echo, 1993, S. 157.

41. Er kam, sah und zahlte. Günstig und bequem. Mit der Eurocard Gold der Postbank. (1995)
Werbung für Postbank in *Der Spiegel*, Nr. 16/17. April 1995, S. 52.

KÖNIGREICH

„Mein Königreich für ein Pferd!"
„My kingdom for a horse!"

William Shakespeare, *King Richard III.* (1592), V. Akt, 4. Szene. Statt „Mein" wird oft „Ein" zitiert.

1. Wie oft im Leben seufzt der Mensch: „Ein Königreich für einen freundlichraschen Schlagfluß!" (Ca. 1890)
Wilhelm Raabe; zitiert aus Karl Hoppe, „Aphorismen Raabes: Chronologisch geordnet". *Jahrbuch der Raabe-Gesellschaft 1960.* Braunschweig: Waisenhaus, 1960, S. 135.

2. *Winston der Letzte*
„Ein Schiff, ein Schiff, ein Königreich für ein Schiff!" (1940)
Karikatur in *Simplicissimus*, 45, Nr. 51/18. Dezember 1940, S. 603.

3. „Ein Krieg, ein Krieg! Ein Königreich für einen Krieg!" (1941)
Karikatur in *Kladderadatsch*, Nr. 46/16. November 1941, S. 2.

4. *Ein Königreich für ein Pferd!*
Das ist nicht nötig.
Rund um ein edles Pferd ist immer ein Königreich. (1969)
Arthur Hafink (eigentlich Arthur Hermann Fink), *Hergebrachtes. Aphorismen.* Wuppertal: Schlegel, 1969, S. 137.

5. „Ein Königreich für ein Trojanisches Pferd!"
Vorsicht vor trojanischen Nilpferden! (1970)

Wiesław Brudzinski, *Die rote Katz. [Aphorismen].* Frankfurt am Main: Suhrkamp, 1970, S. 128.

6. Ein Königreich für ein Konzept. (1975)

   Theo Sommer, „Ein Königreich für ein Konzept: In der Bonner Außenpolitik geht zuviel durcheinander". *Die Zeit*, Nr. 42/17. Oktober 1975, S. 1.

7. *Königreiche und Pferde*

   Seien Sie sehr vorsichtig, wenn Ihnen jemand zuruft: „Ein Königreich für ein Pferd!" Auf so einen Tausch können Sie sich nur in einem Fall einlassen: Wenn das Pferd nicht ihnen gehört.

   Ein Pferd ist ein konkretes Ding, es kann zwanzig Jahre aushalten, wenn nichts Besonderes passiert und wenn man es pflegt. Ein Königreich ist abstrakt, ein geographisch-politischer Begriff, heute ist es da, morgen ist es futsch. Und, ehrlich gesagt, wozu brauchen Sie ein Königreich? Haben Sie denn nicht schon mit der Familie Sorgen genug? Auf einem Pferd aber können Sie reiten, Ihr Vergnügen haben und zugleich etwas für Ihre Gesundheit tun.

   [...]

   Ich weiß, daß Sie kein Pferd haben, und keiner hat Ihnen ein Königreich dafür geboten, also brauchen Sie meine Warnungen nicht. Die Geschichte war auch anders gemeint: Als Einführung in die höhere Politik und in das einfache, alltägliche Wirtschaftsleben. (1978)

   Gabriel Laub, *Alle Macht den Spionen! Ein Schock neuer Satiren.* Hamburg: Knaus, 1978, S. 148-150.

8. Ein Königreich für ein Ersatzteil. (1985)

   Max Hediger, „Ein Königreich für ein Ersatzteil: Oldtimer-Mode: Wie, wo, woher und für wieviel beschafft sich der Liebhaber sein Traumauto?" *Die Weltwoche*, Nr. 25/20. Juni 1985, S. 67.

9. Ein Königreich für ein trojanisches Pferd! (1985)

   André Brie, *Am Anfang war das letzte Wort. Aphorismen.* Berlin: Eulenspiegel, 1985, S. 20. Auch in A. Brie, *Die Wahrheit lügt in der Mitte / Am Anfang war das letzte Wort. Aphorismen.* Berlin: Eulenspiegel, 1988, S. 86.

10. *Ein Königreich für den richtigen Drink*

    [...]
    Das Vertrauen zum Alkohol
    Ruiniert freilich
    Die Besten von ihnen [Schweden]:
    Ein Königreich
    für den richtigen Drink! (1990)

    Heinz Czechowski, *Nachtspur. Gedichte und Prosa 1987-1992.* Leipzig: Ammann, 1993, S. 214-215.

KÖNIGSKIND

**„Es waren zwei Königskinder,
Die hatten einander so lieb;
Sie konnten zusammen nicht kommen,
Das Wasser war viel zu tief."**

Erste Strophe der seit 1563 in vielen Varianten überlieferten Volksballade „Es waren zwei Königskinder", teilweise mit über zwanzig Strophen.

1. *Altes Lied*
Es war einmal ein Bäcker,
Der prunkte mit einem Wanst,
Wie du ihn kühner und kecker
Dir schwerlich träumen kannst.

Er hat zum Weibe genommen
Ein würdiges Gegenstück;
Sie konnten zusammen nicht kommen,
Sie waren viel zu dick. (1905)

Frank Wedekind, *Prosa, Dramen, Verse*, hrsg. von Hansgeorg Maier. München: Langen & Müller, 1954, S. 30.

2. *Volkslied-Variante*
Es waren zwei Königskinder
Die hatten einander so lieb.
Sie konnten zusammen nicht kommen:
Es war kein Bahnbetrieb. (1920)

Anonym, „Volkslied-Variante". *Fliegende Blätter*, 152, Nr. 3891/20. Februar 1920), S. 92.

3. *Der verhinderte Besuch*
Es waren zwo alte Krieger,
Die hatten einander so gern.
Der Eine war Retter und Sieger;
Der andre war unmodern.

[...]

Sie konnten zusammen nicht kommen;
Die Neigung war viel zu tief. (1925)

Erich Weinert, *Gedichte 1919-1925*, hrsg. von Edith Zenker. Berlin: Aufbau-Verlag, 1970, S. 461.

4. *Zur Zollfriedenskonferenz*
Sie konnten zueinander nicht kommen,

die Mauern war'n gar zu hoch! (1930)
Karikatur in *Simplicissimus*, 34, Nr. 52/24. März 1930, S. 639.

5. *Lied von der Vergeblichkeit*
Sie hatten bereits zwei Kinder
und wußten nicht aus noch ein:
Die sollten so bald nicht kommen,
die Wohnung war viel zu klein.
[...] (1967)
Dieter Höss, *Schwarz Braun Rotes Liederbuch.* Bergisch Gladbach: Lübbe, 1967, S. 15.

6. Es waren zwei Königskinder,
Die hatten einander so lieb.
Sie konnten zusammen nicht kommen,
Es war kein Fährbetrieb. (Vor 1969)
Peter Rühmkorf, *Über das Volksvermögen. Exkurse in den literarischen Untergrund.* Reinbek: Rowohlt, 1969, S. 114. Auch in Ernest Borneman, *Unsere Kinder im Spiegel ihrer Lieder, Reime, Verse und Rätsel.* Olten: Walter, 1973, S. 80, S. 190 und S. 331.

7. Auch wenn der Fluß sie nicht trennte,
die beiden Ufer fänden nicht zueinander ... (1977)
Hans-Horst Skupy, *Aphorismen. Abgeleitete Geistesblitze.* München: Ring, 1977, S. 68.

8. *Verpaßt*
Zwei Vögel flogen aneinander vorbei
kurz streifte sich ihr Gefieder
der eine flog nach Norden, der andre nach Süden –
im Herbst blüht nirgendwo der Flieder
in der Wüste sind die Tränen zu teuer
und im Vakuum weht kein Wind
irgendwie war das Wasser zu tief
– ich armes Königskind! (1979)
Jörn Pfennig, *Grundlos zärtlich. Gedichte.* München: Schneekluth, 1979, S. 33.

9. *Die beiden Königskinder*
(entromantisiert und nicht mehr zum Gesange geeignet)
[...]

Die beiden Königskinder hatten sich so lieb.
Sie durften's nicht, ihr Herz war ganz gebrochen.
Noch nicht einmal die Möglichkeit zum Selbstmord blieb,
denn beide hatten anderwertig sich versprochen. (1981)
Johannes Mitterle; zitiert aus Jo Pestum (Hrsg.), *Kreidepfeile und Klopfzeichen.* Stuttgart: Spectrum, 1981, S. 27.

10. *Rheinmärchen*
Zwei Radfahrer
– Männlein und Weiblein –
stießen nieder ins Wasser
nach Fischen

Sie konnten die Fische
nicht finden:
das Wasser
war viel zu verschmutzt

Sie fanden jedoch
ihren Tod:
das Wasser
war giftig
[...] (1985)

Erich Fried, *Einbruch der Wirklichkeit. Verstreute Gedichte, 1927-1988*. Berlin: Wagenbach, 1991, S. 57.

11. Es waren zwei Deutsche Kinder. Die hatten einander lieb.
Und eins ging in das andere Leben. Und eins blieb.

Es waren zwei Deutsche Kinder. Die hatten einander nicht.
Und eins war des anderen Schatten. Und Licht.

Es waren zwei Deutsche Kinder. Die hatten einander Not.
Und eins war zwiefach dem andern. Und sein Verbot. (1986)

Gerald Zschorsch, *Stadthunde. Gedichte*. Stuttgart: Klett-Cotta, 1986, S. 46.

12. Es waren zwei Königskinder,
bei denen klappte es nie,
sie konnten zusammen nicht kommen,
denn er kam immer zu früh. (1986)

Bernd Thomsen (Hrsg.), *Wer im Bett lacht, lacht am besten. Horizontale Graffiti, Witze, Bilder und Sprüche*. München: Heyne, 1986, S. 78.

13. *Königskinder*
Es
waren
zwei Königskinder
die wollten
zusammen
nicht kommen
da trocknete
die Sehnsucht

Meere aus
jetzt
schauen Sie
zum Himmel. (1988)

Thomas Holtbernd, *Wortwörtliche Verdrehungen. Gehdichte.* Bottrop: Holtbernd, 1988, S. 53.

14. *Zersungene Lieder III*
Es waren zwei Königskinder,
die liebten einander so quer;
das eine dacht, es wird minder,
das andere dacht, es wird mehr.
[...] (1989)

Peter Rühmkorf, *Einmalig wie wir alle.* Reinbek: Rowohlt, 1989, S. 127.

KRAFT (a)

**„Ein Teil von jener Kraft,
Die stets das Böse will und stets das Gute schafft."**

Johann Wolfgang von Goethe, *Faust* (1808/32), „Studierzimmer", Z. 1335-1336.

1. Von den Wissenschaften könnte man sagen, sie seien die Kraft, die stets das Gute will und stets das Böse schafft. (1972)

   Erwin Chargaff, *Bemerkungen.* Stuttgart: Klett-Cotta, 1981, S. 130.

2. *Der Künstler*
   Er ist ein Teil aus jener Kraft, die nichts verdient und trotzdem schafft. (1979)

   Werner Mitsch, *Fische, die bellen, beißen nicht. Sprüche.* Stuttgart: Letsch, 1979, S. 19.

3. Die Politik ist nicht, wie Mephistopheles im „Faust" von sich behauptet, ein Teil von jener Kraft, die stets das Böse will und stets das Gute schafft, sondern fast das genaue Gegenteil. In demokratischen Zeitläufen herrscht der gute Wille, das Bedürfnis, dem Volke Gutes zu tun, damit es sich seinen Wohltätern am Wahltag erkenntlich zeige. (1993)

   Johannes Gross, *Für- und Gegenwitz.* Stuttgart: Engelhorn, 1993, S. 70.

KRAFT (b)

**„Wo rohe Kräfte sinnlos walten,
Da kann sich kein Gebild gestalten."**

Friedrich Schiller, „Die Glocke" (1800).

1. Wo rohe Kräfte sinnlos walten,
Da kann kein Knopf die Hose halten. (Vor 1969)

Peter Rühmkorf, *Über das Volksvermögen. Exkurse in den literarischen Untergrund.* Reinbek: Rowohlt, 1969, S. 113. Auch in Ernest Borneman, *Wir machen keinen langen Mist. 614 Kinderreime.* Frankfurt am Main: Fischer, 1981, S. 55; Christian Roman (Hrsg.), *Lieber 'ne Sechs, als überhaupt keine persönliche Note. Schüler-Sprüche No. 1.* Frankfurt am Main: Eichborn, 1984, ohne Seitenangabe; Bernd Thomsen (Hrsg.), *Haste was, pisste was. Klo-Sprüche.* München: Heyne, 1985, ohne Seitenangabe; und B. Thomsen (Hrsg.), *Neue Büro-Sprüche. Lieber die dunkelste Kneipe als den hellsten Arbeitsplatz.* München: Heyne, 1986, ohne Seitenangabe.

2. Wenn rohe Kräfte sinnlos walten, kann dieser Knopf die Hose halten. (1974)

Werbung für Wrangler Jeans & Jackets in *Stern*, Nr. 12/6. März 1974, S. 199.

KRAFT (b)

3. Wo rohe Kräfte sinnlos walten,
da muß der Mensch die Zehen falten. (1979)

Werner Mitsch, *Fische, die bellen, beißen nicht. Sprüche.* Stuttgart: Letsch, 1979, S. 97. Auch in W. Mitsch, *Wer den Wal hat, hat die Qual. 800 Unsinnssprüche.* München: Heyne, 1987, ohne Seitenangabe.

4. Wo rohe Kräfte sinnlos walten,
da schlägt der schönste Busen Falten! (1981)

Luise Lemke, *Lieber'n bißken mehr, aber dafür wat Jutet. Berliner Sprüche*. Berlin: Arani, 1981, S. 34.

5. Wo rohe Kräfte sinnlos walten,
da kann sich ja kein Rausch entfalten. (1984)

Iris Blaschzok (Hrsg.), *Die zehnte Muse heißt Pampel. Geistesblitze unter der Bank*. Münster: Coppenrath, 1984, S. 26. Auch in Karl Heinz Rauchberger und Ulf Harten (Hrsg.), *Sprüche II*. Hamburg: Verlag Hanseatische Edition, 1984, S. 67; und Hans Gamber (Hrsg.), *Freche Sprüche für jeden Tag*. Rastatt: Moewig, 1987, S. 60.

6. Wo rohe Säfte sinnlos walten,
da kann sich doch kein Schwips entfalten. (1985)

Bernd Thomsen (Hrsg.), *Haste was, pisste was. Klo-Sprüche*. München: Heyne, 1985, ohne Seitenangabe.

7. Wo neue Kräfte sinnvoll walten. (1986)

Werbung für Volkswagen in *ADAC Motorwelt*, Nr. 3/März 1986, S. 6-7. Vgl. auch Wolfgang Mieder, „Wo neue Kräfte sinnvoll walten? Zur Umformung Schillerscher Zitate zu Aphorismen und Graffiti". Richard Fisher (Hrsg.), *Ethik und Ästhetik: Werke und Werte in der Literatur vom 18. bis zum 20. Jahrhundert. Festschrift für Wolfgang Wittkowski*. Frankfurt am Main: Lang, 1995, S. 327-344.

8. Wo rohe Kräfte sinnlos walten,
da darf man nicht die Klappe halten! (1986)

Anonym, *Ich glaub', mein Hamster bohnert*. Rastatt: Moewig, 1986, ohne Seitenangabe. Auch in Saskia Schlesinger (Hrsg.), *Mach dir einen schönen Lenz und schwänz. Schülersprüch – Schülerwitze*. München: Heyne, 1987, ohne Seitenangabe.

9. Wo rohe Säfte sinnlos walten,
kann sich der Körper gut entfalten. (1987)

Andreas Bender, *Kleine Socken jucken auch. Sprichwörter, Redensarten und Zitate – verdreht*. Frankfurt am Main: Eichborn, 1987, ohne Seitenangabe.

KRIEG

„Stell dir vor, es gibt Krieg, und keiner geht hin."

Der Ursprung dieses Spruchs ist nicht völlig geklärt, doch dürfte die deutsche Version auf die amerikanischen Graffiti „Supposing they had a war and nobody came" oder „Suppose they gave a war and nobody came" aus den späten sechziger Jahren zurückgehen, wo diese als Slogans gegen den Krieg in Vietnam eingesetzt wurden. Möglicherweise hat Carl Sandburgs episches Gedicht *The People, Yes* (1936) als Quelle zu gelten, wo es heißt: „Sometime they'll give a war and nobody will come". Ganz ähnlich hieß es übrigens im Oktober 1966 in einer Überschrift der Zeitschrift

McCall's „Suppose They Gave a War, and No One Came?" Vgl. hierzu Ralf Bülow, „Stell dir vor, es gibt einen Spruch ..." *Der Sprachdienst*, 27 (1983), S. 97-100.

1. Stell dir vor, es gibt *Dallas*, und keiner guckt (schaut) hin. (1983)
   Karl Heinz Rauchberger und Ulf Harten (Hrsg.), *„Club-Sprüche"*. Hamburg: Verlag Hanseatische Edition, 1983, S. 76. Auch in Claudia Glismann (Hrsg.), *Edel sei der Mensch, Zwieback und gut. Szene-Sprüche.* München: Heyne, 1984, ohne Seitenangabe.

2. Stell Dir vor, es ist Sonntag und keiner kauft *Bild.* (1983)
   Karl Heinz Rauchberger und Ulf Harten (Hrsg.), *„Club-Sprüche"*. Hamburg: Verlag Hanseatische Edition, 1983, S. 81.

3. Stell dir vor, du bist ein Elefant, und keiner glaubt's. (1984)
   Eduard Moriz (Hrsg.), *Lieber intim als in petto. Sponti-Sprüche No. 5.* Frankfurt am Main: Eichborn, 1984, ohne Seitenangabe.

4. Stell dir vor, du kaufst Ochsen, und die geben Milch. (1984)
   Eduard Moriz (Hrsg.), *Lieber intim als in petto. Sponti-Sprüche No. 5.* Frankfurt am Main: Eichborn, 1984, ohne Seitenangabe.

5. Stell dir vor, es gibt Arbeit, und keiner geht hin. (1984)
   Claudia Glismann (Hrsg.), *Ich denke, also spinn ich. Schüler-Sprüche.* München: Heyne, 1984, ohne Seitenangabe. Auch in C. Glismann (Hrsg.), *Lieber ein Schäferstündchen als zwei Überstunden. Sprüche, Witze und Graffiti vom Arbeitsplatz.* München: Heyne, 1988, ohne Seitenangabe; und Beate Kuckertz (Hrsg.), *Das große Buch der Büro-Sprüche.* München: Heyne, 1992, ohne Seitenangabe.

6. Stell dir vor, es gibt den Frieden, und alle sind im Krieg. (1984)
   Eduard Moriz (Hrsg.), *Lieber intim als in petto. Sponti-Sprüche No. 5.* Frankfurt am Main: Eichborn, 1984, ohne Seitenangabe.

7. Stell dir vor, es gibt Freibier, und keiner kriegt's runter. (1984)
   Eduard Moriz (Hrsg.), *Ohne Dings kein Bums. Sponti-Sprüche No. 4.* Frankfurt am Main: Eichborn, 1984, ohne Seitenangabe.

8. Stell dir vor, es ist Frühling, und kein Baum wird (mehr) grün. (1984)
   Claudia Glismann (Hrsg.), *Edel sei der Mensch, Zwieback und gut. Szene-Sprüche.* München: Heyne, 1984, ohne Seitenangabe. Auch in Carola Jührs (Hrsg.), *Ächt too matsch. Das allerletzte Sprüchebuch.* Münster: Coppenrath, 1985, ohne Seitenangabe; und Hans Gamber (Hrsg.), *Freche Sprüche für jeden Tag.* Rastatt: Moewig, 1987, S. 33.

9. Stell dir vor, es ist Krieg, und alle gehen drauf. (1984)
   Ralf Bülow (Hrsg.), *Graffiti 2. Neues an deutschen Wänden.* München: Heyne, 1984, ohne Seitenangabe.

10. Stell dir vor, es ist Krieg, und der Fernseher ist kaputt. (1984)

Ralf Bülow (Hrsg.), *Graffiti 2. Neues an deutschen Wänden.* München: Heyne, 1984, ohne Seitenangabe. Auch in Angelika Franz (Hrsg.), *Das endgültige Buch der Sprüche & Graffiti.* München: Heyne, 1987, S. 112; und Renato Biscioni (Hrsg.), *„... außer Rolf, der klebt am Golf". Kindersprüche – rotzfrech.* München: Goldmann, 1987, S. 96.

11. Stell dir vor, es ist Krieg, und niemand erinnert sich an das Ende dieses Spruches. (1984)

Ralf Bülow (Hrsg.), *Graffiti 2. Neues an deutschen Wänden.* München: Heyne, 1984, ohne Seitenangabe.

12. Stell dir vor, es ist Übung – und alle gehen zum Sani. (1984)

Manfred Bröker (Hrsg.), *Von Spatenpaulis und Stoppelhopsern. Sprüche unter der Hurratüte.* Münster: Coppenrath, 1984, ohne Seitenangabe.

13. Stell dir vor, es ist Winterschlußverkauf, und keiner hat Geld. (1984)

Ralf Bülow (Hrsg.), *Graffiti 2. Neues an deutschen Wänden.* München: Heyne, 1984, ohne Seitenangabe.

14. Stell dir vor, jemand sagt was, und ein anderer hört zu! (1984)

Eduard Moriz (Hrsg.), *Ohne Dings kein Bums. Sponti-Sprüche No. 4.* Frankfurt am Main: Eichborn, 1984, ohne Seitenangabe.

15. Stell dir vor, wir bugsieren die Justiz in die Pleite, und keiner sitzt mehr im Knast – was dann?? (1984)

Günter Hesse, *Die Wände im Knast ... Und sie reden doch. Graffiti aus deutschen Gefängnissen.* Bremen: Skarabäus, 1984, Bd. 1, S. 32.

16. Stell dir vor, wir wären tot, dann wäre endlich Frieden. (1984)

Claudia Glismann (Hrsg.), *Ich denke, also spinn ich. Schüler-Sprüche.* München: Heyne, 1984, ohne Seitenangabe. Auch in Angelika Franz (Hrsg.), *Das endgültige Buch der Sprüche & Graffiti.* München: Heyne, 1987, S. 408.

17. Stellt euch vor, es ist Krieg, und euer Fernseher geht kaputt. (1984)

Claudia Glismann (Hrsg.), *Ich denke, also spinn ich. Schüler-Sprüche.* München: Heyne, 1984, ohne Seitenangabe. Auch in Angelika Franz (Hrsg.), *Das endgültige Buch der Sprüche & Graffiti.* München: Heyne, 1987, S. 405.

18. *Apokalypse*
Stell dir vor es gibt Krieg
und sein [*sic*] Fernseher geht kaputt. (1985)

Volker Kühn, *Leise rieselt der Schmäh ... Wende-Parodien zur Lage der Nation.* Reinbek: Rowohlt, 1985, S. 23.

19. Stell dir vor, du stellst dich vor, und keiner stellt dich ein. (1985)

Ralf Bülow (Hrsg.), *Graffiti 3. Phantasie an deutschen Wänden.* München: Heyne, 1985, ohne Seitenangabe. Auch in Carola Jührs (Hrsg.), *Ächt too matsch. Das allerletzte*

Sprüchebuch. Münster: Coppenrath, 1985, ohne Seitenangabe; Richard Mahkorn (Hrsg.), *Büro-Sprüche*. München: Heyne, 1985, ohne Seitenangabe; Bernd Thomsen (Hrsg.), *Ihr geht mit der Welt um als hättet ihr eine zweite im Keller! Polit-Graffiti & Demo-Sprüche*. München: Heyne, 1986, ohne Seitenangabe; und Hans Gamber (Hrsg.), *Freche Sprüche für jeden Tag*. Rastatt: Moewig, 1987, S. 13.

20. Stell Dir vor, Du wirst impotent und keine merkt's. (1985)
Eduard Moriz (Hrsg.), *Sprüche aus der Beziehungskiste: Lieber „Bums" als „Fallera"*. Frankfurt am Main: Eichborn, 1985, ohne Seitenangabe.

21. Stell dir vor, es gibt Eisbein, und kein Schwein geht hin. (1985)
Carola Jührs (Hrsg.), *Ächt too matsch. Das allerletzte Sprüchebuch*. Münster: Coppenrath, 1985, ohne Seitenangabe.

22. Stell dir vor, es ist Feierabend und keiner will heim. (1985)
Richard Mahkorn (Hrsg.), *Büro-Sprüche*. München: Heyne, 1985, ohne Seitenangabe. Auch in Bernd Thomsen (Hrsg.), *Neue Büro-Sprüche. Lieber die dunkelste Kneipe als den hellsten Arbeitsplatz*. München: Heyne, 1986, ohne Seitenangabe; und Beate Kuckertz (Hrsg.), *Das große Buch der Büro-Sprüche*. München: Heyne, 1992, ohne Seitenangabe.

23. Stell Dir vor, es ist Krieg, und Dein Fahrrad ist kaputt. (1985)
Christian Roman (Hrsg.), *Reden ist Silber, Schweigen ist fünf. Schüler-Sprüche No. 2*. Frankfurt am Main: Eichborn, 1985, ohne Seitenangabe.

24. Stell dir vor, es ist Krieg, und wir gewinnen ihn. (1985)
Ralf Bülow (Hrsg.), *Graffiti 3. Phantasie an deutschen Wänden*. München: Heyne, 1985, ohne Seitenangabe.

25. Stell dir vor, es ist Mittwoch, und keiner sieht *Denver*. (1985)
Carola Jührs (Hrsg.), *Ächt too matsch. Das allerletzte Sprüchebuch*. Münster: Coppenrath, 1985, ohne Seitenangabe. Auch in Hans Gamber (Hrsg.), *Freche Sprüche für jeden Tag*. Rastatt: Moewig, 1987, S. 81.

26. Stell dir vor, da steht ein Atompilz und keiner pflückt ihn ab. (1986)
Bernd Thomsen (Hrsg.), *Ihr geht mit der Welt um als hättet ihr eine zweite im Keller! Polit-Graffiti & Demo-Sprüche*. München: Heyne, 1986, ohne Seitenangabe.

27. Stell dir vor, es geht, und keiner kriegt's hin. (1986)
Ralf Bülow (Hrsg.), *Lieber nett im Bett als cool auf dem Stuhl. Graffiti 4*. München: Heyne, 1986, ohne Seitenangabe. Auch in Eduard Moriz (Hrsg.), *Lieber sauweich als eberhard. Sponti-Sprüche No. 6*. Frankfurt am Main: Eichborn, 1986, ohne Seitenangabe.

28. Stell dir vor, es ist Friede und keiner mehr da. (1986)
Bernd Thomsen (Hrsg.), *Ihr geht mit der Welt um als hättet ihr eine zweite im Keller! Polit-Graffiti & Demo-Sprüche*. München: Heyne, 1986, ohne Seitenangabe.

29. Stell dir vor, es ist Frieden und einer hält sich nicht dran. (1986)
Bernd Thomsen (Hrsg.), *Ihr geht mit der Welt um als hättet ihr eine zweite im Keller! Polit-Graffiti & Demo-Sprüche*. München: Heyne, 1986, ohne Seitenangabe.

30. Stell dir vor, es ist Krieg und keiner geht hin. –
Dann kommt der Krieg zu dir! (1986)
Bernd Thomsen (Hrsg.), *Ihr geht mit der Welt um als hättet ihr eine zweite im Keller! Polit-Graffiti & Demo-Sprüche*. München: Heyne, 1986, ohne Seitenangabe.

31. Stell dir vor, es wird Frühling und kein Baum macht mit. (1986)
Bernd Thomsen (Hrsg.), *Ihr geht mit der Welt um als hättet ihr eine zweite im Keller! Polit-Graffiti & Demo-Sprüche*. München: Heyne, 1986, ohne Seitenangabe.

32. Stell dir vor, du bist blöd, und jeder merkt's. (1987)
Angelika Franz (Hrsg.), *Das endgültige Buch der Sprüche & Graffiti*. München: Heyne, 1987, S. 213.

33. Stell dir vor, es ist Endzeit, und keiner kapiert's! (1987)
Felix Renner, *Vorwiegend Unversöhnliches an kurzer Leine. Aphorismen*. Basel: Cornfeld, 1987, S. 78.

34. Stell dir vor, es ist Pfingsten – und keiner weiß, *warum*? (1987)
Hans Gamber (Hrsg.), *Freche Sprüche für jeden Tag*. Rastatt: Moewig, 1987, S. 64.

35. Stell dir vor, es ist Sommerschlußverkauf, und keiner hat Geld! (1987)
Hans Gamber (Hrsg.), *Freche Sprüche für jeden Tag*. Rastatt: Moewig, 1987, S. 76.

36. Stell dir vor, ich bin geil,
aber sie ist nicht wohlfeil. (1987)
Saskia Schlesinger (Hrsg.), *Mach dir einen schönen Lenz und schwänz. Schülersprüche – Schülerwitze*. München: Heyne, 1987, ohne Seitenangabe.

37. Stell dir vor, es ist möglich, und keiner kriegt's hin. (1988)
Claudia Glismann (Hrsg.), *Lieber ein Schäferstündchen als zwei Überstunden. Sprüche, Witze und Graffiti vom Arbeitsplatz*. München: Heyne, 1988, ohne Seitenangabe. Auch in Beate Kuckertz (Hrsg.), *Das große Buch der Büro-Sprüche*. München: Heyne, 1992, ohne Seitenangabe.

38. Stell dir vor, sie wartet auf dich, und keiner weiss wo. (1989)
Thea Lust, *Stell dir vor, sie wartet auf dich, und keiner weiss wo: Das Buch-Spiel der Beziehungen*. Reinbek: Rowohlt, 1989.

39. Stell dir vor, es ist Sozialismus – und keiner will weg! (1990)
Ewald Lang (Hrsg.), *Wendehals und Stasi-Laus. Demo-Sprüche aus der DDR*. München: Heyne, 1990, S. 57 und S. 100.

40. Stell Dir vor, Du machst morgens die Augen auf, und es bleibt trotzdem dunkel. (1995)

Werbung für Aktion Sorgenkind in *Der Spiegel*, Nr. 25/19. Juni 1995, S. 170.

LAND (a)

„Kein schöner Land in dieser Zeit
als hier das unsre weit und breit,
wo wir uns finden
wohl unter Linden
zur Abendzeit."

Erste Strophe des zum Volkslied gewordenen Gedichts „Kein schöner Land in dieser Zeit" (1840) von August Wilhelm Zuccalmaglio.

1. *landessprache*
was habe ich verloren,
in diesem land,
[...]
wo wir uns finden wohl unter blinden,
in den schau-, kauf-, und zeughäusern,
[...] (1960)

Hans Magnus Enzensberger, *Gedichte. Die Entstehung eines Gedichts*. Frankfurt am Main: Suhrkamp, 1962, S. 50.

2. *Über ein deutsches Volkslied*
„Kein schöner Land in dieser Zeit
als wie das unsre weit und breit ..."
[...]

Von diesem Liede die Moral:
Wer schuldig wurde, der bezahl!
Oh, daß am Morden
wir schuldig geworden
zum letzten Mal! (1965)

Henryk Keisch; zitiert aus Helmut Lamprecht (Hrsg.), *Deutschland, Deutschland. Politische Gedichte vom Vormärz bis zur Gegenwart*. Bremen: Schönemann, 1969, S. 524.

3. *Abendlied*
Kein schöner Land, wohl unter Linden,
wo zur Abendzeit
man sich vor seine offne Türe setzt
und sich nur freut,
daß drüben jetzt derselbe Mond aufgeht
und daß ein frischer Wind herüberweht,

da bin ich zu Hause,
wo man dieses Lied versteht.
[...] (Ca. 1967)

Franz Josef Degenhardt; zitiert aus Hans Reinhard Schatter (Hrsg.), *Scharf geschossen. Die deutschsprachige Parodie von 1900 bis zur Gegenwart.* München: Scherz, 1968, S. 281.

4. *Lied von der Bewältigung*
Kein ander Land gibt's weit und breit,
wo man sich selbst so gern verzeiht
und fremde Sünden,
die man kann finden,
so laut beschreit.
[...] (1967)

Dieter Höss, *Schwarz Braun Rotes Liederbuch.* Bergisch Gladbach: Lübbe, 1967, S. 60.

5. Kein fremder Land. (1993)

Doris Gercke, *Kein fremder Land: Roman.* Hamburg: Hoffmann und Campe, 1993.

LAND (b)

**„Kennst du das Land, wo die Zitronen blühn;
Im dunklen Laub die Gold-Orangen glühn,
Ein sanfter Wind vom blauen Himmel weht,
Die Myrte still und hoch der Lorbeer steht?
Kennst du es wohl? Dahin! Dahin
Möcht' ich mit dir, o mein Geliebter, ziehn."**

Erste Strophe des Gedichts „Mignon" (1784), das Johann Wolfgang von Goethe in seinem Roman *Wilhelm Meisters Lehrjahre* (1795/1796) veröffentlichte.

1. *Sehnsucht nach Holland*
Kennst du das Land? Auf Dämmen ruht sein Grund?
Breit sind die Männer und die Weiber rund;
Flamländer stehn und schreien um dich her:
„Orange boven! Wat believt, mijn Heer?"
Kennst du dies Land? Dorthin, dorthin
Möcht' ich mit dir; O mein Geliebter, ziehn!
[...] (1797)

Johannes D. Falk; zitiert aus Z. Funck (eigentlich Karl Friedrich Kunz) (Hrsg.), *Das Buch deutscher Parodieen und Travestieen.* Erlangen: Palm, 1840, Bd. 1, S. 206.

2. *An Luisen*
Kennst du das Land, wo treue Liebe thront,
Wo Unschuld noch in jedem Herzen wohnt,

Wo Tugend man in jedem Werke übt,
Und alle Menschen auch wie Brüder liebt?
Kennst du es wohl? Dahin, dahin
Möcht' ich mit dir, o meine Geliebte! ziehn.
[...] (Vor 1840)

Freisleben; zitiert aus Z. Funck (eigentlich Karl Friedrich Kunz) (Hrsg.), *Das Buch deutscher Parodieen und Travestieen.* Erlangen: Palm, 1840, Bd. 1, S. 4.

3. *Das Romanen-Land*
Kennst du das Land, wo man Romane schreibt
Mehr als der Wind am Himmel Wolken treibt?
Wo voll Genie sogar die kleinste Stadt
Sich selber druckt ihr eignes Morgenblatt?
Kennst du es wohl? dahin, dahin
Möcht' ich mit dir, geliebter Leser, ziehn!
[...] (Vor 1840)

J. Ränny; zitiert aus Z. Funck (eigentlich Karl Friedrich Kunz) (Hrsg.), *Das Buch deutscher Parodieen und Travestieen.* Erlangen: Palm, 1840, Bd. 1, S. 208.

4. *Das Vaterland*
Kennt ihr das Land, – auf Erden liegt es nicht –
Von dem das Herz in bangen Stunden spricht,
Wo keine Klag' ertönt und keine Thräne fließt,
Der Gute glücklich, stark der Schwache ist?
Kennt ihr es wohl? – Dahin, dahin
Laßt, Freunde, fest uns richten Herz und Sinn!
[...] (Vor 1840)

Claus Harms; zitiert aus Z. Funck (eigentlich Karl Friedrich Kunz) (Hrsg.), *Das Buch deutscher Parodieen und Travestieen.* Erlangen: Palm, 1840, Bd. 1, S. 5.

5. *Leider nicht*
Kennst Du das Land,
Wo die Lianen blühn,
Und Himmelhoch
Sich rankt des Urwalds Grün?
Wo Niagara aus dem Felsen bricht
Und Sonnengluth
den freien Scheitel sticht?

Kennst Du das Land,
Wohin Märtyrer ziehn,
Und wo sie still
Wie Alpenröslein glühn?
Die zweite Heimath ist's.
so mancher spricht!

Kennst Du das Land? –
  Ach, leider nicht! (1846)

Friederike Kempner; zitiert aus Gerhart Hoffmeister, „Mignon-Parodien: von Falk bis Artmann (1797-1975)“, in G. Hoffmeister (Hergs.), *Goethes Mignon und ihre Schwestern. Interpretationen und Rezeption.* New York: Lang, 1993, S. 241. Auch in F. Kempner, *Der „schlesische Schwan“*, hrsg. von Gerhard Mostar, 5. Aufl. Heidenheim: Heidenheimer Verlagsanstalt, 1953, S. 45.

6. *Kennst Du vielleicht ein Land?*
Kennst Du vielleicht ein Land,
Wo keine Bösen sind?
Das wär' mein Lieblingsland,
Ich ginge hin geschwind.

Kennst Du vielleicht ein Land,
Wo niemand Böses tut?
Das wär' mein Wunderland,
Für das gäb' ich mein Blut! (Ca. 1846)

Friederike Kempner; zitiert aus Gerhart Hoffmeister, „Mignon-Parodien: von Falk bis Artmann (1797-1975)“, in G. Hoffmeister (Hrsg.), *Goethes Mignon und ihre Schwestern. Interpretationen und Rezeption.* New York: Lang, 1993, S. 241. Auch in F. Kempner, *Die Nachtigall im Tintenfaß*, hrsg. von Walter Meckauer. München: Pohl, 1956, S. 82.

7. *Mignon als Volks-Kammer-Sängerin*
Kennst du das Land, wo Einheits-Phrasen blühn,
in dunkler Brust Trennungsgelüste glühn,
ein kühler Wind durch Zeitungsblätter weht,
der Friede still und hoch die Zwietracht steht?
Kennst du es wohl? Dahin! Dahin
möcht ich mit dir, o mein Geliebter, ziehn.
[...] (1848)

Franz Dingelstedt; zitiert aus Wolfgang Hecht (Hrsg.), *Frei nach Goethe. Parodien nach klassischen Dichtungen Goethes und Schillers.* Berlin: Rütten und Loening, 1965, S. 69. Auch in Helmut Lamprecht (Hrsg.), *Deutschland, Deutschland. Politische Gedichte vom Vormärz bis zur Gegenwart.* Bremen: Schönemann, 1969, S. 106.

8. Kennst du das Land, in dem die Phrase blüht?
Kennst du das Volk, das Volk mit dem Gemüt?
Das Volk, das Ulrich Hutten einst verstieß
und das mich, grausam, dann verhungern ließ?
Kennst du es wohl?
Dahin! Zu ihm,
auf goldnen Flügeln, tragt mich, Cherubim.
[...] (1902)

Arno Holz; zitiert aus Erwin Rotermund, *Die Parodie in der modernen deutschen Lyrik.* München: Beck, 1963, S. 93.

9. *Moderne Mignon*
Kennst du den Strand, wo die Matronen blühn,
Im Dünensand rotbraune Wangen glühn?
Ein sanftes Kind im Badeanzug geht,
Das Myrten will – und hoch der Strandkorb steht!
Kennst du Trouville?
Dahin! Dahin
Möcht ich mit dir zur Badesaison ziehn!
[...] (Vor 1915)

Alfred Beetschen; zitiert aus Richard Zoosmann (Hrsg.), *Unartige Musenkinder.* Berlin: Hesse & Becker, 1915, S. 420.

10. Kennst du das Land, wo die Zitrone samft
Im dunklen Glühwein scheibenförmig dampft,
Ein kalter Hahn zum grauen Himmel kräht,
Die Myrte still und tief der Lire steht?
Kennst du es wohl?
Heim nach Berlin
Laß zur Erwärmung mein Gefrierfleisch ziehn! (1925)

Alfred Kerr; zitiert aus Gerhart Hoffmeister, „Mignon-Parodien: von Falk bis Artmann (1797-1975)", in G. Hoffmeister (Hrsg.), *Goethes Mignon und ihre Schwestern. Interpretationen und Rezeption.* New York: Lang, 1993, S. 242. Auch in Eckhart Henscheid und F. W. Bernstein (Hrsg.), *Unser Goethe. Ein Lesebuch.* Zürich: Diogenes, 1982, S. 229.

11. *Mignon 1925*
Kennst du das Land, wo die Faschisten blühn,
im dunklen Laub die Diebslaternen glühn,
ein Moderduft von hundert Leichen weht,
die Freiheit still und hoch der Duce steht?
Kennst du es wohl?
Dahin! Dahin
möcht ich mit dir, mein Adolf Hitler, ziehn!
[...] (1925)

Erich Mühsam; zitiert aus Gerhart Hoffmeister, „Mignon-Parodien: von Falk bis Artmann (1797-1975)", in G. Hoffmeister (Hrsg.), *Goethes Mignon und ihre Schwestern. Interpretationen und Rezeption.* New York: Lang, 1993, S. 247. Auch in E. Mühsam, *Gesamtausgabe*, hrsg. von C. Ennig. Berlin: Europäische Ideen, 1978, Bd. 2, S. 588.

12. *Kennst du das Land, wo die Kanonen blühn?*
Kennst du das Land, wo die Kanonen blühn?
Du kennst es nicht? Du wirst es kennenlernen!
Dort stehn die Prokuristen stolz und kühn
in den Büros, als wären es Kasernen.

Dort wachsen unterm Schlips Gefreitenknöpfe.
Und unsichtbare Helme trägt man dort.
Gesichter hat man dort, doch keine Köpfe.
Und wer zu Bett geht, pflanzt sich auch schon fort!

[...]

Dort reift die Freiheit nicht. Dort bleibt sie grün.
Was man auch baut – es werden stets Kasernen.
Kennst du das Land, wo die Kanonen blühn?
Du kennst es nicht? Du wirst es kennenlernen! (1928)

Erich Kästner, *Gesammelte Schriften für Erwachsene.* Zürich: Atrium, 1969, Bd. 1, S. 70.

13. Das Land, wo die Spione blühn. (1981)

Karl-Heinz Wocker, „Das Land, wo die Spione blühn: Englische Skandal-Chronik". *Die Zeit*, Nr. 15/10. April 1981, S. 7.

14. Kennste det Land, wo die Zitronen blühn?
In dieses Land da jib's ooch Appelsin'. (Vor 1984)

Luise Lemke, *Besser jut jelebt und det noch recht lange. Noch mehr Berliner Sprüche.* Berlin: Arani, 1984, S. 107.

15. *Land*
Wer kennt ein Land?
Kennt ihr das Land, wo die Atome blühn,
Im dunklen Laub die Gift-Kanister sprühn,

Kennst du das Land, wo noch Zitronen blühn?
Ein schwarzer Wind vom sauren Himmel weht –

Kennt ihr das Haus? Auf Raketen ruht sein Dach,
In Höhlen wohnt der Drachen alte Brut,
Es stürzt der Fels und über ihn die Flut. (1985)

Fritz Arcus, *Lieber ein Seedieb als ein Teesieb! 260mal Merk-würdiges zum Nachschlagen.* Frankfurt am Main: Rita G. Fischer, 1985, S. 27-28.

16. Im Land, wo die Zitronen blühen, hatte „Made in Germany" schon immer einen guten Namen. (1985)

Werbung für Eurocard in *Der Spiegel*, Nr. 4/21. Januar 1985, Umschlagseite.

17. *Kennst du das Land, wo die Motoren glühn?*
Kennst du das Land, wo die Motoren glühn?
Du kennst es nicht? Du wirst es kennenlernen!
Dort gibt es Luxusschlitten stolz und kühn,
an jeder Straßenecke stehen Parkkasernen.

Dort wachsen Autobahnen durch das Land,
und wer zu Fuss geht, gilt als Idiot.
Das Fahrrad ist dort völlig unbekannt,
und auch die Eisenbahn ist längst schon tot.

[...]

Dort stirbt der Wald dahin und ist nicht grün.
Was man auch baut – es sind meist Parkkasernen.
Kennst du das Land, wo die Motoren glühn?
Du kennst es nicht? Du wirst es kennenlernen! (1987)

Erich Schweizer, „Kennst du das Land, wo die Motoren glühn?" *Nebelspalter*, Nr. 3/15. Januar 1987, S. 23.

18. Kennst du das Land, wo die Freiheit blüht? (1989)

Anonymer Graffito an der Berliner Mauer; zitiert aus Gerhart Hoffmeister, „Mignon-Parodien: von Falk bis Artmann (1797-1975)", in G. Hoffmeister (Hrsg.), *Goethes Mignon und ihre Schwestern. Interpretationen und Rezeption.* New York: Lang, 1993, S. 251.

LÄRM

„Viel Lärm um nichts"

Deutsche Titelübersetzung von William Shakespeares Komödie *Much Ado About Nothing* (1598).

1. „Viel Lärm um nichts", hübscher Titel für manche Musikstücke. (Vor 1967)

Max J. Friedländer, *Erinnerungen und Aufzeichnungen*, hrsg. von Rudolf M. Heilbrunn. Mainz: Kupferberg, 1967, S. 26.

2. Viel Lärm um die perfekte Stille. (1974)

Ortwin Löwa, „Viel Lärm um die perfekte Stille: Kommunistische Kritik an einem Massentest". *Die Zeit*, Nr. 1/4. Januar 1974, S. 7.

3. Viel Lärm um die „stille Front". (1974)

Alfred Schickel, „Viel Lärm um die ‚stille Front': Anmerkungen zu zwei Büchern, die sich mit den größten Spionagediensten beschäftigen". *Die Zeit*, Nr. 47/22. November 1974, S. 28.

4. Viel Lärm um fast nichts. (1975)

Hans-Hagen Bremer, „Viel Lärm um fast nichts: Europäische Gipfelkonferenz". *Die Zeit*, Nr. 11/14. März 1975, S. 16.

5. Viel Nichts um Lärm. (1975)
Werner Finck, *Zwischendurch. Ernste Versuche mit dem Heiteren.* Frankfurt am Main: Fischer, 1978, S. 183.

6. Wenig Lärm um viel. (1975)
Werbung für Peugeot in *Der Spiegel*, Nr. 15/7. April 1975, S. 128. Auch in *Quick*, Nr. 41/2. Oktober 1975, S. 99.

LÄRM 6

7. Viel Rauch um nichts? (1978)
Thomas von Randow, „Viel Rauch um nichts? Tabakreklame ist absolut unwirksam“. *Die Zeit*, Nr. 52/29. Dezember 1978, S. 20.

8. Viel Lärm – um was? (1979)
Heinz-Günter Kemmer, „Viel Lärm – um was? Der Arbeitskampf in der Stahlindustrie bringt beiden Seiten Verluste“. *Die Zeit*, Nr. 2/12. Januar 1979, S. 9.

9. Viel Lärm um Zero. (1982)
Wolfgang Winter, „Viel Lärm um Zero: Mit einem raffinierten Trick wollen Anleger dem Fiskus ein Schnippchen schlagen“. *Die Weltwoche*, Nr. 12/24. März 1982, S. 29.

10. Staat ist status quo und Lärm um nichts. (1983)
Peter Oprei, *Bedenkliches – Unbedenkliches. Aphorismen.* St. Michael: Bläschke, 1983, S. 70.

11. Viel Gerede um das Nichts: Viel Lärm um nichts. (1983)
Josef Meier O'Mayr, *Wo lassen Sie denken? Weisheiten und Naseweisheiten.* Pfaffenhofen: Ludwig, 1983, S. 77.

12. Wir machen zu viel Nichts um den Lärm. (1984)
Werner Ehrenforth, *Die unsterbliche Eintagsfliege. Aphorismen, Fabeln und andere Frechheiten.* Halle: Mitteldeutscher Verlag, 1984, S. 35.

13. Viel Qualm um nichts. (1985)
Anonym, „Viel Qualm um nichts". *Darmstädter Echo,* 15. August 1985, S. 1.

14. Viel Müh' um Nichts. (1986)
Hans-Otto Spingel, „Viel Müh' um Nichts: Oper ‚Die Blinden' von Walter Zimmermann uraufgeführt". *Die Zeit,* Nr. 19/9. Mai 1986, S. 16.

15. Viel Lärm? Um nichts in der Welt. (1990)
Wolfgang Funke, *Der Wendehals und andere Mitmenschen. Satirische Epigramme und Kurzgeschichten.* Berlin: Ullstein, 1990, S. 76.

LAUFEN

„Er läuft und läuft und läuft."

Werbeslogan für den Volkswagen „Käfer" (1962).

1. Warum ist uns Strauß so sympathisch? Er geht ... und geht ... und geht ... und geht ... (1963)
Karikatur in *Simplicissimus,* Nr. 9/2. März 1963, S. 131.

2. Er läuft und läuft und läuft ... heute noch! Ab morgen fährt er einen VW. (1965)
Werbung für Volkswagen in *Simplicissimus,* Nr. 21/9. Oktober 1965, S. 327.

3. Mercedes läuft und läuft und läuft ... (1980)
Richard Gaul, „Mercedes läuft und läuft und läuft ...: Anders als VW vor zehn Jahren schafft Daimler-Benz den Strukturwandel ohne Krise". *Die Zeit,* Nr. 28/11. Juli 1980, S. 17.

4. ... steigt und steigt ... (1981)
Werbung für Volkswagen in *Nebelspalter,* Nr. 8/24. Februar 1981, S. 6.

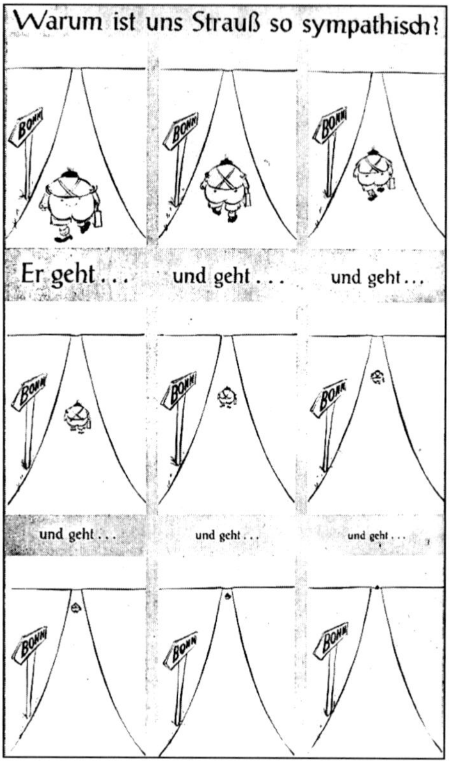

LAUFEN 1

5. Der Aufschwung kommt und kommt und kommt. (1984)

   Ralf Bülow, *Liebe ist heilbar. Sprüche aller Art*. Frankfurt am Main: Michler, 1984, ohne Seitenangabe.

6. Der VW-Ehemann: Seiner Freundin erzählt er, daß seine Scheidung läuft und läuft und läuft. (1985)

   Gerhard Uhlenbruck, *Eigenliebe macht blind. Hinrissige Gedankensprünge und Aphorismen*. Aachen: Stippak, 1985, S. 17.

7. Kraft, die bleibt und bleibt und bleibt. (1989)

   Werbung für Grundig-Rasierapparate in *Der Spiegel*, Nr. 20/29. Mai 1989, S. 210.

8. Er rollt und rollt und rollt. (1994)

   Hans Schuh, „Er rollt und rollt und rollt: Eine neue Halbautomatik für den Golf übernimmt das Kuppeln und spart Sprit“. *Die Zeit*, Nr. 2/14. Januar 1994, S. 18. Auch als anonyme Überschrift „Er rollt und rollt und rollt …: Wolfgang Schäuble, Deutschlands prominentester Rollstuhlfahrer“. *Focus*, Nr. 38/19. September 1994, S. 206.

9. Tankwart und wart und wart und wart. (1994)
Werbung für Mercedes in *Focus*, Nr. 44/31. Oktober 1994, S. 4-5.

10. Autofahrer, dessen Auto läuft und läuft und läuft und nicht er selber. (1995).
Wolfgang Steinberg, *VW fahren: Ein fröhliches Wörterbuch für den Autofahrer, dessen Auto läuft und läuft und läuft und nicht er selber.* München: Tomus, 1995.

LEBEN (a)

„Das Leben ist der Güter höchstes nicht."

Friedrich Schiller, *Die Braut von Messina* (1803), IV. Akt (Schluß).

1. Alles, was uns wertvoll dünkt, ist ja nicht wertvoll an sich, sondern ist in seinem Wertstand einfach durch unser Leben bedingt. Schweigt das Leben, so schweigt der Wunsch. „Das Leben ist der Güter höchstes nicht." Daß man lebt, ist nicht nötig; nur das empfind ich immer tiefer: „Wenn man überhaupt lebt, muß man auch leben *können.*" (1879)
Theodor Fontane, *„Alles kommt auf die Beleuchtung an". Fontane zum Vergnügen*, hrsg. von Christian Grawe. Stuttgart: Reclam, 1994, S. 147.

2. *Schillernd*
„Das Leben ist der Güter höchstes nicht" (Schiller).
Kommentar: Wer das zitiert, meint für gewöhnlich: das Leben der andern. (1967)
Ludwig Marcuse, *Argumente und Rezepte. Ein Wörterbuch für Zeitgenossen.* Zürich: Diogenes, 1973, S. 113.

3. Der Lebensstandard ist der Güter höchstes nicht. (1977)
Heinrich Schröter, *Ha, welche Lust, Zitat zu sein! Spruchbuch zum Fortschreiben.* München: Gauke, 1977, S. 26. Auch in H. Schröter, *Worte wie Wahrzeichen. Hauptsätze zu Hauptthemen und Hauptsachen.* Wiesbaden: Edition Retörsch, 1984, S. 66; und H. Schröter, *Lebensworte. Kürzesttexte zum Fort- und Gegenschreiben.* Willebadessen: Zwiebelzwerg, 1991, S. 63.

4. Das Leben ist der schnellen Brüter höchstes nicht. (1986)
Bernd Thomsen (Hrsg.), *Ihr geht mit der Welt um als hättet ihr eine zweite im Keller! Polit-Graffiti & Demo-Sprüche.* München: Heyne, 1986, ohne Seitenangabe.

5. Die Logik unserer Raubbauern: „Das Leben ist der Güter höchstes nicht , also braucht die Menschheit nicht zu überleben!" (1987)
Felix Renner, *Vorwiegend Unversöhnliches an kurzer Leine. Aphorismen.* Basel: Cornfeld, 1987, S. 24.

LEBEN (b)

„Freut euch des Lebens,
Weil noch das Lämpchen glüht,
Pflücket die Rose,
Eh sie verblüht!"

Erste Strophe des zum Volkslied gewordenen Gedichts „Rundgesang" (1793) von Johann Martin Usteri.

1. Freut euch des Lebens,
   Großmutter wird mit der Sense rasiert,
   Alles vergebens!
   Sie war nicht eingeschmiert. (19. Jh.)

   Anonyme Parodie; zitiert aus Ernst Heimeran (Hrsg.), *Hinaus in die Ferne mit Butterbrot und Speck. Die schönsten Parodien auf Goethe bis George.* Tübingen: Laupp, 1943, S. 233. Auch in Ernest Borneman, *Unsere Kinder im Spiegel ihrer Lieder, Reime, Verse und Rätsel.* Olten: Walter, 1973, S. 81.

2. Freut euch des Lebens,
   Kölsche Mädchen hann Busen an.
   Alles vergebens,
   Kriegen doch keinen Mann. (Ca. 1900)

   Ernest Borneman, *Unsere Kinder im Spiegel ihrer Lieder, Reime, Verse und Rätsel.* Olten: Walter, 1973, S. 88.

3. *Lied von der unversteuerten Lebensfreude*
   Freut euch des Lebens,
   eh euch der Staat mit der Steuer rasiert.
   Freut euch des Lebens,
   ehe er kassiert.
   [...] (Ca. 1965)

   Dieter Höss, *Schwarz Braun Rotes Liederbuch.* Bergisch Gladbach: Lübbe, 1967, S. 32.

4. Freut euch des Tankens. (1976)

   Werbung für Hercules Motorräder in *Stern*, Nr. 13/18. März 1976, S. 133.

5. Freut euch des Gebens! (1977)

   Heinrich Schröter. *Ha, welche Lust, Zitat zu sein! Spruchbuch zum Fortschreiben.* München: Gauke, 1977, S. 21.

6. Freut euch des Lenkrads,
   solang noch der Ölhahn sprüht! (1981)

   Anonymer Kalenderspruch in *Sentenzen fürs Klo. Locus vivendi 1981.* München: Heye, 1981, ohne Seitenangabe.

7. Freut Euch des Lebens. Aber freut Euch nicht zu früh. (1983)
Werner Mitsch, *Das Schwarze unterm Fingernagel. Sprüche.* Stuttgart: Letsch, 1983, S. 89.

8. Freut euch des Sterbens! (1986)
Ralf Bülow (Hrsg.), *Lieber nett im Bett als cool auf dem Stuhl. Graffiti 4.* München: Heyne, 1986, ohne Seitenangabe.

LICHT

„Mehr Licht!"

Apokryphe letzte Worte von Johann Wolfgang von Goethe. Wahrscheinlich eine romantisch verklärte Verkürzung von Goethes letzter Aussage „Macht doch den zweiten Fensterladen auf, damit mehr Licht hereinkomme" (1832).

1. *Mehr Licht*
„Mehr Licht!" hatte Goethe gesagt,
doch uns betraf das nicht mehr.
Es war der erste Befehl
des Ministers im ewigen Dunkel. (Vor 1966)
Stanisław Jerzy Lec, *Das große Stanisław Jerzy Lec Buch. Aphorismen, Epigramme, Gedichte und Prosa*, hrsg. von Karl Dedecius. München: Goldmann, 1990, S. 225.

2. „Mehr Licht!" Für einen, der – von Scheinwerfern geblendet – einem gnadenlosen Verhör ausgesetzt ist, würde das im Mund seiner Peiniger zur bösartigen Farce. (1969)
Walter Hilsbecher, *Sporaden. Aufzeichnungen aus zwanzig Jahren.* Stuttgart: Klett, 1969, S. 88.

3. *Behauptung*
Ein Mann aus Augsburg ist allein deshalb in die Augsburger Irrenanstalt eingeliefert worden, weil er sein ganzes Leben bei jeder Gelegenheit behauptet hatte, Goethe habe als Letztes *mehr nicht!* und nicht *mehr Licht* gesagt, was allen mit ihm in Berührung gekommenen Leuten mit der Zeit und auf die Dauer derartig auf die Nerven gegangen sei, daß sie sich zusammengetan hatten, um die Einweisung dieses auf so unglückliche Weise von seiner Behauptung besessenen Augsburgers in die Irrenanstalt zu erwirken. Sechs Ärzte hätten sich geweigert, den Unglücklichen in die Irrenanstalt einzuweisen, der siebente habe eine solche Einweisung sofort veranlaßt. Dieser Arzt ist, wie ich aus der *Frankfurter Allgemeinen Zeitung* erfahren habe, dafür mit der Goetheplakette der Stadt Frankfurt ausgezeichnet worden. (1978)
Thomas Bernhard, *Der Stimmenimitator.* Frankfurt am Main: Suhrkamp, 1982, S. 58.

4. Das standardisierte letzte Wort der Moribunden einer nahen Zukunft: „Mehr Luft!" (1994)
Felix Renner, *Vorletzte Worte. Aphorismen.* Rorschach: Nebelspalter, 1994, S. 85.

5. Mehr Licht(enberg)! (1995)
Ulrich Erckenbrecht, *Katzenköppe. Aphorismen/Epigramme.* Göttingen: Muriverlag, 1995, S. 66.

6. Goethes letzte Worte: „Mehr Licht" oder „Mehr nicht!?" (1995)
Hans Leopold Davi, *Wortwirbel. Aphorismen.* Zürich: Pendo, 1995, S. 66.

LIEBEN

„Er (Sie) liebt mich, er (sie) liebt mich nicht ..."

Schon im Mittelalter belegter Abzählvers, der als Liebesorakel beim Auszupfen der Blütenblätter der Wucherblume (Sternblume) gesprochen wird, so z.B. von Gretchen in der „Garten"-Szene in Goethes *Faust.*

1. Friede – nicht Friede – Friede – nicht Friede – Friede. (1916)
Karikatur in *Simplicissimus,* 20, Nr. 47/22. Februar 1916, S. 555.

2. Soll man ein Kopiergerät kaufen ... mieten ... kaufen ... mieten ...? (1967)
Werbung für Xerox in *Süddeutsche Zeitung,* 4. Januar 1967, ohne Seitenangabe.

3. Wir werden sie [neue Autos] los – wir werden sie nicht los ... (1967)
Karikatur in *Der Spiegel,* Nr. 35/21. August 1967, S. 62.

Süddeutsche Zeitung
„Wir werden sie los — wir werden sie nicht los . . ."

LIEBEN 3

4. Sie geht mit mir ins Bett ... Sie geht nicht mit mir ins Bett ... (1974)
Witzzeichnung in *Schweizer Illustrierte*, Nr. 18/29. April 1974, S. 11.

Der Blumentest ist nicht mehr so poetisch wie früher

LIEBEN 4

5. „Sie kommt – sie kommt nicht".
„Sag amol – is dir des net schon z'blöd?" (1978)
Karikatur in *Frankfurter Allgemeine Zeitung*, 26. Oktober 1978, S. 3.

6. Alkohol Schluß: Ich schaff's, ich schaff's nicht, ich schaff's. (1983)
Plakat des Deutschen Caritasverbandes in *Der Spiegel*, Nr. 41/10. Oktober 1983, S. 7.

7. Sie lieben mich ... Sie lieben mich nicht ... Sie lieben mich ... (1985)
Witzzeichnung in *Nordamerikanische Wochenpost und Detroiter Abendpost*, 20. Juli 1985, S. 11.

8. Schwanger?
Ja – nein? (1986)
Werbung für „evatest rapid" in *Journal für die Frau*, Nr. 11/14. Mai 1986, S. 43.

9. Ich mag dich, ich mag dich nicht, ich mag dich ... (1986)
Oskar Reck, „Ich mag dich, ich mag dich nicht, ich mag dich ...: Umfrage zum Uno-Beitritt der Schweiz". *Die Weltwoche*, Nr. 7/13. Februar 1986, S. 43.

10. Das Finanzamt liebt mich ... Es liebt mich nicht ... Es liebt mich ... Es ... (1991)
Karikatur in *Stern*, Nr. 38/12. September 1991, S. 114.

11. Asyl-Schnellsortier-Anlage: Echt, ... unecht ..., ... echt ... (1992)
Karikatur in *Der Spiegel*, Nr. 15/6. April 1992, S. 37.

12. ... bestell ich, bestell ich nicht, bestell ich! (1994)
Werbung für Quelle in *Für Sie*, Nr. 11/11. Mai 1994, S. 83.

LÖWE

„Gefährlich ists, den Leu zu wecken,
Verderblich ist des Tigers Zahn;
Jedoch der schrecklichste der Schrecken
Das ist der Mensch in seinem Wahn."

Friedrich Schiller, „Die Glocke" (1800)

1. *Kalauer*
   Gefährlich ist es, leim zu lecken,
   Verderblich ist ein hohler Zahn;
   Jedoch der schrecklichste der Schrecken,
   Das ist der Mensch, ist er im Tran. (1869)

   Anonyme Parodie; zitiert aus Ernst Heimeran (Hrsg.), *Hinaus in die Ferne mit Butterbrot und Speck. Die schönsten Parodien auf Goethe bis George.* Tübingen: Laupp, 1943, S. 231. Auch in Wolfgang Hecht (Hrsg.), *Frei nach Goethe. Parodien nach klassischen Dichtungen Goethes und Schillers.* Berlin: Rütten & Loening, 1965, S. 105.

2. Gefährlich ist's, den Leu zu wecken.
   Denn Schlafen ist der Löwen erste Pflicht. (1983)

   Werner Mitsch, *Das Schwarze unterm Fingernagel. Sprüche.* Stuttgart: Letsch, 1983, S. 88.

3. *Vierzigjährige Inflation*
   Gefährlich ist's, den Leu zu wecken,
   verderblich ist des Tigers Zahn,
   doch der schrecklichste der Schrecken
   ist der Umbenennungswahn. (1991)

   Hansgeorg Stengel, *Im Stenglischen Garten. Epigramme und Epikrümel.* Berlin: Eulenspiegel, 1991, S. 55.

LÜGEN

„Weh dem, der lügt."

Titel von Franz Grillparzers Lustspiel *Weh dem, der lügt* (1838).

1. Weh dem, der liegt! Es könnte sein, daß er, im Notfall, nicht schnell genug hochkommt. (1975)

   Helmut Lamprecht, *Die Hörner beim Stier gepackt. Aphorismen, Epigramme, Gedichte.* Stuttgart: Gebühr, 1975, S. 20.

2. Weh dem, der nicht lügt. (1977)

   Gerhard Uhlenbruck, *Ins eigene Netz. Aphorismen.* Aachen: Stippak, 1977, S. 104.

LÜNEBURGER HEIDE

**„Auf der Lüneburger Heide,
In dem wunderschönen Land
Ging ich auf und ging ich unter,
Allerlei am Weg ich fand;
Valleri, vallera,
Und juchheirassa,
Bester Schatz, bester Schatz,
Denn du weißt es, weißt es ja."**

Erste Strophe des zum Volkslied gewordenen Gedichts „Auf der Lüneburger Heide" (ca. 1911) von Hermann Löns. Statt „unter" wird allerdings meistens „nieder" gesungen, und die letzte Zeile ist zu „Denn du weißt, du weißt es ja" umgewandelt worden.

1. *Belsen*
Auf der Lüneburger Heide,
In dem wunderschönen Land

Schwarz klagt das Schweigen im
Krähenflug. Moorwege und Kiefern,
düstere Drohung von gestern.

Da ging ich auf, da ging ich unter,
allerlei am Weg ich fand

Here lie buried 5000 bodies.
Here lie buried 2000 bodies.
Here lie buried. Here lie buried.

Valleri, vallera,
und juchheissassa

Schwarz ist der Regen. Schwarz.
Schwarz auf die Hügel und Erika.

Bester Schatz, bester Schatz

Ich flehe um den Tod meiner Gedanken.
Here lie buried. Here lie buried.

Denn du weißt, du weißt es ja. (Ca. 1960)

Helmut Lamprecht; zitiert aus Hans Reinhard Schatter (Hrsg.), *Scharf geschossen. Die deutschsprachige Parodie von 1900 bis zur Gegenwart.* München: Scherz, 1968. S. 252.

2. *Heidelied*
Auf der Lüneburger Heide,
in dem wunderschönen Land
ging ich auf und ging ich unter,
allerlei am Weg ich fand:
Zermalmt, zerbrochen, zerschmettert
Wald, zu Kleinholz geschlagen,
umgelegt, zerrissen, zerfetzt,
verblichene Baumskelette ...

[...]

Hörst du das Rasseln, das Dröhnen,
das nächtliche Rumpeln und Poltern,
das Geröchel aus Bergen-Belsen,
Hörst du die Ouvertüre, die
künftige Schlachten verspricht ... (1979)

Thaddäus Troll; zitiert aus *Die Zeit*, Nr. 50/14. Dezember 1979, S. 12.

3. Auf der Lüneburger Wüste –
diesem wunderschönen Land ... (1984)

Anonym, „Auf der Lüneburger Wüste – diesem wunderschönen Land ..." *Praline*, Nr. 36/30. August 1984, S. 40.

4. *Das Heidelied*
Da wo die Heide am schönsten erblüht
In Bergen-Belsen entstand dieses Lied
Doch nicht die Toten von Belsen allein
Es solln alle die unvergessen sein
Die's Leben nicht gaben – denen man's nahm ...
  Das war zu der Zeit als die Stille kam
  Die Tausenden Toten die Ruhe nahm.

[...]

Jahrzehnte schweigen die Toten schon laut
Und einmal im Jahr blüht das Heidekraut
Erblüht immer wieder aus soviel Leid
Ihr Toten von Belsen hört meinen Eid
Niemals zu schweigen aus Trauer und Scham ...
  Von euch und der Zeit als die Stille kam
  Die Tausenden Toten die Ruhe nahm. (1984)

Manfred Hausin; zitiert aus M. Hausin (Hrsg.), *Wir haben lang genug geliebt, und wollen endlich hassen! Gedichte.* Frankfurt am Main: Fischer, 1984, S. 95. Auch in M.

Hausin, *Als ich einmal ein Dichter war. Gedichte, Lieder und Chansons*. Hannover: Fakkelträger, 1991, S. 59.

MAI

**„Der Mai ist gekommen, die Bäume schlagen aus,
Da bleibe, wer Lust hat, mit Sorgen zu Haus;
Wie die Wolken wandern am himmlischen Zelt,
So steht auch mir der Sinn in die weite, weite Welt."**

Erste Strophe des zum Volkslied gewordenen Gedichtes „Der Mai ist gekommen" (1841) von Emanuel Geibel.

1. Der Mai ist gekommen,
Die Bäume schlagen aus,
Ich hab was abbekommen
Und muß ins Krankenhaus. (19. Jh.)

Anonyme Parodie; zitiert aus Peter Rühmkorf (Hrsg.), *Die Jahre die Ihr kennt. Anfälle und Erinnerungen*. Reinbek: Rowohlt, 1972, S. 155-156.

2. Der Mai ist gekommen,
Die Pferde schlagen aus.
Der Bauer im Nachthemd
Die Treppe runtersaust.
Die Hühner im Stalle,
Die spielen Klavier.
Die Oma auf dem Nachttopf,
Die schreit nach Papier. (Ca. 1900)

Anonyme Parodie; zitiert aus Ernest Borneman, *Unsere Kinder im Spiegel ihrer Lieder, Reime, Verse und Rätsel.* Olten: Walter, 1973, S. 69. Auch in Bernd Thomsen (Hrsg.), *Pissen ist Macht. Neue Klo-Sprüche*. München: Heyne, 1986, ohne Seitenangabe.

3. *Ein Mailied*
(Auf den abnorm kalten Mai 1907)
Der Mai ist gekommen, kein Bäumlein schlägt aus,
Wer jetzt keinen Pelz hat, der bleib hübsch zuhaus!
Des Nachts große Kälte und morgens dann Reif,
Und blaurote Backen und Fingerlein steif.
[...] (1907)

Anonyme Parodie; zitiert aus Ernst Heimeran (Hrsg.), *Hinaus in die Ferne mit Butterbrot und Speck. Die schönsten Parodien auf Goethe bis George*. Tübingen: Laupp, 1943, S. 207.

4. *Frühlingslied in Marokko*
Der Mai ist gekommen

Wir schlagen wieder los! (1926)
Karikatur in *Kladderadatsch*, Nr. 22/30. Mai 1926, S. 7.

5. *Der Mai ist gekommen*
Der Mai ist gekommen,
die Bäume schlagen aus:
da reißt ein jedes Kind wohl
aus seiner Schule aus.
Der Lehrer verzweifelt,
er denkt in seiner Not:
Da ist nichts zu machen,
Der erste Mai ist rot. (1928)
Anonyme Parodie; zitiert aus Klaus Kuhnke (Hrsg.), *Lieder der Arbeiterklasse*. Ahrensburg: Damokles, 1971, S. 40.

6. *Der Mai ist gekommen ...!*
Der Mai ist gekommen,
Die Erde wird grün!
Wer schwach und beklommen,
Wird heiter und kühn!
Das Auge blickt heller,
Im Busen hüpft schneller
Das puppernde Herz!
Man siedelt ins Landhaus
Und sendet ins Pfandhaus
Galoschen und Nerz!
[...] (1930)
Anonyme Parodie in *Kladderadatsch*, Nr. 20/18. Mai 1930, ohne Seitenangabe.

7. Der Mai ist gekommen
die Öfen gehen aus! (1932)
Karikatur in *Fliegende Blätter*, 176, Nr. 4525/21. April 1932, S. 252.

8. *Des Deutschen Frühlingslied*
Der März ist gekommen, die Knüppel schlagen aus,
Da bleibe, wer Lust hat, mit Sorgen zuhaus.
Und die Bürger, die g'schlafen hab'n die lange Winterzeit,
Die werden wieder munter und wählen voll Freud'. (1933)
Karikatur in *Simplicissimus*, 37, Nr. 49/5. März 1933, S. 577.

9. *Neues Mailied*
Der Mai ist zum Kotzen,
am Tag ist er zu heiß:
als wollte er protzen,
bringt er uns Schweiß.

Sinkt der Abend hernieder,
friert man in seinem dünnen Rock
und sehnt sich schon wieder
nach Heizung und Grog.
[...] (1942)

Max Hermann-Neiße, *Gesammelte Werke*, hrsg. von Klaus Völker. Frankfurt am Main: Zweitausendeins, 1987, Bd. 4, S. 138.

10. *Folklore*

1
Der Mai ist gekommen,
die Schlager schlagen aus.
Da gehe, wer Brust hat,
mit dieser aus sich raus.

2
De-kol-té,
die Brust ist weiß wie Schnee.

Refrain:
Hoppe-hoppe Nyltest,
wenn sie fällt,
dann schneit es. (1968)

Kurt Bartsch; zitiert aus Heinz Seydel (Hrsg.), *Alles Unsinn. Deutsche Ulk- und Scherzdichtung von ehedem bis momentan*. Berlin: Eulenspiegel, 1969, S. 215.

11. *Tod der Helene W[eigel]*

Morgenbotschaft.
Da bleibe wer Lust hat
die Bäume wandern
es ist ganz einfach

die Wolke oben
als die Nacht sich aufhob
ihr Herz, die Bäume,
bleibe bei uns
die Trommeln wandern aus

dein großes Herz
die Bäume schlagen
die Nacht ist gekommen
wer Lust hat, bleibe

wer Bleibe hat
gehe nach Haus. (1971)

Hartmut Zenker; zitiert aus *Lyrik-Grafik*, hrsg. vom Rat des Bezirkes Schwerin. Rostock: Schriftstellerverband der Deutschen Demokratischen Republik, 1974, S. 81.

12. *Druckerlied*
Der Mai, der ist gekommen
die Bosse schlagen aus.
Und sperren uns Kollegen
jetzt tausendfach hinaus.
In München und in Hamburg
und überall im Land.
Und was die Herren wollen,
das ist uns ja bekannt.
[...] (1976)
Anonyme Parodie; zitiert aus Annemarie Stern (Hrsg.), *Lieder aus dem Schlaraffenland. Politische Lieder der 50er-70er Jahre*. Oberhausen: Asso, 1976, S. 340.

13. *Der Mai*
Der Mai ist gekommen
mit Lerchen und Schmu,
mit Lyrik, benzolkonserviert.
Der Mai ist gekommen,
und mit ihm kamst du,
potent zwar, doch chemisch kastriert.

Der Mai ist gegangen,
und mit ihm gingst du.
Von mir aus. Ich wein euch nicht nach.
Der Mai ist gegangen,
ich hab meine Ruh
und du dein Erlebnis im Fach. (1980)
Hein Hoop, *Wie die alten Zungen ... Gereimtes und Ungereimtes*. Hamburg: Struck, 1980, ohne Seitenangabe.

14. Der Mai ist gekommen,
die Bullen schlagen aus. (1982)
Willi Hau (Hrsg.), *Es wird Zeit, dass wir lieben. Sponti-Sprüche No. 2*. Frankfurt am Main: Eichborn, 1982, ohne Seitenangabe.

15. Der Kohl ist gekommen ... schlägt schon was aus? (1983)
Karikatur in *Nebelspalter*, Nr. 20/17. Mai 1983, S. 6.

16. Der Mai ist gekommen,
die Bäume sterben aus. (1985)
Ralf Bülow (Hrsg.), *Graffiti 3. Phantasie an deutschen Wänden*. München: Heyne, 1985, ohne Seitenangabe.

Der Kohl ist gekommen ...

MAI 15

17. Der Mai ist gekommen – April, April. (1987)
    Werner Mitsch, *Wer den Wal hat, hat die Qual. 800 Unsinnssprüche.* München: Heyne, 1987, ohne Seitenangabe.

18. Der Mai ist gekommen, die Bäume schlagen lang hin. (1991)
    Ulrich Erckenbrecht, *Maximen und Moritzimen: Bemerkungen über dies und jenes.* Göttingen: Muriverlag, 1991, S. 170.

MANN (a)

„Der alte Mann und das Meer"

Deutsche Titelübersetzung des Romans *The Old Man and the Sea* (1952) von Ernest Hemingway.

1. Der deutsche Mann und das Meer. (1976)
   Karikatur in *Die Zeit*, Nr. 33/13. August 1976, S. 14.

2. Der alte Mann und das Kind. (1982)
   Alice Villon, „Der alte Mann und das Kind: Anfang und Ende von Thomas Bernhards Lebenserinnerungen". *Die Weltwoche*, Nr. 15/14. April 1982, S. 33.

3. Der alte Mann und der Sumpf. (1982)
   Kim Rogal und Edward Behr, „Der alte Mann und der Sumpf: Der Schriftsteller Graham Greene fordert Frankreichs Justiz heraus". *Die Weltwoche*, Nr. 7/17. Februar 1982, S. 45.

4. Der neue Mann und das Meer. (1995)
   Thommie Bayer, *Der neue Mann und das Meer: 30 Typen wie du und er.* München: Goldmann, 1995.

5. Der alte Mann und die Nullen. (1995)
   Martin Senn, „Der alte Mann und die Nullen: Otto Stichs finanzpolitisches Vermächtnis." *Die Weltwoche,* Nr. 37/14. September 1995, S. 43.

MANN (b)

„Der brave Mann denkt an sich selbst zuletzt."

Friedrich Schiller, *Wilhelm Tell* (1804), I. Akt, 1. Szene.

1. *Der Brave*
   Der Brave denkt an sich zuletzt,
   Ist als ein edles Ziel gesetzt.
   Ich glaub, die Menschen, die so brav,
   Sind alle längst im ew'gen Schlaf.
   Denn nie hab einen ich getroffen,
   Von dem man jenes konnt' erhoffen.
   Doch hat es mancher so gemacht:
   Hat bis zuletzt an sich gedacht. (1949)
   Helmut Zech, *Bosheiten und Sticheleien. Heitere Verse.* Göppingen: Globus, 1949, S. 70.

2. Der brave Mann denkt an sich selbst zuerst. (Ca. 1970)
   Klaus D. Frank, *Gedichte (1958-1983), Aphorismen (1966-1970).* Frankfurt am Main: Haag und Herchen, 1985, S. 164.

3. Der brave Mann zweifelt an sich selbst zuerst. (1977).
   Heinrich Schröter, *Ha, welche Lust, Zitat zu sein! Spruchbuch zum Fortschreiben.* München: Gauke, 1977, S. 28.

4. Der brave Mann denkt an sich selbst zuletzt – und steht dann da in einem Hemd zerfetzt. (1983)
   Spruch von Gertrud Wendt in *Morgenpost,* 14. Januar 1983, ohne Seitenangabe.

5. Der gute Mensch denkt an sich selbst zuerst – denn das gute muß doch überleben! (1983)
   Gerhard Uhlenbruck, *Nächstenhiebe. Aphoristische Sticheleien.* Aachen: Stippak, 1983, S. 22.

6. Der brave Mann denkt an sich selbst bis zuletzt. (1985)
   Wolfgang Willnat (Hrsg.), *Sprüche, Sprayer, Spontis. Spaß mit Graffitis.* Wiesbaden: Englisch, 1985, S. 101.

7. Der brave Mann denkt an sich. Selbst zuletzt. (1987)
   Saskia Schlesinger (Hrsg.), *Mach dir einen schönen Lenz und schwänz. Schülersprüche – Schülerwitze.* München: Heyne, 1987, ohne Seitenangabe.

8. *Interpunktion*
   Ach, es ist schon eine Strafe,
   nicht das Komma nur wird jetzt,
   auch der Punkt wird falsch gesetzt.
   Wie zum Beispiel in „Der brave
   Mann denkt an sich. Selbst zuletzt". (1990)
   Wolfgang Funke, *Der Wendehals und andere Mitmenschen. Satirische Epigramme und Kurzgeschichten.* Berlin: Ullstein, 1990, S. 59.

MANN (c)

„Der kluge Mann baut vor."

Friedrich Schiller, *Wilhelm Tell* (1804), I. Akt, 2. Szene.

1. Der kluge Mann baut vor: ist auf alles gefaßt. Die Frau ist klüger: sie gibt nach und entwaffnet den Mann. Und waffenlos ist er ihr immer unterlegen. (1921)
   Carl Hagemann, *Aphorismen zur Liebesweisheit.* Berlin: Schuster & Loeffler, 1921, ohne Seitenangabe.

2. Der kluge Mann schaut vor. (1977)
   Heinrich Schröter, *Ha, welche Lust, Zitat zu sein! Spruchbuch zum Fortschreiben.* München: Gauke, 1977, S. 28.

3. Der kluge Mann baut vor – den anderen. (1984)
   Werner Ehrenforth, *Die unsterbliche Eintagsfliege. Aphorismen, Fabeln und andere Frechheiten.* Halle: Mitteldeutscher Verlag, 1984, S. 52.

4. Der kluge Mann haut vor. (1986)
   Andreas Bender, *Gelegenheit macht Liebe. Sprichwörter, Redensarten und Zitate verdreht und auf die seichte Schulter genommen.* Frankfurt am Main: Eichborn, 1986, ohne Seitenangabe.

5. Der kluge Mann baut vor?
   Der kluge Mann schaut voraus. (1984)
   Heinrich Schröter, *Worte wie Wahrzeichen. Hauptsätze zu Hauptthemen und Hauptsachen.* Wiesbaden: Edition Retörsch, 1990 (erweiterte Neuausgabe), S. 69.

MANN (d)

„Kleiner Mann, was nun?"

Hans Fallada, *Kleiner Mann, was nun?* (1932).

1. Junger Mann - wohin? (1975)
   Karikatur in *Der Spiegel*, Nr. 49/1. Dezember 1975, S. 31.

2. Starker Mann - was tun? (1981)
   Anonym, „Ronald Reagan: Starker Mann - was tun?" *Der Spiegel*, Nr. 7/9. Februar 1981), Umschlagseite.

MANN (d) 2

3. Schöne Welt, was nun? (1982)
   Lorenz von Stackelberg, „Schöne Welt, was nun? Jugendliche hoffnungslos im Hörsterfeld". *Die Zeit*, Nr. 10/12. März 1982, S. 21.

4. Freuds „Ödipuskomplex" kann man heute nur noch jenes Wort aus derselben Zeit sinnvoll beifügen: „Kleiner Mann - was nun?" (1984)
   Klaus Sochatzy, *Widerworte nach der „Wende". Aphorismen*. Frankfurt am Main: Rita G. Fischer, 1984, S. 31.

MÄRZ

„Im Märzen der Bauer die Rößlein einspannt;
Er setzt seine Felder und Wiesen instand."

Beginn des anonymen Volkslieds „Im Märzen der Bauer".

1. *Im Märzen*
Im Märzen da reiß ich
den Samt vom Himmel der Sonne
mach ich die Laden dicht ich
hack der Krähe ein Auge

aus Amsel Drossel Fink und Star
dreh ich den Hals um dem Krokus
köpf ich die Knospen ich schmeiß
dir mit Veilchen die Fenster

ein jeder sehe wie
ich's treibe wenn
du nicht sofort
die Rößlein einspannst. (1981)

Ulla Hahn, *Herz über Kopf. Gedichte.* Stuttgart: Deutsche Verlags-Anstalt, 1981, S. 36.

2. *Techtelmechtel*
im märzen
der bauer
der bäurin
das rößlein
einspannt

der bauer
der bäurin

der knecht
der magd

der bauer
der magd

die bäurin
ist sauer

die bäurin
den knecht
auch mecht. (Ca. 1980)

Burckhard Garbe, *Status quo: Ansichten zur Lage; visuelle Texte und Collagen 1972-1982*. Göttingen: Herodot, 1982, S. 84.

3. Im Märzen der Bauer mit Cadmium düngt,
was kümmert uns, ob Krebs uns winkt. (1984)
Karikatur in *Der Spiegel*, Nr. 37/10. September 1984, S. 65.

MEISTER

„In der Beschränkung zeigt sich erst der Meister."

Johann Wolfgang von Goethe, „Was wir bringen" (1802). Dieses Sonett trägt auch den Titel „Natur und Kunst".

1. funktionärswahlspruch: in der beschränktheit zeigt sich der meister. (1971)
Bert Berkensträter, *Zungen-Schläge*. Berlin: Fietkau, 1971, S. 11.

2. Fachidiot: In der Beschränktheit zeigt sich auch noch ein Meister. (1981)
Gerhard Uhlenbruck, *Keiner läßt seine Masche fallen. Aphorismen*. Aachen: Stippak, 1981, S. 56.

3. Wir zitieren gerne: „In der Beschränkung zeigt sich erst der Meister". Doch das entschuldigt nicht unsere Beschränktheit, die wir Abhängigen gegenüber als uns gerade noch zumutbare Grenze setzen. (1981)
Klaus Sochatzy; in K. Sochatzy und Aleksander Kumor, *Ost-West-Monologe. Aphorismen*. Frankfurt am Main: Rita G. Fischer, 1981, S. 72.

4. in der beschränkung
zeigt sich der meister
deshalb
anerkennt
die irren. (1983)
Manfred Hausin, *Hausinaden, der Epigramme zweiter Band*. Göttingen: Davids Drukke, 1983, S. 58.

MENSCH (a)

„Der Mensch ist, was er ißt."

Ludwig Feuerbach prägte diesen zum geflügelten Wort gewordenen Satz im Jahre 1850 in seiner Besprechung von J. Moleschotts *Lehre der Nahrungsmittel für das Volk* (1850).

1. Der Mensch *ist*, was er *denkt*. (Vor 1863)
Friedrich Hebbel, *Werke*, hrsg. von Gerhard Fricke, Werner Keller und Karl Pörnbacher. München: Hanser, 1966, Bd. 4, S. 28.

2. Ein Mann ist, was er trinkt. (1978)
   Getränkewerbung in *Stern*, Nr. 42/12. Oktober 1978, hintere Umschlagseite.

3. Der Mensch ist, was er ißt. Aber er ißt je nach dem, was er ist. (1979)
   Gabriel Laub, *Das Recht, recht zu haben. Aphorismen.* München: Hanser, 1979, S. 25. Auch in Gabriel Laub, *Denken verdirbt den Charakter. Alle Aphorismen.* München: Hanser, 1984, S. 18.

4. Der Mensch ist, was er ißt. Warum ist er nicht, was er ist? (1979)
   Gabriel Laub, *Das Recht, recht zu haben. Aphorismen.* München: Hanser, 1979, S. 31. Auch in Gabriel Laub, *Denken verdirbt den Charakter. Alle Aphorismen.* München: Hanser, 1984, S. 18.

5. der mensch ist
   was er ißt
   deshalb
   sind kannibalen
   auch menschen. (1983)
   Manfred Hausin, *Hausinaden, der Epigramme zweiter Band.* Göttingen: Davids Drukke, 1983, S. 63. Auch in M. Hausin, *Betteln und Hausin verboten! Alle Sprüche, Aphorismen, Epigramme.* Reinbek: Rowohlt, 1987, S. 96.

6. Der Mensch ist, was er liest. (1991)
   Ulrich Erckenbrecht, *Maximen und Moritzimen: Bemerkungen über dies und jenes.* Göttingen: Muriverlag, 1991, S. 169.

MENSCH (b)

„Der Mensch lebt nicht vom Brot allein."

Bibel (5. Mose 8,3; Matthäus 4,4).

1. Der Mensch lebt nicht vom Brot allein, er lebt auch von den Täuschungen seiner Seele. (1916)
   Henryk Elzenberg; zitiert aus Karl Dedecius (Hrsg.), *Bedenke, bevor du denkst. 2222 Aphorismen, Sentenzen und Gedankensplitter der letzten hundert Jahre aus dem Polnischen.* Frankfurt am Main: Suhrkamp, 1984, S. 180.

2. Der Mensch lebt nicht von Brot und Wasser allein. (1964)
   Stanisław Jerzy Lec, *Neue unfrisierte Gedanken.* München: Hanser, 1964, S. 60. Auch in S. J. Lec, *Das große Stanisław Jerzy Lec Buch. Aphorismen, Epigramme, Gedichte und Prosa*, hrsg. von Karl Dedecius. München: Goldmann, 1990, S. 122.

3. *homo sapiens*
   Der Mensch lebt nicht vom Brot allein.
   Er will auch sein Rettich und Eisbein.

[...]
Der Mensch lebt nicht vom Brot allein.
Folglich führt er den Kommunismus ein. (1966)

Richard Leising; zitiert aus Peter Hamm (Hrsg.), *Aussichten. Junge Lyriker des deutschen Sprachraums*. München: Biederstein, 1966, S. 114-115.

4. *Brot*
„Der Mensch lebt nicht vom Brot allein" –
Kommentar: – sagen sie, und leben vom Brot und von dieser Warnung. (1967)

Ludwig Marcuse, *Argumente und Rezepte. Ein Wörterbuch für Zeitgenossen*. Zürich: Diogenes, 1973, S. 19.

5. Der Mensch lebt nicht vom Brot allein. Wie wahr! Aber kann man von der Wahrheit leben? (1969)

Gabriel Laub, *Verärgerte Logik. Aphorismen*. München: Hanser, 1969, S. 32. Auch in G. Laub, *Denken verdirbt den Charakter. Alle Aphorismen*. München: Hanser, 1984, S. 87.

6. „Der Mensch lebt nicht vom Brot allein." Diese unwesentliche Richtigkeit ist ein schwaches Echo der wesentlichen Wahrheit: Das Brot wächst nicht vom Menschen allein. (1970)

Hans Kudszus, *Jaworte, Neinworte. Aphorismen*. Frankfurt am Main: Suhrkamp, 1970, S. 75.

7. Der Mensch lebt nicht nur von Brot allein.
Sondern auch von Windmühlen. (1971)

Hans Leopold Davi, *Distel- und Mistelworte*. Zürich: Pendo, 1971, ohne Seitenangabe.

8. Der Mensch lebt nicht vom Sex allein:
Leibeslust muß Liebe sein. (1977)

Heinrich Schröter, *Ha, welche Lust, Zitat zu sein! Spruchbuch zum Fortschreiben*. München: Gauke, 1977, S. 56. Auch in H. Schröter, *Worte wie Wahrzeichen. Hauptsätze zu Hauptthemen und Hauptsachen*. Wiesbaden: Edition Retörsch, 1990 (erweiterte Ausgabe), S. 73.

9. Der Mensch lebt nicht vom Tod allein, sagte der Friedhofsgärtner. (1978)

Werner Mitsch, *Spinnen, die nicht spinnen, spinnen. Sprüche*. Stuttgart: Letsch, 1978, S. 90. Auch in W. Mitsch, *Wer den Wal hat, hat die Qual. 800 Unsinnssprüche*. München: Heyne, 1987, ohne Seitenangabe.

10. Der Mensch stirbt nicht vom Brot allein. (1978)

Werner Mitsch, *Spinnen, die nicht spinnen, spinnen. Sprüche*. Stuttgart: Letsch, 1978, S. 84.

11. Der Mensch lebt nicht vom Kopf allein,
sonst wäre er ein armes Schwein. (1979)
Werner Mitsch, *Fische, die bellen, beißen nicht. Sprüche.* Stuttgart: Letsch, 1979, S. 99.

12. Der Mensch lebt nicht vom Öl allein. (1979)
Werbung für BP Erdgas in *Zeit-Magazin,* Nr. 32/3. August 1979, S. 20-21.

13. Nicht vom Öl allein. (1979)
Peter Christ, „Nicht vom Öl allein: BP denkt über die Unternehmensziele der achtziger Jahre nach". *Die Zeit,* Nr. 49/7. Dezember 1979, S. 11.

14. Der Mensch lebt nicht vom guten Ton allein. (1980)
Manfred Hinrich; zitiert aus André Brie et al. (Hrsg.), *Der Weisheit letzter Schluß. Aphorismen.* Berlin: Eulenspiegel, 1980, S. 127.

15. *Was heißt Liebe?*
[...]
Denn wenn der Mensch
auch nicht vom
Brot allein
lebt
so lebt er
doch
vom Brot. (1981)
Eveline Hasler; zitiert aus Jo Pestum (Hrsg.), *Kreidepfeile und Klopfzeichen. Wörter, Widerwörter, Wörterspiele. Lyrik von 25 Autoren.* Stuttgart: Spectrum, 1981, S. 113.

16. Der Mensch lebt nicht vom Brot allein. Aber auch. (1981)
Werbung für Nescoré Milchkaffee in *Schweizer Familie,* 18. Februar 1981, S. 3.

17. Erst wenn der Mensch nicht hungert, lebt er nicht vom Brot allein. (Ca. 1982)
Werner Ehrenforth; zitiert aus Eckart Krumbholz (Hrsg.), *Kein Blatt vorm Mund. Aphorismen und Epigramme.* Berlin: Tribüne, 1982, S. 30.

18. Der Mensch lebt nicht vom Brot allein. Er wird außerdem mit dieser Redensart abgespeist. (1983)
Ulrich Erckenbrecht, *Ein Körnchen Lüge. Aphorismen und Geschichten.* Göttingen: Muriverlag, 1983, S. 18.

19. Der Hund lebt nicht von Wurst allein. (1984)
Werbung für Ulrich Kobers *Hundebuch* in *Fisch und Fang,* Nr. 10/Oktober 1984, Umschlagseite (innen).

20. Der Mensch lebt nicht vom Brot allein,
er braucht auch Petersilie. (1984)
Werner Mitsch, *„Grund- & Boden-Sätze". Sprüche.* Stuttgart: Letsch, 1984, S. 59. Auch

in W. Mitsch, *Wer den Wal hat, hat die Qual. 800 Unsinnssprüche*. München: Heyne, 1987, ohne Seitenangabe.

21. Der Mensch lebt nicht vom Brot allein, sagte der Bäcker, als er die Metzgersfrau in der Backstube vernaschte. (1984)
Werner Mitsch, *„Grund- & Boden-Sätze". Sprüche*. Stuttgart: Letsch, 1984, S. 13.

22. Der Mensch stirbt nicht vom Tod allein. (1984)
Werner Ehrenforth, *Die unsterbliche Eintagsfliege. Aphorismen, Fabeln und andere Frechheiten*. Halle: Mitteldeutscher Verlag, 1984, S. 81.

23. „Nicht vom Brot allein lebt der Mensch", sagte Herr Meier, als er eine Flasche Sekt und Fräulein Mizzi bestellte. (1984) Gabriel Laub, *Denken verdirbt den Charakter. Alle Aphorismen*. München: Hanser, 1984, S. 28.

24. Der Mensch lebt nicht vom Brot allein.
„Das ist es ja gerade", sagt das Schwein. (1985)
Carola Jührs (Hrsg.), *Ächt too matsch. Das allerletzte Sprüchebuch*. Münster: Coppenrath, 1985, ohne Seitenangabe.

25. Der Mensch lebt nicht vom Brot allein,
er will auch gut versichert sein. (1985)
Anonymer Spruch in *Sprachschätze. Vorsorgen, Versichern und Geldanlegen in Reimen und Sprüchen*, hrsg. von Aachener und Münchener Versicherungsgruppe. München: Aachener und Münchener Versicherungsgruppe, 1985, S. 84.

26. Der Mensch lebt nicht vom Brot allein, sondern auch von Luft und Liebe. (1985)
Bernd Thomsen (Hrsg.), *Haste was, pisste was. Klo-Sprüche*. München: Heyne, 1985, ohne Seitenangabe.

27. Der Mensch lebt nicht vom Brot allein
– es dürfen auch mal Brötchen sein. (1986)
Ehrfried Siewers, „Alte Sprüche neu geklopft". *Fränkischer Tag*, 15. Februar 1986, ohne Seitenangabe.

28. der mensch lebt nicht
vom brot allein
deshalb
betreibt er
das kriegshandwerk. (1987)
Manfred Hausin, *Betteln und Hausin verboten! Alle Sprüche, Aphorismen, Epigramme*. Reinbek: Rowohlt, 1987, S. 101.

29. Der Mensch lebt nicht von Hygiene allein. (1987)
Beat Wüthrich, „Der Mensch lebt nicht von Hygiene allein: Ist das Käseverbot

Ausdruck eines übertriebenen schweizerischen Sauberkeitswahns?" *Die Weltwoche*, Nr. 51/17. Dezember 1987, S. 1.

30. Der Mensch lebt nicht vom Brot allein, er braucht auch Phantasie. (1988)
Werner Mitsch, *Neue Hin- und Widersprüche*. Rosenheim: Förg, 1988, S. 54.

31. Der Mensch lebt nicht vom Tod allein, sagte der Bestatter und belegte einen Fernkurs als Heilpraktiker. (1988)
Werner Mitsch, *Neue Hin- und Widersprüche*. Rosenheim: Förg, 1988, S. 14.

32. Der Mensch lebt nicht vom Spott allein, er braucht auch Ironie. (1988)
Werner Mitsch, *Neue Hin- und Widersprüche*. Rosenheim: Förg, 1988, S. 63.

33. Definition: Ein Patissier ist ein Mensch, der nicht vom Brot allein lebt. (1990)
Fritz Herdi, *Mach kei Witz – scho wieder Mäntig. Sprüch und Witz*. Rorschach: Nebelspalter, 1990, S. 83.

34. Der Mensch lebt nicht vom Brot allein. Er braucht auch Erfolgserlebnisse. (Ca. 1990)
Lothar Schmidt; zitiert aus L. Schmidt (Hrsg.), *Sekretärin. Zitate & Aphorismen*. Königstein/Ts.: Königsteiner Wirtschaftsverlag, 1993, S. 76.

35. Der Mensch lebt nicht vom Brötchengeber allein! (1990)
Gerhard Uhlenbruck, *Darum geht's nicht ...? Aphorismen*. Hilden: Ahland, 1990, S. 57.

36. Der Mensch lebt nicht vom Brot allein. Es kann auch etwas Butter sein. (1991)
Ulrich Erckenbrecht, *Maximen und Moritzimen. Bemerkungen über dies und jenes*. Göttingen: Muriverlag, 1991, S. 78. Auch in U. Erckenbrecht, *Katzenköppe. Aphorismen/ Epigramme*. Göttingen: Muriverlag, 1995, S. 116. Hier aber statt „kann" nun „darf".

MENSCH (b) 37

37. Die Frau lebt nicht vom Lob allein. (1991)
Slogan für Chancengleichheit für Frauen auf einem Bettuch, fotografiert am 14. Juni 1991 (Frauenstreiktag) in Bern, Schweiz.

38. Nicht nur vom Brot lebt der Mensch, sondern auch vom *Widerspruch.* (1991)
Zoltán Bezerédj, *Aphorismen-ABC. Silberne Sprüche, Gedankensplitter, Wortspiele.* Frankfurt am Main: Rita G. Fischer, 1991, S. 141.

MENSCH (c)

„Edel sei der Mensch,
Hilfreich und gut!
Denn das allein
Unterscheidet ihn
Von allen Wesen,
Die wir kennen."

Erste Strophe von Johann Wolfgang von Goethes Gedicht „Das Göttliche" (1783).

1. *Für Edelmütige*
Ein Mensch ist edel, hilfreich, gut,
So daß er viel für andre tut –
Auch noch, nachdem er festgestellt:
Es gibt nur „andre" auf der Welt. (1964)
Eugen Roth, *Sämtliche Menschen.* München: Hanser, 1983, S. 281.

2. Edel sei der Mensch, hilfreich und ein Berliner. (1966)
Martin Walser, *Das Einhorn.* Frankfurt am Main: Fischer, 1970, S. 179.

3. Edel ist die
Gillette.
Hilfreich und
sanft.
Gillette-sanft. (1971)
Werbung für Gillette-Rasierklingen in *Der Spiegel,* Nr. 39/20. September 1971 , S. 16.

4. *Das Menschliche*
Feudel sei die Frau,
Hilfreich und gut!
Denn das allein
Unterscheidet sie
Von allen Besen,
Die wir kennen. (1972)
Henning Venske, *Gestammelte Werke oder Posa und Damen.* München: Heyne, 1983, S. 76.

MENSCH (c) 3

5. Edel ist der Mensch, ja,
hilfreich und gut – na!
Das sitzt doch – wie ein guter Anzug!
Und er sagte SEI – sei, sei gut!,
also das, das! find ich Mut!, genial – sei!
Wie ein Gottesgebot ist das!
[...] (1977)

Werner Sprenger, *Brauchen Hungernde denn Gedichte?* Konstanz: Nie/nie/sagen-Verlag, 1981, S. 23.

6. Frei sei der Mensch, barfuß und bloß! (1980)

Erwin Strittmatter, *Der Wundertäter*. Berlin: Aufbau-Verlag, 1982, Bd. 3, S. 19.

7. Edel sei der Mensch,
Zwieback und gut. (1981)

Jürgen Zinnecker, „Wandsprüche", in Arthur Fischer (Hrsg.), *Jugend '81. Lebensentwürfe, Alltagskulturen, Zukunftsbilder*. Hamburg: Jugendwerk der Deutschen Shell, 1981, Bd. 1, S. 452. Auch in Hans Gamber (Hrsg.), *Graffiti. Was an deutschen Wänden steht. Szene-Sprüche*. München: Heyne, 1983, ohne Seitenangabe; Eduard Moriz (Hrsg.), *Nimm's leicht, nimm mich. Sponti-Sprüche No. 3*. Frankfurt am Main: Eichborn, 1983, ohne Seitenangabe; Iris Blaschzok (Hrsg.), *Die zehnte Muse heißt Pampel... Geistesblitze unter der Bank.* Münster: Coppenrath, 1984, S. 9; und Claudia Glismann (Hrsg.), *Edel sei der Mensch, Zwieback und gut. Szene-Sprüche.* München: Heyne, 1994 (Titel).

8. Die Variante. Edel sei der Mensch, hilflos – aber glücklich. (1983)
   Werner Mitsch, *Das Schwarze unterm Fingernagel. Sprüche.* Stuttgart: Letsch, 1983, S. 30.

9. Edel sei der Mensch, sagen die Leute. (1983)
   Werner Mitsch, *Das Schwarze unterm Fingernagel. Sprüche.* Stuttgart: Letsch, 1983, S. 32.

10. Edel sei der Mensch, sein Hund und seine Frau. Denn das allein unterscheidet ihn von Hinz und Kunz & Co. KG. (1983)
    Werner Mitsch, *Das Schwarze unterm Fingernagel. Sprüche.* Stuttgart: Letsch, 1983, S. 18.

11. Edel sei der Mensch. Von einer Eins in Mathematik hat Schiller [*sic*] nie gesprochen. (1983)
    Werner Mitsch, *Das Schwarze unterm Fingernagel. Sprüche.* Stuttgart: Letsch, 1983, S. 45.

12. Edel sei der Mensch, denn nur so veredelt sich die Menschheit. (1984)
    Werner Mitsch, *„Grund- & Boden-Sätze". Sprüche.* Stuttgart: Letsch, 1984, S. 21.

13. Edel sei der Mensch,
    hilfreich und dumm. (1984)
    Eduard Moriz (Hrsg.), *Lieber intim als in petto. Sponti-Sprüche No. 5.* Frankfurt am Main: Eichborn, 1984, ohne Seitenangabe.

14. Edel sei der Mensch,
    milchreich die Kuh. (1984)
    Ralf Bülow (Hrsg.), *Graffiti 2. Neues an deutschen Wänden.* München: Heyne, 1984, ohne Seitenangabe. Auch in Wolfgang Willnat (Hrsg.), *Sprüche, Sprayer, Spontis. Spaß mit Graffitis.* Wiesbaden: Englisch, 1985, S. 90; und als Witzzeichnung in *Die Weltwoche,* Nr. 25/21. Juni 1990, S. 69.

15. Esel sei der Mensch, hilfreich und gut. (1984)
    Luise Lemke (Hrsg.), *Besser jut jelebt und det noch recht lange. Noch mehr Berliner Sprüche.* Berlin: Arani, 1984, S. 105.

16. Früher war ich gut, heute bin ich nur noch edel und hilfreich. (1985)
    Ralf Bülow (Hrsg.), *Graffiti 3. Phantasien an deutschen Wänden.* München: Heyne, 1985, ohne Seitenangabe.

17. Edel sei der Mensch, stinkreich und gut. (1986)
    Andreas Bender, *Gelegenheit macht Liebe. Sprichwörter, Redensarten und Zitate verdreht und auf die seichte Schulter genommen.* Frankfurt am Main: Eichborn, 1986, ohne Seitenangabe. Auch in Saskia Schlesinger (Hrsg.), *Mach dir einen schönen Lenz und schwänz. Schülersprüche - Schülerwitze.* München: Heyne, 1987, ohne Seitenangabe.

MENSCH (c) 14

18. *Übermut*
Heut schlag ich mein Stündchen
natürlich das letzte.
Heut küß ich dein Mündchen
das ganz entsetzte.

Heut lieb ich Gerippe
und deinen Schädel.
Heut bin ich Mensch
gut hilfreich edel. (1987)

Peter Maiwald, *Guter Dinge. Gedichte.* Stuttgart: Deutsche-Verlags-Anstalt, 1987, S. 71.

MENSCH (d)

„Es irrt der Mensch, solang er strebt."

Johann Wolfgang von Goethe, *Faust* (1808/1832). Prolog im Himmel, Z. 317.

1. Es lebt der Mensch, so lang er irrt. (Ca. 1900)

Peter Hille, *Neue Welten. Gedichte, Prosa, Aphorismen*, hrsg. von Friedrich Kienecker. Stuttgart: Reclam, 1979, S. 48. Auch in Bernd Thomsen (Hrsg.), *Neue Büro-Sprüche. Lieber die dunkelste Kneipe als den hellsten Arbeitsplatz.* München: Heyne, 1986, ohne Seitenangabe.

2. *Maxime à renversement*
Goethe sagte: *Es irrt der Mensch, solang er strebt.*
Man kann diesen Satz auch umkehren; denn der Mensch strebt nur, solang er irrt. (1969)
Arthur Hafink (eigentlich Arthur Hermann Fink), *Hergebrachtes [Aphorismen]*. Wuppertal: Schlegel, 1969, S. 161.

3. *Zulässige Duplizität*
„Es irrt der Mensch, solang er strebt", heißt es in Goethes „Faust", und auf die Frage, womit er gerade beschäftigt sei, antwortet Herr Keuner bei Brecht: „Ich habe große Mühe, ich bereite meinen nächsten Irrtum vor." Ein Plagiat? Nein, eine originelle Variation – eine Erinnerung an jene Wahrheiten, an die von Zeit zu Zeit erinnert werden darf, erinnert werden muß; und eine Ermutigung zum Weiterschreiben. (1974)
Peter Mehl, „Aphorismen", *Neue Deutsche Literatur*, 22/1974, S. 80.

4. Es irrt der Mensch, solang er strebt
und morgens ohne Brötchen lebt. (1978)
„Brötchenweisheit" auf einer Tüte des Bäko-Bäckerladens in Lübeck (Juli 1978).

5. Es strebt der Mensch solang er klebt. (1984)
Claudia Glismann (Hrsg.), *Edel sei der Mensch, Zwieback und gut. Szene-Sprüche*. München: Heyne, 1984, ohne Seitenangabe.

6. Es irrt der Mensch solang er lebt
wenn er nicht nach Befreiung strebt. (1985)
Liselotte Rauner, *Kein Grund zur Sorge. Gedichte, Epigramme, Songs*. Oberhausen: Asso, 1985, S. 75.

7. *Es irrt der Mensch, solang er strebt*
Der gute Name sei ein Kleinod, aber auch
– Ich las es – Schall und Rauch;
Auch: daß man sich nicht entfliehen kann,
Und: Sein Schicksal schafft sich selbst der Mann.
Nun frage ich mich natürlich verwirrt,
Ob Schiller oder Goethe irrt,
Auch darin, daß aus ihrer Sicht
Das Leben der Güter höchstes nicht
Und andererseits das höchste Gut das Leben.
So irrten eben,
Die Menschen, solang sie streben.

(Weshalb ich selber dies aufgegeben). (1985)
Otto-Heinrich Kühner, *Der Traum von einem schöneren Land. Verse vom ernsten Pummerer*. Berlin: Hessel, 1985, S. 73.

8. Es klirrt der Mensch, so lang er bebt. (1986)

Andreas Bender, *Gelegenheit macht Liebe. Sprichwörter, Redensarten und Zitate verdreht und auf die seichte Schulter genommen.* Frankfurt am Main: Eichborn, 1986, ohne Seitenangabe.

9. Es hofft der Mensch, solange er lebt,
und klüngelnd nach was Besserem strebt. (1988)

Gerhard Uhlenbruck, *Kölner Klüngel Kalender.* Pulheim: Rhein-Eifel-Mosel Verlag, 1988, ohne Seitenangabe.

10. *duft*
es stinkt der mensch, solang er lebt
von arschloch, mund und genital
auch achselhöhlen wirken mit
fußsohlen detto, schleicht er aber
einmal pro jahr friedhof besuchen
stinkt garnichts nach der langen langen zeit
der mamas, papas, opas, omas
und ur- ur- ur-, die da begraben liegen
[...] (1989)

Ernst Jandl, *Idyllen. Gedichte.* Frankfurt am Main: Luchterhand, 1989, S. 118.

11. *Vision*
Es irrt der Mensch, solang er strebt?
Wie gut, die Zahl der Strebenden ist klein.
Es könnte daher demnächst möglich sein,
daß bald kein Irrender mehr lebt. (1990)

Wolfgang Funke, *Der Wendehals und andere Mitmenschen. Satirische Epigramme und Kurzgeschichten.* Frankfurt am Main: Ullstein, 1990, S. 126.

MENSCH (e)

„Alle Menschen werden Brüder ..."

Zeile aus Friedrich Schillers Gedicht „An die Freude" (1803). Im Erstdruck dieses Gedichts von 1786 hieß diese Zeile noch „Bettler werden Fürstenbrüder".

1. *Keine Ode an die Sinnesfreude*
Illustrierte Blätter bieder?
Venusakt entfeminint?
Alle Menschen werden prüder?
Das hat Schiller nicht verdient. (1980)

Hansgeorg Stengel, *Mit Stengelszungen [...] Der Unschuldsstengel. Gedichte und Epigramme.* Berlin: Eulenspiegel, 1980, S. 227.

2. Daß alle Menschen Brüder werden sollen, ist ein Traum von Einzelkindern. (1993)
   Johannes Gross, *Für- und Gegenwitz.* Stuttgart: Engelhorn, 1993, S. 13.

MENSCHENLEBEN

„Greift nur hinein ins volle Menschenleben!
Ein jeder lebt's, nicht vielen ist's bekannt,
Und wo ihr's packt, da ist's interessant."

Johann Wolfgang von Goethe, *Faust* (1808/1832). Vorspiel auf dem Theater, Z. 167-169.

1. Greift nur hinein
   ins volle Liebesleben!
   Und wo ihr's packt,
   da ist's amüsant. (1977)
   Heinrich Schröter, *Ha, welche Lust, Zitat zu sein! Spruchbuch zum Fortschreiben.* München: Gauke, 1977, S. 55. Auch in H. Schröter, *Liebeslyrik.* Bamberg: Wissenschaftlicher Verlag, 1991, S. 21. Hier statt „amüsant" Goethes „interessant".

2. Greift nur hinein ins volle Menschenleben?
   Greift nur hinein ins volle Zitatenleben! (1991)
   Heinrich Schröter, *Lebensworte. Kürzesttexte zum Fort- und Gegenschreiben.* Willebadessen: Zwiebelzwerg, 1991, S. 60.

MILLION

„Seid umschlungen, Millionen!
Diesen Kuß der ganzen Welt!
Brüder – überm Sternenzelt
muß ein lieber Vater wohnen."

Erste Strophe des Chors aus Friedrich Schillers Gedicht „An die Freude" (1786).

1. *An den Reichtum*
   [...]
   Seid umschlungen, Millionen!
   Diesen Kuß dem lieben Geld!
   Menschen, auf der ganzen Welt
   Herrschet es in allen Zonen!
   [...] (1840)
   Josef Rühl; zitiert aus Wolfgang Hecht (Hrsg.), *Frei nach Goethe. Parodien nach klassischen Dichtungen Goethes und Schillers.* Berlin: Rütten & Loening, 1965, S. 45.

„Seid umschlungen, Milliarden!“

MILLION 3

2. *Das Lied an die Börse*
[...]
Seid umschlungen, Millionen,
Portefeuille und Portemonnaie!
Brüder, in des Himmels Höh',
Muß ein reicher Vater wohnen.
[...] (Ca. 1890)

Adolf Löwenstein; zitiert aus Friedrich Umlauft (Hrsg.), *Das Buch der Parodien und Travestien aus alter und neuer Zeit.* Wien: Daberkow, 1928, S. 19.

3. Seid umschlungen, Milliarden! (1919)

Karikatur in *Kladderadatsch,* Nr. 31/3. August 1919, S. 10.

4. *Stimmen der Nachgeborenen 1961*
[...]
Millionen
sind endlich umschlungen
  in Frieden und Freundschaft;
Freude
hat sich dem Leben verbunden.
Als mächtiger Vater der Welt
thront der Mensch überm Sternenzelt.
[...] (1961)

Helmut Preißler, *Gedichte 1957/1972.* Berlin: Verlag Neues Leben, 1973, S. 67.

5. Seid verschlungen, Millionen! (1979)

Anonym, „Seid verschlungen, Millionen! Die sensationelle Wahrheit über das Super-Ding in der Bundesbank". *Bunte,* Nr. 26/21. Juni 1979, S. 20-21. Auch als Werbung für BP Benzin in *Der Spiegel,* Nr. 53/31. Dezember 1979, S. 66-67; und Hermann Bohle, „Seid verschlungen, Millionen: Markt, Mafia und Moneten – Missbrauch mit EG-Steuergeldern". *Die Weltwoche,* Nr. 10/4. März 1981, S. 11.

6. Seid verschwendet, Millionen. (1982)

Trudi Gerster, „Seid verschwendet, Millionen: Plädoyer gegen die Kulturpolitik der Stadt Basel". *Die Weltwoche,* Nr. 14/7. April 1982, S. 33.

7. Seid umschlungen, Westdeutsche. (1985)

Marlies Menge, „Seid umschlungen, Westdeutsche: Besucherstrom aus der Bundesrepublik". *Die Zeit,* Nr. 41/11. Oktober 1985, S. 4.

8. Seid verschlungen, Billionen! (1988)

Felix Müller, „Seid verschlungen, Billionen! Über den Siegeszug der McDonald's-Restaurantkette". *Die Weltwoche,* Nr. 16/21. April 1988, S. 9.

9. *Die neue Sinfonie*
Seid umschlungen, Millionen!

Der das dachte, welch ein Mann!
Leider war er ungenau.
Daher fügten Epigonen
der Exaktheit wegen schlau
bald schon „Mark" dahinter an. (1990)

Wolfgang Funke, *Der Wendehals und andere Mitmenschen. Satirische Epigramme und Kurzgeschichten.* Berlin: Ullstein, 1990, S. 53-54.

10. Seid verschlungen, Milliarden. (1992)

Heinrich Thies, „Seid verschlungen, Milliarden: Ein Konzept zur Expo 2000 in Hannover liegt vor, doch die Skepsis bei den Bürgern wächst zusehends". *Die Zeit*, Nr. 19/8. Mai 1992, S. 6.

11. *Sei umschlungen*
Sei umschlungen, Stammtischbruder!
Sei umschlungen, deutscher Mann!
Halt nur fest das rechte Ruder,
zeig, was braun auch heut' noch kann! (1993)

Franz A. Kutscher, *Und hinterm Horizont? Aphorismen.* Oberndorf am Neckar: Edition L, 1993, S. 21.

MIR

„Wer nicht mit mir ist, der ist wider mich."

Bibel (Matthäus 12,30).

1. wer nicht mit mir ist
der ist wider mich
deshalb
bekämpfe ich manchmal
mich selbst. (1983)

Manfred Hausin, *Hausinaden, der Epigramme zweiter Band.* Göttingen: Davids Drucke, 1983, S. 70.

2. Wer nicht mit mir ist, ist widerlich. (1984)

Claudia Glismann (Hrsg.), *Edel sei der Mensch, Zwieback und gut. Szene-Sprüche.* München: Heyne, 1984, ohne Seitenangabe.

MOHR

**„Der Mohr hat seine Schuldigkeit getan;
der Mohr kann gehen."**

Volkstümlich gewordenes Zitat aus Friedrich Schillers *Die Verschwörung des Fiesco zu Genua* (1783), III. Akt, 4. Szene, wo allerdings „Arbeit" statt „Schuldigkeit" steht.

1. Der Mohr hat seine Schuldigkeit getan, der Mohr kann kaum noch gehen. (Othello nach der Hochzeitsnacht zu Desdemona.), (1967)
   Robert Gernhardt, F. W. Bernstein und F. K. Waechter (Hrsg.), *Welt im Spiegel, 1964–1976.* Frankfurt am Main: Zweitausendeins, 1979, S. 86.

2. Das Ohr hat seine Schuldigkeit getan. (1971)
   Werbung für Phonstop-Isolierscheibe in *Der Spiegel*, Nr. 50/6. Dezember 1971, S. 18.

3. Das Gold hat seine Schuldigkeit getan. (1973)
   Rudolf Herlt, „Das Gold hat seine Schuldigkeit getan: Währungspolitik". *Die Zeit*, Nr. 48/30. November 1973, S. 16.

4. Das Moor hat seine Schuldigkeit getan. (1976)
   Werbung für Old Smuggler Scotch Whisky in *Der Spiegel*, Nr. 14/29. März 1976, S. 27.

5. Der Mond hat seine Schuldigkeit getan. (1978)
   Witzzeichnung in *Quick*, Nr. 44/28. Oktober 1978, S. 11.

6. Der Mohr, der seine Schuldigkeit getan hat, ist immer der schwarze Peter. (1983)
   Gerhard Uhlenbruck, *Nächstenhiebe. Aphoristische Sticheleien.* Aachen: Stippak, 1983, S. 9. Auch in G. Uhlenbruck, *„Mensch ärgere mich nicht". Wieder Sprüche und Widersprüche.* Köln: Deutscher Ärzte-Verlag, 1984, S. 17.

7. Der Mohr hat seine Schuldigkeit getan – er kann kaum noch gehen. (1983)
   Spruch von Robert Jaacks in *Morgenpost,* 6. Januar 1983, ohne Seitenangabe.

8. Der Mohr könnte gehen. (1983)
   Richard Gaul, „Der Mohr könnte gehen: Nach Annahme des Vergleichs hat AEG-Chef Dürr seine Schuldigkeit getan". *Die Zeit*, Nr. 11/18. März 1983, S. 9.

9. Der Mohr hat seine Schuldigkeit getan,
   der Mohr kann kaum noch gehn. (1984)
   Claudia Glismann (Hrsg.), *Ich denke, also spinn ich. Schüler-Sprüche.* München: Heyne, 1984, ohne Seitenangabe. Auch in Bernd Thomsen (Hrsg.), *Pissen ist Macht. Neue Klo-Sprüche.* München: Heyne, 1986, ohne Seitenangabe; und Angelika Franz (Hrsg.), *Das endgültige Buch der Sprüche & Graffiti.* München: Heyne, 1987, S. 226.

10. Der Mohr hat seine Schuldigkeit getan. Jetzt sitzt er rum und wartet auf die Rente. (1988)
    Werner Mitsch, *Neue Hin- und Widersprüche.* Rosenheim: Förg, 1988, S. 56.

MOND

**„Der Mond ist aufgegangen,
Die goldnen Sternlein prangen
Am Himmel hell und klar;
Der Wald steht schwarz und schweiget,
Und aus den Wiesen steiget
Der weiße Nebel wunderbar."**

Erste Strophe des zum Volkslied gewordenen Gedichts „Abendlied" (1778) von Matthias Claudius. Vertont u. a. von Johann Abraham Peter Schulz (1790).

1. *Guter Freunde Nachtlied*
Der Mond ist aufgegangen,
aus der Tasche rinnt mir die Zeit;
wir gleiten, mylords, wir gleiten
in die Bremsspur der Ewigkeit.
[...] (Ca. 1956)
Peter Rühmkorf, *Gesammelte Gedichte*. Reinbek: Rowohlt, 1976, S. 43.

2. *Variationen auf „Abendlied" von Matthias Claudius*
Der Mond ist aufgegangen,
Ich, zwischen Hoff- und Hangen,
rühr an den Himmel nicht.
Was Jagen oder Yoga?
Ich zieh die Tintentoga
des Abends vor mein Angesicht.
[...] (1962)
Peter Rühmkorf, *Kunststücke. Fünfzig Gedichte nebst einer Anleitung zum Widerspruch*. Reinbek: Rowohlt, 1962, S. 86.

3. *Das Herz träuft*
Das Laub ist aufgeflimmert
Die tote Seele wimmert
Zum Greise nah und gar
Der Schein perlt frei und stecket
Und an den Blüten recket
Die weite Woge unsichtbar.
[...] (1967)
M. Krause und G. F. Schaudt; zitiert aus Theodor Verweyen und Gunther Witting, *Die Parodie in der neueren deutschen Literatur*. Darmstadt: Wissenschaftliche Buchgesellschaft, 1979, S. 112.

4. *Die Saat ist aufgegangen*
Die Saat ist aufgegangen,

Protest-Plakate prangen,
Krawalle überall.
Und Bonn steht da und schweiget,
weil sich kein Ausweg zeiget
aus dem besagten Staatsverfall.
[...] (1967)

Gerd Knabe; zitiert aus Karl Hoche (Hrsg.), *Die Lage war noch nie so ernst. Eine Geschichte der Bundesrepublik in ihrer Satire.* Königstein/Ts.: Athenäum, 1984, S. 167.

5. *Lied des Astronauten*
Der Mond ist aufgegangen,
von Sonden schon begangen,
von Fotos wohlvertraut.
Das All steht schwarz und schweiget,
doch aus Raketen steiget
schon hie und da ein Astronaut.
[...] (1967)

Dieter Höss, *Schwarz Braun Rotes Liederbuch.* Bergisch Gladbach: Lübbe, 1967, S. 52.

6. Wir fühlen anders, wenn wir sagen:
Der Mond ist aufgegangen,
oder: The moon arose. (1967)

Thomas Niederreuther, *Wer hat schon Mitleid mit einem Krokodil. Aphorismen.* Gauting: Kirchheim, 1967, S. 22.

7. *Abendlied*
Der Mond ist aufgegangen,
die goldnen Sternlein prangen,
und von dem einen her
ein Raumschiff kommt geflogen
in einem großen Bogen
durchs Universum quer.
[...] (Ca. 1970)

Günter Kunert; zitiert aus Hans-Joachim Gelberg (Hrsg.), *„Geh und spiel mit dem Riesen". Geschichten, Bilder, Gedichte, Rätsel, Texte, Spiele, Szenen, Comics.* Weinheim: Beltz, 1971, S. 301.

8. *Abendlied*
Der mond ist aufgegangen,
die goldnen sternlein prangen,
mein freund, du siehst es nicht,
weil aus profitfabriken
die menschen nebel schicken,
gefährlich, giftig, stinkend, dicht.

[...] (1973)

Karlhans Frank; zitiert aus Manfred Ach und Manfred Bosch (Hrsg.), *Gegendarstellungen. Autoren korrigieren Autoren. Lyrische Parodien.* Andernach: Atelier, 1974, S. 19.

9. *Abendlied eines Lehrlings*
Kein Mond ist aufgegangen.
Keine goldnen Sternlein prangen
am Himmel diesig trüb.
Wände stehen schwarz und schweigend.
Und aus Kaminen steiget grauer Qualm so wunderbar.
[...] (1974)

Aletta Eßer; zitiert aus Manfred Ach und Manfred Bosch (Hrsg.), *Gegendarstellungen. Autoren korrigieren Autoren. Lyrische Parodien.* Andernach: Atelier, 1974, S. 36.

10. *Verschlußfolgerung*
„Der Mond ist aufgegangen ..."
Klein-Jule fragt mit Bangen
die Klassenlehrerin: „Nanu?
Macht ihn denn keiner wieder zu?" (1978)

Hansgeorg Stengel, *Der Unschuldsstengel.* Berlin: Eulenspiegel, 1978, S. 13. Auch in H. Stengel, *Stengelsextrakt. Ein epigrammatisches Vademekum.* Berlin: Eulenspiegel, 1982, S. 90.

11. Der Mond ist draufgegangen. (Schwarzmalers Abendlied.) (1981)

Werner Mitsch, *Hunde, die schielen, beißen daneben. Sprüche.* Stuttgart: Letsch, 1981, S. 35.

12. Immer diese alte Feindschaft – Matthias Claudius und die Mondfahrer. (1983)

Peter Oprei, *Bedenkliches – Unbedenkliches. Aphorismen.* St. Michael: Bläschke, 1983, S. 25.

13. Der Mond ist aufgegangen, als wäre er ein Teig. (Sehr frei nach M. C.) (1984)

Werner Mitsch, *„Grund- & Boden-Sätze". Sprüche.* Stuttgart: Letsch, 1984, S. 107. Auch in W. Mitsch, *Wer den Wal hat, hat die Qual. 800 Unsinnssprüche.* München: Heyne, 1987, ohne Seitenangabe.

14. Der Mond ist eingegangen,
die güldnen Sternlein bangen
um einen Himmel hell und klar. (1984)

Iris Blaschzok (Hrsg.), *Die zehnte Muse heißt Pampel. Geistesblitze unter der Bank.* Münster: Coppenrath, 1984, S. 49.

15. *Abendlied*
Der Mond ist aufgegangen.
Die goldnen Sternlein prangen
am Himmel hell und klar.

Der Wald steht schwarz und schweiget
und aus den Wiesen steiget
die bange Frage: Wann das war? (1985)

Werner Schneyder, *Wut und Liebe. Gesammelte Ansichten*. München: Kindler, 1985, S. 120.

16. Der Mond ist aufgegangen –
muß der viel Hefe gebraucht haben! (1987)

Saskia Schlesinger (Hrsg.), *Mach dir einen schönen Lenz und schwänz. Schülersprüche – Schülerwitze*. München: Heyne, 1987, ohne Seitenangabe.

MÜDE

„Müde bin ich, geh' zur Ruh',
schließe meine Äuglein zu.
Vater, laß die Augen dein
über meinem Bette sein."

Allgemein bekanntes „Abendgebet" (1829) von Luise Hensel.

1. *wieder wütend und warm*
traurig bin ich
geh zu ruh
decke mich mit
deinem körper zu

nackt und hilflos
mund bei mund
ach sie richten
gottes welt zugrund

während lust das
dasein preist
droht atomschlag
uns raketenfeist

eiszeit! doch bei
dir im arm
fühl ich wieder
wütend mich und warm. (Ca. 1980)

Kurt Marti; zitiert aus Manfred Hausin (Hrsg.), *Wir haben lang genug geliebt, und wollen endlich hassen! Gedichte*. Frankfurt am Main: Fischer, 1984, S. 166.

2. *Nachtgebet des alten Giacomo Casanova*
Müde bin ich, gebe Ruh,

mache meine Hose zu.
Zehnmal hab ichs heut getan.
Gott, sieht man mir das etwa an? (1981)

Hans Traxler; zitiert aus Peter Köhler (Hrsg.), *Poetische Scherzartikel.* Stuttgart: Reclam, 1991, S. 61-63.

3. *Nachtgebet*
Müde bin ich, geh zur Ruh'
decke meinen Bierbauch zu;
Herrgott, laß den Kater mein
morgen nicht so schrecklich sein.
Bitte, gib mir wieder Durst,
alles andere ist mir wurst. (1984)

Claudia Glismann (Hrsg.), *Ich denke, also spinn ich. Schüler-Sprüche.* München: Heyne, 1984, ohne Seitenangabe.

4. Prüde bin ich,
geh zu Ruh. (1984)

Claudia Glismann (Hrsg.), *Edel sei der Mensch, Zwieback und gut. Szene-Sprüche.* München: Heyne, 1984, ohne Seitenangabe.

5. Müde bin ich, geh zur Ruh,
schließe Arsch und Augen zu. (1986)

Bernd Thomsen (Hrsg.), *Pissen ist Macht. Neue Klo-Sprüche.* München: Heyne, 1986, ohne Seitenangabe.

NÄCHSTE, DER

„Liebe deinen Nächsten wie dich selbst."

Bibel (Galater 5,14).

1. *Nächstenliebe*
„Ihr Menschen, liebet euren Nächsten stets!"
Befiehlt der Kirche heiliges Gesetz.
Seht, wie gehorsam ihm die fromme Suse ist,
Sie liebet immer den, der ihr der Nächste ist. (Ca. 1820)

Ignaz Franz Castelli; zitiert aus Otto A. Böhmer (Hrsg.), *Leben ist immer – lebensgefährlich. Heitere Sinngedichte aus fünf Jahrhunderten.* München: Deutscher Taschenbuch Verlag, 1990, S. 101.

2. Was nützen uns oft die wärmsten Freunde? Sie lieben uns höchstens wie sich selbst – aber wie lieben sie sich selbst! (Ca. 1830)

Ludwig Börne, *Sämtliche Schriften*, hrsg. von Inge und Peter Rippmann. Düsseldorf: Melzer, 1964, Bd. 2, S. 262.

3. Für meinen Nächsten würde oft dabei wenig herauskommen, wenn ich ihn liebte, wie mich selbst. (Ca. 1860)
   Friedrich Hebbel, *Werke*, hrsg. von Gerhard Fricke, Werner Keller und Karl Pörnbacher. München: Hanser, 1966, Bd. 4, S. 145.

4. Liebe deinen Nächsten! Wenn du keinen Nächsten mehr zum Lieben hast, ist dein Leben todt. (1875)
   Berthold Auerbach, *Tausend Gedanken des Collaborators*. Berlin: Hofmann, 1875, S. 232.

5. Liebe deinen Nächsten wie dich selbst.
   Denn: Jeder ist sich selbst der Nächste. (1909)
   Karl Kraus, *Beim Wort genommen*, hrsg. von Heinrich Fischer. München: Kösel, 1955, S. 57.

6. Liebe deinen Fernsten, wie Du deinen Nächsten nicht leiden magst, dann wird vielleicht einmal Friede in der Welt werden. (1927)
   Arthur Schnitzler, *Aphorismen und Betrachtungen*, hrsg. von Robert O. Weiss. Frankfurt am Main: Fischer, 1967, S. 47.

7. Liebe deinen Nächsten wie dich selbst. Liebe ich mich denn selbst? Ich wüte gegen mich. (Ca. 1930)
   Georg Kaiser, *Werke*, hrsg. von Walther Huder. Frankfurt am Main: Propyläen, 1971, Bd. 4, S. 634.

8. Viele hassen ihren Nächsten – wie sich selbst. (1957)
   Hans Krailsheimer, *Aporismen – Aphorismen*. Lichtenfels am Main: Schulze, 1957, S. 65.

9. Das ist der Witz ihrer Nächstenliebe: nie den zu lieben, der da ist, sondern immer nur den Nächsten, der kommen soll. (1960)
   Martin Kessel, *Gegengabe. Aphoristisches Kompendium für hellere Köpfe*. Darmstadt: Luchterhand, 1960, S. 45.

10. Daß sie mich, ihren Nächsten, wie sich selbst lieben, darauf verzichte ich; denn sieh nur, auf welch törichte Weise sie sich selbst lieben! (1962)
    Mani Matter, *Sudelhefte. Rumpelbuch*. Zürich: Benziger, 1992, S. 64.

11. Liebe deinen Schmarotzer liebe dich selbst. (1966)
    Hans Peter Keller, *Panoptikum aus dem Augenwinkel. Bruchstücke*. Wiesbaden: Limes, 1966, S. 38.

12. *Vorteil der Feindschaft*
    Hasse deinen Nächsten wie dich selbst!
    Gegen manche Menschen (inklusive sich selbst) ist man am besten gerüstet, wenn man mit ihnen verfeindet ist. (1967)

Ludwig Marcuse, *Argumente und Rezepte. Ein Wörterbuch für Zeitgenossen*. Zürich: Diogenes, 1973, S. 139.

13. Man will ja gern seinen Nächsten lieben, aber doch nicht den Nächstbesten! (1970)
Karl Heinrich Waggerl, *Sämtliche Werke*. Salzburg: Otto Müller, 1970, Bd. 2, S. 644.

14. Was mich betrifft: Je weiter der Nächste von mir entfernt ist, desto lieber liebe ich ihn. (1970)
Karl Heinrich Waggerl, *Sämtliche Werke*. Salzburg: Otto Müller, 1970, Bd. 2, S. 644.

15. *Nächstenliebe*
Liebe deinen Nächsten wie dich selbst,
dann lieben die Deinen nächstens selbst dich. (1976)
Ron Kritzfeld (eigentlich Fritz Kornfeld), *Kleines Universal Flexikon*. Essen: Selbstverlag des Verfassers, 1976, Bd. 3, S. 21.

16. Erkenne Deinen Nächsten wie Dich selbst. (1978)
Kalenderspruch in *Locus vivendi. Sentenzen fürs Klo*. München: Heyne, 1978 (April).

17. „Liebe deinen Nächsten wie dich selbst!" Das ist ein klares Gebot, vor allem sich selbst zu lieben. (1978)
Spruch von Gabriel Laub in *Die Zeit*, Nr. 4/27. Januar 1978, S. 22. Auch in G. Laub, *Denken verdirbt den Charakter. Alle Aphorismen*. München: Hanser, 1984, S. 90.

18. Man soll seinen Nächsten lieben wie sich selbst, nicht mehr. (1979)
Gerhard Uhlenbruck, *Einfach gesimpelt. Aphorismen*. Aachen: Stippak, 1979, S. 35.

19. Der letzte Satz aller Ethik ist längst gesprochen:
Liebe deinen Nächsten wie dich selbst.
Alles andere ist Kommentar dazu oder Leerlauf. (1983)
Josef Meier O'Mayr, *Wo lassen Sie denken? Weisheiten und Naseweisheiten*. Pfaffenhofen: Ludwig, 1983, S. 115.

20. Liebe deinen Nächsten.
Aber laß dich nicht erwischen dabei. (1983)
Hans Gamber (Hrsg.), *Graffiti. Was an deutschen Wänden steht. Szene-Sprüche*. München: Heyne, 1983, ohne Seitenangabe. Auch in Eduard Moriz (Hrsg.), *Lieber intim als in petto. Sponti-Sprüche No. 5*. Frankfurt am Main: Eichborn, 1984, ohne Seitenangabe; und Angelika Franz (Hrsg.), *Das endgültige Buch der Sprüche & Graffiti*. München: Heyne, 1987, S. 19.

21. Liebe deinen Nächsten, aber nicht dessen Frau. (1983)
Gerhard Uhlenbruck, *Nächstenhiebe. Aphoristische Sticheleien*. Aachen: Stippak, 1983, S. 42. Auch in G. Uhlenbruck, *Aphorismen sind Gedankensprünge in einem Satz*. Thun: Ott, 1989, S. 117.

22. Liebe Deinen Nächsten
solange er noch warm ist. (1983)

Hans Gamber (Hrsg.), *Graffiti. Was an deutschen Wänden steht. Szene-Sprüche.* München: Heyne, 1983, ohne Seitenangabe. Auch in Eduard Moriz (Hrsg.), *Sprüche aus der Beziehungskiste: Lieber „Bums" als „Fallera".* Frankfurt am Main: Eichborn, 1985, ohne Seitenangabe.

23. Bekämpfe deinen Nächsten wie dich selbst! (1984)

Claudia Glismann (Hrsg.), *Edel sei der Mensch, Zwieback und gut. Szene-Sprüche.* München: Heyne, 1984, ohne Seitenangabe.

24. Daß man seinen Nächsten wie sich selbst lieben soll, fällt wirklich am leichtesten, wenn jeder sich selbst der Nächste ist. (1984)

Klaus Sochatzy, *Widerworte nach der „Wende". Aphorismen.* Frankfurt am Main: Rita G. Fischer, 1984, S. 44.

25. Liebe Deine Gäste wie Dich selbst. (1984)

Werbung für Chivas-Regal-Whisky in *Der Spiegel,* Nr. 47/19. November 1984, Umschlagseite.

Liebe Deine Gäste wie Dich selbst. NÄCHSTE, DER 25

26. Liebe deinen Nächsten,
aber steck dich nicht an. (1984)

Iris Blaschzok (Hrsg.), *Die zehnte Muse heißt Pampel. Geistesblitze unter der Bank.* Münster: Coppenrath, 1984, S. 8. Auch in Claudia Glismann (Hrsg.), *Ich denke, also spinn ich. Schüler-Sprüche.* München: Heyne, 1984, ohne Seitenangabe; und Renato Biscioni (Hrsg.), *„... außer Rolf, der klebt am Golf". Kindersprüche – rotzfrech.* München: Goldmann, 1987, S. 42.

27. Liebe deinen Nächsten –
so schnell wie du kannst. (1984)
Claudia Glismann (Hrsg.), *Edel sei der Mensch, Zwieback und gut. Szene-Sprüche*. München: Heyne, 1984, ohne Seitenangabe. Auch in Eduard Moriz (Hrsg.), *Lieber intim als in petto. Sponti-Sprüche No. 5*. Frankfurt am Main: Eichborn, 1984, ohne Seitenangabe; und E. Moriz (Hrsg.), *Sprüche aus der Beziehungskiste: Lieber „Bums" als „Fallera"*. Frankfurt am Main: Eichborn, 1985, ohne Seitenangabe.

28. Liebe deinen Nächsten wie dich selbst –
und nicht wie den ersten besten. (1984)
Werner Mitsch, *„Grund- & Boden-Sätze". Sprüche*. Stuttgart: Letsch, 1984, S. 73.

29. Vergifte deinen Nächsten wie dich selbst. (1984)
Ralf Bülow (Hrsg.), *Graffiti 2. Neues an deutschen Wänden*. München: Heyne, 1984, ohne Seitenangabe.

30. Liebe Deine Nächste. (1985)
Wolfgang Willnat (Hrsg.), *Sprüche, Sprayer, Spontis. Spaß mit Graffitis*. Wiesbaden: Englisch, 1985, S. 107.

31. *Liebe deinen Nächsten*
– nicht so wie du dich liebst, denn du sollst nicht schuld sein an seinem Ruin. (1985)
Fritz Arcus, *Lieber ein Seedieb als ein Teesieb! 260mal Merk-würdiges zum Nachschlagen*. Frankfurt am Main: Rita G. Fischer, 1985, S. 29.

32. Liebe deinen Nächsten, aber lasse dich nicht vom Vorherigen erwischen. (1986)
Christian Roman (Hrsg.), *Big Mäc is watching you! Schüler-Sprüche No. 3*. Frankfurt am Main: Eichborn, 1986, ohne Seitenangabe.

33. Liebe deinen Nächsten, und du kommst ins Guinness-Buch der Rekorde. (1986)
Eduard Moriz (Hrsg.), *Lieber sauweich als eberhard. Sponti-Sprüche No. 6*. Frankfurt am Main: Eichborn, 1986, ohne Seitenangabe.

34. Liebe deinen Nächsten wie dein Auto. (1986)
Ralf Bülow (Hrsg.), *Lieber nett im Bett als cool auf dem Stuhl. Graffiti 4*. München: Heyne, 1986, ohne Seitenangabe.

35. Meinen Nächsten will ich schon lieben, aber nicht den Nächstbesten. (1986)
Bernd Thomsen (Hrsg.), *Neue Büro-Sprüche. Lieber die dunkelste Kneipe als den hellsten Arbeitsplatz*. München: Heyne, 1986, ohne Seitenangabe.

36. Liebe deinen Nächsten, aber laß dich nicht vom Verflossenen erwischen. (1987)
Angelika Franz (Hrsg.), *Das endgültige Buch der Sprüche & Graffiti*. München: Heyne, 1987, S. 33.

37. Leider wurde oft genug in der Geschichte der Nächste, den es zu lieben gilt, mit dem Bösen verwechselt, der bekämpft werden darf. (1988)

Manfred Rommel, *Gesammelte Sprüche*. hrsg. von Ulrich Frank-Planitz. Stuttgart: Engelhorn, 1988, S. 49.

38. Liebe deinen Nächsten wie dich selbst! Ganz recht: weil du dich selbst liebst. (1988)

Hans Norbert Janowski, *Das Wichtigste in Kürze. Aphorismen, Sprüche, Sentenzen*. Stuttgart: Radius, 1988, S. 14.

39. Liebe dich selbst, und du bist dir am nächsten. (1988)

Gerd W. Heyse, *Gedanken-Sprünge. Aphorismen*. Berlin: Eulenspiegel, 1988, S. 25.

40. Die meisten Nächsten lieben am Nächsten nur dessen Nächstenliebe. (1989)

Gerhard Uhlenbruck, *Aphorismen sind Gedankensprünge in einem Satz*. Thun: Ott, 1989, S. 89. Auch in G. Uhlenbruck, „Einschlägige Geistesblitze". *Ärzte Almanach 1990*. Marquartstein: Dreit, 1990, S. 223; und G. Uhlenbruck, *Medizinische Aphorismen*. Neckarsulm: Natura Med Verlagsgesellschaft, 1994, S. 81.

41. Liebe deinen Kollegen wie deinen Nächsten – er könnte dein nächster Vorgesetzter sein! (1989)

Beate Steinmeyer (Hrsg.), *Wer seine Hände in den Schoß legt, muß deshalb nicht untätig sein. Die neuesten Bürosprüche*. München: Heyne, 1989, ohne Seitenangabe.

42. Liebe Deinen Nächsten wie Dich selbst – aber etwas kritischer! (1990)

Gerhard Uhlenbruck, *Darum geht's nicht ...? Aphorismen*. Hilden: Ahland, 1990, S. 7.

43. Hasse deinen Nächsten nicht wie dich selbst! (1991)

Gerhard Uhlenbruck, *Ein-Satz-Diagnosen*. Wehrheim/Ts.: Mediteg-Verlag, 1991, S. 26. Auch in G. Uhlenbruck, *Medizinische Aphorismen*. Neckarsulm: Natura Med Verlagsgesellschaft, 1994, S. 2.

44. Liebe deine Nächsten wie die sich selbst. (1994)

Gerhard Uhlenbruck, „Lebenslügen haben kurze Beine – Altersweisheiten". *Almanach deutscher Schriftsteller-Ärzte*, 16/1994, S. 515.

45. Liebe deinen Übernächsten, denn jeder ist sich selbst der Nächste! (1994)

Gerhard Uhlenbruck, *Das darf doch wahr sein! Aphoristische Gedanken*. Hilden: Ahland, 1994, S. 83.

NACHT (a)

„Stille Nacht, heilige Nacht!
Alles schläft, einsam wacht
nur das traute, hochheilige Paar.
Holder Knabe im lockigen Haar,
schlaf in himmlischer Ruh,
schlaf in himmlischer Ruh!"

Erste Strophe des international bekannten Weihnachtsliedes „Stille Nacht, heilige Nacht" (1818) von dem Dichter Joseph Mohr und dem Komponisten Franz Gruber.

1. „Stille Nacht, heilige Nacht"
Haben Sie Dollars, tschechische Kronen?
In den Schaufenstern ballt sich die Pracht:
Würste, Schokladen, Liköre, Melonen,
Pelze, Juwelen, unendliche Fracht,
Nippes und Luxuskinkerlitzen,
alles schläft, einsam wacht
morgen damit unterm Christbaum zu sitzen
über den Kursen das traute Paar:
Staatskokette und Kapitalist.
[...] (Ca. 1930)
Max Hermann-Neisse; zitiert aus Beate Pinkerneil (Hrsg.), *Das große Balladenbuch*. Königstein/Ts.: Athenäum, 1978, S. 590.

2. *Weihnachtsliedparodie*
Traurige Nacht, schaurige Nacht!
Alles schläft, einsam wacht
Nur der Landser im eisigen Wind,
Denkt an sein fernes lockiges Kind.
Ach und die Heimat ist weit!

Traurige Nacht, schaurige Nacht!
Ohne Ruh tobt die Schlacht.
Fern ist die Heimat und fern ist das Glück.
Nie mehr kehr ich zur Heimat zurück,
Niemals mehr seh ich mein Kind!
[...] (1942)
Erich Weinert, *Gedichte 1941-1953*, hrsg. von Edith Zenker. Berlin: Aufbau-Verlag, 1976, S. 307.

3. Stille Nacht, heilige Nacht,
Bettlad kracht, alles lacht.
Und der Pfaffe ganz weihevoll
Tut, als wäre es wirklich wahr,

Mit dem komischen Kind,
Mit dem komischen Kind. (Ca. 1960)

Anonyme Parodie; zitiert aus Hermann Fischer, *Volkslied, Schlager, Evergreen. Studien über das lebendige Singen.* Tübingen: Tübinger Vereinigung für Volkskunde, 1965, S. 113.

4. *Stille Nacht, heilige Nacht!*
Stille Nacht, heilige Nacht!
Weihnachtsgeld wird gebracht
durch Herrn Ruprecht vom Lo-hohnbüro.
Schweigend geht die Belegschaft aufs Klo,
zählend, wieviele Krümel
gnädig vom Herrntisch gefalln.
[...]
Wilde Nacht, streikende Nacht!
Eines Tages, nicht ganz sacht,
pfeifen wir auf die Gnade der Herrn,
übernehmen wir den Konzern
und die Führung im Staate.
Das wird ein Weihnachtsfest wer'n! (Ca. 1970)

Dieter Süverkrüp; zitiert aus Manfred Ach und Manfred Bosch (Hrsg.), *Gegendarstellungen. Autoren korrigieren Autoren. Lyrische Parodien.* Andernach: Atelier, 1974, S. 48-49.

5. Stille Nacht, eilige Nacht? (1982)

Werbung für Galama-Kräutertonikum in *Bunte*, Nr. 49/2. Dezember 1982, S. 152.

6. Weihnachten. Eure „stille Nacht“ wird von Jahr zu Jahr lauter. (1983)

Werner Mitsch, *Das Schwarze unterm Fingernagel. Sprüche.* Stuttgart: Letsch, 1983, S. 77.

7. Stille Nacht, heilige Nacht
alles zahlt, ALDI lacht. (1984)

Claudia Glismann (Hrsg.), *Edel sei der Mensch, Zwieback und gut. Szene-Sprüche.* München: Heyne, 1984, ohne Seitenangabe. Auch in Angelika Franz (Hrsg.), *Das endgültige Buch der Sprüche & Graffiti.* München: Heyne, 1987, S. 372.

8. Stille Nacht, heilige Nacht,
stellt Pershings auf,
bis es kracht. (1984)

Ralf Bülow (Hrsg.), *Graffiti 2. Neues an deutschen Wänden.* München: Heyne, 1984, ohne Seitenangabe. Auch in Hans Gamber (Hrsg.), *Freche Sprüche für jeden Tag.* Rastatt: Moewig, 1987, S. 123.

9. *Nacht der deutschen Dichter*
Thema mit Variationen
Thema:
Stille Nacht, heilige Nacht,
alles wacht,
Einar Schleef.

Variationen:
Stille Nacht, strahlende Nacht,
alles trinkt,
Sarah Kirsch.

Stille Nacht, bildende Nacht,
alles liest,
Hermann Kant.

Stille Nacht, schwelgende Nacht,
alles ißt,
Ulla Hahn.

Stille Nacht, lockende Nacht,
alles küßt,
Erich Loest.

Stille Nacht, endende Nacht,
alles geht,
Stefan Heym. (1987)

Robert Gernhardt, *Körper in Cafés. Gedichte*. Zürich: Haffmans, 1987, S. 112.

NACHT (b)

**„Wer reitet so spät durch Nacht und Wind?
Es ist der Vater mit seinem Kind;
Er hat den Knaben wohl in dem Arm,
Er faßt ihn sicher, er hält ihn warm."**

Erste Strophe von Johann Wolfgang von Goethes Ballade „Erlkönig" (1782).

1. *Actien-König*
Wer reitet so schnell durch die Renngasse hier?
Es ist ein Vater mit seinem Papier!
Er hat sein Papierchen wohl in dem Arm
Er hält's für sicher, daß Gott erbarm!
[...] (Ca. 1855)

Moritz Gottlieb Saphir, *Schriften*. Wien: Karafiah, 1887, Bd. 24, S. 186. In der Renngasse war in den fünfziger Jahren eine Zeitlang die Wiener Börse untergebracht.

2. *Der Ballabend*
Wer sitzt dort im Ballsaal? O sage geschwind!
Es ist die Mutter mit ihrem Kind;
Sie zupft das Mädchen leis' an dem Arm,

Sie fragt sie innig, sie fragt sie warm:
[...] (1887)

Anonyme Parodie; zitiert aus Ernst Heimeran (Hrsg.), *Hinaus in die Ferne mit Butterbrot und Speck. Die schönsten Parodien auf Goethe bis George*. Tübingen: Laupp, 1943, S. 113. Auch in Wolfgang Hecht (Hrsg.), *Frei nach Goethe. Parodien nach klassischen Dichtungen Goethes und Schillers*. Berlin: Rütten & Loening, 1965, S. 132.

3. Wer reitet zu spät durch Nacht und Wind?
Lord Halifax ist es mit seinem Kind! (1941)

Karikatur in *Kladderadatsch*, Nr. 22/1. Juni 1941, Umschlag.

4. *Literaturballade*
Wer wandert so spät durch Nacht und Wind?
Ein Dichter mit seinem Musenkind.
Im Arme hält er das Manuskript,
Sorgfältig hat er es abgetippt.
[...] (1943)

Walther Deneke; zitiert aus Ernst Heimeran (Hrsg.), *Hinaus in die Ferne mit Butterbrot und Speck. Die schönsten Parodien auf Goethe bis George*. Tübingen: Laupp, 1943, S. 33.

5. *Der neue Erlkönig*
Wer schreitet so spät, fünf Minuten vor zwölf?
(Daß Gott doch allen Kranken helf!)
Es ist der Deutsche in Nacht und Harm
Mit seiner Demokratie im Arm. (1947)

Friedrich Wendel; zitiert aus Karl Hoche (Hrsg.), *Die Lage war noch nie so ernst. Eine Geschichte der Bundesrepublik in ihrer Satire*. Königstein/Ts.: Athenäum, 1984, S. 48.

6. *Der König Erl*
(Frei nach Johann Wolfgang von Frankfurt)
Wer reitet so spät durch Wind und Nacht?
Es ist der Vater. Es ist gleich acht.
Im Arm den Knaben er wohl hält,
er hält ihn warm, denn er ist erkält'.
Halb drei, halb fünf. Es wird schon hell.
Noch immer reitet der Vater schnell.
Erreicht den Hof mit Müh und Not –
der Knabe lebt, das Pferd ist tot! (1974)

Heinz Erhardt, *Das große Heinz Erhardt Buch*. Reinbek: Rowohlt, 1974, S. 23.

7. Wer reitet so spät durch Nacht und Wind?
Es sind die Europäer auf ihrem Rind. (1975)

Karikatur in *Der Spiegel*, Nr. 27/30. Juni 1975, S. 22.

Vorwärts

Wer reitet so spät durch Nacht und Wind? Es sind die Europäer auf ihrem Rind NACHT (a) 7

8. *Der zeitgemässe Erlkönig*
frei nach Johann Wolfgang Goethe
Wer knattert so spät durch Nacht und Wind?
Es isch en Outofahrer mit hertem Grind!
Mitternacht ist längst vorbei
u jez chunt er ändlech hei.
Erreicht die Garage mit Weh und Ach
u schmättert d Outoture mit gröschtem Krach!
Dann geht er schlafen und träumt von Musen
u alli Nachbarslüt chöi nümme pfuusen!

Fazit:
Settig gö eim uf ds Gäder! (1979)

Fritz Hofmann, *E Hampfele Bärner Witze.* Bern: Benteli, 1979, S. 21. „Pfuuse" bedeutet „schlafen" und „uf ds Gäder ga" hat die Bedeutung von „auf die Nerven gehen".

9. Wer reitet geschwind
Durch Nacht und Wind?
Es ist der Vater mit seinem Kind.
Das Kind, das erkält sich den Arsch –
Weg warsch. (Vor 1980)

Ernest Borneman, *Wir machen keinen langen Mist. 614 Kinderverse.* Frankfurt am Main: Fischer, 1981, S. 21. Auch in Peter Köhler, *Poetische Scherzartikel.* Stuttgart: Reclam, 1991, S. 150.

10. Wer rollet so spät durch Nacht und Wind?
Es ist der Schweizer, er rollet geschwind.
Er muß an den Bahnhof, es ist höchste Zeit.
Doch vor jenem Bahnhof, da stand eine Maid.

Willst feiner Käse, du mit mir gehn?
Wir werden uns beide bestimmt gut verstehn.
[...] (1981)

Robert T. Odeman, *Im Vertrauen gesagt. Verse von einem, der auszog, das Lachen zu lernen*. München: Universitas, 1981, S. 121.

11. *der erlenkönig als vampir*
frei nach j.w. v. goethe
wer reiset so spät durch nacht und wind?
es ist der vater mit seinem kind;
er hat die tochter wohl auf dem rad,
er fährt mit ihr den steinigen pfad.
[...] (1982)

Friedrich Ach, *Gedichte. Hoch-ach-tungsvoll.* Gerbrunn bei Würzburg: Lehmann, 1982, S. 13.

12. Wer reitet so spät durch Nacht und Wind
das sind die Ewings, das weiß jedes Kind. (1983)

Spruch von Marite Thoms in *Morgenpost,* 20. Januar 1983, ohne Seitenangabe.

13. Wer grunzt da so laut
bei Nacht und Wind?
Das ist der Spieß,
der schnarcht im Spind. (1985)

Bernd Thomsen (Hrsg.), *Haste was, pisste was. Klo-Sprüche*. München: Heyne, 1985, ohne Seitenangabe.

14. Wer reitet so spät auf der Kellnerin Bauch?
Das ist der Wirt mit seinem Schlauch!
Er hält sich an den Titten fest,
damit sich's besser ficken läßt. (1986)

Bernd Thomsen (Hrsg.), *Wer im Bett lacht, lacht am besten. Horizontale Graffiti, Witze, Bilder und Sprüche*. München: Heyne, 1986, S. 77.

15. Wer reitet so spät
durch Nacht und Wind?
Es ist der Metzger,
er sucht ein Rind.
Er findet kein Rind,
kein Schaf, kein Schwein,
er muß auf dem Weg
zum Sozialismus sein. (1986)

Bernd Thomsen (Hrsg.), *Ihr geht mit der Welt um als hättet ihr eine zweite im Keller! Polit-Graffiti & Demo-Sprüche*. München: Heyne, 1986, ohne Seitenangabe.

16. Wer reitet so spät
durch Nacht und Gewitter?
Das ist Harald Juhnke,
der holt noch 'nen Liter. (1987)
Angelika Franz (Hrsg.), *Das endgültige Buch der Sprüche & Graffiti.* München: Heyne, 1987, S. 247.

17. Wer reitet so spät durch Nacht und Wind?
Es ist der Kohl mit Krause, sein'm Kind. (1991)
Karikatur in *Der Spiegel*, Nr. 51/16. Dezember 1991, S. 28.

NATUR

„Zurück zur Natur!"
„Retour à la nature!"

Diese berühmte Aufforderung wird gewöhnlich Jean Jacques Rousseau zugeschrieben, obwohl sie sich weder in seinem Erziehungsroman *Emile* (1762) noch in anderen gesellschaftskritischen Werken in dieser Formulierung befindet. Auch seine Abhandlung *Du contrat social* (1762) enthält keinen Beleg dieses Imperativs.

1. Zurück zur Natur, sagte der Hund, trat aus der Hundehütte, beschnupperte den Gartenzwerg und legte sich neben ihn auf den Rasen. (1966)
Helmut Arntzen, *Kurzer Prozeß. Aphorismen und Fabeln.* München: Nymphenburg, 1966, S. 9.

2. Sie sagen: „Zurück zur Natur!" und meinen: „Zurück zum Tier!" (1977)
Wolfgang Eschker, *Gift und Gegengift. Aphorismen.* Stuttgart: Deutsche Verlags-Anstalt, 1977, S. 59. Auch in W. Eschker, *Mitgift mit Gift. Aphorismen.* München: Eugen Diederichs, 1995, S. 144.

3. Alle wollen zurück zur Natur. Aber keiner zu Fuß. (1978)
Werner Mitsch. *Spinnen, die nicht spinnen, spinnen. Sprüche.* Stuttgart: Letsch, 1978, S. 13. Auch als Kalenderspruch in *Dumme Sprüche für Gescheite.* München: Heye, 1981 (Juni); Hans Gamber (Hrsg.), *Graffiti. Was an deutschen Wänden steht. Szene-Sprüche.* München: Heyne, 1983, ohne Seitenangabe; Claudia Glismann (Hrsg.), *Edel sei der Mensch, Zwieback und gut. Szene-Sprüche.* München: Heyne, 1984, ohne Seitenangabe; und W. Mitsch, *Hin- und Widersprüche.* Rosenheim: Förg, 1986, S. 5.

4. *Ausrede*
„Zurück zur Natur",
sagte der Kuckuck in meiner Uhr
und floh.

Jedoch kam er eben
nur bis zum Kleiderschrank.

Dort blieb er kleben.
Gott sei Dank –!
Und sowieso. (1979)

Jo Schulz, *Hammelweisheit. Gereimt und mit Nonsens.* Berlin: Eulenspiegel, 1986, S. 16.

5. Zurück aufs Rad. (1980)

Anonyme Überschrift in *Der Spiegel,* Nr. 19/5. Mai 1980, Umschlag.

6. Zurück zur Entspannung? (1980)

Überschrift in *Der Spiegel,* Nr. 20/12. Mai 1980, Umschlag.

7. Zurück zur Natur, sagte der Politiker, als er wieder einmal auf den Busch klopfte. (1980)

Werner Mitsch, *Pferde, die arbeiten, nennt man Esel. Sprüche.* Stuttgart: Letsch, 1980, S. 50.

8. Zurück zur Natur. Zurück zum Naturschnitzel. (1980)

Werner Mitsch, *Pferde, die arbeiten, nennt man Esel. Sprüche.* Stuttgart: Letsch, 1980, S. 118. Auch in W. Mitsch, *Wer den Wal hat, hat die Qual. 800 Unsinnssprüche.* München: Heyne, 1987, ohne Seitenangabe.

9. Ach, zur Natur zurückkehren! – mit Kognak und Zigarren. (1981)

Aleksander Kumor; in Klaus Sochatzy und A. Kumor, *Ost-West-Monologe. Aphorismen.* Frankfurt am Main: Rita G. Fischer, 1981, S. 81.

10. Alle wollen zurück zur Natur, nur nicht zu Fuß. (1981)

Jürgen Zinnecker, „Wandsprüche", in Arthur Fischer (Hrsg.), *Jugend '81. Lebensentwürfe, Alltagskulturen, Zukunftsbilder.* Hamburg: Jugendwerk der Deutschen Shell, 1981, Bd. 1, S. 449. Auch in Eduard Moriz (Hrsg.), *Nimm's leicht, nimm mich. Sponti-Sprüche No. 3.* Frankfurt am Main: Eichborn, 1983, ohne Seitenangabe; Karl Heinz Rauchberger und Ulf Harten (Hrsg.), *„Club-Sprüche".* Hamburg: Verlag Hanseatische Edition, 1983, S. 25; Eduard Moriz (Hrsg.), *Ohne Dings kein Bums. Sponti-Sprüche No. 4.* Frankfurt am Main: Eichborn, 1984, ohne Seitenangabe; Spruch von Inge Keuten in *Bild,* 10. September 1985, S. 2; Spruch der Bundestagsabgeordneten Petra Kelly in *Der Spiegel,* Nr. 14/3. April 1989, S. 280; und Spruch von Hardy Scharf in *Süddeutsche Zeitung,* 27./28. Oktober 1990, S. 28.

11. Mit dem Ruf „Zurück zur Natur!" beginnt deren Verfügbarkeit zu verschwinden. (1981)

Erwin Chargaff, *Bemerkungen.* Stuttgart: Klett-Cotta, 1981, S. 135.

12. Nicht zurück zur Natur, sondern weg vom Unnatürlichen! (1981)

Gerhard Uhlenbruck, *Keiner läßt seine Masche fallen. Aphorismen.* Aachen: Stippak, 1981, S. 27.

13. Zurück zur Natur – aber bitte den Transistor nicht vergessen! (1982)
Hans Derendinger, „Auf Wanderschaft“, *Nebelspalter*, Nr. 18/4. Mai 1982, S. 23.

14. Zurück zur Natur. Radfahrer auf den Gehweg und Fußgänger auf die Bäume! (1982)
Werner Mitsch, *Bienen, die nur wohnen, heißen Drohnen. Sprüche*. Stuttgart: Letsch, 1982, S. 45.

15. Alle wollen zurück zur Natur, nur keiner zu Fuß. (1983)
Iris Blaschzok (Hrsg.), *Ächt Ätzend! Gesprühte Sprüche mit Esprit*. Münster: Coppenrath, 1983, S. 33.

16. Die beste Kur: Zurück zur Natur. (1983)
Kalenderspruch in *Büro-Humor-Kalender* (Bad Oeynhausen: Glissmann, 1983 (Juni).

17. Zurück zum Regenfaß. (1983)
Slogan in *Der Spiegel*, Nr. 23/6. Juni 1983, S. 83. Auch in *Der Sprachdienst*, 28/1984, S. 19.

18. Zurück zur Natur. Alle anderen Wege sind schon verstopft. (1983)
Werner Mitsch, *Das Schwarze unterm Fingernagel. Sprüche*. Stuttgart: Letsch, 1983, S. 14.

19. Zurück zur Natur. Holt Eure Frauen wieder vom Lande. (1983)
Werner Mitsch, *Das Schwarze unterm Fingernagel. Sprüche*. Stuttgart: Letsch, 1983, S. 94.

20. Zurück zur Natur, sagte der Fisch, schnallte die Flossen ab und ging wieder zu Fuß. (1983)
Werner Mitsch, *Das Schwarze unterm Fingernagel. Sprüche*. Stuttgart: Letsch, 1983, S. 49.

21. „Zurück zur Natur!“ sagte die Schnecke und ging wieder zu Fuß. (1983)
Werner Mitsch, *Das Schwarze unterm Fingernagel. Sprüche*. Stuttgart: Letsch, 1983, S. 85.

22. Zurück zur Natur, sagte der Zimmervogel und ertrank im ersten Rauhreif. (1983)
Werner Mitsch, *Das Schwarze unterm Fingernagel. Sprüche*. Stuttgart: Letsch, 1983, S. 20.

23. Zurück zur Natur – solange noch etwas davon übrig ist. (1983)
Gerhard Uhlenbruck, *Nächstenhiebe. Aphoristische Sticheleien*. Aachen: Stippak, 1983, S. 29. Auch in G. Uhlenbruck, *Kaffeesätze. Gedankensprünge in den Sand des Getriebes*. Erkrath: Spiridon, 1987, S. 48; und G. Uhlenbruck, *Das darf doch wahr sein! Aphoristische Gedanken*. Hilden: Ahland, 1994, S. 130.

24. Zurück zur Natur: Die Kehrseite der mittelständischen Stadtflucht verspüren vor allem die sogenannten grünen Witwen. (1984)

Klaus Sochatzy, *Widerworte nach der „Wende". Aphorismen*. Frankfurt am Main: Rita G. Fischer, 1984, S. 58.

25. Zurück zur Natur! Das kann nur heißen: mitten hinein in die Technik, die die Naturgesetze am sinnfälligsten verkörpert, indem sie uns ihnen mit allen Konsequenzen unterwirft. Daß wir aus der Natur eine Stimmung und aus der Technik ein Ornament gemacht haben, hat uns von jener entfernt und ihr durch diese nicht nähergebracht. (1985)

Hermann Funke, *Worte und Widerworte. Aphorismen*. Sigmaringen: Thorbecke, 1985, S. 40.

26. Vorwärts, zurück zur Natur! (1986)

Andreas Bender, *Gelegenheit macht Liebe. Sprichwörter, Redensarten und Zitate verdreht und auf die seichte Schulter genommen*. Frankfurt am Main: Eichborn, 1986, ohne Seitenangabe.

27. Zurück zum Zwieback. Es gibt nichts Besseres. (1986)

Werbung für Brandt-Zwieback in *Journal für die Frau*, Nr. 10/28. April 1986, S. 101.

28. Zurück zur Natur, solange sie noch da ist. (1986)

Ralf Bülow (Hrsg.), *Lieber nett im Bett als cool auf dem Stuhl. Graffiti 4*. München: Heyne, 1986, ohne Seitenangabe.

29. Alle wollen zurück zur Natur. Aber keiner zum Zahnarzt. (1987)

Werner Mitsch, *Wer den Wal hat, hat die Qual. 800 Unsinnssprüche*. München: Heyne, 1987, ohne Seitenangabe.

30. Zurück zur Natur. Technisch unmöglich. (1988)

Werner Mitsch, *Neue Hin- und Widersprüche*. Rosenheim: Förg, 1988, S. 24.

31. Zurück zum Beton – Scheiß Natur! (1989)

Graffito; zitiert aus Horst-Eberhard Richter, *Die hohe Kunst der Korruption. Erkenntnisse eines Politik-Beraters*. Hamburg: Hoffmann und Campe, 1989, S. 16.

32. Zurück zur Korruption – Scheiß Moral! (1989)

Horst-Eberhard Richter, *Die hohe Kunst der Korruption. Erkenntnisse eines Politik-Beraters*. Hamburg: Hoffmann und Campe, 1989, S. 16.

33. Ein echter Fortschritt – zurück zur Natur. (1994)

Werbung für Interlübke Möbelwerke in *Focus*, Nr. 40/1. Oktober 1994, S. 107.

34. Zurück zur Natur oder: Es lebe das 3-Liter-Auto. (1995)

Peter Urbanek, „Zurück zur Natur oder: Es lebe das 3-Liter-Auto. Sparsinn als Frohsinn." *Die Presse*, 16. September 1995, S. 20.

NECKERMANN

„Neckermann macht's möglich."

Werbeslogan der Neckermann Versand KGaA, der am 1. September 1960 zum ersten Mal im Herbst/Winter-Katalog abgedruckt wurde.

1. Mode machts möglich. (1977)

   Heinrich Schröter, *Ha, welche Lust, Zitat zu sein! Spruchbuch zum Fortschreiben.* München: Gauke, 1977, S. 39.

2. Kannste nur einmal wöchentlich
   Und möchtest gerne täglich,
   Dann geh nur mal zu Neckermann,
   Neckermann macht's möglich. (Vor 1980)

   Ernest Borneman, *Wir machen keinen langen Mist. 614 Kinderverse.* Frankfurt am Main: Fischer, 1981, S. 86.

3. Video machts möglich. (1982)

   Heinz Blüthmann, „Video machts möglich: TV-Werbung auch in Ladenpassagen". *Die Zeit,* Nr. 37/17. September 1982, S. 11.

PAPPENHEIMER

„Daran erkenn' ich meine Pappenheimer."

Friedrich Schiller, *Wallensteins Tod* (1800), III. Akt, 15. Szene.

1. *Schiller zu Gast bei Ibsen*
   Vor Plüschdekorationen und Zimmerflora
   Präsentiert unser Stadttheater Ibsens „Nora".
   Hier wird selbst Wallenstein zum Wortspielreimer:
   „Daran erkenn ich", spricht er, „meine Puppenheimer!" (1972)

   Henryk Keisch, *Gehauen und gestichelt. Neue Vierzeiler.* Berlin: Eulenspiegel, 1981, S. 50.

2. Ich kenne meine 8834er, sagte der Briefträger von Pappenheim. (1978)

   Werner Mitsch, *Spinnen, die nicht spinnen, spinnen. Sprüche.* Stuttgart: Letsch, 1978, S. 37.

3. Atom für den Frieden. Ich kenne meine Oppenheimer! (1983)

   Werner Mitsch, *Das Schwarze unterm Fingernagel. Sprüche.* Stuttgart: Letsch, 1983, S. 8.

4. So wie wir unsere Pappenheimer kennen, werden sie mit dem vielberedeten Umdenken so lange zuwarten, bis der gröbste Untergang erst einmal vorbei

ist. (1994)

Felix Renner, *Vorletzte Worte. Aphorismen.* Rorschach: Nebelspalter, 1994, S. 16.

5. Ich kenne meine Pappenstiele. (1995)

Ulrich Erckenbrecht, *Katzenköppe. Aphorismen/Epigramme.* Göttingen: Muriverlag, 1995, S. 12.

PERLE

„Perlen vor die Säue werfen"

Sprichwörtlich gewordene Verkürzung des Bibelzitats „Ihr sollt das Heilige nicht den Hunden geben, und eure Perlen sollt ihr nicht vor die Säue werfen" (Matthäus 7,6).

1. „Man soll die Perlen nicht vor die Säue werfen"; aber zuweilen bekommen sie einen noch schlechteren Platz, und eine unwürdigere Bestimmung. (Ca. 1860)

Karl Friedrich Wilhelm Wander, *Politisches Sprichwörterbrevier. Tagebuch eines Patrioten der fünfziger Jahre.* Leipzig: Wigand, 1872; Nachdruck hrsg. von Wolfgang Mieder. Bern: Lang, 1990, S. 95.

2. Hehle nimmer mit der Wahrheit!
Bringt sie Leid, nicht bringt sie Reue;
Doch, weil Wahrheit eine Perle,
Wirf sie auch nicht vor die Säue. (Ca. 1880)

Theodor Storm; zitiert aus Helmut Wolle (Hrsg.), *Von der Weisheit der Sprüche. Aphorismen, Zitate, Sprichwörter.* Berlin: Verlag Neues Leben, 1981, S. 177.

3. Heute sind die Schweine unter die Perlensammler gegangen. (1951)

Erwin Chargaff, *Bemerkungen.* Stuttgart: Klett-Cotta, 1981, S. 34.

4. *Der Mensch zwischen Gut und Böse*
Wer Perlen vor die Säue wirft, tut das wohl allemal noch in der sicheren Hoffnung, sie sämtlich doch wieder ersetzt zu bekommen; und zwar die falschen darunter ersetzt durch echte. (1965)

Herbert Eisenreich, *Der alte Adam. Aus dem Zettelkram eines Sophisten.* Irdning/Steiermark: Stieglitz, 1965, S. 19.

5. Seufzer. –
Ach, es gibt so wenig Perlen und so viele Säue! (1969)

Arthur Hafink (eigentlich Arthur Hermann Fink), *Hergebrachtes [Aphorismen].* Wuppertal: Schlegel, 1969, S. 135.

6. Für den Lyriker: Du sollst keine falschen Perlen vor echte Säue werfen! (1970)

Karl Heinrich Waggerl, *Sämtliche Werke.* Salzburg: Müller, 1970, Bd. 2, S. 653.

7. Wenn die säue doch perlen fräßen! (1971)
Bert Berkensträter, *Zungen-Schläge*. Berlin: Fietkau, 1971, S. 26.

8. Man braucht manchmal Säue, um ihnen Perlen vor die Füße zu werfen. (1976)
Joachim Günther, *Findlinge*. Heidelberg: Schneider, 1976, S. 50.

9. Wirft man Perlen vor die Sau,
weint alsbald die Ehefrau! (1976)
Kalenderspruch in *Locus vivendi. Sentenzen fürs Klo*. München: Heye, 1976 (Juni).

10. Wer Perlen vor die Säue schmeißt, muß wissen, daß sie unverdaulich sind und auf dem Mist landen. (1977)
Gerhard Uhlenbruck, *Ins eigene Netz. Aphorismen*. Aachen: Stippak, 1977, S. 78.

11. Ideeje vor die Säu schmeiße is zwecklos
denn die werrn net fett devo. (1978)
Kurt Sigel, *Gegenreden – Qüergebabbel. Hessische Mundartsprüche, Gedichte und Redensarten*. Düsseldorf: Claassen, 1978, S. 65.

12. *Untreue*
Wirft Perlen vor die Neue. (1978)
Ron Kritzfeld (eigentlich Fritz Kornfeld), *Kleines Universal Flexikon*. Essen: Selbstverlag des Verfassers, 1978, Bd. 5, S. 30.

13. Für perlen werden tränen vor die säue geworfen (und schweißperlen). (1979)
Volker Erhardt, *„Auch der Kannibale schätzt den Menschen am höchsten"*. *Aphorismen*. Köln: Satire Verlag, 1979, S. 31.

14. Das Publikum buht. Die Säue haben sich an Perlen überfressen. (1981)
Werner Mitsch, *Hunde, die schielen, beißen daneben. Sprüche*. Stuttgart: Letsch, 1981, S. 54.

15. Warum nicht Perlen vor die Säue werfen, wenn sie darauf ausrutschen ... (1982)
André Brie, *Die Wahrheit lügt in der Mitte. Aphorismen*. Berlin: Eulenspiegel, 1982, S. 11. Auch in A. Brie, *Die Wahrheit lügt in der Mitte / Am Anfang war das letzte Wort. Aphorismen*. Berlin: Eulenspiegel, 1988, S. 12.

16. Tränen sind etwas Edles. Sie sind Perlen, die man nicht vor die Säue werfen soll. (1983)
Sigbert Latzel, *Stichhaltiges. Aphorismen*. St. Michael: Bläschke, 1983, S. 24.

17. Wussten Sie schon, dass man auf dem goldenen Mittelweg keine Perlen vor die Schweine werfen kann? (1983)
Anonymer Spruch in *Nebelspalter*, Nr. 13/29. März 1983, S. 32.

18. Der Satz „Perlen vor die Säue werfen“ beschreibt wirklich nicht die Auswirkungen hoher Agrarsubventionen auf neue Fütterungsmethoden in der Landwirtschaft. (1984)
    Klaus Sochatzy, *Widerworte nach der „Wende“. Aphorismen.* Frankfurt am Main: Rita G. Fischer, 1984, S. 71.

19. „Eure Perlen sollt ihr nicht vor die Säue werfen“, sagte der Evangelist und meinte die Perlen des Geistes. Er konnte nicht die Massenproduktion von falschen Perlen voraussehen, mit denen man das Publikum zur Sau macht. (1984)
    Gabriel Laub, *Denken verdirbt den Charakter. Alle Aphorismen.* München: Hanser, 1984, S. 93.

20. Man sollte Perlen nicht vor die Schweinehunde werfen. (1985)
    Gerhard Uhlenbruck, *Eigenliebe macht blind. Hinrissige Gedankensprünge und Aphorismen.* Aachen: Stippak, 1985, S. 28.

21. Man soll nicht Perlen vor den Juwelier werfen. (1986)
    Andreas Bender, *Gelegenheit macht Liebe. Sprichwörter, Redensarten und Zitate verdreht und auf die seichte Schulter genommen.* Frankfurt am Main: Eichborn, 1986, ohne Seitenangabe.

22. Wirf deine Depressionen nicht vor die Säue! (1989)
    Günter Rizy, *Weissglutfunken. Aphorismen.* Frankfurt am Main: Rita G. Fischer, 1989, S. 27.

23. Öffentliche Meinung: Falsche Perlen vor echte Säue werfen. (1993)
    Johannes Gross, *Für- und Gegenwitz.* Stuttgart: Engelhorn, 1993, S. 100.

24. Die Zeiten, da man versehentlich Perlen vor die Säue werfen konnte, sind vorbei: inzwischen sind die Schweine in die Perlenzucht eingestiegen. (1994)
    Felix Renner, *Vorletzte Worte. Aphorismen.* Rorschach: Nebelspalter, 1994, S. 78.

25. Manche Perlen sind selber schon Säue. (1995)
    Ulrich Erckenbrecht, *Katzenköppe. Aphorismen/Epigramme.* Göttingen: Muriverlag, 1995, S. 33.

PFERD

„Trojanisches Pferd“

Aus der Antike überliefertes Symbol für ein Mittel, mit dem Unerwünschtes eingeschmuggelt werden soll. Vgl. die Darstellungen des Trojanischen Krieges in Homers *Odyssee* (ca. 700 v. Chr.), 8. Buch, und Vergils *Äneis* (19 v. Chr.), 2. Buch.

1. *Der trojanische Wallach*

[...]

Die Geschichte vom trojanischen Pferd ist bekannt. Das Schmutz- und Schundgesetz [gegen das freie literarische Schaffen] ist ein neues Trojanisches Pferd. Man hat, züchtig gesenkten Blicks, an dem hölzernen Sagentier ein bißchen herumgehobelt. Bis ein sittlicher Wallach draus wurde. Nun steht der Trojanische Wallach, mit Kulturkämpfern bemannt, vor den Toren. Die Stadt heißt diesmal nicht Troja. Sie heißt *Schilda.*

[...]

Der Trojanische Wallach steht vor den Toren. Klopft, ihr Toren, dem Tier auf den Bauch! Er ist hohl, aber nicht leer.

[...] (1949)

Erich Kästner, *Gesammelte Schriften für Erwachsene.* Zürich: Atrium, 1969, Bd. 7, S. 186.

2. Er setzte auf ein gutes – trojanisches – Pferd. (Ca. 1960)

Stanisław Jerzy Lec, *Spätlese unfrisierter Gedanken.* München: Hanser, 1976, S. 7.

3. Trojanische Pferde haben ihre Helden sonstwo stecken. (Ca. 1960)

Stanisław Jerzy Lec, *Spätlese unfrisierter Gedanken.* München: Hanser, 1976, S. 88.

4. Die Hufeisen des trojanischen Pferdes bringen kein Glück. (1961)

Erwin Chargaff, *Bemerkungen.* Stuttgart: Klett-Cotta, 1981, S. 91.

5. Das Kullern im Bauche des trojanischen Pferdes wurde von den Ärzten Trojas einer falschen Diät zugeschrieben. (1962)

Erwin Chargaff, *Bemerkungen.* Stuttgart: Klett-Cotta, 1981, S. 94.

6. Politik: Derby trojanischer Pferde. (1964)

Stanisław Jerzy Lec, *Neue unfrisierte Gedanken.* München: Hanser, 1964, S. 35.

7. Verfassungsschutz: Das Trojanische Pferd wurde institutionalisiert. (1977)

Hans-Horst Skupy, *Aphorismen. Abgeleitete Geistesblitze.* München: Ring, 1977, S. 43.

8. Das trojanische Pferd war sozusagen unheilschwanger. (1980)

Werner Mitsch, *Pferde, die arbeiten, nennt man Esel. Sprüche.* Stuttgart: Letsch, 1980, S. 15.

9. In Troja war auch nicht alles Pferd, was wieherte. (1980)

Werner Mitsch, *Pferde, die arbeiten, nennt man Esel. Sprüche.* Stuttgart: Letsch, 1980, S. 8.

10. Seit Troja schwören die Generale auf Pferdebauch. (1980)

Andreas Klotsch, „Aphorismen“, *Neue deutsche Literatur,* 28/1980, S. 173.

11. Das trojanische Pferd war das einzige, das keinen Mist gemacht hat, im Gegensatz zum Pegasus. (1981)

Gerhard Uhlenbruck, *Keiner läßt seine Masche fallen. Aphorismen.* Aachen: Stippak, 1981, S. 62.

12. Einem trojanischen Gaul schau zuallererst in den Bauch! (1983)

Žarko Petan, *Vor uns die Sintflut. Aphorismen.* Graz: Styria, 1983, S. 11.

13. Er zäumte sein Pferd am Schwanz auf und das Ganze roch nach Troja. (1983)

Werner Mitsch, *Das Schwarze unterm Fingernagel. Sprüche.* Stuttgart: Letsch, 1983, S. 43.

14. Wer einem trojanischen Pferd auf den Zahn fühlen will, der muß ihm schon den Bauch aufschlitzen. (1984)

Werner Mitsch, *„Grund- & Boden-Sätze". Sprüche.* Stuttgart: Letsch, 1984, S. 69.

15. Das Trojanische Pferd war nur von außen ein Pferd. Innen war es ein Wohnmobil. (1985)

Christian Roman (Hrsg.), *Reden ist Silber, Schweigen ist fünf. Schüler-Sprüche No. 2.* Frankfurt am Main: Eichborn, 1985, ohne Seitenangabe. Auch in Michael Hallstatt (Hrsg.), *Innen war das Trojanische Pferd ein Wohnmobil. Neue Stilblüten aus deutschen Klassenzimmern.* München: Heyne, 1991, S. 42.

16. Das trojanische Schaukelpferd. (1985)

Jörg Liebenfels, *Das trojanische Schaukelpferd: kleine Komödie.* Norderstedt: Verlag Deutscher Bühnenschriftsteller und Bühnenkomponisten, 1985.

17. Wie kommt es bloß, daß das Trojanische Pferd der darstellenden Kunst immer zum Esel gerät! (1985)

Hermann Funke, *Worte und Widerworte. Aphorismen.* Sigmaringen: Thorbecke, 1985, S. 27.

18. *Wortschöpfung*

Trojanisches Pferd, durch dessen Einsatz im Parteienstreit die gegnerische Gefolgschaft niedergemacht werden soll. (1985)

Ron Kritzfeld (eigentlich Fritz Kornfeld), *Kleines Universal Flexikon.* Essen: Selbstverlag des Verfassers, 1985, Bd. 10, S. 35.

19. Das Trojanische „Stecken"pferd. (1986)

Ingetraud Skirecki (Hrsg.), *Das Trojanische „Stecken"pferd. Aphorismen,* Berlin: Eulenspiegel, 1986.

20. Trojanisches Pferd: Einem geschenkten Gaul sollte man auch ins Maul gukken! (1987)

Gerhard Uhlenbruck, *Kaffeesätze. Gedankensprünge in den Sand des Getriebes.* Erkrath: Spiridon, 1987, S. 97.

21. Der trojanische Maulwurf. (1990)
Michael Molsner, *Der trojanische Maulwurf: Thriller.* München: Droemer Knaur, 1990.

22. Ein Pessimist setzt aufs Trojanische Pferd. (1990)
Hans-Horst Skupy; zitiert aus Gerhard Uhlenbruck, H.-H. Skupy und Hanns-Hermann Kersten, *Ein gebildeter Kranker. Trost- und Trutz-Sprüche für und gegen Ängste und Ärzte.* Stuttgart: Fischer, 1990, S. 111.

23. Wie ungerecht! Von allen Pferden ging nur das trojanische in die Geschichte ein. (1990)
Žarko Petan, *Viele Herren von heute waren gestern noch Genossen. Neue Aphorismen.* Graz: Styria, 1990, S. 93.

24. Jeder fühlt sich heute mißbraucht. Nur das Trojanische Pferd hat sich noch nicht darüber beklagt. (1992)
Manfred Strahl, *Hiebe auf den ersten Blick. Aphorismen.* Berlin: Edition q, 1992, S. 47.

25. Der Politiker saß fest im Sattel – des trojanischen Pferdes. (1995)
Wolfgang Eschker, *Mitgift mit Gift. Aphorismen.* München: Eugen Diederichs, 1995, S. 158.

PROLETARIER

**„Die Proletarier haben nichts in ihr [der kommunistischen Revolution] zu verlieren als ihre Ketten. Sie haben eine Welt zu gewinnen.
Proletarier aller Länder, vereinigt Euch!"**

Schlußsätze des *Manifests der Kommunistischen Partei* (1848) von Karl Marx und Friedrich Engels.

1. *Erklärung*
Edle und respektierte Bürger Zürichs, Studenten, Handwerker, Arbeiter, Vagabunden, Ziellose aller Länder, vereinigt euch. [...] Wir haben beschlossen, unsere mannigfaltigen Aktivitäten unter dem Namen Dada zusammenzufassen. Wir fanden Dada, wir sind Dada, und wir haben Dada.
[...] (1916)
Richard Huelsenbeck; zitiert aus Karl Riha und Waltraud Wende-Hohenberger (Hrsg.), *Dada Zürich. Texte, Manifeste, Dokumente.* Stuttgart: Reclam, 1992, S. 29.

2. Im Auslande gilt die deutsche Mark schon längst nichts mehr. [...] Wir brauchen nicht mehr zu rufen: „Proletarier aller Länder vereinigt euch!", sondern: „Milliardäre aller Länder vereinigt euch!" (1923)
Adolf Hitler; zitiert aus Ernst Boepple, *Adolf Hitlers Reden.* München: Deutscher Volksverlag, 1933, S. 28 (Rede über den „Triumph der Börsendiktatur" vom 21. August 1923).

3. „Proletarier aller Länder vereinigt euch!" Ich bitte gehorsamst fragen zu dürfen – wozu? (Ca. 1960)
Stanisław Jerzy Lec, *Spätlese unfrisierter Gedanken.* München: Hanser, 1976, S. 109.

4. Ökumene. Katzen und Hunde vereinigt euch. Die Wölfe kommen. (1965)
Heinrich Wiesner, *Lakonische Zeilen.* München: Piper, 1965, S. 6.

5. *Der geflügelte Satz*
Als wir eines Tages wußten
Daß das Wichtigste getan war
In unserem Land
Kamen wir uns auf einmal seltsam
Allein vor und einigermaßen verlassen
Und gedachten mit Bestürzung
Jenes Satzes der Klassiker:
Arbeiter aller Länder, vereinigt euch.
[...] (1979)
Volker Braun, *Gedichte.* Leipzig: Reclam, 1979, S. 98.

6. Proletarier aller Länder, reißt Euch am Riemen! (1979)
Werner Mitsch, *Fische, die bellen, beißen nicht. Sprüche.* Stuttgart: Letsch, 1979, S. 92. Auch in W. Mitsch, *Wer den Wal hat, hat die Qual. 800 Unsinnssprüche.* München: Heyne, 1987, ohne Seitenangabe.

7. Proletarier aller Länder, vereinigt euch!
Sammelplatz: Westdeutschland. (1979)
Žarko Petan, *Mit leerem Kopf nickt es sich leichter. Satirische Aphorismen.* Graz: Styria, 1979, S. 47.

8. Frauen aller Völker vereinigt euch. (1981)
Jürgen Zinnecker, „Wandsprüche", in Arthur Fischer (Hrsg.), *Jugend '81. Lebensentwürfe, Alltagskulturen, Zukunftsbilder.* Hamburg: Jugendwerk der Deutschen Shell, 1981, Bd. 1, S. 449.

9. Blumenkinder aller Länder! Vereinigt Euch! (1982)
Torsten Capelle (Hrsg.), *Rettet dem Dativ! Noch mehr Hörsaalbänke zweckentfremdet.* Münster: Coppenrath, S. 82.

10. *„Bücher aller Länder – vereinigt euch!"*
Sie taten es, und heraus
kam das Telefonbuch, weil die Völker
lieber reden als lesen. (1982)
Albert Ehrismann, „Postskript". *Nebelspalter,* Nr. 45/9. November 1982, S. 16.

11. Duckmäuser aller Länder, vereinigt euch! (1982)
Willi Hau (Hrsg.), *Ich geh kaputt – gehst du mit? Sponti-Sprüche.* Frankfurt am Main: Eichborn, 1982, ohne Seitenangabe.

12. Männer aller Länder – verpißt euch. (1982)

Willi Hau (Hrsg.), *Ich geh kaputt – gehst du mit? Sponti-Sprüche*. Frankfurt am Main: Eichborn, 1982, ohne Seitenangabe.

13. Radfahrer aller Länder, vereinigt euch.
Ihr habt nichts zu verlieren ausser euren Ketten. (1982)

Willi Hau (Hrsg.), *Es wird Zeit, dass wir lieben. Sponti-Sprüche No. 2*. Frankfurt am Main: Eichborn, 1982, ohne Seitenangabe. Auch in Claus Peter Müller-Thurau, *Laß uns mal 'ne Schnecke angraben. Sprache und Sprüche der Jugendszene*. Düsseldorf: Econ, 1983, S. 94; und Elisabeth Blay (Hrsg.), *Neue Schüler-Sprüche. Steter Tropfen leert das Hirn*. München: Heyne, 1988, ohne Seitenangabe.

14. Schwule aller Länder, vereinigt euch! (1982)

Albert Schmude (Hrsg.), *Freiheit für Grönland / weg mit dem Packeis! 200 Sprüche von den Wänden der Frankfurter Universität*. Frankfurt am Main: Rita G. Fischer, 1982, S. 22.

15. Proletarier aller Länder, vereinigt euch mit den Proletarierinnen. (1983)

Žarko Petan, *Vor uns die Sintflut. Aphorismen*. Graz: Styria, 1983, S. 36.

16. *Schlachthaus Manifest*
[...]
Schlachthäuser aller Länder
vereinigt euch!
Ihr habt nichts zu verlieren
als euren schlechten Ruf!
Ihr habt eine Welt zu gewinnen! (1983)

Erich Fried, *Das nahe Suchen. Gedichte*. Berlin: Wagenbach, 1983, S. 84.

17. Soldaten aller Länder – die Rüstungsgegner wollen euch arbeitslos machen! (1983)

Hans Gamber (Hrsg.), *Graffiti. Was an deutschen Wänden steht. Szene-Sprüche*. München: Heyne, 1983, ohne Seitenangabe.

18. Eunuchen, vereinigt euch!
Ihr habt nichts zu verlieren. (1984)

Claudia Glismann (Hrsg.), *Edel sei der Mensch, Zwieback und gut. Szene-Sprüche*. München: Heyne, 1984, ohne Seitenangabe. Auch in Bernd Thomsen (Hrsg.), *Haste was, pisste was. Klo-Sprüche*. München: Heyne, 1985, ohne Seitenangabe.

19. Ganoven aller Länder vereinigt euch, gründet eine Gewerkschaft. Die Mafia gibt es schon. (1984)

Günter Hesse, *Die Wände im Knast ... Und sie reden doch. Graffiti aus deutschen Gefängnissen*. Bremen: Skarabäus, 1984, Bd. 1, S. 114.

20. Bürokraten aller Länder, stellt einen Antrag auf Vereinigung. (1985)
Ralf Bülow (Hrsg.), *Graffiti 3. Phantasie an deutschen Wänden.* München: Heyne, 1985, ohne Seitenangabe. Auch in Beate Steinmeyer (Hrsg.), *Wer seine Hände in den Schoß legt, muß deshalb nicht untätig sein. Die neuesten Bürosprüche.* München: Heyne, 1989, ohne Seitenangabe.

21. Komiker aller Länder, vereinigt euch.
Lacht auf, Verdummte dieser Erde. (1985)
Wolfgang Neuss, *Tunix ist besser als arbeitslos. Sprüche eines Überlebenden*, hrsg. von Volker Kühn. Reinbek: Rowohlt, 1985, ohne Seitenangabe.

22. Politiker aller Länder, schämt euch! (1985)
Ralf Bülow (Hrsg.), *Graffiti 3. Phantasie an deutschen Wänden.* München: Heyne, 1985, ohne Seitenangabe.

23. Exhibitionisten aller Länder, zieht euch wieder an! (1986)
Ralf Bülow (Hrsg.), *Lieber nett im Bett als cool auf dem Stuhl. Graffiti 4.* München: Heyne, 1986, ohne Seitenangabe.

24. Kiffer aller Länder vereinigt euch. (1986)
Renate Neumann, *Das wilde Schreiben: Graffiti, Sprüche und Zeichen am Rand der Straßen.* Essen: Die Blaue Eule, 1986, S. 298.

25. Pfandleiher aller Pfänder vereinigt euch. (1987)
Werner Mitsch, *Wer den Wal hat, hat die Qual. 800 Unsinnssprüche.* München: Heyne, 1987, ohne Seitenangabe.

26. Soldaten aller Länder, verweigert euch! (1987)
Saskia Schlesinger (Hrsg.), *Mach dir einen schönen Lenz und schwänz. Schülersprüche – Schülerwitze.* München: Heyne, 1987, ohne Seitenangabe.

27. Den Aufruf „Militaristen aller Länder, vereinigt euch!" haben die Militaristen nie nötig gehabt. (1989)
Günter Rizy, *Weissglutfunken. Aphorismen.* Frankfurt am Main: Rita G. Fischer, 1989, S. 24.

28. Hambürger aller Länder, reiht Euch ein! (1990)
Martin Beglinger, „Hambürger aller Länder, reiht Euch ein! Wie McDonald's das Paradies in Moskau gefunden hat: Millionen dankbar mampfender Proletarier". *Die Weltwoche*, Nr. 6/8. Februar 1990, S. 69.

29. Privilegierte aller Länder, beseitigt euch! (1990)
Ewald Lang (Hrsg.), *Wendehals und Stasi-Laus. Demo-Sprüche aus der DDR.* München: Heyne, 1990, S. 61.

30. Proletarier
aller Länder

bitte verzeiht mir
– Karl Marx. (1990)
Ewald Lang (Hrsg.), *Wendehals und Stasi-Laus. Demo-Sprüche aus der DDR.* München: Heyne, 1990, S. 107.

31. Vegetarier aller Länder vereinigt euch! (1990)
Hans-Horst Skupy; zitiert aus Gerhard Uhlenbruck, H.-H. Skupy und Hanns-Hermann Kersten, *Ein gebildeter Kranker. Trost- und Trutz-Sprüche für und gegen Ängste und Ärzte.* Stuttgart: Fischer, 1990, S. 85.

32. Computer aller Länder, vereinigt Euch! (1992)
Werbung für Telecom in *Die Weltwoche*, Nr. 35/27. August 1992, S. 21.

PROLETARIER 32

33. Zweifler aller Länder vereinigt euch! (1993)
Werner B. Kleinhardt, *Das Lachen der Satten. Fabeln, Gedichte und Aphorismen.* Freiburg: Echo, 1993, S. 171.

34. Mediengeschädigte aller Länder – verkabelt euch! (1995)
Wolfgang Eschker, *Mitgift mit Gift. Aphorismen.* München: Eugen Diederichs, 1995, S. 98.

PROPHET

„Der Prophet gilt nichts in seinem Vaterlande."

Sprichwörtlich gewordenes Bibelzitat, das auf die längere Formulierung „Ein Prophet gilt nirgend weniger denn in seinem Vaterland und in seinem Hause" (Matthäus 13,57) zurückgeht.

1. Ein Prophet (Autor) wird von seinem Vaterland zuwenig, von seinen Freunden zuviel geschätzt. (Ca. 1810)
   Jean Paul, *Bemerkungen über närrische Menschen. Aphorismen*, hrsg. von Klaus-Peter Noack. Leipzig: Dieterich, 1992, S. 27.

2. Wie man kein Prophet im eignen Vaterland ist, so auch kein Redner und Beredner gegen die eigne Frau. (Ca. 1815)
   Jean Paul, *Bemerkungen über närrische Menschen. Aphorismen*, hrsg. von Klaus-Peter Noack. Leipzig: Dieterich, 1992, S. 87.

3. Es ist ein wahres Wort, „daß der Prophet bei den Seinen nicht gelte". Aber das sollte Niemanden eitel, kleinmüthig oder gleichgültig machen, – vielmehr Jeden bewegen, bei den Seinen so zu wirken und zu leben, daß sie ihn zu schätzen, zu achten, sich genöthigt sehen. (Ca. 1845)
   Ernst Freiherr von Feuchtersleben, *Sämmtliche Werke*, hrsg. von Friedrich Hebbel. Wien: Gerold, 1852, Bd. 3, S. 223.

4. Niemand ist Prophet im eigenen Lande; es sei denn, er kommt zum Gastspiel aus dem Ausland. (1970)
   Wiesław Brudzinski, *Die rote Katz*. Frankfurt am Main: Suhrkamp, 1970, S. 121.

5. Ein prophet revanchiert sich: das vaterland gilt ihm nichts. (1971)
   Bert Berkensträter, *Zungen-Schläge*. Berlin: Fietkau, 1971, S. 30.

6. Gar mancher fühlt sich als Prophet, nur weil er im eigenen Lande wenig gilt. (1971)
   Eugen Gürster, *Narrheiten & Wahrheiten. Aphorismen*. München: Pustet, 1971, S. 27.

7. Es ist eine alte Wahrheit: Der Prophet gilt nichts im eigenen Lande, oder, anders gesagt, eine Geschichte muß erst in der *New York Times* stehen, um auch hier geglaubt zu werden. (1973)
   Anonymer Spruch in *Die Zeit*, Nr. 32/10. August 1973, S. 3.

8. *Einkommensteuer*
   Der Profit gilt nichts in seinem Vaterlande. (1978)
   Ron Kritzfeld (eigentlich Fritz Kornfeld), *Kleines Universal Flexikon*. Essen: Selbstverlag des Verfassers, 1978, Bd. 5, S. 8.

9. *Letzte Notiz für heute*
Es ist schon spät, aber diese Gedankengänge möchte ich noch aufgeschrieben wissen. Man sagt, der Prophet gelte nicht im ..., also der Prophet gelte nichts in ... Jetzt kriege ich es nicht mehr zusammen, wo der Prophet nischt gilt. Naja, is ja auch egal, Hauptsache, er gilt nischt. (Ca. 1980)
Horst Drescher, *Aus dem Zirkus Leben. Notizen 1969-1989.* Berlin: Aufbau-Verlag, 1990, S. 143.

10. Es ist leicht, ein falscher Prophet im eigenen Land zu sein. (1981)
Žarko Petan, *Himmel in Quadraten. Aphorismen und kleine Prosa.* Graz: Styria, 1981, S. 19. Auch in Ž. Petan, *Vor uns die Sintflut. Aphorismen.* Graz: Styria, 1983, S. 24.

11. Ein Prophet, der etwas gelten will, muß außer Landes gehen oder Märtyrer werden. (1983)
Gerhard Uhlenbruck, *Nächstenhiebe. Aphoristische Sticheleien.* Aachen: Stippak, 1983, S. 34. Auch in G. Uhlenbruck, *Kaffeesätze. Gedankensprünge in den Sand des Getriebes.* Erkrath: Spiridon, 1987, S. 101.

12. Wenn man im Lande nichts gilt, ist man nicht unbedingt ein Prophet. (1983)
Winfried Bornemann, *Blödel-Sprüche. Bornemanns Beißerchen.* Frankfurt am Main: Eichborn, 1983, ohne Seitenangabe.

13. Der Prophet gilt nichts an seinem Ort
das ist vielleicht ein wahres Wort.
Nur schade, daß manche, die nichts galten,
sich deshalb für Propheten halten. (1987)
Elke Schneider (Hrsg.), *Verse und Sprichwörter für Poesiealbum und Gästebuch.* Köln: Buch und Zeit Verlagsgesellschaft, 1987, S. 13.

14. Nichts gilt der Prophet im eigenen Lande. Aber da draußen weist er sich mit der Heimat aus. (1988)
Hans-Dieter Schütt, *Diesseits der eigenen Haustür. Aphorismen.* Berlin: Eulenspiegel, 1988, S. 39.

15. Er war Prophet im falschen Land. (1990)
Žarko Petan, *Viele Herren von heute waren gestern noch Genossen. Neue Aphorismen.* Graz: Styria, 1990, S. 37.

16. Steuerflucht: Der Profit gilt nichts im eigenen Lande. (1990)
Gerhard Uhlenbruck, *Darum geht's nicht ...? Aphorismen.* Hilden: Ahland, 1990, S. 24.

17. Und ob der falsche Prophet im eigenen Lande etwas gilt! (1993)
Gerd W. Heyse, *Die dritte Seite der Medaille. Aphorismen.* Erfurt: Verlagshaus Thüringen, 1993, S. 136.

18. Der falsche Prophet gilt etwas im eigenen Land. (1994)
Gerhard Uhlenbruck, *Medizinische Aphorismen*. Neckarsulm: Natura Med Verlagsgesellschaft, 1994, S. 102.

PRÜFEN

„Drum prüfe, wer sich ewig bindet,
Ob sich das Herz zum Herzen findet!
Der Wahn ist kurz, die Reu ist lang."

Drei der vielen zu geflügelten Worten gewordenen Zeilen aus Friedrich Schillers Gedicht „Lied von der Glocke" (1800).

1. *Die Wurst*
[...]
Wenn in der Ehe sich ein Schimmer
Von Mißtraun zeigt, so stehet nimmer
Vor Trennung fern ein starker Hang.
Drum prüfe, wer dies Röllchen spielet,
Ob auch der Andre wirklich fühlet;
Der Schein ist kurz, die Reu' ist lang!
[...] (Ca. 1830)
Karl Deut; zitiert aus Z. Funck (eigentlich Karl Friedrich Kunz) (Hrsg.), *Das Buch deutscher Parodieen und Travestieen*. Erlangen: Palm, 1840, S. 235.

2. *Das Lied von dem Theater*
[...]
Drum prüfe wen's Theater bindet,
Ob sich ein Stück zum Stücke findet!
Der Held ist kurz, das Kleid ist lang.
[...] (Ca. 1840)
Moritz Gottlieb Saphir, *Schriften*. Wien: Karafiah, 1887, Bd. 23, S. 129.

3. *Ein Nachtrag zu Schillers Glocke*
[...]
drum prüfet, eh' die Zeit dahin ist,
ob ein Klöppel in der Glocke drin ist.
[...] (Ca. 1900)
Alexander Moszkowski; zitiert aus Heinz Seydel (Hrsg.), *Alles Unsinn. Deutsche Ulk- und Scherzdichtung von ehedem bis momentan*. Berlin: Eulenspiegel, 1969, S. 147.

4. *Beim Stelldichein*
Köchin: „,Drum prüfe, wer sich ewig bindet', sagt der unsterbliche Schiller da oben! Ja, wat hilft det – zwei Stunden prüfe ich jetzt schon – aber er kommt

nicht!“ (1917)
Karikatur in *Fliegende Blätter*, 147, Nr. 3766/1917, S. 154.

5. Drum prüfe, wer sich ewig bindet,
Ob sich auch eine Wohnung findet. (Ca. 1925)
Anonymer Spruch; zitiert aus Ernst Heimeran (Hrsg.), *Hinaus in die Ferne mit Butterbrot und Speck. Die schönsten Parodien auf Goethe bis George*. Tübingen: Laupp, 1943, S. 233. Auch in Lutz Röhrich, *Gebärde, Metapher, Parodie. Studien zur Sprache und Volksdichtung*. Düsseldorf: Schwann, 1967, S. 174.

6. Drum prüfe ewig, wer sich bindet,
ob sich nicht noch was Besseres findet. (Ca. 1960)
Anonymer Spruch; zitiert aus Lutz Röhrich, *Gebärde, Metapher, Parodie. Studien zur Sprache und Volksdichtung*. Düsseldorf: Schwann, 1967, S. 174. Die erste Zeile auch in Heinz Müller-Dietz, *Recht sprechen & rechtsprechen. Neue Aphorismen und Glossen*. Heidelberg: Müller, 1987, S. 32.

7. Drum prüfe wer sich ewig bindet
Ob sich nicht noch was Bessres findet
Die Wahl ist kurz die Reih ist lang. (Ca. 1965)
Peter Rühmkorf, *Über das Volksvermögen. Exkurse in den literarischen Untergrund*. Reinbek: Rowohlt, 1967, S. 113.

8. „Drum prüfe, wer sich ewig bindet“: Rat für Paare, die „Gewissensehen“ eingehen, und sonstige illegitime Verbindungen. (Vor 1967)
Max J. Friedländer, *Erinnerungen und Aufzeichnungen*, hrsg. von Rudolf Heilbrunn. Mainz: Kupferberg, 1967, S. 40.

9. Drum prüfe, wer sich ewig nicht bindet. (1977)
Gerhard Uhlenbruck, *Ins eigene Netz. Aphorismen*. Aachen: Stippak, 1977, S. 16.

10. Drum prüfe, wer sich ewig schindet. (1977)
Werbung für NCR-Papier in *Der Spiegel*, Nr. 25/13. Juni 1977, S. 77. Auch in Claudia Glismann (Hrsg.), *Edel sei der Mensch, Zwieback und gut. Szene-Sprüche*. München: Heyne, 1984, ohne Seitenangabe; Angelika Franz (Hrsg.), *Das endgültige Buch der Sprüche & Graffiti*. München: Heyne, 1987, S. 70; Elisabeth Blay (Hrsg.), *Neue Schüler-Sprüche. Steter Tropfen leert das Hirn*. München: Heyne, 1988, ohne Seitenangabe; Witzzeichnung in *Die Weltwoche*, Nr. 23/8. Juni 1989, S. 67; und Beate Kuckertz (Hrsg.), *Das große Buch der Büro-Sprüche*. München: Heyne, 1992, ohne Seitenangabe.

11. Drum binde sich, wer nicht ewig prüfen will. (1980)
Gerhard Uhlenbruck, *„Den Nagel auf den Daumen getroffen“. Aphorismen*. Köln: Deutscher Ärzte-Verlag, 1980, S. 13. Auch in G. Uhlenbruck, *Frust-Rationen. Aphorismen*. Aachen: Stippak, 1980, S. 81.

PRÜFEN 10

12. Drum prüfe, wer sich ewig bindet,
Ob sich nicht noch was Bessres findet.
Die Wahl ist kurz, die Reu ist lang! (Vor 1980)
Ernest Borneman, *Wir machen keinen langen Mist. 614 Kinderverse.* Frankfurt am Main: Fischer, 1981, S. 137.

13. Es prüfe, wer sich ewig bindet,
ob sich nicht was Besseres findet. (1981)
Werbung für interRent Autovermietung in *Der Spiegel*, Nr. 17/20. April 1981, S. 192-193.

14. Wer sich auf ewig prüfen will, soll sich gefälligst erstmal binden. (1983)
Karl Heinz Rauchberger und Ulf Harten (Hrsg.), „*Club-Sprüche*“. Hamburg: Verlag Hanseatische Edition, 1983, S. 33.

15. Drum prüfe, wer sich ewig bindet,
ob sich nicht doch was Besseres findet. (1983)
Werbung für Data General Computer in *Der Spiegel*, Nr. 17/15. April 1983, S. 91.

16. Drum prüfe, wer den Ski anbindet. (1986)
Witzzeichnung in *Das neue Blatt*, Nr. 4/15. Januar 1986, S. 64.

17. Drum prüfe, wer sich ewig trennt, ob er schon etwas Bess'res kennt. (1986)
Spruch von Thomas Platzek in *Das neue Blatt*, Nr. 12/12. März 1986, S. 63. Auch in

Saskia Schlesinger (Hrsg.), *Mach dir einen schönen Lenz und schwänz. Schülersprüche – Schülerwitze.* München: Heyne, 1987, ohne Seitenangabe.

18. Drum prüfe, wer sich viermal bindet. (1991)
    Martina Schilling, „Drum prüfe, wer sich viermal bindet: Aus dem wirklichen Leben in den künstlichen Film". *Frankfurter Allgemeine Zeitung,* Nr. 169/24. Juli 1991, S. 25.

19. Drum prüfe, wer sich telefonisch bindet ...
    ... damit „sich das Herz zum Herzen findet". (1994)
    Werbung für AT&T in *Die Zeit,* Nr. 21/27. Mai 1994, S. 5.

PUDEL

„Das also war des Pudels Kern!"

Johann Wolfgang von Goethe, *Faust* (1808/1832), Studierzimmer, Z. 1323.

1. Man sollte auch beim Suchen nach des Pudels Kern die Schur des Pudels nicht übersehen. (1967)
   Rudolf Rolfs, *Schlag nach bei Rolfs.* Frankfurt am Main: Die Schmiere, 1976, S. 127.

2. Vermassung ist des Rudels Kern. (1979)
   Werner Mitsch, *Fische, die bellen, beißen nicht. Sprüche.* Stuttgart: Letsch, 1979, S. 43.

3. *In Kanada, an Deutschland denkend*
   Hier ist raum
   Doch nichts, woran du dich festhalten kannst
   Nicht einmal die grabkreuze können sich festhalten
   an einem hügel
   Bei uns
   hat alles einen kern
   Selbst der pudel
   Und sei's
   der teufel in ihm. (1981)
   Reiner Kunze, *Auf eigene Hoffnung. Gedichte.* Frankfurt am Main: Fischer, 1981, S. 96.

4. Des Pudels Kern oder das Gelbe im Ei des Kolumbus. (1985)
   Gerhard Uhlenbruck, *Eigenliebe macht blind. Hinrissige Gedankensprünge und Aphorismen.* Aachen: Stippak, 1985, S. 43.

5. Nicht jeder Pudel hat einen Kern. (Ca. 1988)
   Harald Mehlhorn; zitiert aus Gabriele Berthel (Hrsg.), *Kurz und mündig. Aphorismen.* Rudolstadt: Greifenverlag, 1989, S. 70.

RAD

„Alle Räder stehen still,
Wenn dein starker Arm es will."

Geflügelt gewordene Zeilen aus Georg Herweghs Gedicht „Bundeslied für den Allgemeinen Deutschen Arbeiterverein" (1863).

1. Alle Staatsgewalt steht still,
   wenn der Sponti Chaos will. (1986)
   Bernd Thomsen (Hrsg.), *Ihr geht mit der Welt um als hättet ihr eine zweite im Keller! Polit-Graffiti & Demo-Sprüche*. München: Heyne, 1986, ohne Seitenangabe.

2. Alle Räder stehen still,
   wenn der Antrieb fehlt. (Ca. 1988)
   Matthias Hemmann; zitiert aus Gabriele Berthel (Hrsg.), *Kurz und mündig. Aphorismen*. Rudolstadt: Greifenverlag, 1989, S. 203.

3. Alle Räder stehen still,
   wenn Till Eulenspiegel es will. (1995)
   Ulrich Erckenbrecht, *Katzenköppe. Aphorismen/Epigramme*. Göttingen: Muriverlag, 1995, S. 108.

REITER

„Reiter über den Bodensee"

Geflügelt gewordene Anspielung auf den Inhalt von Gustav Schwabs Ballade „Der Reiter und der Bodensee" (1826).

1. Über den Bodensee der Sexualität kommt man nur, wenn er zugefroren ist und der Reiter nicht weiß, daß das Feld eigentlich eine Eisdecke ist. Wer sich zuviel auf sich selbst besinnt, ist schwach. Und ich glaube, dieses ganze Geschrei über Sexualität, Erotik, Unsittlichkeit entspringt einem einzigen: dem Mangel an Kraft. (Ca. 1920)
   Kurt Tucholsky, *Schnipsel*, hrsg. von Mary Gerold-Tucholsky und Fritz J. Raddatz. Reinbek: Rowohlt, 1973, S. 58.

2. Der Begnadete ist immer ein Begnadigter, ein Reiter über den Bodensee. (1970)
   Erich Brock, *Sätze und Gegensätze. Aphorismen*. Zürich: Classen, 1970, S. 17.

3. *Die glücklichere Variante*
   Man kennt Leute, die erzählen ein Leben lang von ihrem Ritt über den Bodensee; sind aber nicht tot umgefallen am anderen Ufer.
   Es war übrigens eine überfrorene Wiese. (Ca. 1975)
   Horst Drescher, *Aus dem Zirkus Leben. Notizen 1969–1989*. Berlin: Aufbau-Verlag, 1990, S. 64.

4. Reiter über den Bodensee.
Rücksichts-los (ohne Sicht zurück) als eine der Überlebensbedingungen; als eine der Voraussetzungen, die Lebende von Über-Lebenden trennt. (1976)
Christa Wolf, *Kindheitsmuster.* Darmstadt: Luchterhand, 1987, S. 308.

5. Nun erst sind die Deutschen in die Nach-Hitler-Ära eingetreten. Reiter über den Bodensee hatte es nicht gegeben, im Jahre 45 sind sie nicht erschrocken. Weder durch Trauer noch durch Reue noch durch Kritik haben sie die zwölf Jahre, die hinter ihnen lagen, angeknüpft. Das Jahr 78 ist eigentlich das Jahr 45, da der Schock, der im Jahre 45 hätte eintreten müssen, nun erst eingetreten ist. (1979)
Günther Anders, *Besuch im Hades.* München: Beck, 1979, S. 181.

6. *Kurznachruf*
Er war klüger als der Reiter auf dem Bodensee. Er sank mit seinem Pferd ein und schwamm dennoch weiter. (1983)
Werner Reiser, „Kurznachruf". *Nebelspalter,* Nr. 33/16. August 1983, S. 40.

7. Writer über den Bodensee. (1983)
Kurt Bartsch, „Writer über den Bodensee: Nach Martin Walser". In K. Bartsch, *Die Hölderlinie. Deutsch-deutsche Parodien.* Berlin: Rotbuch, 1983, S. 73.

8. Meine schlimmste Kinderkrankheit waren indessen nicht die Windpocken, sondern die Todesangst gewesen, dieses Käfiggefühl, das sich in New York in sein Gegenteil, die Todesversuchung der Depressionen verwandelte. Denn hier lebte die Vergangenheit [die Jahre im Konzentrationslager] erst richtig auf und streckte sich in Öde hinter mir. Reiter über den Bodensee waren wir gewesen, die erst im Rückblick erkennen, was das für ein Wasser war, das sie fast geschluckt hat. (1992)
Ruth Klüger, *Weiter leben. Eine Jugend.* Göttingen: Wallstein, 1992, S. 237.

RELIGION

„Religion ist Opium für das Volk."

In dieser Formulierung geflügelt gewordenes Zitat aus „Zur Kritik der Hegelschen Rechtsphilosophie" (1844) von Karl Marx, wo es heißt: „Das *religiöse* Elend ist in einem der Ausdruck des wirklichen Elendes und in einem die *Protestation* gegen das wirkliche Elend. Die Religion ist der Seufzer der bedrängten Kreatur, das Gemüt einer herzlosen Welt, wie sie der Geist geistloser Zustände ist. Sie ist das *Opium* des Volks."

1. „Die Religion ist Opium für das Volk" nur, wenn sie verboten ist. (Ca. 1960)
Stanisław Jerzy Lec, *Spätlese unfrisierter Gedanken.* München: Hanser, 1976, S. 78.

2. Religion sei Opium fürs Volk. Heute müßte dieser wohlvertraute Satz umgekehrt lauten: Opium Fernsehen ist die Religion der Massen. (1978)

Werner Sprenger, *Ordensunreife Gedanken I.* Freiburg: Nie/nie/sagen-Verlag, 1978, S. 75.

3. Freizeit ist das Opium der Massen. (Ca. 1980)

Malcolm Muggeridge; zitiert aus Lothar Schmidt (Hrsg.), *Zeit und Management. Zitate & Aphorismen.* Königstein/Ts.: Königsteiner Wirtschaftsverlag, 1993, S. 74.

4. Sozialismus ist Opium fürs Proletariat. (1983)

Hans Gamber (Hrsg.), *Graffiti. Was an deutschen Wänden steht. Szene-Sprüche.* München: Heyne, 1983, ohne Seitenangabe.

5. Als Karl Marx schrieb: „Religion ist Opium für das Volk", konnte er wirklich nicht ahnen, wie stark die Religiosität abnehmen und ein differenziertes Drogenangebot zunehmen würde. (1984)

Klaus Sochatzy, *Widerworte nach der „Wende". Aphorismen.* Frankfurt am Main: Rita G. Fischer, 1984, S. 28.

6. Wahlen sind doch nur Wahlium fürs Volk. (1984)

Claudia Glismann (Hrsg.), *Edel sei der Mensch, Zwieback und gut. Szene-Sprüche.* München: Heyne, 1984, ohne Seitenangabe.

7. Naturheilkunde ist Opium für das Volk – der eingebildeten Kranken. (1985)

Gerhard Uhlenbruck, *Eigenliebe macht blind. Hinrissige Gedankensprünge und Aphorismen.* Aachen: Stippak, 1985, S. 48.

8. *Religion*
ist das Opium für das Volk, –
trinkt Wodka, Genossen! (1985)

Ron Kritzfeld (eigentlich Fritz Kornfeld), *Kleines Universal Flexikon.* Essen: Selbstverlag des Verfassers, 1985, Bd. 10, S. 27.

9. Bier ist das Opium fürs Volk. (1986)

Ralf Bülow (Hrsg.), *Lieber nett im Bett als cool auf dem Stuhl. Graffiti 4.* München: Heyne, 1986, ohne Seitenangabe.

10. Der Konsum ist das Opium des Volkes. (1986)

Bernd Thomsen (Hrsg.), *Ihr geht mit der Welt um als hättet ihr eine zweite im Keller! Polit-Graffiti & Demo-Sprüche.* München: Heyne, 1986, ohne Seitenangabe.

11. Krieg ist nicht nur Opium für das *Volk.* (1989)

Günter Rizy, *Weissglutfunken. Aphorismen.* Frankfurt am Main: Rita G. Fischer, 1989, S. 23.

12. Hasch fürs Volk. (1994)

Schlagzeile mit dem Untertitel „Wende in der Drogenpolitik" in *Der Spiegel*, Nr. 18/2. Mai 1994, Umschlag.

13. Was bringt Erfolg?
Opium fürs Volk! (1995)
Ulrich Erckenbrecht, *Katzenköppe. Aphorismen/Epigramme*. Göttingen: Muriverlag, 1995, S. 104.

ROSE (a)

„Eine Rose ist eine Rose ist eine Rose."
„Rose is a rose is a rose is a rose."

Gertrude Stein, *Sacred Emily* (1913).

1. *Gertrude*
[...]
Alle Worte strömen mit Gertrude isoliert verbunden
Verbündete im Strom einverstanden wachsend die Rose
ist eine Rose ist eine Rose einmal zweimal dreimal
ist
wahr. (1982)
Rose Ausländer, *Wieder ein Tag aus Glut und Wind. Gedichte 1980–1982*. Frankfurt am Main: Fischer, 1986, S. 328.

2. *Verbesserungsvorschlag*
Einer amerikanischen Autorin wird nachgesagt, Gertrude Stein war es wohl, ihr also wird nachgesagt, sie habe den weltberühmten Vers geschrieben: „Eine Rose ist eine Rose ist eine Rose ..." etc.
Na ja. Wenn wir uns schon auf dieses Niveau begeben wollen, dann empfehle ich den Satz: „Eine Ehe ist eine Ehe ist eine Ehe ..." (Ca. 1985)
Horst Drescher, *Aus dem Zirkus Leben. Notizen 1969–1989*. Berlin: Aufbau-Verlag, 1990, S. 201.

3. Ein Junkie ist ein Junkie ist ein Junkie. (1993)
Matthias Böhni, „Ein Junkie ist ein Junkie ist ein Junkie: Leben und Sterben des Vorzeige-Fixers Christian Bänziger". *Die Weltwoche*, Nr. 37/16. September 1993, S. 70.

ROSE (b)

„Es ist ein Ros entsprungen
aus einer Wurzel zart,
wie uns die Alten sungen,
von Jesse kam die Art."

Beginn des anonymen Weihnachtsliedes „Es ist ein Ros entsprungen" aus dem 15. Jahrhundert, zuerst gedruckt in Köln im Jahre 1599.

1. Es ist ein Roß entsprungen
Aus einem Pferdestall
Der Roßknecht wollt es halten
Und kam dabei zu Fall. (Ca. 1965)

Anonyme Parodie; zitiert aus Peter Rühmkorf, *Über das Volksvermögen. Exkurse in den literarischen Untergrund.* Reinbek: Rowohlt, 1967, S. 111.

2. Es ist ein Roß entsprungen
Aus einem Hurenstall.
Zuhälter wollten's fangen
Und kamen schnell zu Fall.

Und die Moral von der Geschicht:
Wer Pferdchen hat und hüt' sie nicht,
Verliert sie bald, der Bösewicht! (Ca. 1973)

Anonyme Parodie; zitiert aus Ernest Borneman, *Unsere Kinder im Spiegel ihrer Lieder, Reime, Verse und Rätsel.* Olten: Walter, 1973, S. 360.

3. *Es ist ein Rot entsprungen*
Es ist ein Rot entsprungen
aus einer Wurzel hart.
Ward je ein Ding gefunden
von so beständ'ger Art?
Vieltausendmal geschlacht
Und jegliches Jahrhundert
ein neues Rot gebracht.
[...] (Vor 1974)

Dieter Süverkrüp; zitiert aus Manfred Ach und Manfred Bosch (Hrsg.), *Gegendarstellungen. Autoren korrigieren Autoren. Lyrische Parodien.* Andernach: Atelier, 1974, S. 56.

4. Hollywood: es ist ein Rhinozeros entsprungen, von Jesse James kam die Art déco. (1995)

Ulrich Erckenbrecht, *Katzenköppe. Aphorismen/Epigramme.* Göttingen: Muriverlag, 1995, S. 19.

RÖSLEIN

**„Sah ein Knab' ein Röslein stehn,
Röslein auf der Heiden,
War so jung und morgenschön,
Lief er schnell, es nah zu sehn,
Sah's mit vielen Freuden.
Röslein, Röslein, Röslein rot,
Röslein auf der Heiden."**

Erste Strophe von Johann Wolfgang von Goethes zum Volkslied gewordenem Gedicht „Heidenröslein" (1789).

1. *Freiheits-Büchlein*
Sah ein Fürst ein Büchlein stehn
In des Ladens Ecken,
Nahm es rasch, es durchzusehn,
Las es auch vorm Schlafengehn,
Doch mit tausend Schrecken.
Büchlein, Büchlein, Büchlein keck,
Aus des Ladens Ecken.

[...]

Und der gute Fürst verbot
's Büchlein in dem Lande,
Büchlein aber litt nicht Not,
Ging recht ab wie warmes Brot,
Ging von Hand zu Hande.
Büchlein, Büchlein, Büchlein keck,
Büchlein bleibt im Lande. (1843)

August Prinz, *Lieder eines Hanseaten*. Wesel: Prinz, 1843, S. 105-106.

2. *Buchtel auf dem Standel*
Lehrbub' sieht's an Buchtel stehn,
Buchtel auf den Standel,
War vull Powidel su scheen,
Ließet's gar su gern mitgehn
In sein neiche G'wandel.
Buchtel, Buchtel, Buchtel gut,
Buchtel auf den Standel.
[...] (1886)

A. Just; zitiert aus Friedrich Umlauft (Hrsg.), *Das Buch der Parodien und Travestien aus alter und neuer Zeit*. Wien: Daberkow, 1928, S. 113. „Buchtel" ist ein Hefeteiggebäck, und „Powidel" ist Pflaumenmus.

3. *Das Seidenhöslein*
Sah ein Knab' ein Höslein wehn,
– Höslein unterm Kleide!
War so weiß und blütenschön,
Knisterte beim Gehn und Drehn.
War von feinster Seide!
Höslein, Höslein, Höslein weiß!
Höslein unterm Kleide!
[...] (1925)
Karl Kraus, *Die Fackel.* Wien: Verlag die Fackel, 1925, Nr. 697-705/Oktober 1925, S. 66.

4. *Sah ein Knab' ein Mägdlein stehn*
Sah ein Knab' ein Mägdlein stehn,
Nanne hieß die Kleine;
kaum hat er die Maid gesehn
war's auch schon um ihn geschehn
und auch um die Kleine.
[...] (1941)
Anonyme Parodie; zitiert aus Lutz Röhrich und Rolf Wilhelm Brednich (Hrsg.), *Deutsche Volkslieder. Texte und Melodien.* Düsseldorf: Schwann, 1967, Bd. 1, S. 400.

5. *nekrophilie*
sah ein ratz ein liedlein stehn
liedlein auf der halde
war so krumm und faltenschön
abgebissen aus versehn
liedlein aus dem walde
sungen auf der halde.
[...] (1968)
Heidi Pataki, *Schlagzeilen. Gedichte.* Frankfurt am Main: Suhrkamp, 1968, S. 32.

6. Sah ein Knab ein Mädchen stehn,
Der Arsch wog hundert Pfund!
Wer weiß, ob wir uns wiedersehn,
Die Welt ist kugelrund. (Ca. 1973)
Anonyme Parodie; zitiert aus Ernest Borneman, *Unsere Kinder im Spiegel ihrer Lieder, Reime, Verse und Rätsel.* Olten: Walter, 1973, S. 352.

7. *Das Weidenrößlein*
Sah ein Knab ein Rößlein stehn,
Rößlein auf der Weiden.
War schon alt und gar nicht schön,
und es konnte kaum noch sehn,
doch er sah's mit Freuden.

Rößlein, Rößlein, Rößlein braun,
Rößlein auf der Weiden.
[...] (Ca. 1974)
Heinz Erhardt, *Das große Heinz Erhardt Buch*. Reinbek: Rowohlt, 1974, S. 22.

8. *Ganz klar*
„Sah ein Knab ein Röslein steh'n,
war so jung und morgenschön."
Ja, es konnt' das Blümelein
nur für diesen Knaben sein,
denn ein Senior Gram v. Gries
wär' zu alt und abendfies. (1976)
Hanns-Hermann Kersten, *Poemes von Tante Poemma*. Stuttgart: Deutsche Verlags-Anstalt, 1976, S. 18.

9. *Stichwort*
Ließ ein Knab ein Röslein stehn,
denn er hatte eingesehn,
daß die Maid mit Hieb und Stich
einem Rigoröslein glich. (1978)
Hansgeorg Stengel, *Der Unschuldsstengel. Epigramme*. Berlin: Eulenspiegel, 1978, S. 82.

10. *Vorsicht, Eule!*
Wenn ein Knab ein Röslein sieht,
fragt er sich nur eines:
Ist hier Landschaftsschutzgebiet,
oder ist hier keines?

Und zur Orientierung gilt
Knaben in der Wildnis
das bekannte Hinweisschild
mit dem Eulenbildnis.
[...] (1980)
Hansgeorg Stengel, *Mit Stengelszungen. Die neue Leier [usw.]. Gedichte und Epigramme*. Berlin: Eulenspiegel, 1980, S. 296.

11. Es sah mal ein Knabe aus Schleiden
ein Röslein schön stehn auf der Heiden,
das sprach: „Hast du Lust?"
Darauf er: „Nee, den Frust!"
(Goethe fälschte das Ding mit den beiden!) (Ca. 1985)
Joachim Schwedhelm; zitiert aus Alexander Benjamin (Hrsg.), *Limericks. Nonsense-Dichtung*. München: Heyne, 1985, S. 60.

12. Sah ein Knab ein Schwänzlein stehn,
Schwänzlein an der Scheide. (1986)

Bernd Thomsen (Hrsg.), *Wer im Bett lacht, lacht am besten. Horizontale Graffiti, Witze, Bilder und Sprüche.* München: Heyne, 1986, S. 25.

13. *Leidendöslein*
Sah ein Knab ein Döslein stehn,
Döslein mit Tabletten,
War so neu und werbeschön,
Lief er schnell, es nah zu sehn,
Las die Etiketten.
Döslein, Döslein, Döslein rot,
Döslein mit Tabletten.
[...]
Und der wirre Knabe brach
's Döslein mit Tabletten;
Döslein leerte er gemach,
Doch ihm half kein Weh und Ach,
War nicht mehr zu retten.
Döslein, Döslein, Döslein rot,
Döslein mit Tabletten. (1989)

Fritz Werf, *Neue Deutschlandlieder. Gegenstrophen.* Gelden: Roje & Buer, 1989, S. 55.

ROTKÄPPCHEN

„Rotkäppchen"

Bekannter Märchentitel aus Jacob und Wilhelm Grimm, *Deutsche Kinder- und Hausmärchen* (1812 und 1815).

1. Rettet Radkäppchen vor dem bösen Golf. (1983)

Eduard Moriz (Hrsg.), *Nimm's leicht, nimm mich. Sponti-Sprüche No. 3.* Frankfurt am Main: Eichborn, 1983, ohne Seitenangabe.

2. Radkäppchen und der böse Golf. (1984)

Claudia Glismann (Hrsg.), *Ich denke, also spinn ich. Schüler-Sprüche.* München: Heyne, 1984, ohne Seitenangabe. Auch in Eduard Moriz (Hrsg.), *Ohne Dings kein Bums. Sponti-Sprüche No. 4.* Frankfurt am Main: Eichborn, 1984, ohne Seitenangabe; und Elisabeth Blay (Hrsg.), *Neue Schüler-Sprüche. Steter Tropfen leert das Hirn.* München: Heyne, 1988, ohne Seitenangabe.

3. Radkäppchen und der Volvo. (1984)

Iris Blaschzok (Hrsg.), *Die zehnte Muse heißt Pampel. Geistesblitze unter der Bank.* Münster: Coppenrath, 1984, S. 44.

4. Rotkäppchen und der böse Golf. (1987)

Renato Biscioni (Hrsg.), *„... außer Rolf, der klebt am Golf". Kindersprüche – rotzfrech.* München: Goldmann, 1987, S. 93.

RUHE

„Ruhe ist die erste Bürgerpflicht."

Sprichwörtlich gewordenes Zitat aus einem öffentlichen Anschlagzettel, den der Gouverneur von Berlin, Friedrich Wilhelm Graf von der Schulenburg-Kehnert, drei Tage nach der Schlacht bei Jena am 17. Oktober 1806 an die Straßenecken Berlins heften ließ.

1. Ruhe ist des Spießbürgers erste Pflicht. (1938)
   Charles Tschopp, *Aphorismen.* Zürich: Schweizer Spiegel Verlag, 1938, S. 33.

2. Ruhe: die letzte Bürgerpflicht. (1977)
   Guido Hildebrandt, *Spot und Hohn. Eine Unart Aforismen.* Duisburg: Gilles & Francke, 1977, S. 44.

3. Unruhe: die erste Bürgerpflicht. (1977)
   Guido Hildebrandt, *Spot und Hohn. Eine Unart Aforismen.* Duisburg: Gilles & Francke, 1977, S. 44.

4. Ruhe ist die erste Bürgerpflicht,
   Unruhe das erste Bürgerrecht. (1983)
   Werner Ehrenforth, *Neue Sitzbeschwerden. Aphorismen.* Berlin: Eulenspiegel, 1983, S. 44.

5. Ruhe ist der erste Bürgerfluch. (1984)
   Claudia Glismann (Hrsg.), *Edel sei der Mensch, Zwieback und gut. Szene-Sprüche.* München: Heyne, 1984, ohne Seitenangabe. Auch in Bernd Thomsen (Hrsg.), *Ihr geht mit der Welt um als hättet ihr eine zweite im Keller! Polit-Graffiti & Demo-Sprüche.* München: Heyne, 1986, ohne Seitenangabe; und Angelika Franz (Hrsg.), *Das endgültige Buch der Sprüche & Graffiti.* München: Heyne, 1987, S. 401.

6. Ruhe ist der erste Schüler-Fluch. (1986)
   Christian Roman (Hrsg.), *Big Mäc is watching you! Schüler-Sprüche No. 3.* Frankfurt am Main: Eichborn, 1986, ohne Seitenangabe.

7. Ruhe ist die erste Würgerpflicht. (1986)
   Andreas Bender, *Gelegenheit macht Liebe. Sprichwörter, Redensarten und Zitate verdreht und auf die seichte Schulter genommen.* Frankfurt am Main: Eichborn, 1986, ohne Seitenangabe.

8. Wo Ruhe die erste Bürgerpflicht ist, wird die Sprachlosigkeit zur Kür. (1988)
   Hans-Dieter Schütt, *Diesseits der eigenen Haustür. Aphorismen.* Berlin: Eulenspiegel, 1988, S. 16.

9. Skepsis bleibt die erste Bürgerpflicht. (1990)
   Ewald Lang (Hrsg.), *Wendehals und Stasi-Laus. Demo-Sprüche aus der DDR.* München: Heyne, 1990, S. 37.

10. Ruhe war damals erste Bürgerpflicht. Aber auch die herrschenden Monarchen hielten sich daran und ihre Erlaße begannen meist mit den Worten: „Wir haben geruht ..." (1991)
Michael Hallstatt (Hrsg.), *Innen war das Trojanische Pferd ein Wohnmobil. Neue Stilblüten aus deutschen Klassenzimmern.* München: Heyne, 1991, S. 43.

11. Wenn Ruhe erste Bürgerpflicht ist, gibt es bereits eine Unmenge Pflichtbewußte. (1992)
Manfred Strahl, *Hiebe auf den ersten Blick. Aphorismen.* Berlin: Edition q, 1992, S. 19.

12. Sterben ist die erste Bürgerpflicht. (1993)
Malcolm Bosse, *Sterben ist die erste Bürgerpflicht. Thriller.* Reinbek: Rowohlt, 1993.

RUMPELSTILZCHEN

„Ach wie gut, daß niemand weiß,
daß ich Rumpelstilzchen heiß."

Geläufiger Vers aus dem „Rumpelstilzchen"-Märchen in Jacob und Wilhelm Grimm, *Kinder- und Hausmärchen* (1812 und 1815).

1. *Leichter getan als gesagt*
[...]
Ach wie gut daß niemand weiß
was auf dem Spiel steht:
Sich nicht den Mund verbrennen
Rumpelstilzchen beim Namen nennen. (1975)
Eva Zeller, *Fliehkraft. Gedichte.* Stuttgart: Deutsche Verlags-Anstalt, 1975, S. 59.

2. *Rumpelstilzchen*
Ach wie gut
daß niemand weiß ...

[...]

Ach wie schlimm
daß niemand weiß ... (1981)
Ute Zydek, *Ein Haus das hab ich nicht. Gedichte.* Wuppertal: Kiefel, 1981, S. 16.

3. Ach wie gut, daß niemand weiß,
daß ich rumpelnd Stilzchen scheiß. (1982)
Frieder Stöckle, *Ätsch ich lebe noch. Sprüche – Widersprüche.* Stuttgart: Spectrum, 1982, S. 23.

4. Ach wie gut, daß niemand weiß,
daß ich auf den Kanzler scheiß. (1984)

Eduard Moriz (Hrsg.), *Lieber intim als in petto. Sponti-Sprüche No. 5.* Frankfurt am Main: Eichborn, 1984, ohne Seitenangabe.

5. Ach wie gut, daß niemand weiß,
daß ich unabhängig scheiß. (1984)

Claudia Glismann (Hrsg.), *Edel sei der Mensch, Zwieback und gut. Szene-Sprüche.* München: Heyne, 1984, ohne Seitenangabe. Auch in C. Glismann (Hrsg.), *Ich denke, also spinn ich. Schüler-Sprüche.* München: Heyne, 1984, ohne Seitenangabe; und Angelika Franz (Hrsg.), *Das endgültige Buch der Sprüche & Graffiti.* München: Heyne, 1987, S. 187.

6. *Sammelseufzer*
Ach wie gut, daß niemand weiß,
daß ich Gerümpelstielzchen heiß. (1984)

Wolfgang Funke, *Funksprüche. Epigramme.* Berlin: Eulenspiegel, 1984, S. 62. Auch in W. Funke, *Der Wendehals und andere Mitmenschen. Satirische Epigramme und Kurzgeschichten.* Berlin: Ullstein, 1990, S. 66.

7. Ach, wie gut, daß keiner weiß,
daß ich unabhängig scheiß. (1985)

Bernd Thomsen (Hrsg.), *Haste was, pisste was. Klo-Sprüche.* München: Heyne, 1985, ohne Seitenangabe.

8. Ach, wie gut, daß niemand weiß,
daß ich Rumpelheißchen stilz! (1986)

Karl-Ludwig Bickerle, *Gedankensprünge. Geschichten, Sprüche und Gedichte.* Frankfurt am Main: Bickerle, 1986, S. 42.

9. Ach, wie gut, daß niemand weiß,
Wie schön sie schmeckt – die süße Speis'! (1986)

Reinhard von Normann, *Starke Sprüche.* Wiesbaden: Englisch, 1986, S. 91.

10. Ach, wie gut, daß niemand weiß,
daß ich Rumpel Heinzchen stieß. (1987)

Angelika Franz, *Das endgültige Buch der Sprüche & Graffiti.* München: Heyne, 1987, S. 186.

11. Ach wie gut, daß niemand weiß,
daß mich Rumpelheinzchen stieß. (1987)

Renato Biscioni (Hrsg.), „... *außer Rolf, der klebt am Golf". Kindersprüche – rotzfrech.* München: Goldmann, 1987, S. 81.

12. Ach wie gut, daß niemand weiß,
wie meine Schweizer Konto-Nr. heißt. (1990)

Ewald Lang (Hrsg.), *Wendehals und Stasi-Laus. Demo-Sprüche aus der DDR*. München: Heyne, 1990, S. 105.

SCHNEE

„Leise rieselt der Schnee,
still und starr liegt der See,
weihnachtlich glänzet der Wald:
Freue dich, Christkind kommt bald."

Erste Strophe des Weihnachtsliedes „Leise rieselt der Schnee" (um 1900) von Eduard Ebel.

1. Leise rieselt die Vier
auf das Zeugnispapier.
Wart nur wie lieblich es schallt,
wenn Papas Ohrfeige knallt. (Vor 1978)

Anonyme Parodie; zitiert aus Peter Schleuning (Hrsg.), *Kinderlieder selber machen. Beispiele, Erfahrungen, Anleitungen*. Reinbek: Rowohlt, 1978, S. 61.

2. *Leise schnieselt der Reaktionär*
Leise schnieselt der Re-
aktionär seinen Tee,
sitzt bei der Lampe noch spät,
blättert im Aktienpaket.
[...] (Vor 1982)

Dieter Süverkrüp; zitiert aus Ingeborg Weber-Kellermann, *Weihnachtslieder*. München: Goldmann, 1982, S. 264.

3. *frohe botschaft*
leise rieselt der schmäh
bild lügt bahr ein porträt
heimatlich sterbelt der wald
säue mich kießling tommt alt

[...]

kohl kanzelt geißlernd den brandt
freiheitlich friedelt das land
hört nur wie tümlich es lallt
am berge da predigt der alt.
[...] (1985)

Volker Kühn, *Leise rieselt der Schmäh ... Wende-Parodien zur Lage der Nation*. Reinbek: Rowohlt, 1985, S. 58-59.

4. Leise rieselt der Schnee,
der Turnlehrer hockt aufm WC,
horcht nur, wie lieblich es schallt,
wenn unser Pauker hier knallt. (1986)

Bernd Thomsen (Hrsg.), *Pissen ist Macht. Neue Klo-Sprüche.* München: Heyne, 1986, ohne Seitenangabe.

SCHWEISS

„Im Schweiße deines Angesichts sollst du dein Brot essen."

Bibel (1. Mose 3,19).

1. Spielbank. Im Schweisse deines Angesichts, sollst du sein Geld verlieren. (1971)

   Hans Leopold Davi, *Distel- und Mistelworte.* Zürich: Pendo, 1971, ohne Seitenangabe.

2. „Im Schweisse deines Angesichts sollst du dein Brot essen", sagte der neue Hausfreund von Jacqueline Onassis und liess ihr das Frühstück in der Sauna servieren. (1977)

   Markus M. Ronner, *Moment Mal!* Bern: Benteli, 1977, S. 27.

3. Ein Trainer ist ein Mann, der sein Brot im Schweiße eines fremden Angesichts verdient. (Vor 1983)

   Martin Lauer; zitiert aus Roland Michael (Hrsg.), *Treffend bemerkt. Das Buch der 1000 Aphorismen.* Gütersloh: Peter, 1983, S. 28. Auch in Ernst Günter Tange (Hrsg.), *Sag's mit Biß. Das Wörterbuch der boshaften Definitionen.* Frankfurt am Main: Eichborn, 1985, S. 116.

4. Du mußt es erleiden, was du sagst, was du sagen willst: im Schweiße deines Angesichts mußt du es sagen. (1989)

   Hans R. Franzmeyer, *Steinchen am Weg gefunden und bewahrt. Aphorismen.* Glückstadt: Augustin, 1989, S. 34.

5. *Trimm Dich:*
   Im Schweiße deines Angesichts sollst du deine Broteinheiten verlieren! (1991)

   Gerhard Uhlenbruck, *Ein-Satz-Diagnosen.* Wehrheim/Ts.: MEDITEG-Verlag, 1991, S. 86. Auch in G. Uhlenbruck, *Medizinische Aphorismen.* Neckarsulm: Natura Med Verlagsgesellschaft, 1994, S. 17.

SEELE

„Zwei Seelen wohnen, ach! in meiner Brust."

Johann Wolfgang von Goethe, *Faust* (1808/1832), Vor dem Tor, Z. 1112.

1. *Nach Goethe gar zwei*
Die Städte haben ihren Wind
die Dörfer ihren Drescherstaub
Baugruben ihren Erdgeruch
und Häuser ihre Leute
die Leute ihre Seele
nach Goethe gar zwei Seelen
und jeder hat sein Taschentuch
und seinen Mundgeruch. (1964)
Gerhard Meier, *Einige Häuser nebenan. Gedichte.* Gümlingen: Zytglogge, 1985, S. 19.

2. Das Auto für die beiden Seelen in Ihrer Brust. (1973)
Werbung für Alfa Romeo in *Der Spiegel,* Nr. 48/26. November 1973, S. 85.

3. *Goethes Busen*
In Goethes Busen war'n zwei Ich,
die stritten sich und stritten sich.
Die haben da ganz schön gehaust!
Und so entstand zum Schluß der „Faust". (1976)
Hanns-Hermann Kersten, *Poemes von Tante Poemma.* Stuttgart: Deutsche Verlags-Anstalt, 1976, S. 19.

4. Zwei Seelen wohnen, ach, in meiner Brust, sagte das Mädchen. Eine in der linken und eine in der rechten. (1978)
Werner Mitsch, *Spinnen, die nicht spinnen, spinnen. Sprüche.* Stuttgart: Letsch, 1978, S. 99.

5. Zwei Seelen wohnen, ach! in seiner Brust. (1978)
Erika Martens, „Zwei Seelen wohnen, ach! in seiner Brust: Das Verfassungsgericht diskutierte über den Rollenkonflikt der Aufsichtsratsmitglieder". *Die Zeit,* Nr. 50/15. Dezember 1978, S. 8.

6. Tradition: Zwei alte Zöpfe wohnen, ach, in meiner Brust. (1983)
Werner Mitsch, *Das Schwarze unterm Fingernagel. Sprüche.* Stuttgart: Letsch, 1983, S. 79.

7. Zwei Seelen in einer Brust. (1983)
Hermann Rudolph, „Zwei Seelen in einer Brust: Neue CDU-Vorschläge zur Familienförderung stoßen sich am Geldmangel". *Die Zeit,* Nr. 31/5. August 1983, S. 5.

8. *Abendlied*
mein Liebchen lacht so ohne Grund
grad wie die Sonne scheint
sie hat so'n weichen Kindermund
mit einer tiefen Kummerfalt

sie kichert heimlich, wenn sie greint
– das macht mich an und macht mich kalt

es wohnen ach! in ihrer Brust
zwei Seeln. Wenn ich bloß wüßte
Was tun? Was lassen? Schweigen? Schrein?
in meiner Seele wüten halt
zwei affengeile Brüste
– das macht mich an und macht mich kalt. (1986)

Wolf Biermann, *Affenfels und Barrikade. Gedichte, Lieder, Balladen.* Köln: Kiepenheuer & Witsch, 1986, S. 52.

9. Zwei Seelen wohnen ... – ach,
da hat auch noch eine dritte Platz! (Vor 1989)

Stephan Dettmeyer; zitiert aus Gabriele Berthel (Hrsg.), *Kurz und mündig. Aphorismen.* Rudolstadt: Greifenverlag, 1989, S. 160.

10. Der größte Körperteil: die Brust. Sie beherbergt nicht zwei, sondern unzählige *Seelen.* (1991)

Zoltán Bezerédj, *Aphorismen-ABC. Silberne Sprüche, Gedankensplitter, Wortspiele.* Frankfurt am Main: Rita G. Fischer, 1991, S. 119.

SEHNSUCHT

„Nur wer die Sehnsucht kennt, Weiß, was ich leide!"

Mignons und des Harfners Lied (geschrieben 1785) in Johann Wolfgang von Goethes Roman *Wilhelm Meisters Lehrjahre* (1795/1796) beginnt und endet mit diesen geflügelt gewordenen Zeilen.

1. „Nur wer den Sehnsucht kennt, weiß, was ich leide!"
(Martha Sehnsucht in einem Stoßseufzer). (1974)

Anonymer Spruch; zitiert aus Robert Gernhardt, F. W. Bernstein und F. K. Waechter (Hrsg.), *Welt im Spiegel, 1964–1976.* Frankfurt am Main: Zweitausendeins, 1979, S. 262.

2. Nur wer das Fernsehen kennt ... (1982)

Dieter Gogg, *Nur wer das Fernsehen kennt ...: wahre Satiren und satirische Wahrheiten.* Graz: Styria, 1982.

3. Nur wer die Arbeit kennt,
weiß, was ich meide ... (1983)

Winfried Bornemann, *Blödel-Sprüche. Bornemanns Beißerchen.* Frankfurt am Main: Eichborn, 1983, ohne Seitenangabe. Auch in W. P. Küttner (Hrsg.), *Die Stoßstange ist aller Laster Anfang. Die frechsten Liebes-, Lust- und Lästersprüche.* Frankfurt am Main: Eichborn, 1988, ohne Seitenangabe.

4. Nur wer die Arbeit kennt,
weiß, wovor ich davonlaufe. (1987)

Angelika Franz (Hrsg.), *Das endgültige Buch der Sprüche & Graffiti.* München: Heyne, 1987, S. 145. Auch in Saskia Schlesinger (Hrsg.), *Mach dir einen schönen Lenz und schwänz. Schülersprüche – Schülerwitze.* München: Heyne, 1987, ohne Seitenangabe; A. Franz (Hrsg.), *Es gibt viel zu tun – nix wie weg. Neue Bürosprüche.* München: Heyne, 1990, ohne Seitenangabe; und Beate Kuckertz (Hrsg.), *Das große Buch der Büro-Sprüche.* München: Heyne, 1992, ohne Seitenangabe.

5. Nur wer die Eß-Sucht kennt,
weiß, was ich meide! (1987)

Hans Gamber (Hrsg.), *Freche Sprüche für jeden Tag.* Rastatt: Moewig, 1987, S. 26.

SEIN

„Sein, oder Nichtsein, das ist hier die Frage."
„To be, or not to be, that is the question."

William Shakespeare, *Hamlet* (1600), III. Akt, 1. Szene.

1. *Gratulation*
Ob gratulieren, oder nicht? Das ist die Frage.
[...] (1814)

Ignaz Franz Castelli; zitiert aus Friedrich Umlauft (Hrsg.), *Das Buch der Parodien und Travestien aus alter und neuer Zeit.* Wien: Daberkow, 1928, S. 231.

2. *Drucken oder Nicht!*
Mich drucken lassen, oder nicht? – Das ist die Frage!
[...] (1816)

Anonyme Parodie; zitiert aus Z. Funck (eigentlich Karl Friedrich Kunz) (Hrsg.), *Das Buch deutscher Parodieen und Travestieen.* Erlangen: Palm, 1840, Bd. 1, S. 195. Auch in Ernst Heimeran (Hrsg.), *Hinaus in die Ferne mit Butterbrot und Speck. Die schönsten Parodien auf Goethe bis George.* Tübingen: Laupp, 1943, S. 43.

3. *Christ werden oder Nicht?*
Christ werden oder nicht? – das ist die Frage!
[...] (Vor 1840)

F. Rork; zitiert aus Z. Funck (eigentlich Karl Friedrich Kunz) (Hrsg.), *Das Buch deutscher Parodieen und Travestieen.* Erlangen: Palm, 1840, Bd. 1, S. 196.

4. *Des Fräuleins X Monolog, als der Unrechte ihr die Hand bot.*
Ja sagen oder Nein! Das ist die Frage!
[...] (Vor 1840)

Anonyme Parodie; zitiert aus Z. Funck (eigentlich Karl Friedrich Kunz) (Hrsg.), *Das*

Buch deutscher Parodieen und Travestieen. Erlangen: Palm, 1840, Bd. 2, S. 322. Auch in Friedrich Umlauft (Hrsg.), *Das Buch der Parodien und Travestien aus alter und neuer Zeit.* Wien: Daberkow, 1928, S. 235; und Ernst Heimeran (Hrsg.), *Hinaus in die Ferne mit Butterbrot und Speck. Die schönsten Parodien auf Goethe bis George.* Tübingen: Laupp, 1943, S. 129.

5. *Heirathen oder Nicht!*
Heirathen oder nicht, ist hier die Frage.
[...] (Vor 1840)
G. Dambmann; zitiert aus Z. Funck (eigentlich Karl Friedrich Kunz) (Hrsg.), *Das Buch deutscher Parodieen und Travestieen.* Erlangen: Palm, 1840, Bd. 1, S. 58. Auch in Friedrich Umlauft (Hrsg.), *Das Buch der Parodien und Travestien aus alter und neuer Zeit.* Wien: Daberkow, 1928, S. 233; und Ernst Heimeran (Hrsg.), *Hinaus in die Ferne mit Butterbrot und Speck. Die schönsten Parodien auf Goethe bis George.* Tübingen: Laupp, 1943, S. 127.

6. *Monolog eines Hagestolzen.*
Ja Heirathen – oder nicht? das ist die Frage!
[...] (Vor 1840)
Anonyme Parodie; zitiert aus Z. Funck (eigentlich Karl Friedrich Kunz) (Hrsg.), *Das Buch deutscher Parodieen und Travestieen.* Erlangen: Palm, 1840, Bd. 2, S. 324.

7. *Frei'n oder nicht frei'n!*
Frei'n – oder nicht frei'n – das ist hier die Frage.
[...] (Vor 1890)
Hermann Trescher; zitiert aus Friedrich Umlauft (Hrsg.), *Das Buch der Parodien und Travestien aus alter und neuer Zeit.* Wien: Daberkow, 1928, S. 232.

8. Mein oder nicht mein, das ist hier die Frage! (1935)
Karikatur in *Kladderadatsch*, Nr. 49/8. Dezember 1935, S. 7.

9. Pleite oder nicht pleite – das ist hier die Frage. (1940)
Karikatur in *Kladderadatsch*, Nr. 3/14. Januar 1940, S. 6.

10. Groß oder klein – das ist hier die Frage. (1962)
W. Jung, „Groß oder klein – das ist hier die Frage: Zur Schreibung attributiver Fügungen". *Sprachpflege*, 11/1962, 229.

11. Wie viele Hamlets sagen „Sein oder nicht sein" im Namen anderer! (1964)
Stanisław Jerzy Lec, *Neue unfrisierte Gedanken.* München: Hanser, 1964, S. 51. Auch in Karl Dedecius (Hrsg.), *Das große Stanisław Jerzy Lec Buch. Aphorismen, Epigramme, Gedichte und Prosa.* München: Goldmann, 1990, S. 185.

12. Bier oder nicht Bier. (1966)
Hermann Kant, *Die Aula.* Frankfurt am Main: Fischer, 1968, S. 90.

13. Sein oder Nichtsein? Wessen? (1970)
Rudolf Rolfs, *Inventur eines Hirns*. Frankfurt am Main: Die Schmiere, 1970, S. 180.

14. *Hamlet-Monolog*
sein oder
wenn ich schlafe
nur daß ich vielleicht träume
so daß ich lieber erwache als sterbe
oder nicht-sein
das ist hier die frage
ich bin würde ich nicht sein wäre ich
war ich nicht werde ich sein bin ich nicht
bin ich nicht ich würde sein ich wäre
ich war nicht ich werde nicht sein ich bin
würde ich sein wäre ich nicht war ich
werde ich nicht sein bin ich ja da liegt's
würde ich sein wäre ich nicht ich war
sein werde ich nicht ob ich bin wird hier
die frage sein oder
nicht-sein. (1971)
Günther Schulz, *Rezensierte Gedichte*. Berlin: Literarisches Colloquium, 1971, S. 23.

15. To be or not to be
that's the question, but not for me. (1971)
Walter Kempowski, *Tadellöser & Wolff*. München: Deutscher Taschenbuch Verlag, 1975, S. 156 und S. 212.

16. Blei oder nicht Blei – das ist hier die Frage! (1972)
Karikatur in *Der Spiegel*, Nr. 4/17. Januar 1972, S. 59.

17. meta oder trans
meta oder trans das ist die Frage. (1973)
Helmut Heißenbüttel, *Gelegenheitsgedichte und Klappentexte*. Darmstadt: Luchterhand, 1973, S. 123.

18. Raus oder nicht raus? (1974)
Frank Andernach, „Raus oder nicht raus? Das ist die Frage bei geschwollenen oder entzündeten Mandeln". *Schweizer Illustrierte*, Nr. 37/9. September 1974, S. 66.

19. Werfen oder nicht werfen – das ist hier die Frage. (1974)
Karikatur in *Die Zeit*, Nr. 35/30. August 1974, S. 15.

20. Zeit oder nicht Zeit, das ist hier die Frage. (1974)
Werbung für Deutsches Allgemeines Sonntagsblatt in *Der Spiegel*, Nr. 16/15. April 1974, S. 126.

Blei oder nicht Blei – das ist hier die Frage!

SEIN 16

21. Investieren? Oder nicht investieren? (1975)
   Werbung für COLT International in *Der Spiegel*, Nr. 14/31. März 1975, S. 125.

22. Rauchen oder nicht rauchen? Das ist die Frage. (1976)
   Werbung für Pro Zigaretten in *Der Spiegel*, Nr. 42/11. Oktober 1976, S. 66.

23. Sein oder Nichtsein, das ist die Frage. Sein und Nichtsein, das ist die Antwort. (1977)
   Gerhard Uhlenbruck, *Ins eigene Netz. Aphorismen.* Aachen: Stippak, 1977, S. 64.

24. „Sein oder Nichtsein", deklamierte die Marionette. (1977)
   Hans-Horst Skupy, *Aphorismen. Abgeleitete Geistesblitze.* München: Ring, 1977, S. 49.

25. Sein oder Nichtsein! – Gibt es nicht eine Dritte Welt dazwischen? (1977)
   Wolfgang Eschker, *Gift und Gegengift. Aphorismen.* Stuttgart: Deutsche Verlags-Anstalt, 1977, S. 70.

26. Sein oder Schein
   Das ist die Frage. (1977)
   Heinrich Schröter, *Ha, welche Lust, Zitat zu sein! Spruchbuch zum Fortschreiben.* München: Gauke, 1977, S. 36.

27. Bauen oder nicht bauen? (1978)
Werbung für Bausparkasse Mainz in *Stern*, Nr. 15/6. April 1978, S. 31.

28. Intercity oder nicht Intercity ist seit 28. Mai zwischen Hamburg und Köln keine Fahrpreisfrage mehr. (1978)
Werbung für die Deutsche Bundesbahn in *Hörzu*, Nr. 23/10.-16. Juni 1978, S. 41.

29. Falsifizierbar oder Nicht-Falsifizierbar, das ist die Frage der modernen Naturwissenschaft. (1979)
Gerhard Uhlenbruck, *Einfach gesimpelt. Aphorismen*. Aachen: Stippak, 1979, S. 13.

30. Person oder Partei – das ist die Frage. (1979)
Joachim Nawrocki, „Person oder Partei – das ist die Frage: Wahlkampf in Berlin". *Die Zeit*, Nr. 8/23. Februar 1979, S. 2.

31. Schwein oder nicht Schwein, das ist die Karriere-Frage. (1979)
Gerhard Uhlenbruck, *Einfach gesimpelt. Aphorismen*. Aachen: Stippak, 1979, S. 84.

32. To lease or not to lease? (1979)
Werbung für Boston Bank in *Der Spiegel*, Nr. 15/9. April 1979, S. 274.

33. Aus- oder Anziehen, das ist hier die Frage. (1981)
Überschrift in *Lübecker Nachrichten*, 24. Mai 1981, ohne Seitenangabe.

34. Pille: Baby or not to be. (1981)
Hans-Horst Skupy; zitiert aus Gerhard Uhlenbruck, H.-H. Skupy und Hanns-Hermann Kersten, *Ein gebildeter Kranker. Trost- und Trutz-Sprüche für und gegen Ängste und Ärzte*. Stuttgart: Fischer, 1981, S. 47. Auch in der 3. Auflage (1990) dieses Buches, S. 90.

35. Sein oder Nichtsein, das ist nicht die Frage.
Haben oder Nichthaben, darum geht es. (1981)
Klaus Sochatzy; zitiert aus K. Sochatzy und Aleksander Kumor, *Ost-West-Monologe. Aphorismen*. Frankfurt am Main: Rita G. Fischer, 1981, S. 15.

36. Sparen oder nicht sparen.
Ist das die Frage? (1981)
Werbung für Dresdner Bank in *Bunte*, Nr. 42/15. Oktober 1981, S. 39.

37. Stein oder Nicht-Stein, das ist hier die Frage. (1981)
Ulrich Greiner, „Stein oder Nicht-Stein, das ist hier die Frage: Im Dschungel der Städte". *Die Zeit*, Nr. 27/3. Juli 1981, S. 15.

38. Aufhängen oder nicht, das ist hier die Frage. (1982)
Peter Holm, „Aufhängen [von Keramik] oder nicht, das ist hier die Frage". *Lübecker Nachrichten*, 2. November 1982, ohne Seitenangabe.

39. die haarprobleme
des
william shakespeare

– *eine tragödie* –

toupet
or not toupet
that is
the question. (1982)

Friedrich Ach, *Gedichte. Hoch-ach-tungsvoll.* Gerbrunn bei Würzburg: Lehmann, 1982, S. 25.

40. Genie oder nicht – das ist die Frage. (1982)

Überschrift in der Beilage zum *Hamburger Abendblatt,* 26./27. Juni 1982, S. 6.

41. Genschers Hamlet-Frage: Springen oder nicht? (1982)

Ralf Dahrendorf, „Genschers Hamlet-Frage: Springen oder nicht? Die FDP und die Zukunft". *Die Zeit*, Nr. 25/25. Juni 1982, S. 3.

42. Rheinland oder Nordrhein – das ist die Frage. (1982)

Reinhard Voss, „Rheinland oder Nordrhein – das ist die Frage: CDU-Politiker Worms will den Namen des größten Bundeslandes zum Wahlkampfthema machen". *Frankfurter Rundschau,* 3. April 1982, S. 7.

43. Sein oder Bewußtsein – die Frage aller Fragen. (1982)

Wolfgang Kling, „Sein oder Bewußtsein – die Frage aller Fragen: Zum Studium von Grundlehren der marxistisch-leninistischen Philosophie". *Leipziger Volkszeitung,* 9. Dezember 1982, S. 6.

44. Sein oder nicht sein, ist oft nur eine Frage der Existenz. (1982)

Werner Mitsch, *Bienen, die nur wohnen, heißen Drohnen. Sprüche.* Stuttgart: Letsch, 1982, S. 38.

45. Sein oder Nichtsein. Sonst noch Fragen? (1982)

Ralf Bülow, „In eigener Sprache". *Der Sprachdienst*, 26/1982, S. 124. Auch in R. Bülow (Hrsg.), *Graffiti 2. Neues an deutschen Wänden.* München: Heyne, 1984, ohne Seitenangabe; R. Bülow, *Liebe ist heilbar. Sprüche aller Art.* Frankfurt am Main: Michler, 1984, ohne Seitenangabe; Eduard Moriz (Hrsg.), *Ohne Dings kein Bums. Sponti-Sprüche No. 4.* Frankfurt am Main: Eichborn, 1984, ohne Seitenangabe; und Richard Mahkorn (Hrsg.), *Büro-Sprüche.* München: Heyne, 1985, ohne Seitenangabe.

46. Stück oder Unstück – das bleibt hier die Frage. (1982)

Überschrift zur Uraufführung der „Kalldewey"-Farce von Botho Strauß in *Wiesbadener Kurier,* 17. Februar 1982, S. 25.

47. Two beer or not two beer ... (1982)
Klaus Sochatzy (Hrsg.), *Mehr Anarchie, weniger Chaos. Sprüche aus dem Frankfurter Uni-Turm.* Frankfurt am Main: Rita G. Fischer, 1982, S. 67. Auch in Eduard Moriz (Hrsg.), *Ohne Dings kein Bums. Sponti-Sprüche No. 4.* Frankfurt am Main: Eichborn, 1984, ohne Seitenangabe.

48. „Ich trinke Jägermeister, because to beer or not to beer that is the question." (1983)
Werbung für Jägermeister-Kräuterlikör in *Der Spiegel*, Nr. 12/21. März 1983, S. 96.

SEIN 48

49. „Ich trinke Jägermeister, weil Sein oder Wohlsein, das ist hier die Frage." (1983)
Werbung für Jägermeister-Kräuterlikör in *Quick*, Nr. 41/6. Oktober 1983, S. 82.

50. Kohl oder nicht Kohl, das ist hier die Frage. (1983)
Karikatur in *Der Spiegel*, Nr. 29/18. Juli 1983, S. 10.

51. Monolog des modernen Hamlet:
„Mein oder nicht mein ..." (1983)
Žarko Petan, *Vor uns die Sintflut. Aphorismen.* Graz: Styria, 1983, S. 38.

52. Peanut or nut to be. (1983)
Klaus Sochatzy (Hrsg.), *Auf die Dauer hilft nur Power. Sprüche aus dem Frankfurter Uni-Turm.* Frankfurt am Main: Rita G. Fischer, 1983, S. 89.

Stuttgarter Nachrichten

„Kohl oder nicht Kohl, das ist hier die Frage"

SEIN 50

53. Sein oder nicht sein. Eine echte Alternative. (1983)
Werner Mitsch, *Das Schwarze unterm Fingernagel. Sprüche.* Stuttgart: Letsch, 1983, S. 48.

54. To be or NATO be. (1983)
Hans Gamber (Hrsg.), *Graffiti. Was an deutschen Wänden steht. Szene-Sprüche.* München: Heyne, 1983, ohne Seitenangabe. Auch in Carola Jührs (Hrsg.), *Ächt too matsch. Das allerletzte Sprüchebuch.* Münster: Coppenrath, 1985, ohne Seitenangabe.

55. Baby or not to be. (1984)
Eduard Moriz (Hrsg.), *Ohne Dings kein Bums. Sponti-Sprüche No. 4.* Frankfurt am Main: Eichborn, 1984, ohne Seitenangabe. Auch als Witzzeichnung in *Die Weltwoche*, Nr. 41/9. Oktober 1986, S. 69.

56. Bär oder nicht Bär, das ist hier die Frage. (1984)
Graffito am Bärengraben in Bern, fotografiert von Helmut Walther (28. April 1984) von der Gesellschaft für deutsche Sprache (Wiesbaden).

57. Ei oder Nichtei. (1984)
Benjamin Henrichs, „Ei oder Nichtei. War Hamlet ein Osterhase?" *Die Zeit*, Nr. 4/27. Januar 1984, S. 15.

58. Gurt oder Grab – das ist die Frage! (1984)
Peter Kunze, „Gurt oder Grab – das ist die Frage! Gurtenanschnallpflicht soll mit Strafsanktionen im Parlament beschlossen werden". *Neue Kronen Zeitung*, 12. Februar 1984, S. 18.

59. Haben oder nichts sein – das ist hier die Frage. (1984)
Claudia Glismann (Hrsg.), *Edel sei der Mensch, Zwieback und gut. Szene-Sprüche.* München: Heyne, 1984, ohne Seitenangabe.

60. Horten oder nicht Horten – das ist in Lübeck die Frage. (1984)
Überschrift in *Lübecker Nachrichten,* 7. Februar 1984, S. 13.

61. Mein oder nicht mein, das ist hier die Plage. (In einer Wohngemeinschaft.) (1984)
Claudia Glismann (Hrsg.), *Edel sei der Mensch, Zwieback und gut. Szene-Sprüche.* München: Heyne, 1984, ohne Seitenangabe.

62. *Naheliegend*
Sie war Studentin der Philosophie.
Er Praktiker. Sie lagen
im Auto im Wald. Und da dachte sie:
Sein oder nicht sein Wagen? (1984)
Wolfgang Funke, *Funksprüche. Epigramme.* Berlin: Eulenspiegel, 1984, S. 42.

63. Nichtsein, das ist die Antwort. (1984)
Ralf Bülow (Hrsg.), *Graffiti 2. Neues an deutschen Wänden.* München: Heyne, 1984, ohne Seitenangabe. Auch in Angelika Franz (Hrsg.), *Das endgültige Buch der Sprüche & Graffiti.* München: Heyne, 1987, S. 129.

64. Schwein oder Nichtschwein, das ist hier die Frage. (1984)
Claudia Glismann (Hrsg.), *Edel sei der Mensch, Zwieback und gut. Szene-Sprüche.* München: Heyne, 1984, ohne Seitenangabe. Auch in Elisabeth Blay (Hrsg.), *Neue Schüler-Sprüche. Steter Tropfen leert das Hirn.* München: Heyne, 1988, ohne Seitenangabe.

65. Two beers or not two beers that's the question. Shekesbeer. (1984)
Günter Hesse, *Die Wände im Knast ... Und sie reden doch. Graffiti aus deutschen Gefängnissen.* Bremen: Skarabäus, 1984, Bd. 1, S. 65.

66. „Warum hat Brendel seinen Sohn eigentlich Hamlet genannt?"
„Sein oder nicht sein, das ist hier die Frage." (1984)
Klaus Frank, *Die besten Kalauer.* Niedernhausen/Ts.: Falken, 1984, S. 11.

67. Wer heute wirklich „in" ist, der hat Shakespeares Alternative „Sein oder Nichtsein" durch „Schein oder Nichtsein" so ersetzt, daß seine Scheinbarkeit seine Unscheinbarkeit wirkungsvoll überdeckt. (1984)
Klaus Sochatzy, *Widerworte nach der „Wende". Aphorismen.* Frankfurt am Main: Rita G. Fischer, 1984, S. 34.

68. Abschreiben oder abschreiben lassen, das ist hier die Frage. (1985)
Christian Roman (Hrsg.), *Reden ist Silber, Schweigen ist fünf. Schüler-Sprüche No. 2.* Frankfurt am Main: Eichborn, 1985, ohne Seitenangabe.

69. Dallas oder Denver, das ist hier die Frage. (1985)
Ralf Bülow (Hrsg.), *Graffiti 3. Phantasie an deutschen Wänden.* München: Heyne, 1985, ohne Seitenangabe. Auch in Angelika Franz (Hrsg.), *Das endgültige Buch der Sprüche & Graffiti.* München: Heyne, 1987, S. 118.

70. *Sein oder Nichtsein*
Bin ich so,
wie ich bin.
Bin ich nicht.
Bin ich nicht so,
wie ich sein kann.

Kann sein,
daß ich nicht bin,
wie ich sein soll.

Soll ich sein,
wie ich bin,
werd ich sein,
wie ich kann.

Kann ich sein,
wie ich nicht bin.
Werde ich bleiben,
was ich soll. (1985)
Martin Schüz, *Eine leichte Berührung. Gedichte.* Baden-Baden: Battert, 1985, ohne Seitenangabe.

71. Schwein oder nicht Schwein? Mir ist die Frage Wurst. (1985)
Christian Roman (Hrsg.), *Reden ist Silber, Schweigen ist fünf. Schüler-Sprüche No. 2.* Frankfurt am Main: Eichborn, 1985, ohne Seitenangabe.

72. Atomkraft oder Apfelsaft – das ist hier die Frage. (1986)
Bernd Thomsen (Hrsg.), *Ihr geht mit der Welt um als hättet ihr eine zweite im Keller! Polit-Graffiti & Demo-Sprüche.* München: Heyne, 1986, ohne Seitenangabe.

73. Heim oder nicht heim, das ist die Frage. (Der Nachtbummler.) (1986)
Karl-Ludwig Bickerle, *Gedankensprünge. Geschichten, Sprüche und Gedichte.* Frankfurt am Main: Bickerle, 1986, S. 23.

74. Rauch oder kein Rauch, das war hier die Frage. (1986)
Überschrift in *Hörzu*, Nr. 50/5. Dezember 1986, S. 7.

75. Rhein oder nicht rein? Rein damit! (1986)
Karikatur in *Der Spiegel*, Nr. 50/8. Dezember 1986, S. 18.

76. Sein führt zu Nichtsein. (1986)
Ralf Bülow (Hrsg.), *Lieber nett im Bett als cool auf dem Stuhl. Graffiti 4.* München: Heyne, 1986, ohne Seitenangabe.

77. Sein oder Nichtsein – Nichtzutreffendes streichen. (1986)
Ralf Bülow (Hrsg.), *Lieber nett im Bett als cool auf dem Stuhl. Graffiti 4.* München: Heyne, 1986, ohne Seitenangabe.

78. Sein oder nicht sein? Sonst noch Fragen offen? (1986)
Christian Roman (Hrsg.), *Big Mäc is watching you! Schüler-Sprüche No. 3.* Frankfurt am Main: Eichborn, 1986, ohne Seitenangabe.

79. Sein oder nicht sein – welche dämliche Frage.
Ist es nicht sein – wird es halt von ihr sein. (1986)
Eduard Moriz (Hrsg.), *Lieber sauweich als eberhard. Sponti-Sprüche No. 6.* Frankfurt am Main: Eichborn, 1986, ohne Seitenangabe.

80. To be or not to be
William Shakespeare
Do be do be do
Frank Sinatra
Du mich auch
Harald Juhnke. (1986)
Ralf Bülow (Hrsg.), *Lieber nett im Bett als cool auf dem Stuhl. Graffiti 4.* München: Heyne, 1986, ohne Seitenangabe.

81. To see or not to see. (1986)
Werbung für Horowitz Brillen in *Riehener Zeitung*, 31. Oktober 1986, S. 21.

82. Englisches Sprichwort aus dem Jahre 1984:
Bad or well – that's the question. (1987)
Heinz Müller-Dietz, *Recht sprechen & rechtsprechen. Neue Aphorismen und Glossen.* Heidelberg: Müller, 1987, S. 43.

83. Jein oder nicht Jein – sonst noch Fragen? (1987)
Kalenderspruch aus *Dumme Sprüche für Gescheite.* München: Heye, 1987 (Dezember).

84. Sein oder sein lassen – das ist doch die Frage. (1987)
Wolfgang Mocker, *Gedankensprünge nach Canossa. Euphorismen und andere Anderthalbwahrheiten.* Berlin: Eulenspiegel, 1987, S. 29.

85. Adaption oder Adoption, das ist oft die Frage.
Oder gibt es gar keinen Unterschied? (1988)
Gerd W. Hesse, *Gedanken-Sprünge. Aphorismen.* Berlin: Eulenspiegel, 1988, S. 43.

86. Schwein oder Nicht-Schwein. Sonst noch Fragen? (1988)
Kalenderspruch aus *Dumme Sprüche für Gescheite.* München: Heye, 1988 (Januar). Auch in Beate Kuckerts (Hrsg.), *Das große Buch der Büro-Sprüche.* München: Heyne, 1992, ohne Seitenangabe; und Beate Steinmeyer (Hrsg.), *Wer seine Hände in den Schoß legt, muß deshalb nicht untätig sein. Die neuesten Bürosprüche.* München: Heyne, 1989, ohne Seitenangabe.

87. Sein oder Nichtsein ist keine Alternative, sondern eine Geldfrage. (1988)
Werbung für Henkell Sekt in *Der Spiegel,* Nr. 26/27. Juni 1988, S. 194.

88. Koexistenz oder Koexitus – das ist hier die Frage. (Vor 1989)
Oliver Tietze; zitiert aus Gabriel Berthel (Hrsg.), *Kurz und mündig. Aphorismen.* Rudolstadt: Greifenverlag, 1989, S. 10.

89. Sein oder Nichtsein – Das ist doch gar keine Frage! (1990)
Hans-Horst Skupy; zitiert aus Gerhard Uhlenbruck, H.-H. Skupy und Hanns-Hermann Kersten, *Ein gebildeter Kranker. Trost- und Trutz-Sprüche für und gegen Ängste und Ärzte.* Stuttgart: Fischer, 1990, S. 103.

90. *Aus dem Befremdwörterbuch*
Da alle Gründe hintertückisch Tücken
in Hintertücken-Hintergründe rücken,
merkt Hamlet an zur aktuellen Lage:
„Sein oder Nichtsein ist die Hinterfrage!" (1991)
Hansgeorg Stengel, *Im Stenglischen Garten. Epigramme und Epikrümel.* Berlin: Eulenspiegel, 1991, S. 92.

91. Chemie – or not to be!
Kohl, Du stehst auf optimaler Fallhöhe. Tu was!" (1991)
Witzbild in *Wiesbadener Kurier,* 20. März 1991, S. 1.

92. To buy or not to buy – *that* is the Questschen. (1991)
Ulrich Erckenbrecht, *Maximen und Moritzimen: Bemerkungen über dies und jenes.* Göttingen: Muriverlag, 1991, S. 123.

93. Design *oder* nicht sein. (1992)
Werbung für Mitsubishi Electric in *Der Spiegel,* Nr. 23/1. Juni 1992, S. 240.

94. Bewußt-Sein oder Bewußt-Nichtsein, das ist noch viel öfter die Frage. (1993)
Gerd W. Heyse, *Die dritte Seite der Medaille. Aphorismen.* Erfurt: Verlagshaus Thüringen, 1993, S. 103.

95. Salz oder Zucker, das ist die Frage. (1993)
Hans Dieter Mairinger, *Wie man Elefanten preßt. Satiren.* Linz: Die Furche, 1993, S. 14.

96. Die Frage, „Sein oder Nichtsein" läuft über kurz oder lang auf die Frage hinaus: „Schwein oder Nichtschwein". (1995)
Ulrich Erckenbrecht, *Katzenköppe. Aphorismen/Epigramme.* Göttingen: Muriverlag, 1995, S. 33.

97. Kurzsichtig oder weitsichtig? Einsichtig, das ist die Frage. (1995)
Hans Leopold Davi, *Wortwirbel. Aphorismen.* Zürich: Pendo, 1995, S. 45.

SESAM

„Sesam! öffne dich!"

Schatzerschließende Zauberformel in „Ali Baba und die vierzig Räuber" aus der seit dem 10. Jahrhundert überlieferten arabischen Sammlung *Die Erzählungen aus den tausendundein Nächten.*

1. Sesam öffne dich – ich möchte hinaus! (1959)
Stanisław Jerzy Lec, *Unfrisierte Gedanken.* München: Hanser, 1959, S. 7.

2. „Sesam, schließe dich wieder!" Sonst flüchten alle hinaus. (1979)
Žarko Petan, *Mit leerem Kopf nickt es sich leichter. Satirische Aphorismen.* Graz: Styria, 1979, S. 41.

3. Sesam öffne dich – ich will 'raus! (1983)
Eduard Moriz (Hrsg.), *Nimm's leicht, nimm mich. Sponti-Sprüche No. 3.* Frankfurt am Main: Eichborn, 1983, ohne Seitenangabe.

4. Wer an die Macht will, muß *eine* Formel für *alle* Unzufriedenen finden. Das ist das wahre „Sesam öffne dich". (1983)
Sigbert Latzel, *Stichhaltiges. Aphorismen.* St. Michael: Bläschke, 1983, S. 51.

5. *Sesam schließe dich*
Sesam schließe dich
die Zeit des Staunens über Schätze ist vorbei
wenn ich mich einschmuggle
ein letztes Mal
ohne mich glücklich zu fühlen
welch eine Qual
was nützt es, mit den Händen
in Smaragd, Perl, Achaten zu wühlen
ohne arglosen Hals, rosige Ohrn
auf mutlosen Händen sind Ringe verlorn
ich kannte das Losungswort
gehe fort, ohne Tränen zu vergießen

Sesam, es wird Zeit, zu schließen. (1988)
Gisela Steineckert, *Presente. Gedichte.* Berlin: Verlag Neues Leben, 1988, S. 89.

SINGEN

**„Wo man singt, da laß dich ruhig nieder;
Böse Menschen haben keine Lieder."**

Volkstümlich abgewandelte Zeilen aus Johann Gottfried Seumes Gedicht „Die Gesänge" (1804), dessen erste Strophe folgendermaßen lautet:

Wo man singet, laß dich ruhig nieder,
Ohne Furcht, was man im Lande glaubt;
Wo man singet, wird kein Mensch beraubt;
Bösewichter haben keine Lieder.

1. Wo man Wein trinkt, kannst du ruhig lachen,
Böse Menschen trinken schärf're Sachen. (1969)
Dieter Kellermann, *Trinksprüche, Richtsprüche, Gästebuchverse.* Niedernhausen/Ts.: Falken, 1982, S. 23.

2. Um sich ruhig niederlassen zu können,
wäre es wichtiger zu wissen, *was* man wo singt. (1976)
Hellmut Walters, *Zungenschläge. Jetzt sind sogar die Zwerge größer. Aphorismen.* Passau: Passavia, 1976, S. 14.

3. Böse Menschen haben keine Lieder, aber häufig eine Stereo-Anlage. (1977)
Robert Lembke, *Das Beste aus meinem Glashaus. Humoristisches und Satirisches.* Frankfurt am Main: Fischer, 1977, S. 13.

4. *Deutsches Liedgut*
Wo man singt
da laß dich ruhig nieder:
Erhebend sind sie meistens nicht
die Lieder. (1978)
Oskar Cöster, „Maulschellen für den ‚Volksmund': Epigramme zur Dialektik des Sprichworts", in Bodo Lecke (Hrsg.), *Projekt Deutschunterricht 12. Kommunikationsanalyse II – Sprachkritik.* Stuttgart: Metzler, 1978, S. 173*.

5. Wo man liebt, da laß dich ruhig nieder. (1978)
Überschrift in *Buch der Zeit*, Nr. 3/März 1978, Umschlagseite.

6. Wo man singt, da laß dich ruhig nieder.
Bösen Menschen wird der Marsch geblasen. (1978)
Werner Mitsch, *Spinnen, die nicht spinnen, spinnen. Sprüche.* Stuttgart: Letsch, 1978, S. 93.

7. *Männerchor*
Wo man singt,
da laß dich ruhig niederschlagen.
Deutsche Sänger
lieben keine Zwischenfragen. (1978)
Arnfrid Astel, *Neues (& altes) vom Rechtsstaat & von mir. Alle Epigramme.* Frankfurt am Main: Zweitausendeins, 1978, S. 584.

8. Wo man schweigt, da laß dich ruhig nieder.
Böse Menschen reden hin und wieder. (1979)
Werner Mitsch, *Fische, die bellen, beißen nicht. Sprüche.* Stuttgart: Letsch, 1979, S. 52.

9. Wo man raucht, da kannst du ruhig harren –
böse Menschen haben nie Zigarren. (1983)
Anonymer Spruch in *Morgenpost,* 20. Januar 1983, ohne Seitenangabe.

10. Wo man singt, da laß dich ruhig nieder – dachte der Teufel auch und setzte sich in einen Bienenschwarm. (1983)
Spruch von Friedrich Bagge in *Morgenpost,* 19. Januar 1983, ohne Seitenangabe.

11. Wo man strickt, kannst Du Dich niederhocken:
Nur böse Menschen tragen Plastiksocken. (1983)
Winfried Bornemann, *Blödel-Sprüche. Bornemanns Beißerchen.* Frankfurt am Main: Eichborn, 1983, ohne Seitenangabe.

12. Wo man singt, da laß dich ruhig nieder.
– auch Bösewichter haben ihre Lieder. (1984)
Siegfried Gloose, *Einfälle-Ausfälle. Aphorismen und verbogene Sprüche.* St. Michael: Bläschke, 1984, S. 73.

13. Wo es stinkt, da hock dich nieder,
böse Menschen haben Deospray. (1985)
Ralf Bülow (Hrsg.), *Graffiti 3. Phantasie an deutschen Wänden.* München: Heyne, 1995, ohne Seitenangabe.

14. *Variationen zu einer geflügelten Variation*
Wo man Skat drischt, solltest du dich tummeln.
Böse Menschen skaten nicht, sie schummeln.

Wo man turnt, dort darfst du ruhig harren.
Böse Menschen zieht's nicht an den Barren.

Wo man liebt, dort zieh diskret von dannen.
Böse Menschen weichen nicht, sie spannen.

Wo geklaut wird, solltest du nicht fehlen.
Böse Menschen mausen nicht, sie stehlen.

Wo man Eisbein mampft, dort kannst du hocken.
Böse Menschen schlabbern Haferflocken.

Wo man trinkt, darfst du getrost verschnaufen.
Böse Menschen trinken nicht, sie saufen. (1986)

Hansgeorg Stengel, *Stenglisch Waltz. Epigramme.* Berlin: Eulenspiegel, 1986, S. 20-21.

15. Wo man vom Teufel spricht, da laß dich ruhig nieder. (1986)

    Ralf Bülow (Hrsg.), *Lieber nett im Bett als cool auf dem Stuhl. Graffiti 4.* München: Heyne, 1986, ohne Seitenangabe.

16. *Unsere Tierecke*
    „Böse Menschen haben keine Lieder", sagt man.
    Und wie ist es mit den Regenwürmern, die auch keine Lieder haben? Sind das nun vielleicht auch böse Menschen? (1989)

    Johannes Conrad, *Stoß ins Horn, Horniste! Nonsens Nr. 2.* Berlin: Eulenspiegel, 1989, S. 102.

17. *Die andere Möglichkeit*
    Wo man singt, da laß dich ruhig nieder.
    Aber stimmt wer nicht mit ein,
    muß er doch nicht böse sein.
    Gar nicht selten schläft er nur ganz bieder. (1990)

    Wolfgang Funke, *Der Wendehals und andere Mitmenschen. Satirische Epigramme und Kurzgeschichten.* Berlin: Ullstein, 1990, S. 45.

SINTFLUT

„Nach uns die Sintflut!"
„Après nous le déluge!"

Diese Aussage soll Jeanne Antoinette Poisson, die Marquise von Pompadour, nach der Schlacht bei Roßbach (1757) gemacht haben.

1. Armer Mensch. Du sagst „Nach mir die Sintflut", dabei ziehst du nur an der Wasserspülung. (Vor 1966)

   Stanisław Jerzy Lec, *Letzte unfrisierte Gedanken. Aphorismen.* München: Hanser, 1968, S. 30. Auch in Karl Dedecius (Hrsg.), *Das große Stanisław Jerzy Lec Buch. Aphorismen, Epigramme, Gedichte und Prosa.* München: Goldmann, 1990, S. 183.

2. Wir leben! Vor uns die Sintflut. (1982)

Nikolaus Cybinski, *In diesem Lande ist das Leben lustig! Wohin du schaust: Lachende Dritte. Aphorismen.* Lörrach: Lutz, 1982, S. 12.

3. Nach uns die Sintflut,
vor uns das Atomkraftwerk. (1983)

Karl Heinz Rauchberger und Ulf Harten (Hrsg.), *„Club-Sprüche"*. Hamburg: Verlag Hanseatische Edition, 1983, S. 57. Auch in Ralf Bülow (Hrsg.), *Graffiti 2. Neues an deutschen Wänden.* München: Heyne, 1984, ohne Seitenangabe.

4. All zu viele malen die Sintflut an die Wand und waten in ihrem Sumpf weiter. (1984)

Hans Leopold Davi, *Neue Distel- und Mistelworte.* Zürich: Pendo, 1984, S. 33.

5. Vor mir die Sündflut. (1985)

Eduard Moriz (Hrsg.), *Sprüche aus der Beziehungskiste: Lieber „Bums" als „Fallera"*. Frankfurt am Main: Eichborn, 1985, ohne Seitenangabe.

6. „Nach mir die Inzucht", sagte der Genetiker. (1986)

Werner Mitsch, *Hin- und Widersprüche.* Rosenheim: Förg, 1986, S. 37.

7. Nach mir die Stinkwut. (1986)

Eduard Moriz (Hrsg.), *Lieber sauweich als eberhard. Sponti-Sprüche No. 6.* Frankfurt am Main: Eichborn, 1986, ohne Seitenangabe. Auch in Bernd Thomsen (Hrsg.), *Ihr geht mit der Welt um als hättet ihr eine zweite im Keller! Polit-Graffiti & Demo-Sprüche.* München: Heyne, 1986, ohne Seitenangabe.

8. Nach uns die Sintflut?
Vor uns die Sintflut! (1990)

Heinrich Schröter, *Worte wie Wahrzeichen. Hauptsätze zu Hauptthemen und Hauptsachen.* Wiesbaden: Edition Retörsch, 1990, S. 63. Auch in H. Schröter, *Lebensworte. Kürzesttexte zum Fort- und Gegenschreiben.* Willebadessen: Zwiebelzwerg, 1991, S. 61.

9. *Neue politische Perspektiven?*
So mancher, der in frühen Tagen
„Nach mir die Sintflut!" hat gemeint,
der könnte jetzt – zeitnäher – fragen
„Nach mir die Giftflut?", wie mir scheint. (1990)

Helmut Kater, *Denkanstöße und „so manches" Bedachte und Bedenkliche. Vierzeiler.* Melle: Knoth, 1990, S. 94.

10. Vor uns die Sintflut. (1995)

Anonym, „Vor uns die Sintflut: Weltklima-Gipfel der Katastrophen." *Der Spiegel,* Nr. 12/20. März 1995, Umschlagseite.

SISYPHUSARBEIT

Dieser Begriff geht zurück auf Homers *Odyssee* (ca. 700 vor Chr.), worin (5. Buch) Odysseus berichtet, daß er in der Unterwelt auch Sisyphus sah, der dort zur Strafe für sein ruchloses Leben einen Felsbrocken berganwärts wälzen muß, der immer wieder herabrollt, sobald er oben ist. Man spricht daher auch von dem **„Stein des Sisyphus“.**

1. Der Narr ist ein Sisyphus. Die Probleme, die er wälzt, poltern wieder hinab, und als Echo erschallt ein Gelächter. (1960)

   Martin Kessel, *Gegengabe. Aphoristisches Kompendium für hellere Köpfe.* Darmstadt: Luchterhand, 1960, S. 141.

2. Von manchem Sisyphus ließe sich sagen, er wälze die Last all derer, die ihm ihre eigene mit aufzubürden vermochten. (1960)

   Martin Kessel, *Gegengabe. Aphoristisches Kompendium für hellere Köpfe.* Darmstadt: Luchterhand, 1960, S. 16.

3. *anweisung an sisyphos*
   was du tust, ist aussichtslos, gut:
   du hast es begriffen, gib es zu,
   aber finde dich nicht damit ab,
   mann mit dem stein. niemand
   dankt dir; kreidestriche,
   der regen leckt sie gelangweilt auf,
   markieren den tod, freu dich nicht
   zu früh, das aussichtslose
   ist keine karriere.
   [...] (1962)

   Hans Magnus Enzensberger, *Verteidigung der Wölfe.* Frankfurt am Main: Suhrkamp, 1962, S. 70.

4. *Sisyphos ist nicht dabei*
   Stemmt er den Stein auch bergan,
   wenn er sich allein weiß?
   Vielleicht ruht er wie jede andere Weltattraktion,
   wenn die Schau geschlossen ist,
   die Kassierer schlafen, die Fremdenführer,
   kein Wächter am Geländer gähnt.
   Kein Psychiater mit Stoppuhr,
   nicht ein einziger Reporter.
   [...] (1962)

   Rudolf Henz, *Die Gedichte.* Graz: Styria, 1984, S. 221.

5. Jetzt leert Sisyphus den Augiasstall aus, und es stinkt immer mehr und mehr auf der Welt. (1967)

Erwin Chargaff, *Bemerkungen*. Stuttgart: Klett-Cotta, 1981, S. 115.

6. *Vorahnung des Endsiegs*

Sisyphos
staubig
und satt
vom Mehl
seines Steines
hat Angst:
Der Stein
nützt sich ab

[...]

Bald rollt nur
ein Kiesel
am geschundenen Steilhang
Was bleibt?

Nichts als die Qual
seine Qual
überlebt zu haben. (1967)

Erich Fried, *Anfechtungen. Fünfzig Gedichte*. Frankfurt am Main: Fischer, 1991, S. 16.

7. Verzweifelter Aspekt. „Zwischen Sisyphus und Don Quijote – das ist der Spielraum, den uns das Dasein gewährt. Was uns bleibt ist: einzuschlüpfen in eine der Masken des Tiers oder des Narren." (1969)

Walter Hilsbecher, *Sporaden. Aufzeichnungen aus zwanzig Jahren*. Stuttgart: Klett, 1969, S. 8.

8. *Arbeit über Arbeit*

Die Feinde realistischer Kunst zu bekämpfen, das ist eine Sisyphusarbeit. Selbst sie zu sortieren in Feinde aus Dummheit und in Feinde aus Klugheit, selbst das ist schon hartes Tagewerk. (Ca. 1970)

Horst Drescher, *Aus dem Zirkus Leben. Notizen 1969–1989*. Berlin: Aufbau-Verlag, 1990, S. 17.

9. Kollege X wurde gescholten. Man hatte ihm eine verantwortliche Sisyphos-Arbeit anvertraut, er aber mißbrauchte das in ihn gesetzte Vertrauen und brachte die Arbeit zum glücklichen Ende. (1970)

Wiesław Brudzinski, *Die rote Katz*. Frankfurt am Main: Suhrkamp, 1980, S. 94.

10. Wir sind alle Töchter und Söhne des Sisyphus. Die einen wälzen einen Stein. Die andern eine Wolke. (1971)

Hans Leopold Davi, *Distel- und Mistelworte.* Zürich: Pendo, 1971, ohne Seitenangabe.

11. Büroschluß. Sisyphos steigt erleichtert hinunter. (1972)

Heinrich Wiesner, *Die Kehrseite der Medaille. Neue lakonische Zeilen.* München: Piper, 1972, S. 45.

12. Der Stein der Weisen ist der Stein des Sisyphus. (1977)

Gerhard Uhlenbruck, *Ins eigene Netz. Aphorismen.* Aachen: Stippak, 1977, S. 70.

13. In der Sisyphus-Liebe rollt man sich den Stein, der einem einmal vom Herzen gefallen ist, immer wieder aufs neue drauf. (1977)

Gerhard Uhlenbruck, *Ins eigene Netz. Aphorismen.* Aachen: Stippak, 1977, S. 15.

14. Sisyphos hat es leichter. Der Stein wird jetzt vollautomatisch hochgezogen. Er muß nur noch hinterher rennen. (1978)

Ulli Harth, *Wörtliche Un-Taten. Aphorismen.* Frankfurt am Main: Federfuchs, 1978, S. 4.

15. Sisyphus lebt! Er wäscht ab. (1978)

Jorg Schröder, *Findlung und Flut. Gedichte und Aphorismen.* Berlin: Verlag Tribüne, 1978, S. 86.

16. *Sisyphus heute*
Der Sisyfluß fließt lang-
sam und mühsam ent-
rinnst du dem Stau
am Abend
am Morgen
wirst du wieder ein-
gestrudelt. (1979)

Hardy Scharf, *Spötterspeise & Konfekt.* Feldafing/Obb.: Brehm, 1979, S. 18.

17. Der sozialistische Sisyphus bekommt Stundenlohn. (1981)

Žarko Petan, *Himmel in Quadraten. Aphorismen und kleine Prosa.* Graz: Styria, 1981, S. 24.

18. Ist der Stein des Sisyphus der Stein des Weisen? (1981)

Gerhard Uhlenbruck, *Keiner läßt seine Masche fallen. Aphorismen.* Aachen: Stippak, 1981, S. 10.

19. *Sisyphos 1982*
Die Hand umklammert das Lenkrad
zählt Geld schlägt zu
wäscht die andere

läßt nicht los: „Das Einfache
das schwer zu machen ist“:
Den Stein endlich zurückrollen lassen
wohin er gehört. (1982)

Günter Kunert, *Stilleben. Gedichte.* München: Hanser, 1983, S. 79.

20. Nicht Sisyphus vom Stein, sondern den Stein von Sisyphus befreien. Eine revolutionäre Tat. (1983)

Sigbert Latzel, *Stichhaltiges. Aphorismen.* St. Michael: Bläschke, 1983, S. 34.

21. *Sisyphos*
Hau ab, Mensch, elender
Angeber mit Mühe, Lastesel
ohne Sinn und Ergebnis.
Kein Mitleid mit dem.
Beim dritten Mal läßt man's
oder beim siebten bei langer Leitung.
Der Stein wär besser
für ein Haus oder eine Straße,
wo's weitergeht. Arschloch! (1983)

Peter Maiwald, *Balladen von Samstag auf Sonntag. Gedichte.* Stuttgart: Deutsche Verlags-Anstalt, 1984, S. 34.

22. *Dein schwerster Brocken bist du selber*
Ein jeder ist sich selbst
der Stein des Sisyphus.
Ob er es weiß und will –
er muß. (1985)

Gerhard Branstner, *Sänge und Reime.* Halle: Mitteldeutscher Verlag, 1985, S. 45.

23. Wissenschaftler: Sisyphus und der Stein des Denkanstoßes. (1985)

Gerhard Uhlenbruck, *Eigenliebe macht blind. Hinrissige Gedankensprünge und Aphorismen.* Aachen: Stippak, 1985, S. 49.

24. Zugegeben, Sisyphus' Arbeitsproduktivität war gleich null, aber welche Popularität! (Vor 1986)

Stefan Kurella; zitiert aus Ingetraud Skirecki (Hrsg.), *Das Trojanische „Stecken“pferd. Aphorismen.* Berlin: Eulenspiegel, 1986, S. 74.

25. *Roll on, Sisyphos*
Alles ist gut, der Stein ist in Ordnung.
Ich wälze ihn aus dem Lohnbüro
durch die Gründe des Glücks
auf die Gipfel der Schmerzen

wälze ihn immer himmelwärts
das ist die Hölle.

[...]

Auch wenn er mir Himmel und Hoffnung verleidet:
ich wälze ihn stumm durch Blumen und Blut
Wut und Geschrei auf die Höhen der Zeit
und laß ihn gelassen ins Leere fallen.
Und höre seinen Aufprall im Tal
das Klirren und Toben im Lohnbüro
alles ist gut. (1987)

Ralf Rothmann, *Kratzer und andere Gedichte*. Frankfurt am Main: Suhrkamp, 1987, S. 54.

26. Wenn Sisyphus den Stein ins Rollen bringt – das könnte einen Stein erbarmen. (1987)

Gerhard Uhlenbruck, *Kaffeesätze. Gedankensprünge in den Sand des Getriebes*. Erkrath: Spiridon, 1987, S. 93.

27. Der moderne Sisyphos wälzt seine Probleme bergab. (1988)

Gerd W. Heyse, *Gedanken-Sprünge. Aphorismen*. Berlin: Eulenspiegel, 1988, S. 88.

28. Einen schweren Gegenstand bewegen zu müssen, das trifft nicht unbedingt die Situation des modernen Politikers: Der wälzt nicht den Stein, sondern er redet über ihn, wodurch er wesentlich häufiger in der Zeitung steht. (1988)

Manfred Rommel, *Gesammelte Sprüche*, hrsg. von Ulrich Frank-Planitz. Stuttgart: Engelhorn, 1988, S. 54.

29. Sisyphos heute: er schreibt Berichte, die immer wieder zurückkommen. (Vor 1989)

Klaus Bernhardt; zitiert aus Gabriele Berthel (Hrsg.), *Kurz und mündig. Aphorismen*. Rudolstadt: Greifenverlag, 1989, S. 156.

30. *Die Tochter des Sisyphos berichtet dem Vater*
Ach Väterchen du bist ein Waisenknabe
Du hattest noch ein Ziel vor den Augen
Bergaus bergab der gleiche Stein
Ein Unternehmen voller Übersicht

Und ich?

Konfus ist diese Welt der tausend Dinge
Ich kann nicht wissen was mir heute auf den Kopf
fällt welches Rohr bricht
Was ist ein hochgewälzter Stein hält man ihn

gegen einen Berg von Wäsche? (1989)
Brigitte Struzyk, *Der wild gewordene Tag. Gedichte*. Berlin: Aufbau-Verlag, 1989, S. 88.

31. *Moderner Sisyphos*
Jetzt hat er ihn oben, den Stein.
Jetzt ist er abgelegt, der Stein.
Jetzt müßte er endlich, der Stein,
Ins Rollen kommen. Jetzt
Geht er nach dem nächsten, doch. (1989)
Klaus-Peter Schwarz, *Mein Teil vom Spalier. Gedichte und andere Experimente*. Berlin: Verlag Neues Leben, 1989, S. 63.

32. Der jugoslawische Sisyphos rollt den Fels bergab. (1990)
Žarko Petan, *Viele Herren von heute waren gestern noch Genossen. Neue Aphorismen*. Graz: Styria, 1990, S. 50.

33. Sisyphos ist nicht nur eine Gestalt der griechischen Mythologie, sondern jugoslawische Realität. (1990)
Žarko Petan, *Viele Herren von heute waren gestern noch Genossen. Neue Aphorismen*. Graz: Styria, 1990, S. 62.

34. *Sisyphos' Dementi*
Ich bin gesund.
Ich rasiere mich täglich.
Ich trage ein gebügeltes Hemd.
Darauf bestehe ich.
Nur der Staub macht mir zu schaffen.
Alles andere ist falsch:
Der Berg auf dem ich wohne
ist nicht so hoch wie ihr glaubt.
Er ist gar kein Berg.
Und der Stein war schon bald
nur noch der Rest eines Steins.
Vor ein paar Jahren ist er mir
in den Ausguß gerutscht.
Seitdem sitze ich hier
und gebe Erklärungen ab.
Alles andere ist falsch. (1990)
Hans-Ulrich Treichel, *Seit Tagen kein Wunder. Gedichte*. Frankfurt am Main: Suhrkamp, 1990, S. 21.

35. *Der Stein des Sisyphos*
Am Ende
hat er sich frei gemacht und verborgen,
Wurzeln gefaßt, Moos angesetzt,

ruht,
entrollt der Mühsal
des gequälten Quälers,
ein Stein ganz allein,
ist keine Folter
dient keinem Gott,
setzt sich ab vom Menschen,
ist er selbst, ein Ding
von Würde und Schönheit,
schwer zu finden, doch ansprechbar,
ein Stein ganz allein,
Denk-Mal und Siegel
im letzten Wald in der letzten Zeit,

Sisyphos wälzt jetzt die Erde. (1991)
Erika Burkart, *Die Zärtlichkeit der Schatten. Gedichte.* Zürich: Ammann, 1991, S. 9.

36. Außer einem Stein hat auch Sisyphus nichts ins Rollen gebracht. (1992)
Manfred Strahl, *Hiebe auf den ersten Blick. Aphorismen.* Berlin: Edition q, 1992, S. 23.

37. *Sisyphos*
für alle
die den Verläßlichen
lieben. Immer
weiß man wo
er sich gerade
befindet, bergauf
bergab.

Aber jetzt: Das hält
keiner aus! Die Rufe
die Schreie, das Geheule
unerträgliches Gegrein
bei Tag und Nacht
auch sonntags Sisyphos:
Wo ist mein Stein? (1992)
Peter Maiwald, *Springinsfeld. Gedichte.* Frankfurt am Main: Fischer, 1992, S. 116.

38. Sisyphos lernt tanzen: ein Mann geht den Weg der Befreiung. (1992)
Walter Sydow, *Sisyphos lernt tanzen: ein Mann geht den Weg der Befreiung.* Freiburg: Herder, 1992.

39. Immer muß ich den Stein wälzen von den Gräbern der Worte (die sich nie an ihre Auferstehungstermine halten; Legende: am dritten Tag!) und muß über alle Berge bergauf, bergab, und am Ende will mir keiner für die Abnutzung

des Materials aufkommen, und ich stehe mit leeren Händen, wenn auch um einen Stein erleichtert, da. (1993)

Peter Maiwald, *Wortkino. Notizen zur Poesie*. Frankfurt am Main: Fischer, 1993, S. 112.

SPIEGLEIN

„Spieglein, Spieglein an der Wand, Wer ist die Schönste im ganzen Land?"

Bekannter Spruch der Stiefmutter aus dem „Schneewittchen"-Märchen in Jacob und Wilhelm Grimm, *Kinder- und Hausmärchen* (1812 und 1815).

1. *Die Neugierige*
„Spieglein fein, Spieglein fein,
Wer wird heuer mein Liebster sein?" (1936)
Karikatur in *Kladderadatsch*, Nr. 52/27. Dezember 1936, S. 8.

2. *Der Spiegel*
Vernichtung ließ und Weltenbrand
den Spiegel an der Trümmerwand,
die der Zerstörung widerstand,
in dem sich nun der Mond besieht,
eh ihn die Wolke zu sich zieht
und mit ihm in das Dunkel flieht.

[...]

„Spieglein, Spieglein an der Wand,
wann kommt der Friede diesem Land?" (Ca. 1940)
Max Hermann-Neiße, *Gesammelte Werke*, hrsg. von Klaus Völker. Frankfurt am Main: Zweitausendeins, 1986, Bd. 2, S. 737.

3. „Spieglein, Spieglein an der Wand,
wer ist der größte Lügner im Land?" (1941)
Karikatur in *Kladderadatsch*, Nr. 51/21. Dezember 1941, S. 15.

4. Wer ist der Schönste im Land? (1964)
Karikatur in *Der Spiegel*, Nr. 30/22. Juli 1964, S. 59.

5. „... wer ist der Beste im ganzen Land?" (1965)
Karikatur in *Der Spiegel*, Nr. 38/15. September 1965, S. 40.

6. „Spieglein, Spieglein an der Wand,
sag, wie steht's mit Leut und Land?"

Doch was sie dabei entdeckt
halb belustigt, halb erschreckt.
Hier bedarf es eines Winks:
Sieh, der „Spiegel“ spiegelt links,
und sein Bild hat wenig Wert,
weil's die Dinge halt verzerrt. (1971)
Karikatur in *Der Spiegel*, Nr. 34/16. August 1971, S. 7.

7. Honecker: „Wir brauchen keinen Spiegel – wir wissen selber, daß wir schön sind!“ (1978)
Karikatur in *Der Spiegel*, Nr. 3/16. Januar 1978, S. 3.

8. *12. märchen-ton*
spieglein
spieglein
an dem wandl
wer hat
denn das
blutigst handl
im ganzen
landl?

herr landtagsabgeordneter
(staatssekretär etc)
und ehemaliger
parteigenosse
kieken se mal
jefälligst
auf ihre
eigene flosse. (1978)
Robert L. Kahn, *Tonlose Lieder*. Darmstadt: Bläschke, 1978, S. 54.

9. Spieglein, Spieglein an der Wand,
welches ist das schönste Bier im Land? (1979)
Werbung für Feldschlösschen-Bier in *Schweizer Illustrierte*, Nr. 41/8. Oktober 1979, S. 56.

10. „Spieglein, Spieglein an der Wand,
wer ist die Zarteste im ganzen Land?“ (1980)
Werbung für Milka-Schokolade in *Bunte*, Nr. 40/25. September 1980, S. 10.

11. Spieglein, Spieglein an der Wand,
wer ist der Schönste im ganzen Land?
Herr Schmidt, Ihr seid der Schönste hier,
aber der Willy, über den Bergen,

bei den sieben Zwergen
ist noch tausendmal schöner als Ihr! (1981)
Witzbildfolge in *Stern*, Nr. 29/3. August 1981, S. 5.

12. *Feindbilder*
Ja, was sollen wir denn machen,
wenn wir keine Feindbilder mehr haben?
Keine Juden, Kommunisten, Konservative,
Türken, Russen, CDU-Mitglieder.

[...]

Alle nageln ihre Feindbilder an die Wand.
Spieglein, Spieglein, an der Wand,
wer ist wie ICH im ganzen Land?
Jeder fängt bei sich selbst an.
Ja, wo kommen wir denn dahin?
Ich hab meine Freundin
in der Friedensgruppe kennengelernt.
Ja, wo kommen wir denn dahin,
ganz ohne Feindbilder?

SPIEGLEIN 10

Da geht am Ende noch
unsere Beziehung kaputt! (1983)

Bruno Schollenbruch, *Wir sitzen alle im gleichen Code. Satiren und Schubladengedichte.* Stuttgart: Edition Cordeliers, 1984, S. 27-28.

13. Spieglein, Spieglein in der Tasche,
wer ist im Land die größte Flasche? (1983)

Karl Heinz Rauchberger und Ulf Harten (Hrsg.), *„Club-Sprüche"*. Hamburg: Verlag Hanseatische Edition, 1983, S. 70. Auch in Christian Roman (Hrsg.), *Big Mäc is watching you! Schüler-Sprüche No. 3*. Frankfurt am Main: Eichborn, 1986, ohne Seitenangabe.

14. Spieglein, Spieglein an der Wand,
auch der Po ist spiegelblank. (1984)

Witzbild in *Bella*, Nr. 41/5. Oktober 1984, S. 2.

15. „Spieglein, Spieglein an der Wand,
wer ist der Beste im ganzen Land?" (1985)

Karikatur in *Der Spiegel*, Nr. 9/25. Februar 1985, S. 30.

„Spieglein, Spieglein an der Wand, wer ist der Beste im ganzen Land?" SPIEGLEIN 15

16. Spieglein, Spieglein an der Wand,
wer putzt am schrägsten im Land? (1985)

Werbung für Mentadent Zahnbürsten in *Journal für die Frau*, Nr. 11/15. Mai 1985, S. 137.

17. Spieglein, Spieglein an der Wand,
wer ist der geizigste Chef im Land? (1986)

Bernd Thomsen (Hrsg.), *Neue Büro-Sprüche. Lieber die dunkelste Kneipe als den hellsten Arbeitsplatz*. München: Heyne, 1986, ohne Seitenangabe.

18. Spieglein, Spieglein auf dem Klo,
wer hat in unserem Büro
von allen Damen den schönsten Po? (1986)

Bernd Thomsen (Hrsg.), *Neue Büro-Sprüche. Lieber die dunkelste Kneipe als den hellsten Arbeitsplatz*. München: Heyne, 1986, ohne Seitenangabe.

19. *Spieglein, Spieglein*
Spieglein Spieglein an der Wand
Wer ist der Schlimmste im ganzen Land?

Du?
Oder du?
Oder du?
Oder ich?

Spieglein ist
blind
von Lüge
verrostet
von Blut
Tränen
hat sein Gedächtnis
bei der Hirnwäsche
verloren
kann vor lauter Wäldern
den Baum nicht mehr
sehen
ist auch taub
und stumm
und dumm

ach wie gut daß es nicht weiß
daß ich
Stehler
Hehler
Lügner
Mörder
heiß. (1986)

Lisa Kahn, *Kinderwinter*. Berlin: Stoedtner, 1986, S. 85-86.

20. Spieglein, Spieglein an der Wand –
wer ist die größte Sau im Land? (1986)

Bernd Thomsen (Hrsg.), *Wer im Bett lacht, lacht am besten. Horizontale Graffiti, Witze, Bilder und Sprüche*. München: Heyne, 1986, S. 19.

21. „Wer ist die Günstigste im ganzen Land?“ (1991)
Werbeplakat für Sixt-Autovermietung in Bern, fotografiert von Regina Bendix (Sommer 1991) von der University of Pennsylvania (Philadelphia).

SPION

„Der Spion, der aus der Kälte kam“
„The Spy Who Came in from the Cold“

Geflügelt gewordener Titel des Spionageromans von John le Carré aus dem Jahre 1963.

1. Der Wein, der aus der Kälte kam. (1971)
Wilfried Dietze, „Der Wein, der aus der Kälte kam“. *Die Zeit*, Nr. 25/22. Juni 1971, S. 7.

2. Jacaranda: Der Duft, der aus der Sonne kam. (1971)
Werbung für Jacaranda Parfüm in *Für Sie*, Nr. 21/28. September 1971, S. 153. Auch in *Der Spiegel*, Nr. 49/1. Dezember 1975, S. 149.

3. Der General, der aus dem Boxring kam. (1972)
Dietrich Strothmann, „Der General, der aus dem Boxring kam: Ugandas Staatschef Idi Amin Dada“. *Die Zeit*, Nr. 39/3. Oktober 1972, S. 2.

4. Der Agent, der aus dem Kloster kam. (1973)
Anonym, „Der Agent, der aus dem Kloster kam: Karriere und Kontakte des Christdemokraten Julius Steiner“. *Der Spiegel*, Nr. 24/11. Juni 1973, S. 24.

5. Der Spion, der aus der Küche kam. (1973)
Wolfram Siebeck, *Klappe zu – Affe tot und 108 andere komische Geschichten*. München: Deutscher Taschenbuch Verlag, 1977, S. 167.

6. Das Baby, das aus der Kälte kam. (1974)
Ursula Wohlfarth, „Das Baby, das aus der Kälte kam: Die neue Methode, die zeugungsunfähige Ehemänner zu Vätern macht“. *Schweizer Illustrierte*, Nr. 14/1. April 1974, S. 22-23.

7. Der Kanzler, der in die Kälte kam. (1974)
John le Carré, „Der Kanzler, der in die Kälte kam: die Guillaume Affäre“. *Der Spiegel*, Nr. 19/6. Mai 1974, S. 152.

8. Der Fisch, der aus der Frische kommt. (1975)
Werbung für Frionor-Fische in *Schweizer Illustrierte*, Nr. 8/17. Februar 1974, S. 58.

9. Der Rebell, der von rechts kam. (1976)
Heinz Josef Herbort, „Der Rebell, der von rechts kam: Erzbischof Marcel Lefebvre

verweigert dem Papst und der Kurie den Gehorsam". *Die Zeit*, Nr. 37/10. September 1976, S. 21.

10. Die Karosserie, die aus dem Windkanal kam. (1976)
    Werbung für Citroën in *Der Spiegel*, Nr. 9/23. Februar 1976, S. 109. Auch in *Die Zeit*, Nr. 9/27. Februar 1976, S. 9.

11. Der Spion, der in die Wärme ging. (1977)
    Wolfgang Lotz: „Der Spion, der in die Wärme ging: Meine eigene Geschichte". *Lui*, Nr. 12/Dezember 1977, S. 147.

12. Birke, das Holz, das aus dem hohen Norden kommt. (1978)
    Werbung für Birkenmöbel in *Das neue Blatt*, Nr. 24/8. Juni 1978, S. 45.

13. Die Überraschung, die aus der Kälte kommt. (1978)
    Werbung für Melitta Gefrier-Beutel in *Frau im Spiegel*, Nr. 30/20. Juli 1978, S. 69.

14. Geschmack der aus der Tiefe kommt. (1978)
    Werbung für Gerolsteiner Sprudel in *Neue Revue*, Nr. 24/12. Juni 1978, S. 57. Auch in *Quick*, Nr. 44/28. Oktober 1978, S. 12.

SPION 14

15. Moschus – der Duft, der unter die Haut geht. (1978)
Werbung für Moschus-Parfüm in *Stern*, Nr. 37/17. September 1978, S. 150.

16. Das Kalb, das aus der Kälte kam. (1979)
Albrecht Fölsing, „Das Kalb, das aus der Kälte kam: Künstliche Besamung". *Die Zeit*, Nr. 8/23. Februar 1979, S. 8.

17. Roter Rabenhorster. Der Saft, der aus der Sonne kommt. (1979)
Werbung für Rabenhorster Traubensaft in *Bunte*, Nr. 14/29. März 1979, S. 45.

18. Der Spion, der zur Diplomatie wechselte. (1980)
Dietrich Strothmann, „Der Spion, der zur Diplomatie wechselte: Eliahu Ben Elissar ist der Musterschüler seines Lehrers Menachem Begin". *Die Zeit*, Nr. 10/7. März 1980, S. 2.

19. Der Schock, der aus der Stille kam. (1982)
Dieter Schnebel, „Der Schock, der aus der Stille kam: Zum 70. Geburtstag von John Cage". *Die Zeit*, Nr. 36/10. September 1982, S. 16.

20. Das Dossier, das aus der Kälte kam. (1983)
Christian Schmidt-Häuer, „Das Dossier, das aus der Kälte kam: Jurij Andropows Feldzug gegen wirtschaftliche Misere". *Die Zeit*, Nr. 34/26. August 1983, S. 4.

21. Der Spion, der in der Kreide stand. (1985)
Anonym, „Der Spion [Hans Jochim Tiedge], der in der Kreide stand: Ein neuer Skandal für die Regierung Kohl". *Die Zeit*, Nr. 36/6. September 1985, S. 3.

22. Der Boom, der aus dem Osten kam. (1991)
Klaus-Peter Schmid, „Der Boom, der aus dem Osten kam: Zusätzliche Nachfrage aus den fünf krisengeschüttelten Bundesländern hält die westdeutsche Wirtschaft in Schwung". *Die Zeit*, Nr. 2/11. Januar 1991, S. 9.

23. Die Frau, die aus dem Dunkel kam. (1992)
Michael Allegretto, *Die Frau, die aus dem Dunkel kam*. München: Scherz, 1992.

24. Die Kraft, die aus der Kälte kommt. (1993)
Fredy Gsteiger, „Die Kraft, die aus der Kälte kommt: Bei den deportierten Palästinensern im Südlibanon". *Die Zeit*, Nr. 4/29, Januar 1993, S. 2.

STAAT

„Etwas ist faul im Staate Dänemark."
„Something is rotten in the state of Denmark."

William Shakespeare, *Hamlet* (1600), I. Akt, 4. Szene.

Die Bombe auf Kansas City – Ulrich Greiner über den Tag danach (S. 17)

NUMMER 49
9. DEZEMBER 1983
38. JAHRGANG
PREIS 75 c

PUBLISHED WEEKLY
PRINTED BY
COURIER PRESS LTD
WINNIPEG, CANADA

DIE ZEIT

WOCHENZEITUNG FÜR POLITIK · WIRTSCHAFT · HANDEL UND KULTUR · HAMBURG

Business Office: German Language Publications, Inc., 560 Sylvan Ave., Englewood Cliffs, N.J. 07632 – Tel.: (212) 736-7455

OVERSEAS EDITION
LICENSED BY
ZEITVERLAG
GERD BUCERIUS KG

SECOND CLASS POSTAGE
PAID AT
GRAND FORKS, N.D. 58201
USPS 156-840

Etwas ist faul im Bonner Staat

Nach der Anklageerhebung kann der Bundeswirtschaftsminister nicht im Amt bleiben

Von Hans Schueler

Otto Graf Lambsdorff: angeklagt der Bestechlichkeit

Literaturbeilage
Seiten 25–28: Neue Bücher zu Weihnachten

Musik nach Bits
Die Computer spielen auf. Hat Musik, die von Mikroprozessoren komponiert wird, noch Anrecht auf die Bezeichnung „Kunst"? Oder ist sie nur die den Zeitläuften angemessene Fortentwicklung eines technischen Prozesses? Ein Dossier von Heinz-Josef Herbort.
(Seiten 9 bis 11)

Deutscher Raumfüller

Finger weg von Goethe!

Bonner Kulturpolitik im Ausland nach der beschämenden Affäre von Kyoto / Von Rudolf Walter Leonhardt

Ein Mann der Zukunft

Großer Stock

DIESE WOCHE

4 **Wege aus der Spannung**
Helmut Schmidt: Was Amerikaner und Russen jetzt lernen müssen

15 **Kleckern statt Klotzen**
Wolfgang Gehrmann: Die Regierung hilft der Wirtschaft zu wenig gegen die Bürokratie

19 **Wir Redetäter**
Wilfried F. Schoeller ermittelt eine Unterdrückung in Sachen Alexander Schubart

24 **Poker um Losnummer 50**
Anna von Münchhausen: In London wird das Evangeliar aus dem Welfenschatz versteigert

STAAT 9

1. *Frankreichs Außen- und Innenpolitk*
Ist im Staate etwas faul,
herrscht nach außen hin das Maul. (1934)
Karikatur in *Simplicissimus*, 38, Nr. 49/4. März 1934, S. 585.

2. Etwas ist faul im Staat der D-Mark. (1958)
Karikatur in *Simplicissimus*, Nr. 47/22. November 1958, S. 741.

3. Etwas ist faul im Staate Dänemark! Oh, wie riesengroß ist Dänemark. (1959)
Stanisław Jerzy Lec, *Unfrisierte Gedanken*. München: Hanser, 1959, S. 21. Auch in S. J. Lec, *Das große Stanisław Jerzy Lec Buch. Aphorismen, Epigramme, Gedichte und Prosa*, hrsg. von Karl Dedecius. München: Goldmann, 1990, S. 136.

4. *Energisches Dementi*
Zuständige dänische Kreise protestieren energisch gegen die verantwortungslose Unterstellung von W. Shakespeare, es sei etwas „faul im Staate Dänemark". Die dänische Regierung widerspricht kategorisch dieser Verunglimpfung und bewertet die Tätigkeit W. Shakespeares als verleumderisch und beleidigend. „Wenn etwas faul ist", lesen wir im Kommentar der dänischen Presse, „dann höchstens Herr Shakespeare selbst." (1960)
Sławomir Mrozek; zitiert aus Karl Dedecius (Hrsg.), *Bedenke, bevor du denkst. 2222 Aphorismen, Sentenzen und Gedankensplitter der letzten hundert Jahre*. Frankfurt am Main: Suhrkamp, 1985, S. 292-293.

5. Etwas ist faul im Folketing. (1975)
Niels Jörgen Haagerup, „Etwas ist faul im Folketing: Dänische Wahlen". *Die Zeit*, Nr. 3/17. Januar 1975, S. 4.

6. Es ist etwas faul im Staate Dänemark. Aber das merken ohnehin nur die Feinschmecker. (1977)
Hans-Horst Skupy, *Aphorismen. Abgeleitete Geistesblitze*. München: Ring, 1977, S. 35.

7. Etwas Gutes aus dem Staate Dänemark. (1979)
Werbung für Aalborg Akvavit in *Der Spiegel*, Nr. 39/24. September 1979, S. 37.

8. *Inflation*
Etwas ist faul im Staate:
Deine Mark! (1979)
Ron Kritzfeld (eigentlich Fritz Kornfeld), *Kleines Universal Flexikon*. Essen: Selbstverlag des Verfassers, 1979, Bd. 6, S. 14.

9. Etwas ist faul im Bonner Staat. (1983)
Hans Schueler, „Etwas ist faul im Bonner Staat: Der Bundeswirtschaftsminister [Otto Graf Lambsdorff] kann nicht im Amt bleiben". *Die Zeit*, Nr. 49/9. Dezember 1983, S. 1.

10. Es ist etwas faul im Staate Deutschland. (1991)
Robert Leicht, „Es ist etwas faul im Staate Deutschland: Der Bundespräsident und sein Votum zum Asylrecht". *Die Zeit*, Nr. 48/29. November 1991, S. 1.

STEHEN

„Hier stehe ich! Ich kann nicht anders. Gott helfe mir! Amen."

Der Überlieferung nach soll Martin Luther am 18. April 1521 vor dem Reichstag zu Worms seine Antwort auf die Frage, ob er widerrufen wolle, mit diesen Worten geschlossen haben. Schriftliche Quellen aber zeigen, daß er lediglich die damals übliche Sprachformel „Gott helf' mir, Amen" verwendet hat.

1. Man tut nicht gut daran, sich erst selbst an einen Baum zu binden, um dann sagen zu müssen: Hier stehe ich, ich kann nicht anders! (1949)
Gustav Radbruch, *Aphorismen zur Rechtsweisheit*, hrsg. von Arthur Kaufmann. Göttingen: Vandenhoeck & Ruprecht, 1963, S. 113.

2. *Der Glaube*
Ich glaube an den Motor,
das mächtige Gemächt
des Himmels und der Erde.

[...]

Hier rolle ich,
ich kann nicht anders.

[...]

Hier fliege ich,
ich kann nicht anders,
und stürze ich,
ich kann nicht anders.

[...]

Ich glaube an das Blech
und an das Feuer.
Hier brenne ich,
ich kann nicht anders. (1970)
Fritz Graßhoff, *Bilderreiches Haupt- und (G)liederbuch*. München: Deutscher Taschenbuch Verlag, 1974, S. 69-71.

3. *Im Liegen*
Hier liege ich,
Ich kann nicht anders
Vor
Dem Aufstand. (Ca. 1973)
Werner Kraft, *Bewältigte Gegenwart. Alte und neue Gedichte.* Darmstadt: Bläschke, 1973, S. 62.

4. Hier sprühe ich
und kann nicht anders. (1984)
Claudia Glismann (Hrsg.), *Ich denke, also spinn ich. Schüler-Sprüche.* München: Heyne, 1984, ohne Seitenangabe. Auch in Angelika Franz (Hrsg.), *Das endgültige Buch der Sprüche & Graffiti.* München: Heyne, 1987, S. 137.

5. Luther floh nach Worms, der Bannbulle war hinter ihm her. Da blieb Luther stehen und sagte:
„Hier stehe ich, ich kann nicht mehr." (1993)
Wolf von Henschelsberg (Hrsg.), *Tipp-Ex für den Direx. Schülerwitze & -Sprüche.* Frankfurt am Main: Eichborn, 1993, ohne Seitenangabe.

STERBEN

„Und wenn sie nicht gestorben sind, so leben sie noch heute."

Formelhafter Märchenschluß vieler Texte in Jacob und Wilhelm Grimm, *Kinder- und Hausmärchen*, 2 Bde. (1812 und 1815).

1. Und wenn sie nicht an Tollwut gestorben sind ... (1979)
Werbung für Pharmaforschung in *Der Spiegel*, Nr. 41/8. Oktober 1979, S. 64-65.

2. *Die Brüder Grimm und Nachfahren lassen grüssen* oder *Kinder*
Und wenn sie nicht gestorben sind,
so leben sie noch heute:
in den Träumen von Vätern und Müttern, die hoffen,
dass ihre Enkel und Urenkel einst in Frieden würden wohnen können. (1983)
Albert Ehrismann, „Gegen Ende des 2. Jahrtausends". *Nebelspalter*, Nr. 26/28. Juni 1983, S. 14.

3. Und wenn sie nicht gestorben sind
dann warten sie noch heute. (1986)
Graffito; zitiert aus Renate Neumann, *Das wilde Schreiben: Graffiti, Sprüche und Zeichen am Rand der Straßen.* Essen: Die Blaue Eule, 1986, S. 321.

STREBEN

„Wer immer strebend sich bemüht,
Den können wir erlösen."

Johann Wolfgang von Goethe, *Faust* (1808/1832), Bergschluchten, V. Akt, Z. 11935-11936.

1. Wer immer profitstrebend sich bemüht, den kann man nicht erlösen. (1979)
   Gerhard Uhlenbruck, *Einfach gesimpelt. Aphorismen.* Aachen: Stippak, 1979, S. 78.

2. Wer immer strebend sich bemüht, wird bestenfalls befördert. (1979)
   Klaus Sochatzy, *Adnotationen. Gegenreden gegen Reden und Gerede. Aphorismen.* Frankfurt am Main: Rita G. Fischer, 1979, S. 25.

3. Wer immer strebend sich bemüht,
   dem schlägt der Streß bald aufs Gemüt. (1983)
   Spruch von Gerhard Ulrich in *Morgenpost,* 17. Januar 1983, ohne Seitenangabe.

4. Wer immer strebend sich bemüht,
   den können wir erlösen.
   Wovon? Vom Streben? (1984)
   Siegfried Gloose, *Einfälle – Ausfälle. Aphorismen und verbogene Sprüche.* St. Michael: Bläschke, 1984, S. 73.

5. Wer immer strebend sich bemüht, der wird zuletzt ein Streber. (1984)
   Albert Keller, *Wer zuletzt denkt, lacht am besten! Witziges gegen unchristliche Humorlosigkeit.* Regensburg: Pustet, 1984, S. 104.

STÜCK

„Als wär's ein Stück von mir"

Geflügelt gewordener Buchtitel von Carl Zuckmayers Lebenserinnerungen *Als wär's ein Stück von mir* (1966).

1. Als wär's ein Glück von mir ... (1981)
   Ignaz Staub, „Als wär's ein Glück von mir ... Ein Land und seine Werbespots: United States of Advertising". *Die Weltwoche,* Nr. 16/15. April 1981, S. 33.

2. Als wär's ein Stück von Fellini. (1982)
   Reinhardt Stumm, „Als wär's ein Stück von Fellini: Theaterfestival von Avignon". *Die Weltwoche*, Nr. 31/4. August 1982, S. 21.

3. Als wär's ein Stück von Orwell. (1991)
   Überschrift in *Die Weltwoche*, Nr. 1/3. Januar 1991, S. 13.

SUCHE

„Auf der Suche nach der verlorenen Zeit"
„A la recherche du temps perdu"

International bekannt gewordener Titel von Marcel Prousts dreizehnbändigem Romanwerk *A la recherche du temps perdu* (entstanden 1909–1922; veröffentlicht 1913–1927).

1. Auf der Suche nach der verlorenen Kindheit. (1974)
   Überschrift in *Der Spiegel*, Nr. 16/15. April 1974, S. 16.

2. Auf der Suche nach einem neuen Lebensgefühl. (1974)
   Ulrich Schmidt, „Auf der Suche nach einem neuen Lebensgefühl: Hamburger Wohngemeinschaft". *Die Zeit*, Nr. 46/15. November 1974, S. 24.

3. Auf der Suche nach der zukünftigen Zeit. (1975)
   Petra Kipphoff, „Auf der Suche nach der zukünftigen Zeit: Die Kunst der Neuen Welt". *Die Zeit*, Nr. 46/14. November 1975, S. 19.

4. Auf der Suche nach dem verlorenen Maßstab. (1978)
   Helmut Heißenbüttel, „Auf der Suche nach dem verlorenen Maßstab: Die amerikanische Kunstzeitschrift ‚Artforum'". *Die Zeit*, Nr. 14/7. April 1978, S. 17.

SZENE

„Die Szene wird zum Tribunal."

Geflügeltes Wort aus Friedrich Schillers Ballade „Die Kraniche des Ibykus" (1797).

1. Die Szene wird zum Bacchanal. (1977)
   Heinrich Schröter, *Ha, welche Lust, Zitat zu sein! Spruchbuch zum Fortschreiben*. München: Gauke, 1977, S. 22.

2. Die Szene wird zum Ritual. (1985)
   Horst Bieber, „Die Szene wird zum Ritual: Bei den Grünen sind die Realos auf dem Vormarsch, aber hat die Partei noch genug Zeit?" *Die Zeit*, Nr. 27/5. Juli 1985, S. 5.

TANNENBAUM

„O Tannenbaum, o Tannenbaum,
Wie treu sind deine Blätter!
Du grünst nicht nur zur Sommerzeit
Nein, auch im Winter, wenn es schneit.
O Tannenbaum, o Tannenbaum,
Wie treu sind deine Blätter!"

Erste Strophe des Liebesgedichts „Der Tannenbaum“ (1819) von Joachim August Zarnack, die Ernst Anschütz übernahm, als er mit zwei neuen Strophen 1824 das bekannte Weihnachtslied „O Tannenbaum“ daraus machte.

1. O Tannenbaum, o Tannenbaum,
Der Kaiser hat in Sack gehaun,
Aguste, die muß hamstern gehn,
Der Kronprinz muß die Orgel drehn,
O Tannenbaum, o Tannenbaum,
Der Kaiser hat in Sack gehaun! (1918)

Anonyme Parodie als Kommentar zur Abdankung des deutschen Kaisers; zitiert aus Rolf Wilhelm Brednich, Lutz Röhrich und Wolfgang Suppan (Hrsg.), *Handbuch des Volksliedes*. München: Fink, 1973, Bd. 1, S. 297. Die Redensart „in Sack hauen“ bedeutet „nicht mehr mitmachen“.

2. O Tannenbaum, o Tannenbaum
Der Wilhelm hat in 'n Sack gehau'n
Jetzt kauft er sich ein'n Henkelmann
Und fängt bei Krupp in Essen an. (1918)

Anonyme Parodie; zitiert aus Ernst Klusen, „Das aktuelle Lied“, *Zeitschrift für Volkskunde*, 53/1956-1957, S. 189.

3. O Tannenbaum O Tannenbaum
Der Lehrer hat mich blaugehaun
Jetzt muß ich in der Ecke stehn
Und mir die kahle Wand besehn. (Ca. 1965)

Anonyme Parodie; zitiert aus Peter Rühmkorf, *Über das Volksvermögen. Exkurse in den literarischen Untergrund*. Reinbek: Rowohlt, 1967, S. 104.

4. O Tannenbaum O Tannenbaum
Der Lehrer hat mir'n Arsch verhaun
O Tannenbaum O Tannenbaum
Dafür schiff ich ihm an den Zaun. (Vor 1965)

Anonyme Parodie; zitiert aus Peter Rühmkorf, *Über das Volksvermögen. Exkurse in den literarischen Untergrund*. Reinbek: Rowohlt, 1967, S. 104.

5. O Tante Baum, o Tante Baum.
Wie frech sind deine Plagen,
Sie schimpfen mich als Polack aus
Und schmeißen mich zur Bude raus,
O Tante Baum, o Tante Baum,
Wie frech sind deine Plagen. (Vor 1967)

Anonyme Parodie; zitiert aus Lutz Röhrich, *Gebärde, Metapher, Parodie. Studien zur Sprache und Volksdichtung*. Düsseldorf: Schwann, 1967, S. 156.

6. O Tante Traut', o Tante Traut',
Was hast du freche Plagen:
Sie reißen dir die Haare aus
Und werfen dich zur Tür hinaus. (Vor 1967)

Anonyme Parodie; zitiert aus Lutz Röhrich, *Gebärde, Metapher, Parodie. Studien zur Sprache und Volksdichtung*. Düsseldorf: Schwann, 1967, S. 156.

7. O Tannenbaum, o Tannenbaum,
Du bist so grün, man glaubt es kaum.
Wenn du erst mal erwachsen bist,
Wirst du tüchtig vollgepißt. (Ca. 1973)

Anonyme Parodie; zitiert aus Ernest Borneman, *Unsere Kinder im Spiegel ihrer Lieder, Reime, Verse und Rätsel.* Olten: Walter, 1973, S. 70. Auch in Ernest Borneman, *Wir machen keinen langen Mist. 614 Kinderverse*. Frankfurt am Main: Fischer, 1981, S. 58.

8. O Tannenbau, o Tannenbaum,
die Oma hat mich blau gehaun.
Nun muß ich in der Ecke stehn,
und darf nicht weinen, oje oje.
O Tannenbaum, o Tannenbaum,
die Oma hat mich blau gehaun. (Vor 1978)

Anonyme Parodie; zitiert aus Peter Schleuning (Hrsg.), *Kinderlieder selber machen. Beispiele, Erfahrungen, Anleitungen*. Reinbek: Rowohlt, 1978, S. 61.

9. O Konjunktur, o Konjunktur.
wie grün sind deine Blätter.
Du grünst nicht nur zur Sommerzeit,
nein, auch im Winter, wenn es schneit. (1978)

Witzbildfolge in *Stern*, Nr. 52/20. Dezember 1978, S. 5.

10. Es sang eine Hausfrau aus Lohr
dem Gatten „O Tannenbaum" vor.
Der warf voller Grollen
nach ihr mit dem Stollen,
traf sie in den Mund und rief „Toooor!" (1979)

Dieter Höss, *Hösslich bis heiter. Satiren, Sprüche, Limericks*. Frankfurt am Main: Fischer, 1979, S. 74.

11. O Tannenbaum, o Tannenbaum
Der Lehrer hat mich blau gehaun.
Da mußt ich in der Ecke stehn
Und durfte nicht Bonanza sehn.
Fernsehn, Nahsehn, einerlei:
Die Schule ist 'ne Schweinerei. (Vor 1980)

Ernest Borneman, *Wir machen keinen langen Mist. 614 Kinderverse*. Frankfurt am Main: Fischer, 1981, S. 31.

12. O Tannebaum, o Tannebaum,
Der Weihnachtsmann kommt Äppel klaun!
Er zieht sich die Pantoffeln an,
Damit er besser klauen kann. (Vor 1980)

Ernest Borneman, *Wir machen keinen langen Mist. 614 Kinderverse.* Frankfurt am Main: Fischer, 1981, S. 58.

13. *Weihnachtslied*
O Tannenbaum, o Tannenbaum,
wie immergrün dein Ast ist!
Wie sauber glänzt der Gabentisch,
du nadelst nicht, bleibst ewig frisch.
Gesteh, daß du aus Plast bist! (1982)

Hansgeorg Stengel, *Stengelsextrakt. Ein epigrammatisches Vademekum.* Berlin: Eulenspiegel, 1982, S. 43.

14. O Tannenbaum, o Tannenbaum,
wer hat die Nadeln abgehaun? (1985)

Carola Jührs (Hrsg.), *Ächt too matsch. Das allerletzte Sprüchebuch.* Münster: Coppenrath, 1985, ohne Seitenangabe. Auch in Bernd Thomsen (Hrsg.), *Ihr geht mit der Welt um als hättet ihr eine zweite im Keller! Polit-Graffiti & Demo-Sprüche.* München: Heyne, 1986, ohne Seitenangabe.

15. *Oh Tannenbaum*
Oh Tannenbaum, oh Tannenbaum,
wie fahl sind deine Blätter.
Du siechst nicht nur zur Sommerzeit,
nein auch im Winter, wenn es schneit!
Oh Tannenbaum, oh Tannenbaum,
wie fahl sind deine Blätter!

Oh Tannenbaum, oh Tannenbaum,
du darfst mir nicht zerfallen.
Wie oft in saurer Regenzeit
ein Baum von dir mich nicht erfreut!
Oh Tannenbaum, oh Tannenbaum,
du darfst mir nicht zerfallen!

Oh Tannenbaum, oh Tannenbaum,
dein Leid will mich bekehren
zur Hoffnung und Verständigkeit,
sonst ist die Endzeit nicht mehr weit!
Oh Tannenbaum, oh Tannenbaum,
dein Leid will uns bekehren. (1989)

Fritz Werf, *Neue Deutschlandlieder. Gegenstrophen.* Gelden: Roje & Buer, 1989, S. 67.

TAUSENDUNDEINE NACHT

„Tausendundeine Nacht"

Abgekürzter Titel der arabischen, seit dem 10. Jahrhundert bezeugten Sammlung *Die Erzählungen aus den tausendundein Nächten.*

1. Märchen aus 1001 Nacht berichten von fliegenden Teppichen –
der moderne Mensch spricht von Boeing und fliegt mit Lufthansa. (1961)
Werbung für Lufthansa in *Der Spiegel,* Nr. 26/21. Juni 1961, S. 57.

2. Können Sie sich eine Frau vorstellen, die ihren Liebhaber 1001 Nächte lang Märchen erzählen ließe? (1964)
Stanisław Jerzy Lec, *Neue unfrisierte Gedanken.* München: Hanser, 1964, S. 44. Auch in S. J. Lec, *Das große Stanisław Jerzy Lec Buch. Aphorismen, Epigramme, Gedichte und Prosa,* hrsg. von Karl Dedecius. München: Goldmann, 1990, S. 155.

3. *Keine Märchen aus Tausendundeins*
[...]
Nein, keine Märchen aus Tausendundeins.
Aller Wunder bar ist das Wunderbare.
Außergewöhnliches? Längst selbstverständlich.
Vielerorts findbar im zwanzigsten Jahr
unseres Staates [DDR].
Nein, keine Märchen aus Tausendundeins! (1969)
Jupp Müller, *Blas heller die Welt. Gedichte, Poeme und Lieder.* Halle: Mitteldeutscher Verlag, 1970, S. 58.

4. Scherrer macht Mode für 1001 Nächte. (1971)
Werbung für Scherrer-Pyjamas in *Frau,* Nr. 22/29. Oktober 1971, S. 38.

5. Als sie das tausendundeintemal bei ihm lag, dachte er, das ist nun gar nicht wie im Märchen. (1979)
Nikolaus Cybinski, *Werden wir je so klug sein, den Schaden zu beheben, durch den wir es wurden? Aphorismen.* Lörrach: Lutz, 1979, S. 87.

6. Die Sammlung der arabischen Öl-Märchen heißt „Tausend und eine kalte Nacht". (1981)
Žarko Petan, *Himmel in Quadraten. Aphorismen und kleine Prosa.* Graz: Styria, 1981, S. 133.

7. Ein Tag wie aus tausend und einer Nacht. (1982)
Werner Mitsch, *Bienen, die nur wohnen, heißen Drohnen. Sprüche.* Stuttgart: Letsch, 1982, S. 91.

8. Die Frau für eine Nacht wurde schließlich doch die Frau fürs Leben. Die Märchen, die er erzählt, klingen alle wie Tausend und eine Nacht. (1983)

Peter Oprei, *Bedenkliches – Unbedenkliches. Aphorismen.* St. Michael: Bläschke, 1983, S. 40.

9. Tausend für eine Nacht! (1986)
Eduard Moriz (Hrsg.), *Lieber sauweich als eberhard. Sponti-Sprüche No. 6.* Frankfurt am Main: Eichborn, 1986, ohne Seitenangabe.

10. *Scheherazade*
Die Hoffnung auf die tausend und eine nacht
daß was wir geben mehr gibt als wir kosten
die Hoffnung nicht vor unserer Zeit zu rosten
die Droge Haltbarkeit die hat uns umgebracht. (1987)
Peter Maiwald, *Guter Dinge. Gedichte.* Stuttgart: Deutsche Verlags-Anstalt, 1987, S. 74.

11. *Märchenhaft*
Du könntest
der Mann meiner Träume
sein

[...]

Ich möchte
dich gern
als Märchenprinz
für 1001
schlaflose Nächte
doch bitte
nicht
hintereinander. (1988)
Annette Kast-Riedlinger, *Hautnah ist noch zu fern. Gedichte.* München: Schneekluth, 1988, S. 58.

12. *Tausendundzweite Nacht*
Und als die
tausendundzweite Nacht
begann, sagte der
Sultan zu Scheherezade:
Na, schön!
Zwischen zwei Tränen
lächelnd
schlief Scheherezade
ein.

So
begann das
Jahrhundert der Frauen. (1988)

Christa Kozik, *Tausendundzweite Nacht. Gedichte.* Berlin: Verlag Neues Leben, 1988, S. 5.

13. *Tausendunddritte Nacht*
Ich bin Scheherezade.
[...]

Habe gelernt,
in Stiefeln zu gehen,
aufzutreten, Faustregel:
Heutzutage nimmt
man nicht jeden.
Da muß er sich
erst mal beweisen.

Also, mein Sultan,
du bist dran.
Märchen erzählen kann jeder,
aber tausendundeine Nacht,
das sind fast drei Jahre,
da muß man sich schon
was einfallen lassen.

[...]
Mitten im Satz
schläft mein Sultan,
schläft einfach ein.

Köpfen werde ich ihn
nicht. (1988)

Christa Kozik, *Tausendundzweite Nacht. Gedichte.* Berlin: Verlag Neues Leben, 1988, S. 8-9.

14. In der ersten Nacht
mit dir
hatte ich 1000 Schmetterlinge
im Herzen –
in der zweiten Nacht
waren es 1001. (1989)

Monica Ilic, *Blitzlichter. Gedichte und Aphorismen.* Frankfurt am Main: Rita G. Fischer, 1989, S. 24.

15. Wer 1001 Nächte Märchen erzählt, muß frigide sein. (1990)
Hans-Horst Skupy; zitiert aus Gerhard Uhlenbruck, H.-H. Skupy und Hanns-Hermann Kersten, *Ein gebildeter Kranker. Trost- und Trutz-Sprüche für und gegen Ängste und Ärzte.* Stuttgart: Fischer, 1990, S. 114.

THEORIE

„Grau, teurer Freund, ist alle Theorie,
Und grün des Lebens goldner Baum."

Johann Wolfgang von Goethe, *Faust* (1808/1832), Studierzimmer, Z. 2038-2039.

1. Grau, lieber Freund, ist alles Leben, und grün der goldne Baum der Theorie. (1969)
Gabriel Laub, *Verärgerte Logik. Aphorismen.* München: Hanser, 1969, S. 27.

2. Grau, teurer Freund, ist alle Magie, Utopie und Prophetie. (1977)
Heinrich Schröter, *Ha, welche Lust, Zitat zu sein! Spruchbuch zum Fortschreiben.* München: Gauke, 1977, S. 35.

3. Grün ist alle Theorie. (1977)
Gerhard Uhlenbruck, *Ins eigene Netz. Aphorismen.* Aachen: Stippak, 1977, S. 108.

4. Grau ist alle Theorie, denn sie kommt aus den grauen Zellen. (1979)
Gerhard Uhlenbruck, *Einfach gesimpelt. Aphorismen.* Aachen: Stippak, 1979, S. 68. Auch in G. Uhlenbruck, *Medizinische Aphorismen.* Heidelberg: Jungjohann, 1982, S. 70.

5. Grau ist jede schöngefärbte Theorie. (1980)
André Brie; zitiert aus A. Brie (Hrsg.), *Der Weisheit letzter Schluß. Aphorismen.* Berlin: Eulenspiegel, 1980, S. 124. Auch in A. Brie, *Die Wahrheit lügt in der Mitte. Aphorismen.* Berlin: Eulenspiegel, 1982, S. 63; und A. Brie, *Die Wahrheit lügt in der Mitte / Am Anfang war das letzte Wort. Aphorismen.* Berlin: Eulenspiegel, 1988, S. 62.

6. Grau ist jede Theorie. Über die Farbe der Praxis ist damit nichts gesagt. (1980)
Hans W. Kopp, *Jagdunfälle. Aphorismen.* Zürich: Stocker & Schmid, 1980, S. 40.

7. Grau ist alle Theorie, das sagt die Praxis des grauen Alltags. (1987)
Gerhard Uhlenbruck, *Kaffeesätze. Gedankensprünge in den Sand des Getriebes.* Erkrath: Spiridon, 1987, S. 68. Auch in G. Uhlenbruck, *Medizinische Aphorismen.* Neckarsulm: Natura Med Verlagsgesellschaft, 1994, S. 93.

8. Grau ist alle Theorie – aber selbst darin wird sie häufig noch von der Praxis übertroffen. (Vor 1989)
Gabriele Berthel (Hrsg.), *Kurz und mündig. Aphorismen.* Rudolstadt: Greifenverlag, 1989, S. 65.

9. *Faust III: Schlußvorstellung*
Die Ideale abgetan:
Verdorrte Blätter
unbeschreiblich
raschelnd in der Erinnerung:
Grau teurer Freund
ist alle Utopie.
Nie wieder grün
des Lebens abgeholzter
Baum. (1990)
Günter Kunert, *Fremd daheim. Gedichte.* München: Hanser, 1990, S. 81.

10. Eine Praxis, welche die Theorie für grau hält, ist zumeist eine greuliche Praxis. (1994)
Felix Renner, *Vorletzte Worte. Aphorismen.* Rorschach, Nebelspalter, 1994, S. 39.

TREUE

**„Üb immer Treu' und Redlichkeit
bis an dein kühles Grab,
und weiche keinen Finger breit
von Gottes Wegen ab."**

Erste Strophe des von Ludwig Heinrich Christoph Hölty gedichteten Liedes „Der alte Landmann an seinen Sohn" (1775), wovon besonders die beiden ersten Zeilen geflügelt geworden sind.

1. *Der alte Schmuhl an seinen Sohn*
Üb' immer Treu' und Redlichkeit,
Soi weit man von dir spricht, –
Doch haste wo Gelegenheit,
Soi nehm', – wann's kaner sicht! –
Nennst du ä grois'n Geldsack dein,
Soi werd's d'r schlecht nix gehn, –
Dann kannste sonder Forcht und Pein
Ä Hungersnot bestehn! – –

[...]

Üb' immer Treu' und Redlichkeit,
Wann's geht, – bis an dei' End', –
Doch nimm, – jach sog' d'r, Suhn, sei g'scheidt, –
Soi viel du kriegst Prozent.
Schimpft dich so manch Betrog'ner zwar,

Wenn er im Zorn erbebt, –
Soi mach' d'r nix draus graue Haar', –
Du hast doch fein gelebt! – – – (1890)

J. F. Schütz; zitiert aus Friedrich Umlauft (Hrsg.), *Das Buch der Parodien und Travestien aus alter und neuer Zeit*. Wien: Daberkow, 1928, S. 39-40.

2. Üb immer Königsfreundlichkeit
Bis an dein kühles Grab
Und weiche keinen Finger breit
Von deinem König ab! (Ca. 1900)

Ludwig Thoma; zitiert aus Helga Bemmann (Hrsg.), *Das Herz auf der Zunge. Deutschsprachige Chansons aus hundert Jahren*. Berlin: Verlag der Nation, 1984, S. 74.

3. *Der Papierkragen*
Trag immer Mey & Edlichkeit
Bis an dein kühles Grab,
Am besten: so fünf Finger breit
Vom Hemdenbündchen ab.

[...]

Trag immer Mey & Edlichkeit
Das sei dein Daseinszweck,
Nimm einen neuen, wenn's so weit
Und wirf den alten weg! (1943)

Walther Deneke; zitiert aus Ernst Heimeran (Hrsg.), *Hinaus in die Ferne mit Butterbrot und Speck. Die schönsten Parodien auf Goethe bis George*. Tübingen: Laupp, 1943, S. 97.

4. „Üb' immer Treu und Redlichkeit bis an dein kühles Grab"? –
„Wie haißt kühles Grab? Ich lass' mer emal verbrennen!" (1922)

Karikatur in *Fliegende Blätter*, 157, Nr. 4035/1. Dezember 1922, S. 174.

5. Üb immer redlich Morden. (1972)

Kurt Sigel. *Kannibalisches. Einschlafgeschichten für sensible Leser*. Tübingen: Erdmann, 1972, S. 134.

6. Üb immer Untreue in Redlichkeit: Der Spießbürger. (1979)

Gerhard Uhlenbruck, *Einfach gesimpelt. Aphorismen*. Aachen: Stippak, 1979, S. 41.

7. Üb immer treu Unredlichkeit? (1981)

Gerhard Uhlenbruck, *Keiner läßt seine Masche fallen. Aphorismen*. Aachen: Stippak, 1981, S. 96.

8. Üb immer Treu und Müdigkeit. (1984)

Claudia Glismann (Hrsg.), *Edel sei der Mensch, Zwieback und gut. Szene-Sprüche*. München: Heyne, 1984, ohne Seitenangabe. Auch in Bernd Thomsen (Hrsg.), *Neue Büro-Sprüche. Lieber die dunkelste Kneipe als den hellsten Arbeitsplatz.* München: Heyne, 1986, ohne Seitenangabe; Elisabeth Blay (Hrsg.), *Neue Schüler-Sprüche. Steter Tropfen leert das Hirn.* München: Heyne, 1988, ohne Seitenangabe; und Beate Kuckertz (Hrsg.), *Das große Buch der Büro-Sprüche.* München: Heyne, 1992, ohne Seitenangabe.

9. Üb immer Treu und red nicht gleich. (1987)
Spruch von H. Hoff in *Bild,* 3. November 1987, S. 2.

10. Vereinsregel: Übe immer Training, Treu und Redlichkeit. (1987)
Gerhard Uhlenbruck, *Kaffeesätze. Gedankensprünge in den Sand des Getriebes.* Erkrath: Spiridon, 1987, S. 22.

11. *Zersungene Lieder II*
Trau nimmer Red und Üblichkeit
ums letzte schwarze Kap –
Auch solch ein Halbpfund Herzeleid
nimmt mit dem Mondschein ab;
was dir gehört, was ihr gehört,
nicht frag dich, was es sei –
Unter dem Druck der Liebe schwört
so manche mancherlei.
[...] (1989)
Peter Rühmkorf, *Einmalig wie wir alle.* Reinbek: Rowohlt, 1989, S. 124.

URAHNE

**„Urahne, Großmutter, Mutter und Kind
In dumpfer Stube beisammen sind."**

Anfangszeilen von Gustav Schwabs Gedicht „Das Gewitter" (1828).

1. *Der Gagetag*
Komiker, Soubrette, Naive und Kind
In dumpfer Garderobe beisammen sind.
Es spielet das Kind, Soubrette sich schminkt,
Naive häkelt, Komiker trinkt,
Damit er die Zeit sich vertreibt. –
Wo nur die Souffleuse bleibt? – – –
[...] (Vor 1890)
Anonyme Parodie; zitiert aus Friedrich Umlauft (Hrsg.), *Das Buch der Parodien und Travestien aus alter und neuer Zeit.* Wien: Daberkow, 1928, S. 182. Auch in Ernst Heimeran (Hrsg.), *Hinaus in die Ferne mit Butterbrot und Speck. Die schönsten Parodien auf Goethe bis George.* Tübingen: Laupp, 1943, S. 129.

2. *Schwerer Unglücksfall*
Urahne, Großmutter, Mutter und Kind
Sitzen nebeneinander vorm Ururspind
Auf dem Urstuhl, Großmutterstuhl, Mutterstuhl, Stühlchen.

[...]

Da stürzt das Spind mit Donnergeroll!
Erschlagen sind vom Ururspind
Urahne, Großmutter, Mutter und Kind. (1901)

Hanns von Gumppenberg; zitiert aus Theodor Verweyen und Gunther Witting (Hrsg.), *Deutsche Lyrik-Parodien aus drei Jahrhunderten.* Stuttgart: Reclam, 1983, S. 104.

3. *Der Mischling*
(Beitrag zur Sippenforschung)
Urarier, Großmutter und Kind
In dumpfer Stube beisammen sind.
Das Kind spielt mit Steinchen Soldaten,
Die anderen aber beraten.

Und Mutter, die Tochter der Großmutter, spricht:
In unserer Sippe da stimmt doch was nicht.
Ich, der man mein Jüngstes vermanscht hat,
Behaupte, daß einer gepanscht hat.

Urarier, Großmutter, Mutter und Kind
In dumpfer Stube erschrocken sind.
Fragt eines das andere: warst Du's? Na bekenn schon.
Sagt schließlich das Kleinste: Wichtigkeit, wenn schon. (1932)

Werner Finck, *Zwischendurch. Ernste Versuche mit dem Heiteren.* Frankfurt am Main: Fischer, 1978, S. 25.

4. *Erbfolge*
Die Urgroßmutter
die Großmutter
die Mutter
und deren Männer
überlebten
bis heute
alles gut und gern

also:
sich ein Ziel stecken
so fern es geht

Trauertage einlegen
drauflosleben. (1971)

Peter Salomon; zitiert aus Frank Brunner, Arnim Juhre und Heinz Kulas (Hrsg.), *Wir Kinder von Marx und Coca-Cola. Gedichte der Nachgeborenen*. Wuppertal: Hamm, 1971, S. 173.

5. *Hochbetrieb*
Urahn', Großmutter, Mutter, Kind
In dumpfer Stub' beisammen sind –
Dem letzten Raum, der sich noch bietet:
Denn alles andre wird vermietet!
Quer durch die Alpen gellt ein Schrei:
Zimmer frei! (1973)

Eugen Roth, *So ist das Leben. Verse und Prosa*. München: Deutscher Taschenbuch Verlag, 1980, S. 76.

6. *Das Unwetter*
Urahne, Großmutter, Mutter und Kind
in dumpfer Stube versammelt sind. –

[...]

Ein furchtbarer Krach! Ein Blitz schlägt ein!
Der Urahne hört was und sagt: „Herein!" –
Die dumpfe Stube entflammt und verglimmt
mit Urhammel, Großbutter, Butter und Zimt. (1974)

Heinz Erhardt, *Das große Heinz Erhardt Buch*. Reinbek: Rowohlt, 1974, S. 17.

7. *Gustav Schwab*
Allgäuer, Edamer und Holländerkind,
im Bahnhofsschuppen versammelt sind.
Edamer spricht: „O, Holländer, hör
ich leide bei dieser Hitze so schwer.
Sind wir als Express deklariert?
Mein Gott, wenn uns bloß nichts passiert!"
[...] (1981)

Robert T. Odeman, *Im Vertrauen gesagt. Verse von einem der auszog das Lachen zu lernen*. München: Universitas, 1981, S. 124.

8. Urahne, Großmutter, Mutter und Kind
klugerweise versichert sind. (1985)

Anonymer Spruch in *Sprachschätze. Vorsorgen, Versichern und Geldanlegen in Reimen und Redewendungen*, hrsg. von Aachener und Münchener Versicherungsgruppe. München: Aachener und Münchener Versicherungsgruppe, 1985, S. 47.

VOGEL

**„Alle Vögel sind schon da,
Alle Vögel, alle!"**

Beginn der ersten Strophe des zum Volkslied gewordenen Gedichts „Frühlings Ankunft" (1843) von August Heinrich Hoffmann von Fallersleben.

1. *Alle Nazis sind schon da*
Alle Nazis sind schon da,
oder kommen wieder,
man hilft sich so gut man kann;
mit „entlastet" fängt es an.
Alle Nazis sind schon da,
lassen sich bald nieder.

Alle Nazis sind schon da,
oder kommen wieder,
schnell ist, da man mild verzeiht,
der, der mitlief, eingereiht.
Alle Nazis sind schon da,
sauber das Gefieder.

[...]

Alle Nazis sind schon da,
alle Nazis, alle!
Und geschlossen schreiben sie:
„Kesselt die Demokratie!"
Alle Nazis sind schon da:
Achtung vor der Falle! (1948)

Margarete Voss; zitiert aus *Das Deutschland des Andern*, 2, Nr. 15/10. April 1948, S. 1.

2. *Touristen-Lied*
Alle Nachbarn sind schon da,
unsre Nachbarn alle.
Ob in Nizza, ob in Cannes,
ob in Rom, ob in Meran,
sitzen Schmitz' von nebenan
schon mit lautem Singen. (1967)

Dieter Höss, *Schwarz Braun Rotes Liederbuch*. Bergisch Gladbach: Lübbe, 1967, S. 44.

3. Alle Vögel sind schon da,
Alle Vögel alle!
Alle vögeln kreuz und quer,

Was für ein Geknalle! (Ca. 1973)

Anonyme Parodie; zitiert aus Ernest Borneman, *Unsere Kinder im Spiegel ihrer Lieder, Reime, Verse und Rätsel.* Olten: Walter, 1973, S. 344.

4. Alle Vögel sind schon da
Schnaps ist für die Cholera. (Ca. 1973)

Anonyme Parodie; zitiert aus Ernest Borneman, *Unsere Kinder im Spiegel ihrer Lieder, Reime, Verse und Rätsel.* Olten: Walter, 1973, S. 74.

5. Alle Vögel sind schon weg. (1974)

Anonym, „Alle Vögel sind schon weg: Heimlich schießen Jäger die seltensten Arten und verkaufen sie den Ausstopfern". *Stern,* Nr. 6/31. Januar 1974, S. 70.

6. Alle Vögel sind noch da! (1978)

Anonym, „Alle Vögel sind noch da! Erstaunliches über Elster, Uhu & Co.". *Hörzu,* Nr. 25/24.-30. Juni 1978, Umschlagseite.

7. Alle Geiseln sind nun frei – alle, alle, alle? (1981)

Karikatur in *Tages-Anzeiger,* 27. Januar 1981, S. 7.

VOGEL 7

8. *Federlesen*
Amsel, Drossel, Papagei,
alle Vögel, alle,
sind in Deutschland vogelfrei,
gehen in die Falle.

Bluten teils im Stacheldraht,
teils in Adlers Kralle.

Spielen ihren letzten Part,
alle Vögel, alle.

Piepen gegen Pershing Two,
speien Gift und Galle.
Kneifen dann das Arschloch zu,
alle Dichter, alle. (1983)
Kurt Bartsch, *Die Hölderlinie. Deutschdeutsche Parodien.* Berlin: Rotbuch, 1983, S. 58.

9. Alle Vögel sind schon da,
alle vögeln, alle. (1986)
Bernd Thomsen (Hrsg.), *Wer im Bett lacht, lacht am besten. Horizontale Graffiti, Witze, Bilder und Sprüche.* München: Heyne, 1986, S. 14.

10. Alle vögeln, sind schon da,
nur ich steh immer noch blöd rum. (1987)
Andreas Bender, *Kleine Socken jucken auch. Sprichwörter, Redensarten und Zitate – verdreht.* Frankfurt am Main: Eichborn, 1987, ohne Seitenangabe.

11. Im übrigen pfeifen das
alle Vöglein die schon
da sind wenn du
mit der Jahreszeit kommst. (1990)
Paul Wühr, *Gedichte.* München: Hanser, 1990, S. 50.

12. Alle Twitcher sind schon da. (1994)
Reiner Luyken, „Alle Twitcher sind schon da: Die Twitcher, Englands seltsames Heer der ‚Vogelspäher'". *Die Zeit,* Nr. 15/15. April 1994, S. 24.

13. In heutiger Zeit sollte man das Lied „Alle Vögel sind schon da" vorsichtiger singen. Es könnten auch Galgenvögel sein. (1994)
Walter Drechsel-Ritschel, *Gedankensplitter.* Aachen: Fischer, 1994, S. 8.

VÖGLEIN

„Wenn ich ein Vöglein wär'
Und auch zwei Flüglein hätt',
Flög' ich zu dir;
Weil's aber nicht kann sein,
Bleib' ich allhier."

Erste Strophe des anonym überlieferten Volksliedes „Wenn ich ein Vöglein wär'" (1778).

1. *Sehnsucht nach der Geliebten*
Wär' ich ein Vöglein,

Wären zwei Flügel mein:
Flög' ich zu dir!
Weil's aber nicht kann sein,
Gräm ich mich hier.
[...] (Vor 1870)

Anonyme Parodie; zitiert aus Ernst Kleinplaul, *Von der Volkspoesie, nebst ausgewählten echten Volksliedern und Umdichtungen derselben.* Barmen: Langewiesch, 1870, S. 93.

2. *Modernes Volkslied*

Wenn ich zwei Flüglein hätt,
Meinst, ich würd reisen?
Adlergleich ziehn in bedächtigen Kreisen?
Glaubst, ich entflöge dir – husch! – aus dem Bau?
Bist mir ein argwöhnisch Ding, du – – schau, schau!
[...] (Ca. 1900)

Alfred Beetschen; zitiert aus Richard Zoozmann (Hrsg.), *Unartige Musenkinder.* Berlin: Hesse & Becker, 1915, S. 420.

3. *Volkslied*

Wenn ich zwei Vöglein wär',
Und auch vier Flügel hätt',
Flög' die eine Hälfte zu dir.
Und die andere, die ging auch zu Bett,
Aber hier zu Haus bei mir.

Wenn ich einen Flügel hätt'
Und gar kein Vöglein wär',
Verkaufte ich ihn dir
Und kaufte mir dafür ein Klavier.

Wenn ich kein Flügel wär'
(Linker Flügel beim Militär)
Und auch keinen Vogel hätt',
Flög' ich zu dir.
Da's aber nicht kann sein,
Bleib ich im eignen Bett
Allein zu zwein. (1924)

Joachim Ringelnatz, *Und auf einmal steht es neben dir. Gesammelte Gedichte.* Berlin: Henssel, 1950, S. 118.

4. *Birdie-Song*

Bertolt Brecht
1898–1956

Wenn ich ein Dichter wär
Says who?
und auch kein Vöglein hätt,
Juhu!
macht ich längst Schluß.
Oh!
Weill aber konnts so fein,
Good Joe!
daß man, ich mein und dein,
So
weitermachen muß. (1961)

R. H. Markowsky, „*Was ich athme wird Moral*". *Parodien vom Minnesang bis Gottfried Benn*. Nürnberg: Glock und Lutz, 1961, S. 169.

5. *Pedantisch*
Wenn ich ein Vöglein wär'
und auch zwei Flügel hätt',
flög' ich zu dir.
Weil's aber drei esind
oder auch vier esind ...
wart' mal, ich zähl'. (Ca. 1964)

Ernst Meister; zitiert aus Günter Bruno Fuchs (Hrsg.), *Die Meisengeige. Zeitgenössische Nonsensverse*. München: Hanser, 1964, S. 178.

6. *Ein Volkslied*
Wenn ich ein Mundschmiß wär'
und auch zwei Schaufeln hätt',
grüb' ich mich ein.
Weil ich kein Mundschmiß bin
und keine Schaufeln hab,
laß ich es sein. (1970)

Heinz Erhardt, *Das große Heinz Erhardt Buch*. Hannover: Fackelträger, 1970, S. 90.

7. *Deutscher Mai*
Wenn ich ein Eisbein wär'
nähm' ich Püree und Kraut,
liefe zu dir!
Da ich ein Würstchen bin,
das sich gar nichts getraut,
dicht' ich allhier. (1979)

Dieter Höss, *Hösslich bis heiter. Satiren, Sprüche, Limericks*. Frankfurt am Main: Fischer, 1979, S. 71.

8. *Wenn Da Es*
Wenn ich kein Vöglein wär

Und nicht zwei Flügel hätt,
Wär nicht bei dir;
Säß ich auf eim Baum,
Augen herauszuschaun.

Da ich ein Vöglein bin
Und auch zwei Flügel hab
Red ich und schlaf unter dir;
Wenn ich erwachen tu,
Mach ich die Augen zu.

Es vergeht mein Herz in der Nacht
Da nicht die Stund erwacht
Und du mich vieltausendmal.
Weils aber nicht kann sein,
Träum ich von Vögelein. (1981)

Christiane Grosz, *Blatt vor dem Mund. Gedichte.* Berlin: Aufbau-Verlag, 1983, S. 100.

9. *Beflügelt*
Wär ich ein Vögelein,
flög ich zu mir.
Da ich kein Vöglein bin
und auch zwei Flügel hab,
flieg ich
zu dir und mir. (1982)

Christoph Mangold, *Keine Angst wir werden bewacht. Gedichte von 1982–1968* [sic]. Basel: Lenos, 1982, S. 96.

10. *Jugendstil*
Nach Ulla Hahn

Wenn ich schon flügge wär
und einen Vogel hätt
ich bräche Zeil um Zeile
über das Knie
vierzehn sind ein Sonett. (1983)

Kurt Bartsch, *Die Hölderlinie. Deutschdeutsche Parodien.* Berlin: Rotbuch, 1983, S. 55.

11. *Wenn sie dein Vöglein wär*
Wenn sie dein Vöglein wär
ob sie da Flügel hätt
weithin gespannt
oder verstecktest du
sie in der hohlen Hand
wäre das ihr Bett

[...] (1983)
Gisela Steineckert, *Mehr vom Leben. Gedichte.* Berlin: Verlag Neues Leben, 1983, S. 108.

12. Wenn ich ein Vöglein wär,
flög ich zu dir.
Weil ich aber kein Vöglein bin,
vögel ich hier. (1984)
Eduard Moriz (Hrsg.), *Lieber intim als in petto. Sponti-Sprüche No. 5.* Frankfurt am Main: Eichborn, 1984, ohne Seitenangabe.

13. Wenn ich ein Vöglein wär,
flög ich zu dir,
da ich kein Vöglein bin,
vögle ich hier. (1985)
Bernd Thomsen (Hrsg.), *Haste was, pisste was. Klo-Sprüche.* München: Heyne, 1985, ohne Seitenangabe. Auch in B. Thomsen (Hrsg.), *Wer im Bett lacht, lacht am besten. Horizontale Graffiti, Witze, Bilder und Sprüche.* München: Heyne, 1986, S. 15.

14. Wenn ich ein Vöglein wär,
würde ich erst mal abhauen. (1986)
Ralf Bülow (Hrsg.), *Lieber nett im Bett als cool auf dem Stuhl. Graffiti 4.* München: Heyne, 1986, ohne Seitenangabe.

VOLK (a)

„Volk der Dichter und Denker"

Die geläufige Bezeichnung des deutschen Volkes als das „Volk der Denker und Dichter" hat sich allmählich herausgebildet. Schon 1779 gebrauchte Karl August Musäus den Ausdruck „Denker und Dichter" ohne Bezug auf Deutschland in seinen *Physiognomischen Reisen*, 3. Heft, S. 101. Im Vorwort zu seinen *Volksmärchen* (1782) heißt es dann „Was wäre das enthusiastische Volk [der Deutschen] unserer Denker, Dichter, Schweber, Seher ohne die glücklichen Einflüsse der Phantasie?" Seit dem frühen 19. Jahrhundert gilt dann die Wortfolge „Dichter und Denker" als formelhafte Beschreibung der Deutschen.

1. Die Deutschen – das Volk der Richter und Henker. (1909)
Karl Kraus, *Sprüche und Widersprüche* (1909); zitiert aus K. Kraus, *Aphorismen*, hrsg. von Christian Wagenknecht. Frankfurt am Main: Suhrkamp, 1986, S. 159.

2. *Alfabet*
[...]
Die Dichter und Denker
Holt in Deutschland der Henker.

Scheinen Mond und Sterne nicht
Ist die Kerze das einzige Licht.
[...] (Ca. 1934)

Bertolt Brecht, *Gesammelte Werke*, hrsg. von Elisabeth Hauptmann. Frankfurt am Main: Suhrkamp, 1967, Bd. 9, S. 511.

3. *An die Schweizer und die Deutschen*
Wir sind schon längst kein Volk der Hirten mehr, so wenig wie Sie ein Volk der Dichter und Denker. (1956)

Friedrich Dürrenmatt, *Die Panne* (1956); zitiert aus F. Dürrenmatt, *Denkanstöße*, hrsg. von Daniel Keel. Zürich: Diogenes, 1989, S. 105.

4. Das Volk der Richter und Henker machte Platz dem Volk der Wächter und Schlächter. (1962)

Erwin Chargaff, *Bemerkungen*. Stuttgart: Klett-Cotta, 1981, S. 93.

5. *Volk der Dichter und Denker*
Volk der Dichter und Denker,
wie du so witzig bist,
arm sind die Dichter und Denker,
von denen du kaum was weißt.

Sie leben von Ehrengaben,
vom Rundfunk allenfalls,
doch lebten sie nicht von dir, du
brächst ihnen am liebsten den Hals.

Volk der Denker und Dichter,
emsig und kugelrund,
reimst deine Dichter auf Richter,
wie bist du, mein Volk, so gesund! (1969)

Walter Neumann; zitiert aus Hugo Ernst Käufer (Hrsg.), *Beispiele Beispiele. Texte aus der Literarischen Werkstatt Gelsenkirchen*. Recklinghausen: Bitter, 1969, S. 87.

6. *Grund-Los*
Der emsige Denker,
sein eigener Henker –
exempla sunt.
Behende der helle
der Brunnenmund
verheimlicht der Quelle
die Quelle – den Grund. (1970)

Peter Gan, *Soliloquia. Gedichte*. Zürich: Atlantis, 1970, S. 16.

7. Aus dem Land der Dichter und Denker ist ein Volk von Autofahrern und Kulturverbrauchern geworden. (1981)

   Werner Mitsch, *Hunde, die schielen, beißen daneben. Sprüche.* Stuttgart: Letsch, 1981, S. 14.

8. *Kennzeichen D*
   Dichter und Denker. Richter
   Und ... *Ein bißchen Frieden*
   Harft die blonde Bleiche. Rot
   Sehen, schwarz wählen. Und ab
   Ins Grüne mit dem Diesel. Öl-
   Sardinen vor der Haustür.
   Und auch mal ein Streik-
   Flugblatt lesen. Vorm Kontakt-
   Oder Kaufhof: Ein Platz
   An der Sonne. (1983)

   Ralph Grüneberger, „Das Wetter für Morgen," *Neue deutsche Literatur,* 31, Nr. 8/1983, S. 102.

9. Wir sind ein Volk der Denker, denn wir denken immer daran, was andere wohl von uns denken. (1983)

   Gerhard Uhlenbruck, *Nächstenhiebe. Aphoristische Sticheleien.* Aachen: Stippak, 1983, S. 17.

10. *berufung*
    in einer welt
    die zerfällt
    sind
    dichter: richter
    denker: henker. (1984)

    Heinrich Schröter, *Worte wie Wahrzeichen. Hauptsätze zu Hauptthemen und Hauptsachen.* Wiesbaden: Edition Retörsch, 1984, ohne Seitenangabe (erweiterte Ausgabe von 1990, S. 49). Auch in H. Schröter, *Glut und Asche. Lebenslyrik 1937 bis 1987.* Darmstadt: Roether, 1988, S. 73; und H. Schröter, *Lebensworte. Kürzesttexte zum Fort- und Gegenschreiben.* Willebadessen: Zwiebelzwerg, 1991, S. 47.

11. Ein Volk der Dichter und Denker?
    Auch das der Richter und Henker. (1984)

    Heinrich Schröter, *Worte wie Wahrzeichen. Hauptsätze zu Hauptthemen und Hauptsachen.* Wiesbaden: Edition Retörsch, 1984, ohne Seitenangabe (erweiterte Ausgabe von 1990), S. 63.

12. Lieber ein Volk der Dichter und Denker als eines der Richter und Henker. (1987)

    Andreas Bender, *Kleine Socken jucken auch. Sprichwörter, Redensarten und Zitate – verdreht.* Frankfurt am Main: Eichborn, 1987, ohne Seitenangabe.

13. Aus dem Volk der Denker wurde ein Volk von *Richtern.* (1991)
Zoltán Bezerédj, *Aphorismen-ABC. Silberne Sprüche, Gedankensplitter, Wortspiele.* Frankfurt am Main: Rita G. Fischer, 1991, S. 111.

14. Das Volk der Ludwig Richter und Peter Händker. (1991)
Ulrich Erckenbrecht, *Maximen und Moritzimen: Bemerkungen über dies und jenes.* Göttingen: Muriverlag, 1991, S. 17.

15. *Ausgewogen*
Daß mein Volk
nicht ganz dicht ist
und nicht ganz denkt
geht mir zu nah.

Daß sich mein Volk
als das der Dichter
und Denker begreift
geht mir zu weit. (1993)
Jörn Pfennig, *Kopfsprünge, Herzsprünge. Gedichte.* München: Heyne, 1993, S. 70.

16. Das Volk der Dichter und Henker. (1993)
Christiane Clasen, „Das Volk der Dichter und Henker: Mittelalter Groß-Spektakel am Potsdamer Platz". *Berliner Morgenpost,* 31. Juli 1993, S. 9.

17. Wenn Reisen bildete, müßten wir das Volk der Dichter und Denker sein. (1993)
Johannes Gross, *Für- und Gegenwitz.* Stuttgart: Engelhorn, 1993, S. 43.

18. Patron der Dichter und Denker. (1994)
Anonym, „Patron der Dichter und Denker: Verleger Siegfried Unseld über die Geschichte seiner Verlage und die Zukunft des Buches". *Focus,* Nr. 39/26. September 1994, S. 150-151.

19. Land der Henker. (1995)
Matthias Naß, „Land der Henker: Hinrichtungen und Atomwaffentests. China provoziert die Welt." *Die Zeit,* Nr. 35/1. September 1995, S. 1.

VOLK (b)

„dem Volk aufs Maul schauen"

In dieser Form geflügelt gewordenes Zitat aus Martin Luthers *Ein Sendbrief vom Dolmetschen* (1530), wo es heißt: „Man muß die Mutter im Haus, die Kinder auf den Gassen, den allgemeinen Mann auf dem Markt drum fragen und denselbigen auf das Maul sehen, wie sie reden und danach dolmetschen; so verstehen sie es denn und merken, daß man deutsch mit ihn' redet."

1. Revolutionen gelingen, wenn sie dem Volk aufs Maul schauen. (1973)
Heinrich Nüsse, *Früh-Nachrichten*. Zürich: Pendo, 1973, ohne Seitenangabe.

2. Wer dauernd dem Volk aufs Maul schaut, wird zum Sprachvoyeur. (1973)
Werner Schneyder, *Empfehlung der einfachen Schläge. Aphorismen, Epigramme, Gedichte*. Wien: Europaverlag, 1973, S. 103.

3. *Verantwortung*
Du habest dem Volk aufs Maul geschaut.
Das sei bei Dichtern Brauch.
Ganz recht! Jedoch es schaut das Volk
dir auf das deine auch. (1975)
Ingeborg Arlt, „Verantwortung", *Neue Deutsche Literatur*, 23/1975, S. 105.

4. Dem Volk aufs Maul schauen. Schließlich soll der Maulkorb passen. (1977)
Hans-Horst Skupy, *Aphorismen. Abgeleitete Geistesblitze*. München: Ring, 1977, S. 92.

5. Vorsicht! Die Polizei schaut dem Volk aufs Maul. Bald werden die Gummiknüppel sprechen. (1979)
Nikolaus Cybinski, *Werden wir je so klug sein, den Schaden zu beheben, durch den wir es wurden? Aphorismen*. Lörrach: Lutz, 1979, S. 43.

6. Er schaute dem Volk aufs Maul. Und war sprachlos. (1982)
Nikolaus Cybinski, *In diesem Lande ist das Leben lustig! Wohin du schaust: Lachende Dritte. Aphorismen*. Lörrach: Lutz, 1982, S. 43.

7. Der Schriftsteller schaut dem Volk aufs Maul, der Arzt schaut ihm ins Maul und der Politiker haut ihm eine drauf, nachdem er ihm nach dem Mund geredet hat. (1980)
Gerhard Uhlenbruck, *Frust-Rationen. Aphorismen*. Aachen: Stippak, 1980, S. 61.

8. Wer dem Volk aufs Maul sieht, sollte darauf achten, ob es einen Maulkorb trägt. (1982)
André Brie, *Die Wahrheit lügt in der Mitte. Aphorismen*. Berlin: Eulenspiegel, 1982, S. 22.

9. Dem Volk aufs Maul schauen muß nur derjenige, der eine eigene Sprache hat, aus der er übersetzt. Die andern reden automatisch den Leuten nach dem Munde. (1986)
Klaus von Welser, „Aphorismen", in Giulia Cantarutti und Hans Schumacher (Hrsg.), *Neuere Studien zur Aphoristik und Essayistik mit einer Handvoll zeitgenössischer Aphorismen*. Bern: Lang, 1986, S. 39.

10. Dem Volk auf's Maul schauen.
Und wohin den Mächtigen? (1993)
Gerd W. Heyse, *Die dritte Seite der Medaille. Aphorismen*. Erfurt: Verlagshaus Thüringen, 1993, S. 97.

VOLK (c)

„Jedes Volk hat die Regierung, die es verdient."

Dieses aus dem Französischen entlehnte Zitat – „Toute nation a le gouverne-ment qu'elle mérite" – geht zurück auf einen Brief vom 15./27. August 1811 des sardinischen Gesandten in St. Petersburg, Graf Joseph de Maistre, der damit auf neue Gesetze des russischen Kaisers Alexander I. anspielte.

1. Jede Zeit hat die Verbrecher, die sie verdient. (1949)
   Gustav Radbruch, *Aphorismen zur Rechtsweisheit,* hrsg. von Arthur Kaufmann. Göttingen: Vandenhoeck & Ruprecht, 1963, S. 42.

2. Jeder Mann hat die Regierung, die er verdient:
   rot, schwarz, blond oder brünett. (1981)
   Robert Lembke, „Angepasste Sprichwörter". *Nebelspalter,* Nr. 18/5. Mai 1981, S. 33.

3. Jedes Volk hat die Regierung, für die es verdient. (1983)
   Ulrich Erckenbrecht, *Ein Körnchen Lüge. Aphorismen und Geschichten.* Göttingen: Muriverlag, 1983, S. 26.

4. Es gibt durchaus Regierungen, die das Volk nicht verdienen, das sie dazu gemacht hat. (1984)
   Klaus Sochatzy, *Widerworte nach der „Wende". Aphorismen.* Frankfurt am Main: Rita G. Fischer, 1984, S. 67.

5. Kein Volk bekommt die Politiker, die es verdient. Aber es verdient die, die es bekommt. (1987)
   Nikolaus Cybinski, *Die Unfreiheit hassen wir nun. Wann fangen wir an, die Freiheit zu lieben? Aphorismen.* Freiburg: Isele, 1987, S. 30.

6. Jede Zeitung hat die Leser, die sie verdient. Schön für uns. (1995)
   Werbung für die „Süddeutsche Zeitung" in *Süddeutsche Zeitung,* Nr. 230/6. Oktober 1995, S. 37.

WAGEN

„Hoch auf dem gelben Wagen"

Titel und erste Zeile des zum Volkslied gewordenen Gedichts „Hoch auf dem gelben Wagen" (1879) von Rudolf Baumbach.

1. *Mao*
   Interpret des Weltschlagers: Hoch auf den Gelben wagen! (1975)
   Ron Kritzfeld (eigentlich Fritz Kornfeld), *Kleines Universal Flexikon.* Essen: Selbstverlag des Verfassers, 1975, Bd. 2, S. 21.

2. Lieber ein Hoch auf dem gelben Wagen als ein Tief auf (über) Helgoland. (1981)

Jürgen Zinnecker, „Wandsprüche“, in Arthur Fischer (Hrsg.), *Jugend '81. Lebensentwürfe, Alltagskulturen, Zukunftsbilder*. Hamburg: Jugendwerk der Deutschen Shell, 1981, Bd. 1, S. 452. Auch in Karl Heinz Rauchberger und Ulf Harten, *„Club-Sprüche“*. Hamburg: Verlag Hanseatische Edition, 1983, S. 17; Ralf Bülow (Hrsg.), *Graffiti 2. Neues an deutschen Wänden*. München: Heyne, 1984, ohne Seitenangabe; und Claudia Glismann (Hrsg.), *Ich denke, also spinn ich. Schüler-Sprüche*. München: Heyne, 1984, ohne Seitenangabe.

3. Lieber ein Hoch auf dem gelben Wagen als ein Tief über Deutschland. (1986)

Spruch von Jutta Schmied in *Bild*, 21. Juni 1986, S. 2. Auch in Hans Gamber (Hrsg.), *Freche Sprüche für jeden Tag*. Rastatt: Moewig, 1987, S. 55.

4. Walter Scheel singt:
„Hoch auf dem gelben Wagen“.
Helmut Kohl singt:
„My Ronnie is over the Ocean“. (1987)

Angelika Franz (Hrsg.), *Das endgültige Buch der Sprüche & Graffiti*. München: Heyne, 1987, S. 405.

WALD

„Wer hat dich, du schöner Wald,
Aufgebaut so hoch da droben?
Wohl den Meister will ich loben,
Solang noch mein' Stimm' erschallt.
Lebe wohl,
Lebe wohl, du schöner Wald!“

Erste Strophe von Joseph von Eichendorffs Gedicht „Der Jäger Abschied“ (1810).

1. *Abschied vom Walde*
Wer hat dich, du schöner Wald,
Abgeholzt so hoch da droben?
Deine Jäger sind zerstoben,
Nimmer froh ihr Lied erschallt.
Lebe wohl,
Lebe wohl, du schöner Wald!
[...] (1895)

Friedrich Detjens; zitiert aus Ernst Heimeran (Hrsg.), *Hinaus in die Ferne mit Butterbrot und Speck. Die schönsten Parodien auf Goethe bis George*. Tübingen: Laupp, 1943, S. 63. Auch in Winfried Freund (Hrsg.), *Kein Pardon für Klassiker. Parodien*. Stuttgart: Reclam, 1992, S. 71.

2. *nature morte*
wer hat denn dich du schöner wald?
und wenn warum? wie lang? wie oft?
es fiel ein reif? strawberry fields?
man sagts? mag sein? und gute nacht?
hast du noch worte?
[...]
die vögelein schweigen im walde?
und hinterm wald? was weiß denn ich?
[...] (1968)
Heidi Pataki, *Schlagzeilen. Gedichte.* Frankfurt am Main: Suhrkamp, 1968, S. 10.

3. *Korreferat zu Eichendorff*
Wer hat dich, du schöner Wald ...?
Keine Ahnung. Deine Spur
findet man nicht mehr so bald.
Schöner Wald, wer hat dich nur? (1990)
Wolfgang Funke, *Der Wendehals und andere Mitmenschen. Satirische Epigramme und Kurzgeschichten.* Berlin: Ullstein, 1990, S. 75.

WANDERER

„Wanderer, kommst du nach Sparta, verkündige dorten, du habest
Uns hier liegen gesehn, wie das Gesetz es befahl."

Spruch auf dem Denkstein, den die Spartaner zu Ehren ihrer unter Leonidas in der Schlacht bei Thermopylae (480 v. Chr.) gefallenen Landsleute errichtet haben. Die deutsche Übersetzung des griechischen Textes liefert Friedrich Schiller in seinem Gedicht „Der Spaziergang" (1795).

1. Wanderer kommst du nach Spa... .(1950)
Heinrich Böll, *Wanderer kommst du nach Spa.... Erzählungen.*
Opladen/Köln: Middelhauve, 1950

2. *Spottlied auf die Europäische Wirtschaftsgemeinschaft*
Wanderer, kommst du ins EWG-Land Irland,
dann nimm alsbald deine Uhr zur Hand
und stelle sie ein gutes Stück,
am besten 300 Jahre, zurück.

Wanderer, zieht's dich zum Papst gen Italien,
halt unter Verschluß deine Genitalien!
Denn Onanieren in der Stille
spart die Kosten für die Pille.

[...]

Wanderer, wenn's dich nach Frankreich zieht,
bedenk den großen Unterschied:
Paris ist voller Philosophen
ein Pariser voller Katastrophen.

Wanderer, in Deutschland empfehl' ich dir Bonn:
du trägst eine Depression davon.
Und deine Meise, dummerweise,
die nimmst du mit auf Auslandsreise. (1972)

Henning Venske, *Gestammelte Werke oder Posa und Damen.* München: Heyne, 1983, S. 130-131.

3. Wanderer, kommst du nach Moskau,
Verkünde dorten, du habest
Entspannung und Frieden im Sinn,
doch etliche Klötze am Bein. (1980)

Karikatur in *Der Spiegel,* Nr. 27/30. Juni 1980, S. 20.

4. Wanderer, kommst du nach Spa
berichte allerorten,
daß du hast liegen sehen
die Touristen am Ärmelkanal,
wie Neckermann es ihnen empfahl. (1995)

Ulrich Erckenbrecht, *Katzenköppe. Aphorismen/Epigramme.* Göttingen: Muriverlag, 1995, S. 132.

WANDERN

**„Das Wandern ist des Müllers Lust,
das Wandern ist des Müllers Lust, das Wandern!
Das muß ein schlechter Müller sein,
dem niemals fiel das Wandern ein,
dem niemals fiel das Wandern ein, das Wandern."**

Erste Strophe des zum Volkslied gewordenen Gedichts „Wanderschaft" (1818) von Wilhelm Müller.

1. *Die Rodler*
Das Rodeln ist der Knaben Lust!
Das Rodeln!
Das müßt' kein rechter Wildling sein,
dem niemals fiel das Rodeln ein!
Das Rodeln!

[...] (1909)

Anonyme Parodie; zitiert aus Friedrich Umlauft (Hrsg.), *Das Buch der Parodien und Travestien aus alter und neuer Zeit.* Wien: Daberkow, 1928, S. 73.

2. *Wanderschaft*
Das Wandern ist des Müllers Lust,
Das Wa - an - dern!
Doch - muß es immer Müller sein?
Auch Schulzen fiel das Wandern ein
Er wandert eifrig hinterdrein
Er wa - an - dert.
[...] (1943)

Walther Deneke; zitiert aus Ernst Heimeran (Hrsg.), *Hinaus in die Ferne mit Butterbrot und Speck. Die schönsten Parodien auf Goethe bis George.* Tübingen: Laupp, 1943, S. 117.

3. Das Dilettieren ist des Müllers Lust: er wandert. (1960)

Martin Kessel, *Gegengabe. Aphoristisches Kompendium für hellere Köpfe.* Darmstadt: Luchterhand, 1960, S. 111.

4. *Liebesleid*
Am Busen der Natur,
schön wär's;
nur finden wir
inmitten von Flaschen
und Dosen
nicht Muße zu kosen:
statt Idyll,
nur Müll,
statt des Müllers Lust,
Frust.
Liebe im Schutt
geht kaputt. (1979)

Hardy Scharf, *Spötterspeise & Konfekt.* Feldafing/Obb.: Brehm, 1979, S. 40.

5. Das Reisen ist der Müllers Lust. (1981)

Werbung für Volksbank-Raiffeisenbank in *Bunte*, Nr. 21/4. Juni 1981, S. 21.

6. *Das Wandern ist des Schweizers Lust ...*
Das Wandern ist des Schweizers Lust,
das Wandern ist des Schweizers Lust,
das Wandern.
Das müsst' kein rechter Schweizer sein,
der nie im prallen Sonnenschein
in Wandersocken rotgestrickt

WANDERN 6

gewandert, -wandert
gewandert wäre tief beglückt
in Wandersocken rotgestrickt.
Das Wandern, das Wandern, das Wandern.

[...]

Das Schimpfen ist des Schweizers Lust,
das Schimpfen ist des Schweizers Lust,
das Schimpfen.
Das wäre nicht das Bild der Schweiz,
wo nicht der Schweizer in der Beiz
die Faust am Tisch lässt krachen,
um nachher – schimpfend –
sie wieder im Sack zu machen,
sie wieder im Sack zu machen.
Das Schimpfen, das Schimpfen, das Schimpfen. (1981)

Lislott Pfaff, „Das Wandern ist des Schweizers Lust ...“ *Nebelspalter*, Nr. 12/24. März 1981, S. 51. Die Aussage „Das Wandern ist des Schweizers Lust“ auch als Legende einer Karikatur in *Nebelspalter*, Nr. 18/4. Mai 1982, Umschlagseite.

7. Das Wandern ist des Bürgers Frust,
kaputt der Wald,
der Rest verrußt. (1984)

Claudia Glismann (Hrsg.), *Edel sei der Mensch, Zwieback und gut. Szene-Sprüche.* München: Heyne, 1984, ohne Seitenangabe.

8. *volkslied*

ich habe mich immer gefragt, was denn die müllerin dazu sagt. ihn zieht es „mit lust" in die ferne, sie muß zu hause bleiben. [...]
kann aber auch sein, die müllerin wartet gar nicht, bis er das ränzel geschnürt hat, krempelt schon die ärmel auf und pfeift sich eins. als er, den blick in die ferne gerichtet, großen schrittes durch die tür schreitet, die mühle zu füttern, schlitzt sie den nächstbesten kornsack auf, schlupft auch schon der bauernknecht heraus, der sich hier versteckt gehalten hat – liegen sich auch schon beide in den armen und singen: „das muß ein schlechter müller sein, dem niemals das wandern eingefallen wäre, das wa-a-ndern"! (1984)

Karl Riha, *In diesem/diesem Moment. Gedichte, Bilder, kurze Prosa.* Siegen: Machwerk Verlag, 1984, S. 79.

9. Das Wandern ist der Beamten Lust,
oh, wie schnell schlägt da die Brust,
mit den Akten langsam durch die Wandelgänge,
da ziehn sich die Stunden in die Länge. (1986)

Bernd Thomsen (Hrsg.), *Neue Büro-Sprüche. Lieber die dunkelste Kneipe als den hellsten Arbeitsplatz.* München: Heyne, 1986, ohne Seitenangabe.

10. Das Duschen ist der Deutschen Lust. (1989)

Werbung für die Sanitär-Industrie in *Der Spiegel*, Nr. 15/10. April 1989, S. 64-65.

11. Das Rauchen ist des Menschen Lust. (1993)

Hans Dieter Mairinger, *Wie man Elefanten preßt. Satiren.* Linz: Die Fursche, 1993, S. 46.

WEIB

„Wenn du zum Weibe gehst, vergiß die Peitsche nicht."

Ein auf Friedrich Nietzsche zurückgehendes Zitat, das in dessen *Also sprach Zarathustra* (1883/1891) allerdings „Du gehst zu Frauen? Vergiß die Peitsche nicht!" lautet.

1. Nietzsche sagt bekanntlich: Wenn du zum Weibe gehst, vergiß die Peitsche nicht. – Nur ein hoffnungsloser und rachsüchtiger Schwächling konnte einen solchen Ausspruch tun. (1975)

Erich Brock, *Des Lebens Linien. Aphorismen.* Zürich: Classen, 1975, S. 8.

2. *Liebestip frei nach Nietzsche*
Du gehst zu Frauen?
Vergiß die Blumen nicht!
Du gehst zu Männern?
Vergiß die Pille nicht! (1977)
Heinrich Schröter, *Ha, welche Lust, Zitat zu sein! Spruchbuch zum Fortschreiben*. München: Gauke, 1977, S. 58. Auch in H. Schröter, *Lebensworte. Kürzesttexte zum Fort- und Gegenschreiben*. Willebadessen: Zwiebelzwerg, 1991, S. 58; und H. Schröter, *Liebeslyrik*. Bamberg: Wissenschaftlicher Verlag, 1991, S. 21.

3. Wenn du zum Weibe gehst, so nimm den goldenen Mittelweg. (1978)
Werner Mitsch, *Spinnen, die nicht spinnen, spinnen. Sprüche*. Stuttgart: Letsch, 1978, S. 105.

4. Wenn du zum Weibe gehst, vergiß die Piepen nicht. (1981)
Anonym, „Wenn du zum Weibe gehst, vergiß die Piepen nicht: Der neue Sex-Report von Shere Hite". *Stern*, Nr. 30/25. August 1981, S. 68.

WEIB 4

5. Gehst du zur Frau, vergiß nicht, dich vorher tüchtig aufzupeitschen. (Nietzsche der Ältere) (1983)

Winfried Bornemann, *Blödel-Sprüche. Bornemanns Beißerchen.* Frankfurt am Main: Eichborn, 1983, ohne Seitenangabe.

6. Du gehst zu Frauen? Vergiß das Gummi nicht! (1991)

Ulrich Erckenbrecht, *Maximen und Moritzimen: Bemerkungen über dies und jenes.* Göttingen: Muriverlag, 1991, S. 137.

7. Also sprach nun die „neue" Frau:
„Partner, ich bin dir auch Peitsche!" (1993)

Werner B. Kleinhardt, *Das Lachen der Satten. Fabeln, Gedichte und Aphorismen.* Freiburg: Echo, 1993, S. 156.

WEIBLICHE, DAS

**„Das Ewig-Weibliche
Zieht uns hinan."**

Johann Wolfgang von Goethe, *Faust* (1808/1832), Himmel, V. Akt, Z. 12110-12111.

1. Das ewig Langweilige
Zieht uns dahin! (1862)

Friedrich Theodor Vischer, *Faust. Der Tragödie dritter Theil in drei Acten.* Tübingen: Laupp, 1862. Nachdruck hrsg. von Fritz Martini. Stuttgart: Reclam, 1978, S. 132.

2. *An Goethe*
[...]
Welt-Spiel, das herrische,
Mischt Sein und Schein: –
Das Ewig-Närrische
Mischt uns hinein! (1887)

Friedrich Nietzsche, *Lieder des Prinzen Vogelfrei,* in F. Nietzsche, *Werke,* hrsg. von Karl Schlechta. München: Hanser, 1955, Bd. 2, S. 261.

3. Das Ewig Weibliche hält uns unten im schlechten Erdenleben. Wie wäre es auch sonst da auszuhalten? (1894)

Wilhelm Raabe; zitiert aus Karl Hoppe, „Aphorismen Raabes: Chronologisch geordnet", *Jahrbuch der Raabe-Gesellschaft 1960.* Braunschweig: Waisenhaus Verlag, 1960, S. 128.

4. Das ewig Weibliche
Ja, manchen zieht's hinan:
An einen Galgen sehr solid! (Ca. 1913)

Bertolt Brecht, *Gesammelte Werke,* hrsg. von Elisabeth Hauptmann. Frankfurt am Main: Suhrkamp, 1967, Bd. 8, S. 17 (letzte Strophe des Gedichts „Das Beschwerdelied").

5. Der Mann führe die Frau empor,
dann zieht sie ihn „hinan". (1973)
Gottfried Edel, *Mehr Tierliebe für die Menschen. Aphorismen.* München: Eilers, 1973, S. 12.

6. das ewig-männliche zieht uns hinab. (1979)
Volker Erhardt, *„Auch der Kannibale schätzt den Menschen am höchsten". Aphorismen.* Köln: Satire Verlag, 1979, S. 58.

7. *Das Weib-Weibliche*
„Es zieht uns hinab" waren seine letzten Gedanken, als der Lustmörder gehenkt wurde. (1985)
Fritz Arcus, *Lieber ein Seedieb als ein Teesieb! 260mal Merk-würdiges zum Nachschlagen.* Frankfurt am Main: Rita G. Fischer, 1985, S. 16.

8. „Das Ewig-Weibliche zieht uns hinunter und hält uns frisch, gesund und munter" (Ururfaust). (1991)
Ulrich Erckenbrecht, *Maximen und Moritzimen: Bemerkungen über dies und jenes.* Göttingen: Muriverlag, 1991, S. 138. Auch in U. Erckenbrecht, *Katzenköppe. Aphorismen/Epigramme.* Göttingen: Muriverlag, 1995, S. 111.

9. Das ewig Senkrechte zieht ihn hinan. (1995)
Gunter Hofmann, „Das ewig Senkrechte zieht ihn hinan: Machtkalkül und Seelenverwandtschaft drängen den CDU-Politiker Heiner Geißler zu Schwarz-Grün". *Die Zeit*, Nr. 10/10. März 1995, S. 2.

WEIN

„Wer nicht liebt Wein, Weib und Gesang, der bleibt ein Narr sein Leben lang."

Apokrypher Luther-Spruch, der erst am 12. Mai 1775 im *Wandsbecker Bothen* schriftlich belegt ist, und zwar wahrscheinlich gedichtet von Johann Heinrich Voß.

1. Luther sagt bekanntlich:
Wer nicht liebt Wein, und Weiber und Gesang,
Der bleibt ein Narr sein Leben lang.
Doch muß man hier nicht vergessen hinzu [zu] setzen:
Doch ist, daß er ein Freund von Weibern, Sang und Krug ist,
Noch kein Beweis, daß er deswegen klug ist. (Ca. 1798)
Georg Christoph Lichtenberg, *Schriften und Briefe, Sudelbücher*, hrsg. von Wolfgang Promies. Darmstadt: Wissenschaftliche Buchgesellschaft, 1968, Bd. 1, S. 927. Auch (ohne die erste und vierte Zeile) in Hans Gamber (Hrsg.), *Freche Sprüche für jeden Tag.* Rastatt: Moewig, 1987, S. 49.

2. Wein – Weib – Gesang! wird dir den Hals noch brechen,
Treibst du es weiter so dein Leben lang!
Er schwört: Ich will dir Besserung versprechen,
Und, zu entwöhnen mich allmählich dieser Schwächen,
Fang' ich gleich morgen an und meide – den Gesang! (Ca. 1900)

Richard Hugo (eigentlich Ricarda Huch); zitiert aus Richard Zoozmann (Hrsg.), *Zitaten- und Sentenzenschatz der Weltliteratur*. Leipzig: Hesse & Becker, 1911, Sp. 533.

3. Bist Du von Wein, Weib und Gesang lahm,
So rat ich Dir eins: tu langsam! (1968)

Eugen Roth, *Ins Schwarze. Limericks und Schüttelreime*. München: Hanser, 1968, S. 108.

4. *Promille*

[...]

Es schien bereits gelungen, die reaktionäre Trias Wein, Weib, Gesang auf Sex, Drink und Disque umzufunktionieren, da wurde die Manipulation gerade noch kritisch entlarvt.

[...] (1971)

Karl Korn, „Promille". *Frankfurter Allgemeine Zeitung*, Nr. 34/10. Februar 1971, S. 28.

5. Wein, Weib und Gewinn. (1977)

Klaus-Peter Schmid, „Wein, Weib und Gewinn". *Die Zeit*, Nr. 2/7. Januar 1977, S. 9.

6. Wein, Weib und Gesang. – Warum nicht? – Wo aber bleibt das Eisbein mit Sauerkraut? (1978)

Gerd W. Heyse, *Der Hund des Nachbarn bellt immer viel lauter. Aphorismen*. Berlin: Eulenspiegel, 1978, S. 54.

7. Wein, Weib & Weinstein. (1980)

Bernd P. Weinstein, *Wein, Weib & Weinstein: Witze live aus dem Safari, St. Pauli*. Hamburg: Metronome-Musik, 1980.

8. Wer nicht liebt Wein, Weib und Gesang,
der bleibt ein Tropf sein Leben lang. (1984)

Walter Kempowski, *Herzlich Willkommen*. München: Knaus, 1984, S. 243.

9. Lieber Wein, Weib und Gesang
als Bier, Mann und Gebrüll. (1984)

Claudia Glismann (Hrsg.), *Edel sei der Mensch, Zwieback und gut. Szene-Sprüche*. München: Heyne, 1984, ohne Seitenangabe. Auch in Angelika Franz (Hrsg.), *Das endgültige Buch der Sprüche & Graffiti*. München: Heyne, 1987, S. 30.

10. Nicht wenige Beziehungen beginnen bei Wein und Gesang und enden bei Milch und Gebrüll. (1984)

Claudia Glismann (Hrsg.), *Ich denke, also spinn ich. Schüler-Sprüche.* München: Heyne, 1984, ohne Seitenangabe. Auch in Eduard Moriz (Hrsg.), *Sprüche aus der Beziehungskiste: Lieber „Bums" als „Fallera".* Frankfurt am Main: Eichborn, 1985, ohne Seitenangabe; und Angelika Franz (Hrsg.), *Das endgültige Buch der Sprüche & Graffiti.* München: Heyne, 1987, S. 13.

11. Lieber Drinks, Sex und Disco
als Wein, Weib und Gesang. (1986)
Bernd Thomsen (Hrsg.), *Wer im Bett lacht, lacht am besten. Horizontale Graffiti, Witze, Bilder und Sprüche.* München: Heyne, 1986, S. 32.

12. Lieber Wein, Weib und Gesang als Sex, Drugs und Rock 'n' Roll. (1995)
Witzzeichnung in *Die Weltwoche*, Nr. 36/7. September 1995, S. 57.

WEISHEIT

„Das ist der Weisheit letzter Schluß."

Johann Wolfgang von Goethe, *Faust* (1808/1932), Großer Vorhof des Palasts, V. Akt, Z. 11574.

1. Das ist der Weisheit letzter Schluß.
Was ist der Weisheit letzter Schluß? (1977)
Heinrich Schröter, *Ha, welche Lust, Zitat zu sein! Spruchbuch zum Fortschreiben.* München: Gauke, 1977, S. 47. Auch in H. Schröter, *Worte wie Wahrzeichen. Hauptsätze zu Hauptthemen und Hauptsachen.* Wiesbaden: Edition Retörsch, 1990 (erweiterte Ausgabe), S. 73.

2. Nonsens ist nicht der Weisheit letzter Stuß. (1978)
Werner Mitsch, *Spinnen, die nicht spinnen, spinnen. Sprüche.* Stuttgart: Letsch, 1978, S. 108.

3. Der Weisheit letzter Schluß: Schluß mit den letzten Weisheiten. (1984)
Gerhard Uhlenbruck, *„Mensch ärgere mich nicht". Wieder Sprüche und Widersprüche.* Köln: Deutscher Ärzte-Verlag, 1984, S. 55.

4. Intelligenz ist auch nicht der Weisheit letzter Schluß. (1984)
Werner Mitsch, *„Grund- & Boden-Sätze". Sprüche.* Stuttgart: Letsch, 1984, S. 6.

WESTEN

„Im Westen nichts Neues"

Geflügelt gewordener Titel von Erich Maria Remarques Kriegsroman *Im Westen nichts Neues* (1929).

1. Im Westen was Neues. (1973)
Werbung für die Gesellschaft für Wirtschaftsförderung in Nordrhein-Westfalen in *Der Spiegel*, Nr. 50/10. Dezember 1973, S. 6.

2. *Taschendieb*
In Westen nichts Neues. (1977)
Hans-Horst Skupy, *Aphorismen. Abgeleitete Geistesblitze.* München: Ring, 1977, S. 59.

3. *Mode*
In Westen viel Neues. (1980)
Werbung für Genfa-Modevertrieb in *Quick*, Nr. 47/13. November 1980, S. 106.

4. Aus dem Westen nichts Neues. (1992)
Christian Wernicke, „Aus dem Westen nichts Neues: Bernhard Vogel soll Thüringen auf die Beine helfen". *Die Zeit*, Nr. 6/7. Februar 1992, S. 4.

WINDMÜHLE

„mit Windmühlen kämpfen"
„acometer molinos de viento"

Geflügelt bzw. sprichwörtlich gewordene Beschreibung eines unsinnigen, vergeblichen Kampfes, wie ihn Don Quijote in Miguel Cervantes de Saavedras großem Roman *Don Quijote de la Mancha* (1605/1616) führt.

1. Ein kluger Don Quichotte wartet auf günstige Winde. (Ca. 1960)
Stanisław Jerzy Lec, *Spätlese unfrisierter Gedanken.* München: Hanser, 1976, S. 53.

2. Der Kampf gegen Mühlen muß nicht unbedingt sinnlos gewesen sein. Und wenn Don Quijote einfach im Dienste der Wassermühlenbesitzer stand? (1970)
Wiesław Brudzinski, *Die rote Katze.* Frankfurt am Main: Suhrkamp, 1970, S. 75.

3. Der moderne Don Quijote hält weniger nach einer Dulcinea Ausschau, die er lieben, als nach Windmühlen, gegen die er anrennen könnte. (1971)
Eugen Gürster, *Narrheiten & Wahrheiten. Aphorismen.* München: Pustet, 1971, S. 86.

4. Kämpfe, wie Quijote, gegen die Mühlen.
Gegen die Tretmühlen des Lebens. (1971)
Hans Leopold Davi, *Distel- und Mistelworte.* Zürich: Pendo, 1971, ohne Seitenangabe.

5. Vielleicht wußte Don Quichotte, daß es relativ ungefährlich ist, gegen Windmühlen anzukämpfen? (Vor 1974)
Ryszard Marek Gronski; zitiert aus Antoni Marianowicz und R. M. Gronski (Hrsg.), *Denkspiele. Polnische Aphorismen des zwanzigsten Jahrhunderts.* Frankfurt am Main: Insel, 1974, S. 92.

6. *Das Standard-Abenteuer*
So interessant wie die ganze Geschichte vom Don Quichotte ist der Umstand, daß sich die Menschen von den tausend Abenteuern dieses Idealisten nur seinen Kampf mit den Windmühlenflügeln merken können. (Ca. 1975)
Horst Drescher, *Aus dem Zirkus Leben. Notizen 1969-1989.* Berlin: Aufbau-Verlag, 1990, S. 48.

7. Wir haben keine Windmühlen mehr. Haben wir deshalb den Kampf gewonnen? (1977)
Wolfgang Eschker, *Gift und Gegengift. Aphorismen.* Stuttgart: Deutsche Verlags-Gesellschaft, 1977, S. 29. Auch in W. Eschker, *Mitgift mit Gift. Aphorismen.* München: Eugen Diederichs, 1995, S. 99.

8. Don Quichotte kämpfte heute gegen Papiermühlen. (1982)
André Brie, *Die Wahrheit lügt in der Mitte. Aphorismen.* Berlin: Eulenspiegel, 1982, S. 64. Auch in A. Brie, *Die Wahrheit lügt in der Mitte / Am Anfang war das letzte Wort. Aphorismen.* Berlin: Eulenspiegel, 1988, S. 64.

9. Don Quichotte führt auch heute noch einen aussichtslosen Kampf, aber nicht gegen, sondern für die Windmühlen. (1983)
Werner Ehrenforth, *Neue Sitzbeschwerden. Aphorismen.* Berlin: Eulenspiegel, 1983, S. 54.

10. Der moderne Don Quichotte kämpft mit Riesen und hält sie für Windmühlen. (1987)
Wolfgang Mocker, *Gedankengänge nach Canossa. Euphorismen und andere Anderthalbwahrheiten.* Berlin: Eulenspiegel, 1987, S. 70.

11. Der Don Quichotte von heute:
Der Kampf mit den Windmachern. (1993)
Gerd W. Heyse, *Die dritte Seite der Medaille. Aphorismen.* Erfurt: Verlagshaus Thüringen, 1993, S. 102.

WISSEN

„Ich weiß nicht, was soll es bedeuten,
daß ich so traurig bin;
ein Märchen aus alten Zeiten,
das kommt mir nicht aus dem Sinn."

Erste Strophe von Heinrich Heines zum Volkslied gewordenen Gedicht „Ich weiß nicht, was soll es bedeuten" (1823).

1. *Die neue Loreley*
Nun weiß ich, was soll es bedeuten,
das Lied von der Loreley:

das Märchen aus *alten* Zeiten –
uns wurde es wieder *neu*!
[...] (Ca. 1871)

Siegbert Meyer; zitiert aus Friedrich Umlauft (Hrsg.), *Das Buch der Parodien und Travestien aus alter und neuer Zeit.* Wien: Daberkow, 1928, S. 66.

2. *Lorelei*
Ich weiß nicht, was soll es bedeuten,
Ob sie nicht n Schnupfen riskiert,
Wenn ein Mädchen zu Abendzeiten
Sich auf einen Felsen frisiert?
[...] (Ca. 1900)

Richard Zoozmann; zitiert aus Angela und Andreas Hopf (Hrsg.), *Drüben am Walde kängt ein Guruh. Unsinn-Verse.* München: Heyne, 1985, S. 163.

3. *Juristen-Deutsch*
Ich weiß nicht, was soll es bedeuten,
Dies nagelneue Gesetz!
Es läßt sich jedenfalls streiten,
Nicht klar geschrieben steht's.
[...] (Vor 1909)

Anonyme Parodie; zitiert aus Friedrich Umlauft (Hrsg.), *Das Buch der Parodien und Travestien aus alter und neuer Zeit.* Wien: Daberkow, 1928, S. 83.

4. *Pythagoreischer Lehrsatz*
Ich weiß nicht, was soll es bedeuten,
Daß ich so traurig bin,
Ein Lehrsatz aus alten Zeiten,
Der kommt mir nicht aus dem Sinn!
Drei Winkel, wovon ein rechter,
Sind mit drei Seiten verwandt,
Und diese noblen Geschlechter
Regieren Leut' und Land!
[...] (Vor 1909)

Paul Weber; zitiert aus Friedrich Umlauft (Hrsg.), *Das Buch der Parodien und Travestien aus alter und neuer Zeit.* Wien: Daberkow, 1928, S. 66.

5. *Die Lorelei*
Ich weiß nicht, was es bedeuten soll,
Daß ich so geknickt bin.
Ein Märchen aus uralten Tagen,
Das geht mir wie ein Mühlrad im Kopf herum.
[...] (1917)

Hans Reimann; zitiert aus Theodor Verweyen und Gunther Witting (Hrsg.), *Deutsche Lyrik-Parodien aus drei Jahrhunderten.* Stuttgart: Reclam, 1983, S. 115.

6. Ich weiß nicht, was soll es bedeuten,
daß ich so lustig bin! (1921)

Karikatur in *Kladderadatsch*, Nr. 9/27. Februar 1921, S. 4.

7. *Loreley*

Ich weiß nicht, was soll es bedeuten,
Daß traurig ich aufs neu'?
Die Technik der neusten Zeiten
Verschandelt die Loreley:
Man baut jetzt gar noch Straßen
In ihren Felsen hinein,
Und Autodüfte vergasen
Den alten Vater Rhein!
[...] (1935)

Anonyme Parodie; zitiert aus Lutz Röhrich, *Gebärde, Metapher, Parodie. Studien zur Sprache und Volksdichtung.* Düsseldorf: Schwann, 1967, S. 167.

8. *Die neue Lorelei*

Ich weiß nicht, was soll es bedeuten,
daß ich so traurig bin,
wir leben in großen Zeiten,
doch klein ist unser Gewinn.
[...] (1942)

Anonyme Parodie; zitiert aus Alexander von Bormann (Hrsg.), *Gegengesänge, Parodien, Variationen.* Frankfurt am Main: Diesterweg, 1975, S. 101.

9. *Hausmusik*

Ich weiß nicht, was soll es bedeuten,
Was unter mir tönt im Parterre:
Die „Klosterglocken" läutet
Dort ein klavierender Herr.
Mein Nachbar zur Linken vernimmt es,
Will übertönen den Graus,
Ergreift sein Cello und stimmt es
Und bricht in Etüden aus.
[...] (1966)

Anonyme Parodie; zitiert aus Lothar Knessl (Hrsg.), *Humor am Rande der Notenlinien. Karikatur, Parodie, Satire im Zeichen der Musik.* Salzburg: Residenz Verlag, 1966, S. 57.

10. *Das Lied von den Kunst-Liebhabern*

Ich weiß nicht, was soll es bedeuten,
wenn ich ganz ehrlich bin.
Ein Kunstwerk aus unseren Zeiten
hat oft für mich wenig Sinn.
Ich tappe da völlig im dunkeln

und tu dies nicht allein.
Die anderen, höre ich munkeln,
gestehen's nur nicht ein.
[...] (1967)

Dieter Höss, *Schwarz Braun Rotes Liederbuch*. Bergisch Gladbach: Lübbe, 1967, S. 38.

11. *Klassiker auf Amtsdeutsch*
Ich weiß nicht, was soll es bedeuten,
daß ich so traurig bin ...
Kaum blättre ich Aktenseiten,
verläßt mich mein froher Sinn ...!
[...] (1969)

Bernt Engelmann, *So deutsch wie möglich – möglichst deutsch. Hintergründliches in unserer Sprache*. München: Schneekluth, 1969, S. 64.

12. *Die Lorelei 1973*
Ich weiß nicht, was soll es bedeuten,
daß ich so traurig bin;
ein Alptraum aus unseren Zeiten,
der geht mir nicht aus dem Sinn.

Die Luft ist schwül und verdunkelt,
und dreckig fließt der Rhein;
kein Gipfel des Berges funkelt,
wo sollt' auch die Sonne sein?

Am Ufer des Rheines sitzt sie,
die deutsche Chemie-Industrie;
dort braut sie gefährliche Gifte,
die Luft macht erstickend sie.
[...] (1973)

Jürgen Werner; zitiert aus Manfred Ach und Manfred Bosch (Hrsg.), *Gegendarstellungen. Autoren korrigieren Autoren. Lyrische Parodien*. Andernach: Atelier, 1974, S. 18.

13. *Ich weiß nicht, was soll es bedeuten*
Ich weiß nicht, was soll es bedeuten
daß ich nur traurig bin
ein Wörtchen von steinalten Leuten
das macht mich nach ihrem Sinn

und wenn ich da immer was mitbin
ich weiß nicht wer ich allein bin
mich wurmt daß ich bloß traurig bin. (1976)

Georg Jappe, *Ich war guter Dinge, aber ihr Anblick hat mich sehr versachlicht*. Schauberg: DuMont, 1976, S. 25.

14. Es winkte Frau Lore vom Lei;
denn grad' fuhr ein Dampfer vorbei.
Vom Dampfer erscholl es:
„Ich weiß nicht, was soll es ...?"
Und dann war's vorbei, das Geschrei. (1979)

Dieter Höss, *Hösslich bis heiter. Satiren, Sprüche, Limericks.* Frankfurt am Main: Fischer, 1979, S. 94.

15. *Wie weiland Genosse Heine*
Wüßte ich, was es bedeutet,
daß ich so traurig bin,
ich brauchte nicht,
wie weiland Genosse Heine,
in ramponierte Saiten zu greifen,
Jungfrauen entlockend,
wunderbar, mit entsprechend
goldenen Haaren:
Papiermusik, raschelnde.

Ich ginge, verdammich,
aufs Ganze und
(so wahr mir Gott helfe)
ich knackte die Nuß. (1984)

Helmut Schrey, *Wer entziffert die Zeichen? Gedichte.* Duisburg: Gilles & Francke, 1984, S. 15.

16. Ich weiß nicht,
was soll ich bedeuten. (1986)

Ralf Bülow (Hrsg.), *Lieber nett im Bett als cool auf dem Stuhl. Graffiti 4.* München: Heyne, 1986, ohne Seitenangabe.

17. *Morderei*
Ich weiß wohl und kann es auch deuten,
daß ich so traurig bin;
ein Horror aus uralten Zeiten,
der kommt mir nicht aus dem Sinn.

Die Luft vom Smog wird verdunkelt,
und dreckig fließt der Rhein;
der Gipfel des Berges funkelt
im Raffinerienschein.

Die größten Chemiewerke sprießen
am Ufer mit Höchst-Gefahr;
Ihre giftigen Abwässer fließen,

sie fließen schon manches Jahr.
[...] (1989)

Fritz Werf, *Neue Deutschlandlieder. Gegenstrophen.* Geldern: Roje & Buer, 1989, S. 59.

18. Am Anfang und am Ende jeder Interpretation steht das alte Lied: „Ich weiß nicht, was soll es bedeuten". (1991)

Ulrich Erckenbrecht, *Maximen und Moritzimen: Bemerkungen über dies und jenes*. Göttingen: Muriverlag, 1991, S. 160.

ZARATHUSTRA

„Also sprach Zarathustra"

Friedrich Nietzsche, *Also sprach Zarathustra* (1883/1891).

1. „Na also", sprach Zarathustra. (1971)

Robert Lembke; zitiert aus Peter Köhler (Hrsg.), *Poetische Scherzartikel.* Stuttgart: Reclam, 1991, S. 56. Auch in Ulrich Erckenbrecht, *Maximen und Moritzimen: Bemerkungen über dies und jenes.* Göttingen: Muriverlag, 1991, S. 32.

2. Also stirbt Zarathustra. (1994)

Gabriele Venzky, „Also stirbt Zarathustra: Die indische Religionsgemeinschaft der Parsen wird ein Opfer ihrer eigenen Heiratsbräuche". *Die Zeit,* Nr. 52/30. Dezember 1994, S. 18.

LITERATURVERZEICHNIS

Bei den hier verzeichneten Studien handelt es sich um wichtige Sekundärliteratur zu Zitaten oder geflügelten Worten. Die Primärliteratur ist jedem Text der vorliegenden Sammlung von Antizitaten beigefügt worden, so daß sie hier nicht wiederholt zu werden braucht.

Adel, Kurt. „Das Zitat in der Lyrik". *Literatur und Kritik*, 64 (1972), 235-245.

Bänziger, Hans. „‚Zuerst kommt das Fressen, dann kommt die Moral': Zu einem Motiv Bert Brechts". *Reformatio*, 11 (1962), 496-503.

Bebermeyer, Gustav und Renate. „Abgewandelte Formeln – sprachlicher Ausdruck unserer Zeit". *Muttersprache*, 87 (1977), 1-42.

Bebermeyer, Renate. „Formelabwandlung im *Butt.* Ein symptomatischer Vorgang der Alltagssprache und seine Spiegelung in einem unmittelbar aktuellen literarischen Werk [von Günter Grass]". *Sprachspiegel*, 34 (1978), 67-76.

Bebermeyer, Renate. „‚Geflügelte Zitate' – gestern und heute". *Sprachspiegel*, 40 (1984), 66-70.

Bernath, Csilla. „Phraseologische Neubildungen". *Beiträge zur Phraseologie des Ungarischen und des Deutschen.* Hrsg. von Regina Hessky. Budapest: Lorand-Eötvös-Universität, 1988, S. 39-49.

Bernath, Peter. *Die Sentenz im Drama von Kleist, Büchner und Brecht. Wesensbestimmung und Funktionswandel.* Bonn: Bouvier, 1976.

Binder, Hartmut. „Geflügelte Bildreden: Zu Kafkas Umgang mit sprachlicher Fertigware". *Wirkendes Wort*, 42 (1992), 440-468.

Boller, Paul F. *Quotemanship: The Use and Abuse of Quotations for Polemical and Other Purposes.* Dallas, Texas: Southern Methodist University Press, 1967.

Brandes, Ute. *Zitat und Montage in der neueren DDR-Prosa.* Frankfurt am Main: Peter Lang, 1984.

Brands, Hartmut. *„Cogito ergo sum". Interpretationen von Kant bis Nietzsche.* München: Karl Alber, 1982.

Braun, Peter. „Sprichwörter – Redensarten – Zitate – Titel: Oder die Tendenz der Abwandlung fester Formen." In P. Braun, *Tendenzen in der deutschen Gegenwartssprache.* 3. Aufl. Stuttgart: W. Kohlhammer, 1993, S. 214-220.

Brauscheid. „Etwas ist faul im Staate Dänemark." *Zeitschrift des Allgemeinen Deutschen Sprachvereins*, 19 (1904), 213-214.

Bülow, Ralf. „Stell dir vor, es gibt einen Spruch ..." *Der Sprachdienst*, 27 (1983), 97-100.

Burger, Harald, Annelies Buhofer und Ambros Sialm. *Handbuch der Phraseologie*. Berlin: Walter de Gruyter, 1982.

Burger, Heinz Otto. „Luther im Spiegel der Tischreden. ‚Wer nicht liebt Wein, Weib und Gesang, der bleibt ein Narr sein Lebenlang'." *Germanisch-Romanische Monatsschrift*, 54, neue Reihe 23 (1973), 385-403.

Coulmas, Florian. „Ein Stein des Anstoßes. Ausgewählte Probleme der Idiomatik". *Studium Linguistik*, 13 (1982), 17-37.

Crum, Richard Henry. „Blood, Sweat and tears". *Classical Journal*, 42 (1947), 299-300.

Daniels, Karlheinz. „Redensarten, Sprichwörter, Slogans, Parolen. Berichte über ein Forschungs- und Lehrprojekt zum Thema ‚Schematismen des Sprachhandelns'". *Linguistik und Sprachunterricht. Beiträge zur curricularen Stellung der Linguistik im Sprachunterricht*. Hrsg. von Gert Henrici und Reinhard Meyer-Hermann. Paderborn: Ferdinand Schöningh, 1976, S. 174-191.

Daniels, Karlheinz. „Erich Kästner als Sprach- und Gesellschaftskritiker dargestellt an seiner Verwendung sprachlicher Schematismen". *Wörter: Schätze, Fugen und Fächer des Wissens. Festgabe für Theodor Lewandowski*. Hrsg. von Hugo Aust. Tübingen: Gunter Narr, 1987, S. 191-206.

Deutsch, Monroe E. „Veni, Vidi, Vici". *Philological Quarterly*, 4 (1925), 151-156.

Dittgen, Andrea Maria. *Regeln für Abweichungen. Funktionale sprachspielerische Abweichungen in Zeitungsüberschriften, Werbeschlagzeilen, Wandsprüchen und Titeln*. Frankfurt am Main: Peter Lang, 1989.

Doane, Heike. „Zitat, Redensart und literarische Anspielung: Zur Funktion der gesprochenen Sprache in Martin Walsers Roman *Die Verteidigung der Kindheit*". *Colloquia Germanica*, 25 (1992), 289-305.

Durzak, Manfred. „Zitat und Montage im deutschen Roman der Gegenwart". In M. Durzak, *Die deutsche Literatur der Gegenwart: Aspekte und Tendenzen*. Stuttgart: Reclam, 1971, S. 211-229.

Filtzinger, Philipp. *Die Sentenzen in Schillers Versdramen.* Diss. Gießen, 1923.

Fix, Ulla. „Der Wandel der Muster – Der Wandel im Umgang mit den Mustern. Kommunikationskultur im institutionellen Sprachgebrauch der DDR am Beispiel von Losungen". *Deutsche Sprache,* H. 4 (1990), 332-347.

Fleischer, Wolfgang. *Phraseologie der deutschen Gegenwartssprache.* Leipzig: VEB Bibliographisches Institut, 1982.

Frank, Leonard Roy. *Influencing Minds: A Reader in Quotations.* Portland, Oregon: Feral House, 1995.

Freund, Winfried. „Zur Theorie und Rezeption der Parodie. Am Beispiel moderner lyrischer Parodien". *Sprache im technischen Zeitalter,* H. 62 (1977), 182-194.

Garbe, Joachim. „Das also war des Pudels Kern! ‚Geflügelte Worte' und ihr Ursprung". *Praxis Deutsch,* 16 (Juli 1989), 30-32 und 37.

Gautschi, Theres. *Bildhafte Phraseologismen in der Nationalratswahlpropaganda. Untersuchungen zum Vorkommen und zum Gebrauch von bildhaften Phraseologismen in der Nationalratswahlpropaganda der FDP, SVP und der SP des Kantons Bern von 1919-1979.* Bern: Peter Lang, 1982.

Goldbeck, Ingeborg. „Geflügelte Buchtitel". *Muttersprache,* 63 (1953), 225-236.

Gollwitzer, Helmut. „Exkurs zu dem Ausdruck ‚Opium des Volkes'". *Marxismus-Studien,* 4 (1962), 14-19.

Goltschnigg, Dietmar. „Das Sprachklischee und seine Funktion im dramatischen Werk von Ödön von Horváth". *Wirkendes Wort,* 25 (1975), 181-196.

Grimm, Reinhold. „Festgemauert und noch nicht entbehrlich. Enzensberger als Erbe Schillers". *Friedrich Schiller. Kunst, Humanität und Politik in der späten Aufklärung.* Hrsg. von Wolfgang Wittkowski. Tübingen: Max Niemeyer, 1982, S. 310-328.

Grosse, Siegfried. „Reklamedeutsch". *Wirkendes Wort,* 16 (1966), 89-104.

Gruner, Paul-Hermann. „‚Rechte' Karriere eines ‚linken' Wortes? Vom Aneignungsdrang der Kampfsprache der Republikaner am Beispiel der Revolutionslosung ‚Wir sind das Volk'". *Wer spricht das wahre Deutsch? Erkundungen zur Sprache im vereinigten Deutschland.* Hrsg. von Ruth Reiher und Rüdiger Läzer. Berlin: Aufbau Taschenbuch Verlag, 1993, S. 272-288.

Grzybek, Peter. „Winged Words". *Simple Forms: An Encyclopaedia of Simple Text-Types in Lore and Literature.* Hrsg. von Walter A. Koch. Bochum: N. Brockmeyer, 1994, S. 293-298.

Guthke, Karl S. *Letzte Worte. Variationen über ein Thema der Kulturgeschichte des Westens.* München: C. H. Beck, 1990.

Guthke, Karl S. „‚Gipsabgüsse von Leichenmasken'? Goethe und der Kult des letzten Worts". *Jahrbuch der deutschen Schiller-Gesellschaft*, 35 (1991), 73-95.

Hausmann, Franz Josef. „Das Zitatenwörterbuch". *Wörterbücher. Ein internationales Handbuch zur Lexikographie.* Hrsg. von F. J. Hausmann, Oskar Reichmann, Herbert Ernst Wiegand und Ladislav Zgusta. Berlin: Walter de Gruyter, 1989, Bd. 1, S. 1044-1050.

Jolles, André. „Spruch". In A. Jolles, *Einfache Formen. Legende, Sage, Mythe, Rätsel, Spruch, Kasus, Memorabile, Märchen, Witz.* Halle: Max Niemeyer, 1930. Nachdruck Tübingen: Max Niemeyer, 1958 und 1965, S. 150-170.

Kaiser, Wolfgang. *Proust – Musil – Joyce. Zum Verhältnis von Literatur und Gesellschaft am Paradigma des Zitats.* Frankfurt am Main: Athenäum, 1972.

Kann, Hans-Joachim. „Zu den Quellen von Spontisprüchen". *Der Sprachdienst*, 29 (1985), 75-79.

Khalil, Iman Osman. „Sprüche, Sentenzen und Zitate aus fremden Sprachen". In I. Khalil, *Das Fremdwort im Gesellschaftsroman Theodor Fontanes. Zur literarischen Untersuchung eines sprachlichen Phänomens.* Frankfurt am Main: Peter Lang, 1978, S. 322-329.

Koch, Arne von. „A New Interpretation of ‚Something is Rotten in the State of Denmark'". *Moderna Språk*, 9 (1915), 157-160.

Kopperschmidt, Josef. „‚Lieber theorielos als leblos': Anmerkungen zur Sprüchekultur". *Muttersprache*, 97 (1987), 129-144.

Kuhn, Hans. „Was parodiert die Parodie?" *Neue Rundschau*, 85 (1974), 600-618.

Kunstmann, John G. „And Yet Again: ‚Wes das Herz voll ist, des gehet der Mund über'". *Concordia Theological Monthly*, 23 (1952), 509-527.

Kurrelmeyer, W. „‚Wes das Herz voll ist, des geht der Mund über'". *Modern Language Notes*, 50 (1935), 380-382.

Leonhard, Wilson F. „Volksdichtung der Intellektuellen". *Akzente*, 7 (1960), 82-95.

Liede, Alfred. *Dichtung als Spiel. Studien zur Unsinnspoesie an den Grenzen der Sprache*. 2 Bde. Berlin: Walter de Gruyter, 1963.

M., Ch. „So mancher spricht ein großes Wort gelassen aus [Herkunft und Überlieferung von Zitaten]." *Sprachpflege*, 11 (1962), 118-120; 12 (1963), 84-85 und 210-211; 13 (1964), 80-81 und 217-218; 14 (1965), 211-212; 15 (1966), 145-146; 16 (1967), 146-148; und 17 (1968), 246-247.

Mackensen, Lutz. „Geformte Wortblöcke". In L. Mackensen, *Gutes Deutsch in Schrift und Rede*. Reinbek: Rowohlt, 1968, S. 90-115.

Mautner, Franz Heinrich. „Das Wortspiel und seine Bedeutung". *Deutsche Vierteljahrsschrift für Literaturwissenschaft und Geistesgeschichte*, 9 (1931), 679-710.

Meyer, Herman. *Das Zitat in der Erzählkunst. Zur Geschichte und Poetik des europäischen Romans*. Stuttgart: Metzler, 1961.

Mieder, Wolfgang. „Buchtitel als Schlagzeile". *Sprachspiegel*, 31 (1975), 36-43. Auch in W. Mieder, *Sprichwort, Redensart, Zitat. Tradierte Formelsprache in der Moderne*. Bern: Peter Lang, 1985, S. 115-123.

Mieder, Wolfgang. *Das Sprichwort in unserer Zeit*. Frauenfeld: Huber, 1975.

Mieder, Wolfgang. „‚Sein oder Nichtsein' und kein Ende. Zum Weiterleben des Hamlet-Zitats in unserer Zeit". *Der Sprachdienst*, 23 (1979), 81-85. Auch in W. Mieder, *Sprichwort, Redensart, Zitat. Tradierte Formelsprache in der Moderne*. Bern: Peter Lang, 1985, S. 125-130.

Mieder, Wolfgang. *Antisprichwörter*. 3 Bde. Wiesbaden: Verlag für deutsche Sprache, 1982; Wiesbaden: Gesellschaft für deutsche Sprache, 1985; Wiesbaden: Quelle & Meyer, 1989.

Mieder, Wolfgang. „‚Nach Zitaten drängt, am Zitate hängt doch alles!' Zur modernen Verwendung von Goethe-Zitaten". *Muttersprache*, 92 (1982), 76-98. Auch in W. Mieder, *Deutsche Sprichwörter in Literatur, Politik, Presse und Werbung*. Hamburg: Helmut Buske, 1983, S. 158-180.

Mieder, Wolfgang. *Deutsche Sprichwörter in Literatur, Politik, Presse und Werbung*. Hamburg: Helmut Buske, 1983.

Mieder, Wolfgang. „Martin Luther und die Geschichte des Sprichwortes ‚Wes das Herz voll ist, des geht der Mund über'". *Sprachspiegel*, 39 (1983), 66-74. Auch in W. Mieder, *Sprichwörtliches und Geflügeltes: Sprachstudien von Martin Luther bis Karl Marx*. Bochum: N. Brockmeyer, 1995, S. 13-22.

Mieder, Wolfgang. „‚Wer nicht liebt Wein, Weib und Gesang, der bleibt ein Narr sein Leben lang': Zur Herkunft, Überlieferung und Verwendung eines angeblichen Luther-Spruches". *Muttersprache*, 94 (1983-1984), 68-103. Auch in W. Mieder, *Deutsche Redensarten, Sprichwörter und Zitate: Studien zu ihrer Herkunft, Überlieferung und Verwendung*. Wien: Edition Praesens, 1995, S. 10-45.

Mieder, Wolfgang. „‚Cogito, ergo sum': Zum Weiterleben eines berühmten Zitats". *Der Sprachdienst*, 28 (1984), 161-167. Auch in W. Mieder, *Sprichwort, Redensart, Zitat. Tradierte Formelsprache in der Moderne*. Bern: Peter Lang, 1985, S. 163-173.

Mieder, Wolfgang. „‚Die Axt im Haus erspart den Zimmermann' (*Wilhelm Tell*, III,1): Vom Schiller-Zitat zum parodierten Sprichwort". *Sprachspiegel*, 40 (1984), 137-142. Auch in W. Mieder, *Sprichwort, Redensart, Zitat. Tradierte Formelsprache in der Moderne*. Bern: Peter Lang, 1985, S. 155-161.

Mieder, Wolfgang. „‚Zitate sind des Bürgers Zierde': Zum Weiterleben von Schiller-Zitaten". *Muttersprache*, 95 (1984-1985), 284-306. Auch in W. Mieder, *Deutsche Redensarten, Sprichwörter und Zitate: Studien zu ihrer Herkunft, Überlieferung und Verwendung*. Wien: Edition Praesens, 1995, S. 46-68.

Mieder, Wolfgang. „Einer fehlt beim Gruppenbild: ‚Geflügelter' Abschied von Heinrich Böll". *Der Sprachdienst*, 29 (1985), 167-172. Auch in W. Mieder, *Sprichwörtliches und Geflügeltes: Sprachstudien von Martin Luther bis Karl Marx*. Bochum: N. Brockmeyer, 1995, S. 41-49.

Mieder, Wolfgang. *Sprichwort, Redensart, Zitat. Tradierte Formelsprache in der Moderne*. Bern: Peter Lang, 1985.

Mieder, Wolfgang. „Es ‚kondomisiert' der Mensch, solang er strebt". *Der Sprachdienst*, 31 (1987), 165-167.

Mieder, Wolfgang. „‚Zurück zur Natur': Zum Weiterleben eines angeblichen Rousseau-Zitats". *Der Sprachdienst*, 33 (1989), 146-150. Auch in W. Mieder, *Sprichwörtliches und Geflügeltes: Sprachstudien von Martin Luther bis Karl Marx*. Bochum: N. Brockmeyer, 1995, S. 71-78.

Mieder, Wolfgang. „‚Des vielen Büchermachens ist kein Ende': Traditionelle und manipulierte Sprachformeln als Buchtitel". *Der Sprachdienst*, 35 (1991), 105-114. Auch in W. Mieder, *Sprichwörtliches und Geflügeltes: Sprachstudien von Martin Luther bis Karl Marx*. Bochum: N. Brockmeyer, 1995, S. 87-102.

Mieder, Wolfgang. „‚Proletarier aller Länder, vereinigt euch!' – Wozu? Geflügelter Abschied vom Marxismus". *Sprachspiegel*, 47 (1991), 69-77. Auch in W. Mieder, *Sprichwörtliches und Geflügeltes: Sprachstudien von Martin Luther bis Karl Marx*. Bochum: N. Brockmeyer, 1995, S. 125-136.

Mieder, Wolfgang. „‚Veni, vidi, vici': Zum heutigen Leben eines klassischen Zitats". *Sprachpflege und Sprachkulutr*, 40 (1991), 97-102. Auch in W. Mieder, *Sprichwörtliches und Geflügeltes: Sprachstudien von Martin Luther bis Karl Marx*. Bochum: N. Brockmeyer, 1995, S. 111-124.

Mieder, Wolfgang. „‚Liberté, égalité, fraternité': Zum modernen Weiterleben einer französischen Revolutionsdevise". *Sprachspiegel*, 48 (1992), 37-42. Auch in W. Mieder, *Sprichwörtliches und Geflügeltes: Sprachstudien von Martin Luther bis Karl Marx*. Bochum: N. Brockmeyer, 1995, S. 149-156.

Mieder, Wolfgang. *Sprichwort – Wahrwort!? Studien zur Geschichte, Bedeutung und Funktion deutscher Sprichwörter*. Frankfurt am Main: Peter Lang, 1992.

Mieder, Wolfgang. *Deutsche Redensarten, Sprichwörter und Zitate: Studien zu ihrer Herkunft, Überlieferung und Verwendung*. Wien: Edition Praesens, 1995.

Mieder, Wolfgang. *Sprichwörtliches und Geflügeltes: Sprachstudien von Martin Luther bis Karl Marx*. Bochum: N. Brockmeyer, 1995.

Mieder, Wolfgang. „‚Wo neue Kräfte sinnvoll walten?' Zur Umformung Schillerscher Zitate zu Aphorismen und Graffiti". *Ethik und Ästhetik. Werke und Werte in der Literatur vom 18. bis zum 20. Jahrhundert. Festschrift für Wolfgang Wittkowski*. Hrsg. von Richard Fisher. Frankfurt am Main: Peter Lang, 1995, S. 293-311.

Mlacek, Jozef. „Zur Frage des Verständnisses der Grenzen der Phraseologie". *Phraseologie und ihre Aufgaben. Beiträge zum 1. Internationalen Phraseologie-Symposium vom 12. bis zum 14. Oktober 1981 in Mannheim*. Hrsg. von Josip Matesic. Heidelberg: Julius Groos, 1983, S. 132-146.

Möckelmann, Jochen und Sönke Zander. *Form und Funktion der Werbeslogans. Untersuchung der Sprache und werbepsychologischen Methoden in den Slogans*. Göppingen: Alfred Kümmerle, 1970.

Morawski, Stefan. „The Basic Function of Quotations". *Sign, Language, Culture*. Hrsg. von Algirdas-Julien Greimas et al. The Hague: Mouton, 1970, S. 690-705.

Mueller, Hugo. „Die Rolle des Klischees im Deutschen." *German Quarterly*, 38 (1965), 44-55.

Nelson, Timothy C. „‚Ex abundantia cordis os loquitur': Ein Beitrag zur Rezeptionsgeschichte eines umstrittenen Sprichworts". *Proverbium*, 3 (1986), 101-123.

Neumann, Renate. *Das wilde Schreiben: Graffiti, Sprüche und Zeichen am Rand der Straße*. Essen: Verlag Die Blaue Eule, 1986.

Niemeyer, Paul. *Die Sentenz als poetische Ausdrucksform vorzüglich im dramatischen Stil. Untersuchungen an Hand der Sentenz in Schillers Drama*. Berlin: Emil Ebering, 1934.

Nierenberg, Jess. „Proverbs in Graffiti: Taunting Traditional Wisdom". *Maledicta*, 7 (1983), 41-58. Auch in *Wise Words: Essays on the Proverb*. Hrsg. von Wolfgang Mieder. New York: Garland Publishing, 1994, S. 543-561.

Palm, Christine. „Die konnotative Potenz usueller und okkasioneller Phraseologismen und anderer festgeprägter Konstruktionen in Christa Wolfs Roman *Kindheitsmuster*". *Europhras 89. Phraséologie Contrastive. Actes du Colloque International Klingenthal-Strasbourg, 12-16 Mai 1988*. Hrsg. von Gertrud Gréciano. Strasbourg: Université des Sciences Humaines, 1989, S. 313-326.

Palm, Christine. „Fundgrube *Kindheitsmuster* und kein Ende. Zur semantischen Analyse einiger Phraseologismen im Text". *Europhras 90. Akten der internationalen Tagung zur germanistischen Phraseologieforschung, Aske/Schweden 12.-15. Juni 1990*. Hrsg. von Ch. Palm. Uppsala: Acta Universitatis Upsaliensis, 1991, S. 163-179.

Partridge, Eric. „Clichés". In E. Partridge, *A Charm of Words. Essays and Papers on Language*. New York: Macmillan, 1961, S. 44-54.

Petsch, Robert. „‚Geflügelte Worte' und Verwandtes. Aus der Formenwelt der menschlichen Rede". In R. Petsch, *Deutsche Literaturwissenschaft. Aufsätze zur Begründung der Methode*. Berlin: Emil Ebering, 1940, S. 230-238.

Pfeffer, J. Alan. „Das biblische Zitat im Volksmund der Germanen und Romanen". *Teilnahme und Spiegelung. Festschrift für Horst Rüdiger*. Hrsg. von Beda Allemann und Erwin Koppen. Berlin: Walter de Gruyter, 1975.,S. 99-111.

Redfern, Walter. *Clichés and Coinages*. Oxford: Basil Blackwell, 1989.

Reiher, Ruth. „‚Wir sind das Volk': Sprachwissenschaftliche Überlegungen zu den Losungen des Herbstes 1989". *Sprache im Umbruch. Politischer Sprachwandel im Zeichen von „Wende" und „Vereinigung"*. Hrsg. von Armin Burkhardt und K. Peter Fritzsche. Berlin: Walter de Gruyter, 1992, S. 43-57.

Reinert, Harro. „Zitate – falsch zitiert." *Muttersprache*, 67 (1957), 357-358.

Riha, Karl. „‚Durch diese hohle Gasse muß er kommen, Es führt kein andrer Weg nach Küssnacht': Zur deutschen Klassiker-Parodie". *Germanisch-Romanische Monatsschrift*, 54, neue Reihe 23 (1973), 320-342.

Roche, Reinhard. „`Stell dir vor ...'." *Der Sprachdienst*, 27 (1983), 158-160.

Röhrich, Lutz. „Zitate und geflügelte Worte." In L. Röhrich, *Gebärde, Metapher, Parodie. Studien zur Sprache und Volksdichtung*. Düsseldorf: Schwann, 1967, S. 173-181.

Röhrich, Lutz. *Der Witz. Figuren, Formen, Funktionen*. Stuttgart: Metzler, 1977.

Römer, Ruth. *Die Sprache der Anzeigenwerbung*. Düsseldorf: Schwann, 1968.

Rotermund, Erwin. *Die Parodie in der modernen deutschen Lyrik*. München: Eidos, 1963.

Rühmkorf, Peter. *Über das Volksvermögen. Exkurse in den literarischen Untergrund*. Reinbek: Rowohlt, 1969.

Schaffner, Emil. „Spiel mit Wortfügungen und Wendungen". In E. Schaffner, *Es rumpelt und stilzt im Sprach-Spülkasten*. Frauenfeld: Huber, 1982, S. 92-99.

Schaper, Ewald. „‚Religion ist Opium fürs Volk'". *Zeitschrift für Kirchengeschichte*, 59 (1940), 425-429.

Schärer, Bruno. „Zitat und Zitierbarkeit: *Mutter Courage und ihre Kinder*". In B. Schärer, *Bertolt Brechts Theater, Sprache und Bühne*. Zürich: Juris-Verlag, 1964, S. 94-102 und 119 (Anm.).

Schmidt-Henkel, Gerhard. „Zitate und Wunschbilder als Mittel politischer Werbung". *Sprache im technischen Zeitalter*, 8 (1963), 634-649.

Schmidt-Hidding, Wolfgang. „Sprichwörtliche Redensarten. Abgrenzungen – Aufgaben der Forschung". *Rheinisches Jahrbuch für Volkskunde*, 7 (1956), 95-144. Auch in *Ergebnisse der Sprichwörterforschung*. Hrsg. von Wolfgang Mieder. Bern: Peter Lang, 1978, S. 27-65.

Schmidt-Hidding, Wolfgang. „Das Verhältnis von Idiomatik und Grammatik. Grundzüge einer Idiomatik". *Deutschunterricht*, 9, H. 3 (1957), 43-58.

Schneider, Angelika. „Verarbeitung von Zitaten und Redensarten". In A. Schneider, *Brecht-Dramen auf Russisch. Problematik der Dramenübersetzung*. Neuried: Hieronymus, 1984, S. 38-41 und 59-72.

Schoeps, Hans Joachim. *Ungeflügelte Worte. Was nicht im Büchmann stehen kann.* Berlin: Haude und Spener, 1971.

Schweizer, Blanche-Marie. *Sprachspiel mit Idiomen. Eine Untersuchung am Prosawerk von Günter Grass.* Zürich: Juris, 1978.

Seeger, Reinhart. *Herkunft und Bedeutung des Schlagwortes: „Die Religion ist Opium für das Volk.*" Halle: Akademischer Verlag, 1935.

Segerström, Sigurd. „‚Something is Rotten in the State of Denmark'". *Moderna Språk*, 9 (1915), 199-203.

Skreb, Zdenko. „Die Sentenz als stilbildendes Element". *Jahrbuch für Internationale Germanistik*, 13 (1981), 76-84.

Staiger, Emil. „Entstellte Zitate". In E. Staiger, *Kunst der Interpretation.* Zürich: Atlantis, 1955, S. 161-179.

Stave, Joachim. „Wo der Büchmann aufhört." In J. Stave, *Wörter und Leute. Glossen und Betrachtungen über das Deutsche in der Bundesrepublik.* Mannheim: Bibliographisches Institut, 1968, S. 209-231.

Stenhagen, Alfred. „‚Something is Rotten in the State of Denmark'". *Moderna Språk*, 10 (1916), 28-29.

Suter, Beat. „Verbale Sprache". In B. Suter, *Graffiti. Rebellion der Zeichen.* Frankfurt am Main: Rita G. Fischer, 1988, S. 31-49.

Thomson, J. A. K. „Winged Words [geflügelte Worte]". *Classical Quarterly*, 30 (1936), 1-3.

Trencsényi-Waldapfel, I. „Sprichwort oder geflügeltes Wort?" *Acta Antiqua Academiae Scientiarum Hungaricae*, 12 (1964), 365-371.

Verweyen, Theodor und Gunther Witting. *Die Parodie in der neueren deutschen Literatur. Eine systematische Einführung.* Darmstadt: Wissenschaftliche Buchgesellschaft, 1979.

Wehse, Rainer. „Parodie – eine neue einfache Form?" *Festschrift für Lutz Röhrich.* Hrsg. von Rolf Wilhelm Brednich und Jürgen Dittmar. Berlin: Erich Schmidt, 1982, S. 316-334 (=*Jahrbuch für Volksliedforschung*, 27-28 [1982-1983], 316-334).

Widmann, Hans. „Zitate und ihre Schicksale. Ein Beitrag zur Geschichte des geistigen Eigentums". *das werck der bucher. Von der Wirksamkeit des Buches in Ver-*

gangenheit und Gegenwart. Eine Festschrift für Horst Kliemann. Hrsg. Fritz Hodeige. Freiburg: Rombach, 1956, S. 73-85.

Zey, René. *Abwandlung feststehender Formeln.* Staatsexamensarbeit Universität Essen, 1981.

Zinnecker, Jürgen. „Wandsprüche". *Jugend '81. Lebensentwürfe, Alltagskulturen, Zukunftsbilder.* Hrsg. von Arthur Fischer. Hamburg: Jugendwerk der Deutschen Shell, 1981, Bd. 1, S. 430-476.